Rosella Bellagamba

DIECI
lezioni di italiano

corso di lingua italiana per stranieri

Direzione editoriale: Ciro Massimo Naddeo
Redazione: Chiara Sandri
Copertina e progetto grafico: Lucia Cesarone
Impaginazione: Sandra Marchetti
Illustrazioni: Manuela Berti

I crediti delle immagini sono riportati all'indirizzo www.almaedizioni.it/dieciC1/crediti

Un grazie a tutti coloro che, in vari modi, hanno contribuito alla realizzazione di questo progetto: Paolo Torresan, Vera Gheno, Pietro Gambino, Barbara Rocci, Antonella Berriolo e Claudia Santoro.

© 2025 ALMA Edizioni – Firenze
Tutti i diritti riservati

Printed in Italy
ISBN 978-88-6182-850-6
Prima edizione: aprile 2025

ALMA Edizioni
Via Bonifacio Lupi, 7
50129 Firenze
info@almaedizioni.it
www.almaedizioni.it

L'Editore è a disposizione degli aventi diritto per eventuali mancanze o inesattezze. I diritti di traduzione, di memorizzazione elettronica, di riproduzione o di adattamento totale o parziale, con qualsiasi mezzo (compresi i microfilm, le riproduzioni digitali e le copie fotostatiche), sono riservati per tutti i Paesi.

INDICE

0 GIOCHIAMO! — p. 9
- riattivare conoscenze funzionali, grammaticali e lessicali di livello B2

		COMUNICAZIONE	GRAMMATICA	LESSICO
1 PAROLE SANTE!				p. 11
A	Lingua e pensiero	• adattare il linguaggio a diversi registri comunicativi • usare costruzioni sintattiche complesse	• i pronomi relativi	• *ovverosia, giacché, tuttavia, difatti, ciò*
B	A ogni cultura la sua lingua	• esplicitare e argomentare un punto di vista in un contesto di discussione	• la posizione dell'aggettivo qualificativo	• *gettare la spugna, cadere a fagiolo* • parole intraducibili
C	Italiano: un viaggio senza fine	• cogliere dettagli specifici nella comprensione orale • sintetizzare e rielaborare in forma scritta		• *a dirla tutta, mettere il turbo, tirare in ballo*
	Per fare ancora meglio	• introdurre proposizioni subordinate in forma colloquiale	• il *che* polivalente	• *errore, sbaglio*
	Sputa il rospo	• discutere, argomentare e scrivere una lettera di candidatura	**Riflessione metacognitiva** • acquisire consapevolezza sul processo di apprendimento	

▶ GRAMMATICA ▶ VOCABOLARIO ▶ CULTURA • Le origini della lingua italiana ▶ TEST

		COMUNICAZIONE	GRAMMATICA	LESSICO
2 COSA BOLLE IN PENTOLA				p. 31
A	Un secolo di italiani	• esprimere sfumature temporali • trattare concetti generali partendo da azioni e qualità concrete	• i verbi con doppio ausiliare • i modi finiti (ripasso) • la nominalizzazione di verbi e aggettivi	• verbi di cambiamento • *su questo fronte, a seguire*
B	Famiglia vecchia e nuova	• scrivere in modo analitico e oggettivo • esprimere concetti non ben definiti • spiegare la causa di un avvenimento	• il *che* indefinito e il *ché* causale • le forme impersonali	• famiglia oggi • *pressoché, al di là di*
C	Nuovi orizzonti	• condividere e confrontare le proprie percezioni di sé • enfatizzare o precisare un significato	• il *non* pleonastico	
	Per fare ancora meglio	• usare espressioni linguistiche appropriate al contesto e al registro comunicativo		• composti di *altro*
	Sputa il rospo	• esprimere opinioni personali in modo empatico • utilizzare la comunicazione scritta formale	**Riflessione metacognitiva** • riflettere sugli obiettivi della lezione, sull'importanza delle nozioni acquisite e su come integrarle nel proprio italiano	

▶ GRAMMATICA ▶ VOCABOLARIO ▶ CULTURA • Dieci libri sulla famiglia ▶ TEST

		COMUNICAZIONE	GRAMMATICA	LESSICO
3 QUI PRO QUO				p. 51
A	Doppi sensi	• riconoscere errori di interpretazione per equivoci • esprimere sequenze temporali e collegare eventi passati in modo preciso	• il trapassato remoto • i tempi passati dell'indicativo	• affitto di un immobile • polisemia, enantiosemia
B	Il corpo parla	• fare supposizioni e ipotesi, esprimere desideri, richieste e consigli • argomentare ed esprimere dubbi • speculare su eventi passati e immaginari	• gli usi del condizionale presente e passato • l'imperativo (ripasso)	• *in buona fede, per giunta, non di rado* • espressioni derivanti dai gesti
C	Il potere dei meme	• sintetizzare contenuti di testi orali • scrivere testi brevi, efficaci e ironici	• i verbi difettivi del participio passato	• intercalari
	Per fare ancora meglio	• utilizzare il lessico relativo alla quantificazione, alla stima e all'enfasi		• approssimazioni • sinonimi di *molto / tanto* • espressioni con *tanto*
	Sputa il rospo	• utilizzare il linguaggio emotivo e la gestualità	**Riflessione metacognitiva** • valutare il raggiungimento degli obiettivi e identificare eventuali dubbi	

▶ GRAMMATICA ▶ VOCABOLARIO ▶ CULTURA • Dieci maschere della Commedia dell'arte ▶ TEST

INDICE

	COMUNICAZIONE	GRAMMATICA	LESSICO

4 GONGOLARE DI GIOIA   p. 71

A •	A lezione di felicità	• descrivere stati emotivi • esprimere generalizzazioni mantenendo il focus sull'oggetto o sulla situazione descritta	• il *si* impersonale con pronomi	• espressioni di felicità e infelicità • *mettersi in testa, piove dal cielo, fare eco*
B •	Una nuova normalità	• rispettare la struttura di una lettera formale con formule specifiche • praticare costruzioni sintattiche complesse	• verbi + infinito o verbi + preposizione + infinito	• normalità • verbi parasintetici
C •	Benessere psico-emotivo	• descrivere stati emotivi e atteggiamenti • predire informazioni basandosi su conoscenze pregresse • dare istruzioni e consigli, proporre attività	• vari usi di *proprio*	• benessere mentale ed emotivo
	Per fare ancora meglio	• comprendere e produrre collocazioni lessicali comuni		• collocazioni di uso frequente • espressioni con *dare*
	Sputa il rospo	• esprimere consigli e soluzioni sul benessere mentale	**Riflessione metacognitiva** • esplorare come la familiarità con gli argomenti e le emozioni influenzano l'apprendimento	

▶ GRAMMATICA   ▶ VOCABOLARIO   ▶ CULTURA • Dieci tappe della felicità nella storia   ▶ TEST

5 CHE CASINO!   p. 91

A •	Introduzione alla volgarità	• identificare e utilizzare sinonimi e contrari in contesti adeguati • descrivere ed esprimere ipotesi, emozioni, opinioni, volontà e condizioni • riconoscere il significato di espressioni volgari	• gli usi del congiuntivo (ripasso)	• *turpiloquio, parolaccia, imprecazione, bestemmia* • volgarità
B •	Meglio dirle o no?	• collocare temporalmente l'espressione di soggettività	• la concordanza del congiuntivo	• *spigliato, ingessato, sboccato*
C •	Moderiamo i termini!	• esprimere emozioni forti evitando la volgarità		• termini sostitutivi delle parolacce
	Per fare ancora meglio	• differenziare il grado di certezza o incertezza delle informazioni • adattare il linguaggio al contesto sociale e al registro linguistico	• i verbi polisemantici all'indicativo e al congiuntivo	
	Sputa il rospo	• esprimere opinioni e riflessioni personali nel registro scritto e formale del blog argomentativo	**Riflessione metacognitiva** • sviluppare autovalutazione e strategie di scrittura	

▶ GRAMMATICA   ▶ VOCABOLARIO   ▶ CULTURA • Storia delle parolacce   ▶ TEST

6 GATTE DA PELARE   p. 111

A •	Sono fatti miei!	• esprimere concetti legati ai confini tra pubblico e privato • esprimere situazioni ipotetiche di vari tipi	• il periodo ipotetico (ripasso) • il periodo ipotetico misto	• *combinare, consumare, roba, a caso, tirare fuori, fare la prima mossa*
B •	Nuove dipendenze	• esprimere condizioni o situazioni ipotetiche senza esplicitare direttamente il nesso causale	• il periodo ipotetico con forme implicite	• dipendenze • stacanovismo
C •	Con quale linguaggio?	• riconoscere e utilizzare parole legate all'inclusività	• le frasi temporali, causali e avversative introdotte da *se*	• linguaggio inclusivo
	Per fare ancora meglio	• riconoscere il valore non ipotetico del *se* • apprendere vari sinonimi di *se* distinguendo tra usi formali e colloquiali		• alternative al *se*
	Sputa il rospo	• argomentare e persuadere in forma orale e scritta	**Riflessione metacognitiva** • acquisire strategie per la risoluzione di problemi complessi	

▶ GRAMMATICA   ▶ VOCABOLARIO   ▶ CULTURA • Il programma 101   ▶ TEST

INDICE

		COMUNICAZIONE	GRAMMATICA	LESSICO
7	**UN PO' DI SALE IN ZUCCA**			p. 131
A	Il mistero dell'intelligenza	• mettere in evidenza il risultato o l'oggetto di un'azione	• le forme passive (ripasso)	• intelligenza e stupidità • intelligenze multiple
B	Artificiale è meglio?	• descrivere persistenza o ineluttabilità dell'azione • descrivere l'ineluttabilità di un fatto	• il verbo *andare* + participio passato / gerundio	• intelligenza artificiale • scenari apocalittici
C	Dobbiamo preoccuparci?	• espandere il vocabolario tecnico e astratto		• collocazioni di uso frequente • espressioni con *andare*
Per fare ancora meglio		• acquisire familiarità con la polivalenza di un verbo		• vari significati di *andare*
Sputa il rospo		• proporre e argomentare soluzioni pratiche per migliorare le capacità intellettive	**Riflessione metacognitiva** • autovalutare intelligenze, memoria e strategie di studio	

▶ GRAMMATICA ▶ VOCABOLARIO ▶ CULTURA • Dieci geni italiani ▶ TEST

		COMUNICAZIONE	GRAMMATICA	LESSICO
8	**MI FAI SBELLICARE**			p. 151
A	Ridere è una cosa seria	• migliorare la coerenza e la coesione di testi scritti e orali	• i connettivi testuali	• scienza della risata
B	Umorismo italiano	• comprendere e produrre umorismo verbale • riferire informazioni, domande, opinioni, ordini	• il discorso indiretto (ripasso e ampliamento)	• linguaggio comico
C	La mia generazione	• esprimere possibili scenari futuri • comprendere il significato di espressioni giovanili		• generazioni e linguaggio della generazione Z
Per fare ancora meglio		• introdurre il discorso indiretto con precisione e appropriatezza		• verbi dichiarativi • verbi onomatopeici
Sputa il rospo		• creare e presentare un testo umoristico orale	**Riflessione metacognitiva** • riflettere sulle proprie abilità comunicative	

▶ GRAMMATICA ▶ VOCABOLARIO ▶ CULTURA • Dieci personaggi comici da conoscere ▶ TEST

		COMUNICAZIONE	GRAMMATICA	LESSICO
9	**IN SOLDONI**			p. 171
A	Formiche o cicale?	• usare espressioni enfatiche • generalizzare il soggetto	• gli usi particolari dei modi indefiniti	• verbi pronominali • difendere le proprie idee
B	Casa mia, casa mia...	• enfatizzare un fatto certo	• il congiuntivo in frasi dislocate	• termini specifici della casa
C	Il giusto riposo	• comprendere e usare terminologia economica • sottolineare la continuità o l'esclusività di un'azione	• la falsa negazione	• sistema pensionistico • *andare al sodo, sgamare*
Per fare ancora meglio		• enfatizzare o rafforzare il significato di una parola	• gli intensificatori	
Sputa il rospo		• argomentare e persuadere in una discussione simulata	**Riflessione metacognitiva** • riflettere sui diversi atteggiamenti nell'apprendimento	

▶ GRAMMATICA ▶ VOCABOLARIO ▶ CULTURA • Dieci case tradizionali ▶ TEST

		COMUNICAZIONE	GRAMMATICA	LESSICO
10	**HAI VOLUTO LA BICICLETTA?**			p. 191
A	Quando è troppo, è troppo!	• gestire conversazioni su temi di attualità		• overtourism • *a gogò, girarci intorno*
B	Ma quanto mi costi?	• sviluppare competenze nel linguaggio giuridico	• la concordanza dei modi e dei tempi	• linguaggio giuridico
C	Esperienze che restano	• ristrutturare la frase per evidenziare un concetto, sottolineare un contrasto o comunicare emozioni	• la frase scissa e pseudoscissa	• *non sono io a..., è quello che..., non è che non...*
Per fare ancora meglio		• esprimere idee figurate e colorire il linguaggio		• espressioni con *prendere*
Sputa il rospo		• progettare e promuovere un itinerario di viaggio	**Riflessione metacognitiva** • riflettere sul percorso di apprendimento e sugli obiettivi futuri	

▶ GRAMMATICA ▶ VOCABOLARIO ▶ CULTURA • Dieci gite fuori porta dalle principali città italiane ▶ TEST

COMUNICAZIONE p. 211

ESERCIZI e VIDEO p. 215

DIECI è un manuale diverso dagli altri. Perché?

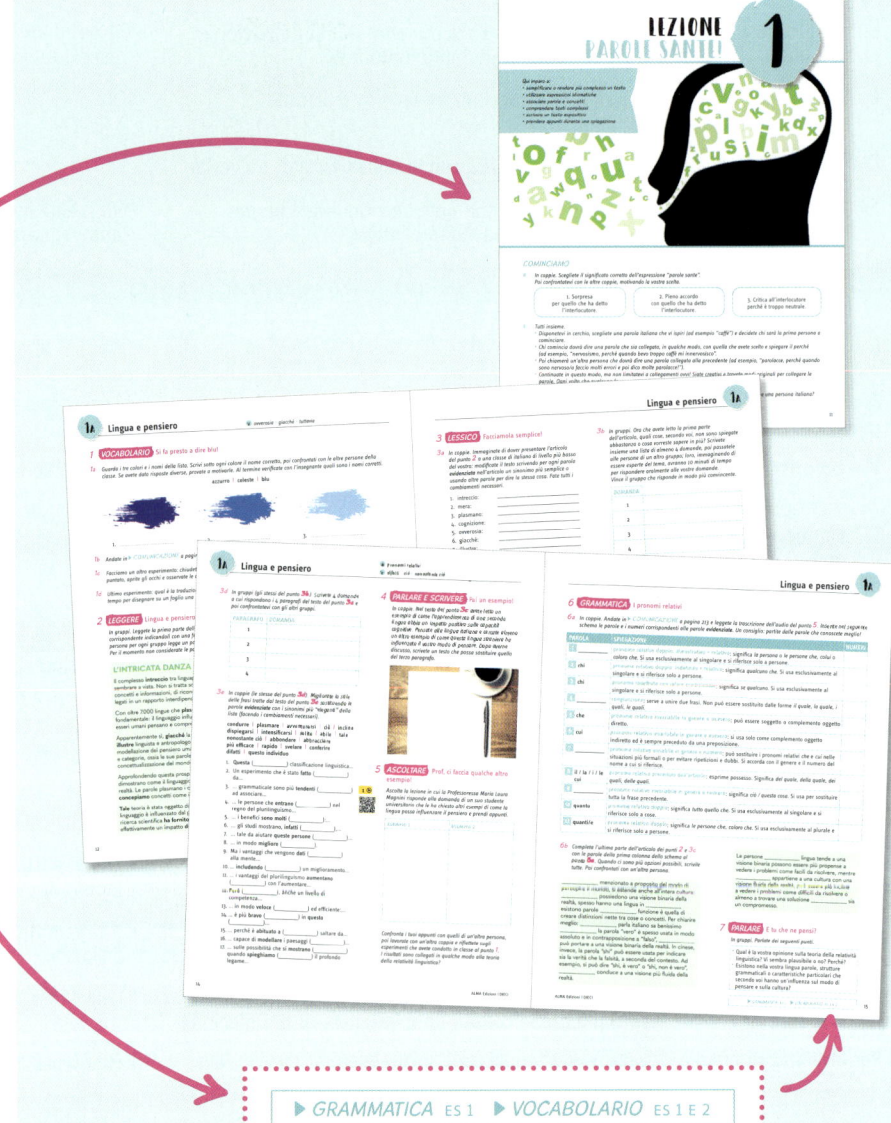

1. Perché ha una struttura agile e innovativa

DIECI C1 comprende **10 lezioni**, oltre a una **lezione 0 di ripasso** sui contenuti del volume precedente.

Ognuna è composta da una pagina introduttiva di presentazione del tema e da **3 sezioni A, B e C**, più le sezioni **Per fare ancora meglio** e **Sputa il rospo**.

Le sezioni, anche se collegate tematicamente, prevedono **percorsi autonomi** che l'insegnante può completare in uno o due incontri.

Alla fine di ogni sezione si rimanda alle relative **schede di GRAMMATICA e VOCABOLARIO** con esercizi sugli elementi grammaticali e lessicali presentati.
È possibile così esercitarsi su ciò su cui si è appena lavorato.

▶ GRAMMATICA ES 1   ▶ VOCABOLARIO ES 1 E 2

2. Perché propone percorsi ricchi e articolati

DIECI C1, attraverso l'immersione in una lingua – scritta e parlata – densa di sfumature e sottigliezze difficilmente affrontabili nei livelli più bassi, offre la possibilità di superare le conoscenze di base e di approdare a un **uso più maturo e consapevole della lingua italiana**.

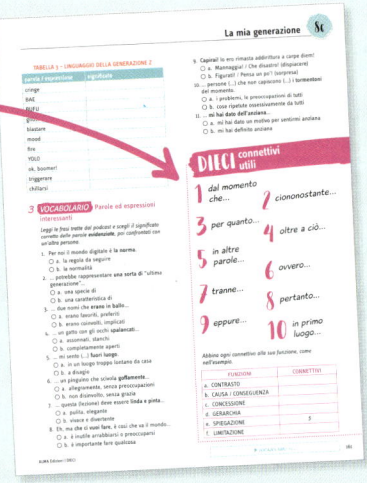

3. Perché ha i decaloghi

Alla fine dei percorsi DIECI C1 propone **liste riassuntive** con i 10 elementi lessicali, grammaticali e comunicativi più importanti appena presentati. Un modo efficace per fissare le strutture studiate e un utile strumento di consultazione.

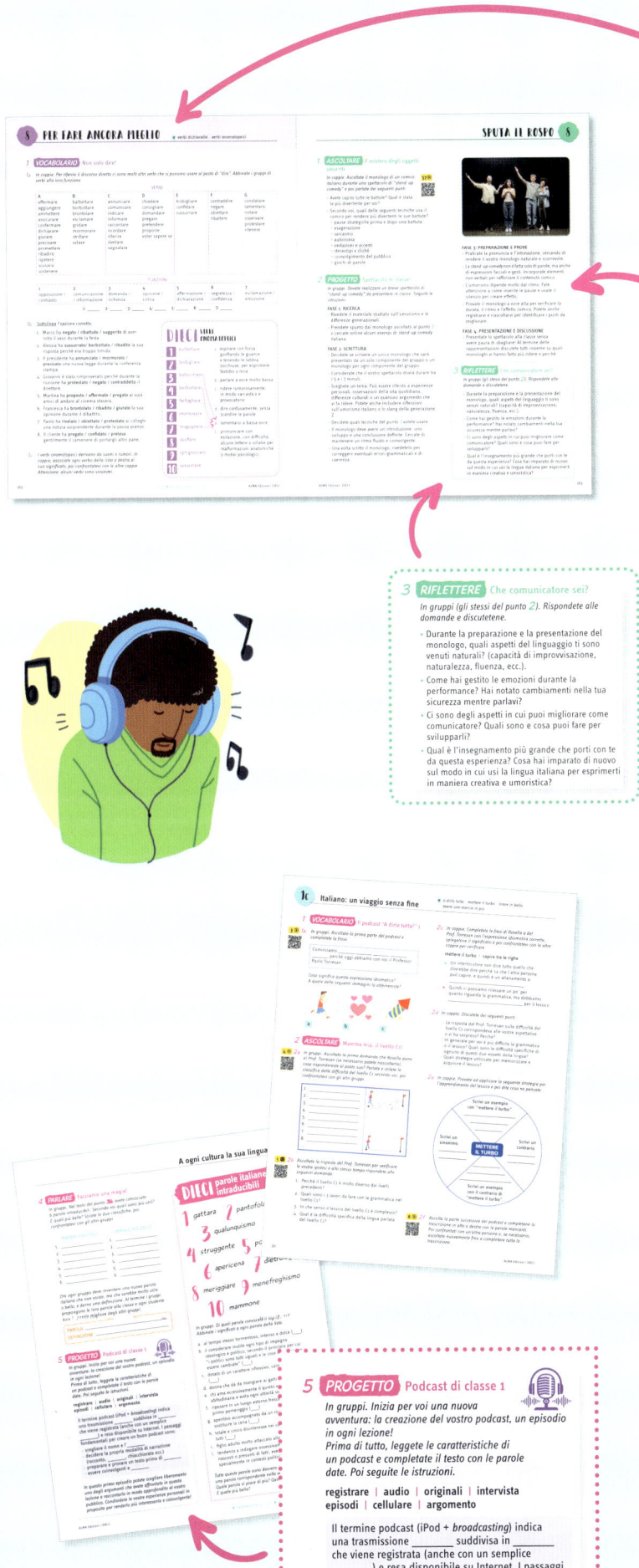

4. Perché ha una sezione per affinare l'uso della lingua

In ogni lezione è presente la sezione **Per fare ancora meglio**, una pagina utile per approfondire gli argomenti grammaticali e lessicali affrontati e per affinare l'uso della lingua con la precisione e la padronanza richieste dal livello C1.

5. Perché ha uno spazio dedicato all'uso spontaneo della lingua

DIECI C1 offre anche la sezione **Sputa il rospo**, uno spazio dedicato all'uso spontaneo della lingua in forma orale e/o scritta, in cui è possibile riutilizzare quanto appreso per esprimere opinioni e condividere esperienze in modo autentico.

Questa sezione si chiude sempre con una **riflessione metacognitiva**, che propone attività che stimolano la consapevolezza del proprio processo di apprendimento e aiutano a sviluppare strategie linguistiche più efficaci.

6. Perché ha i podcast

In ogni lezione, DIECI C1 propone due tipi di podcast: i podcast di **A dirla tutta**, audio di interviste autentiche che offrono l'opportunità di lavorare sulla comprensione orale su temi attinenti alle lezioni; e i **podcast di classe**, attività in cui gli studenti registrano brevi podcast sui temi trattati nelle lezioni, favorendo la fissazione degli argomenti, l'interazione e la produzione orale.

7 Perché ha i testi parlanti

Oltre agli audio dei dialoghi, ogni lezione propone un **TESTO PARLANTE**: una lettura ad alta voce di un testo scritto della lezione. **In un momento successivo al lavoro in classe**, è possibile così tornare su un testo già noto e concentrarsi su intonazione e pronuncia, scoprire ulteriori sfumature di significato, rinforzare la memorizzazione di vocaboli, espressioni o costrutti.

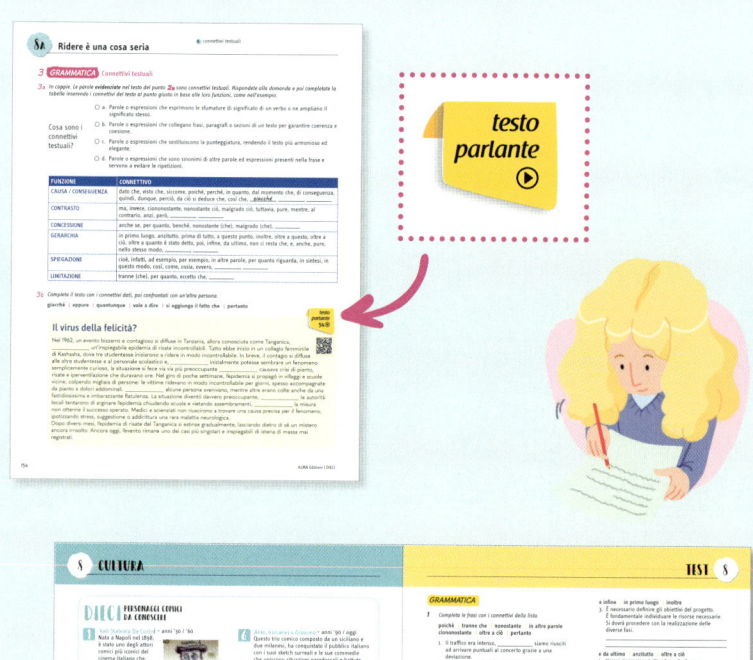

8 Perché ha sezioni di cultura e test a punti

Ogni lezione di DIECI C1 si chiude con una pagina di **CULTURA** che approfondisce, spesso con agili liste in 10 punti, aspetti della cultura italiana interessanti per uno straniero. Inoltre alla fine di ogni lezione è possibile verificare le proprie conoscenze con i **TEST** di autovalutazione a punti.

9 Perché ha una grammatica e un vocabolario con esercizi

Per ogni lezione, DIECI C1 propone una doppia pagina di **GRAMMATICA** con tabelle e spiegazioni a sinistra ed esercitazioni a destra. In questo modo, per ogni regola è possibile visualizzare immediatamente i relativi esercizi.

Anche la sezione di **VOCABOLARIO** è organizzata su doppia pagina affiancata: a sinistra è disponibile il **dizionario**, con le parole della lezione, mentre a destra sono collocati gli esercizi lessicali.

Infine, è presente anche un **ESERCIZIARIO** generale alla fine del volume, che segue la suddivisione delle lezioni (**A**, **B**, **C** e **Per fare ancora meglio**) e propone esercizi di fissazione, rinforzo e ampliamento.

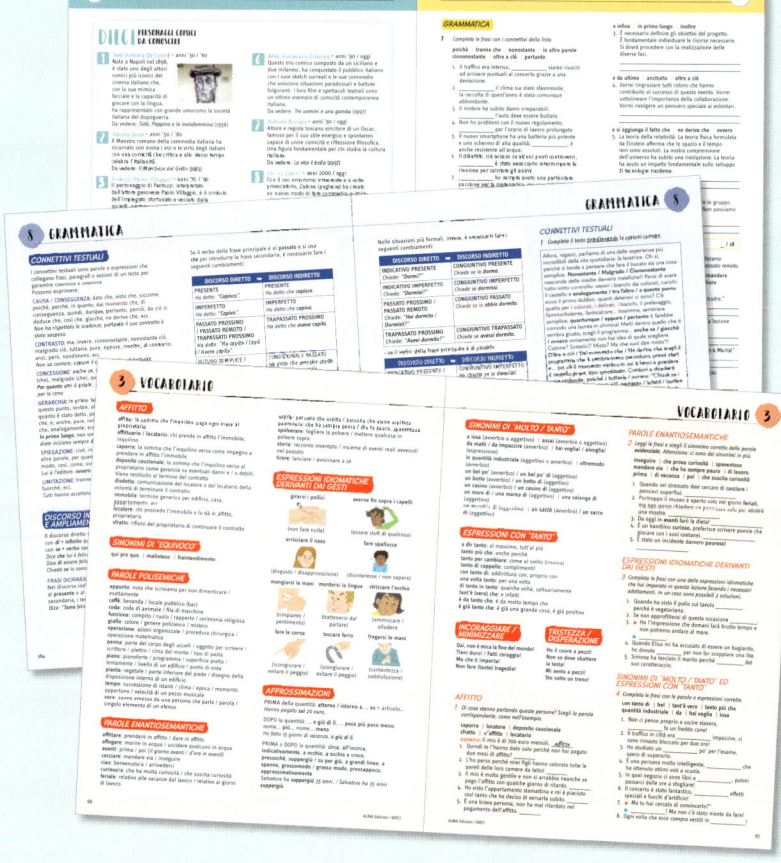

10 Perché ha i video

Ogni lezione di DIECI C1, nella parte degli esercizi, è accompagnata da un **VIDEO** (con attività), che approfondisce i temi trattati in classe.

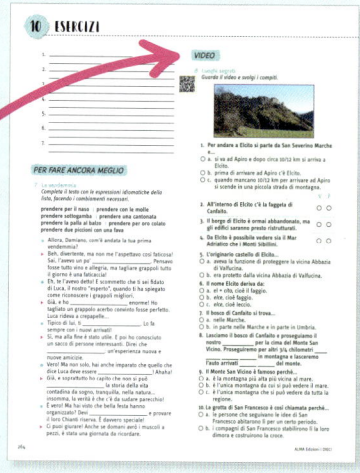

Tutti i materiali audio e video sono accessibili anche tramite QR code (leggibile da telefono o altro dispositivo mobile).

LEZIONE 0
GIOCHIAMO!

Qui riattivo quello che so in italiano:
- il vocabolario
- la grammatica
- le espressioni per comunicare

COMINCIAMO

In coppie. Ognuno scrive negli ovali in alto le risposte alle domande della lista, <u>in ordine totalmente casuale</u>. Poi le mostra all'altra persona che deve indovinare a quale domanda corrisponde ogni risposta. Vince chi ne indovina di più.

- In quale città vivresti se fossi ricco sfondato / ricca sfondata?
- Quale libro / film meriterebbe il premio per il peggior finale di sempre?
- Quale esperienza teoricamente "sbagliata" rifaresti senza pensarci due volte?
- Quale cibo non mangeresti neanche per un milione di euro?
- Quale libro / film faresti finta di aver letto / visto per sembrare più colto / colta?
- Quale oggetto di casa tua butteresti volentieri dalla finestra?
- In quale città ti piacerebbe perderti senza GPS?
- Quale data non ricordi mai, nonostante sia importante?
- Senza quale oggetto non potresti sopravvivere per più di 24 ore (escluso il cellulare)?
- Quale data è "tatuata" nel tuo cuore?
- Quale cibo è considerato da tutti "spazzatura," ma per te è pura felicità?
- Qual è stata l'esperienza più imbarazzante della tua vita?

0 Giochiamo!

GIOCO Una "gara di italiano"

In coppie o a squadre. A turno lanciate il dado e svolgete il compito indicato. Se la risposta è giusta, conquistate la casella. Se è sbagliata, tornate alla casella precedente. Se non siete d'accordo sulla soluzione, chiamate l'insegnante.

Attenzione: non si può arrivare su una casella già conquistata. Per andare su una casella libera, rilanciate il dado finché necessario.

Vince chi arriva prima alla fine o chi è più avanti allo STOP dell'insegnante.

Grammatica 1
Trasforma al passato remoto.
1. Ha voluto scrivere tutto.
2. Abbiamo avuto molti problemi.
3. Hanno fatto una festa.

Comunicazione 2
Inventa una frase a cui si potrebbe rispondere così.
Macché!

Vocabolario 3
Trova un sinonimo per ogni espressione.
1. *Forza!*   2. *Basta!*

Grammatica 4
Coniuga il verbo.
Credeva che io il giorno prima non (andare) _____ al lavoro.

Comunicazione 5
Completa le frasi con gli animali.
1. Una donna vanitosa fa la _____.
2. Chi non capisce è una _____.
3. Chi non sta mai male è sano come un _____.

Vocabolario 6
Indica i diminutivi di ogni parola.
1. un posto   2. un cane

Comunicazione 12
Spiega il significato delle frasi.
1. Ci è rimasto male.
2. L'ho fatto di proposito.
3. Ci hai ripensato?

Vocabolario 13
Che differenza c'è tra le due parole dell'ambito medico?
ricetta - *impegnativa*

Hai resistito alla tentazione di bere il cappuccino dopo pranzo: **guadagni un turno!** 14

Grammatica 15
Completa le frasi con le parole della lista.
colui | coloro | ciò
1. Possono entrare solo _____ che hanno pagato.
2. Mi interessa solo _____ che hanno detto.
3. Il premio è per _____ che risponde correttamente.

Arrivo!

Grammatica 11
In quali frasi è necessario usare il congiuntivo?
1. Ho capito che cosa (succedere) _____.
2. Non c'è niente che loro (potere) _____ fare.
3. Era l'unico che mi (capire) _____.

Vocabolario 10
Completa con il contenitore corretto.
1. un _____ di biscotti
2. una _____ di tonno
3. un _____ di marmellata

Comunicazione 9
Abbina le frasi alle reazioni.
1. Che gentile!   a. Temo di no.
2. È possibile entrare?   b. Si figuri!
3. È troppo tardi!   c. Come sarebbe a dire?

Grammatica 8
Scegli le opzioni corrette.
1. Vorrei che tu **faccia / facessi / faresti** una torta.
2. Avrei preferito che non me lo **abbia / avresti / avessi** detto.

  7
Non sai mangiare bene gli spaghetti: **perdi un turno!**

LEZIONE 1
PAROLE SANTE!

Qui imparo a:
- *semplificare o rendere più complesso un testo*
- *utilizzare espressioni idiomatiche*
- *associare parole e concetti*
- *comprendere testi complessi*
- *scrivere un testo espositivo*
- *prendere appunti durante una spiegazione*

COMINCIAMO

a *In coppie. Scegliete il significato corretto dell'espressione "parole sante". Poi confrontatevi con le altre coppie, motivando la vostra scelta.*

1. Sorpresa per quello che ha detto l'interlocutore.

2. Pieno accordo con quello che ha detto l'interlocutore.

3. Critica all'interlocutore perché è troppo neutrale.

b *Tutti insieme.*
- *Disponetevi in cerchio, scegliete una parola italiana che vi ispiri (ad esempio "caffè") e decidete chi sarà la prima persona a cominciare.*
- *Chi comincia dovrà dire una parola che sia collegata, in qualche modo, con quella che avete scelto e spiegare il perché (ad esempio, "nervosismo, perché quando bevo troppo caffè mi innervosisco".*
- *Poi chiamerà un'altra persona che dovrà dire una parola collegata alla precedente (ad esempio, "parolacce, perché quando sono nervoso/a faccio molti errori e poi dico molte parolacce!").*
- *Continuate in questo modo, ma non limitatevi a collegamenti ovvi! Siate creativi e trovate modi originali per collegare le parole. Ogni volta che qualcuno fa una connessione che fa ridere il gruppo, guadagna un punto.*

c *Provate ora a fare la stessa cosa, ma immaginate di essere italiani/e. Secondo voi, come penserebbe una persona italiana? È cambiato qualcosa rispetto a prima?*

1A Lingua e pensiero

v ovverosia · giacché · tuttavia

1 VOCABOLARIO Si fa presto a dire blu!

1a *Guarda i tre colori e i nomi della lista. Scrivi sotto ogni colore il nome corretto, poi confrontati con le altre persone della classe. Se avete dato risposte diverse, provate a motivarle. Al termine verificate con l'insegnante quali sono i nomi corretti.*

azzurro | celeste | blu

1. _____   2. _____   3. _____

1b *Andate in ▶ COMUNICAZIONE a pagina 211 e scoprite altre parole per definire il "blu" in italiano.*

1c *Facciamo un altro esperimento: chiudete gli occhi e al via dell'insegnante puntate il dito verso il nord. Mantenendo il dito puntato, aprite gli occhi e osservate le altre persone. Ci sono differenze? Da cosa dipende secondo voi? Parlatene.*

1d *Ultimo esperimento: qual è la traduzione di "la morte" nella vostra lingua? Pensando a questa parola, avete 5 minuti di tempo per disegnare su un foglio una rappresentazione della morte. Confrontate i vostri disegni e osservate le differenze.*

2 LEGGERE Lingua e pensiero

*In gruppi. Leggete la prima parte dell'articolo e inserite le parole della lista a destra nei punti corretti del paragrafo corrispondente indicandoli con una freccia (↓). Le parole sono presentate in ordine di apparizione nel testo. Al termine, una persona per ogni gruppo legge un paragrafo a tutta la classe e insieme decidete se la posizione di ogni parola è corretta. Per il momento non considerate le parole **evidenziate**.*

L'INTRICATA DANZA TRA PAROLE E PENSIERI

Il complesso **intreccio** tra linguaggio e pensiero umano è molto più profondo di quanto possa sembrare a vista. Non si tratta solamente di utilizzare le parole per la **mera** comunicazione di concetti e informazioni, di riconoscere che il linguaggio e il pensiero sono intrinsecamente legati in un rapporto interdipendente.	prima ma
Con oltre 7.000 lingue che **plasmano** il nostro mondo, ci troviamo di fronte un interrogativo fondamentale: il linguaggio influenza effettivamente la **cognizione**, **ovverosia** il modo in cui gli esseri umani pensano e comprendono la realtà che circonda?	a li
Apparentemente sì, **giacché** la teoria della relatività linguistica, da Benjamin Lee Whorf, un **illustre** linguista e antropologo americano, **sostiene** che il linguaggio gioca un ruolo nella modellazione del pensiero umano. Secondo Whorf, il modo in cui una lingua organizza concetti e categorie, ossia le sue parole e le sue strutture grammaticali, influenza la percezione e la concettualizzazione del mondo dei suoi parlanti.	proposta chiave da parte
Approfondendo questa prospettiva della relatività, emergono interessanti spunti che dimostrano come il linguaggio sia la **lente** attraverso cui percepiamo e interpretiamo la realtà. Le parole plasmano i confini della nostra comprensione e influenzano il modo in cui **concepiamo** concetti come il tempo e lo spazio o la giustizia e l'amore.	linguistica persino
Tale teoria è stata oggetto di dibattito da parte di alcuni linguisti, **i quali** affermano che il linguaggio è influenzato dal pensiero quanto il pensiero è influenzato dal linguaggio. **Tuttavia**, la ricerca scientifica **ha fornito** un sostegno alle ipotesi di Whorf, dimostrando che il linguaggio ha effettivamente un impatto **decisivo** sulla nostra percezione del mondo.	tanto crescente

Lingua e pensiero 1A

3 LESSICO Facciamola semplice!

3a In coppie. Immaginate di dover presentare l'articolo del punto *2* a una classe di italiano di livello più basso del vostro: modificate il testo scrivendo per ogni parola **evidenziata** nell'articolo un sinonimo più semplice o usando altre parole per dire la stessa cosa. Fate tutti i cambiamenti necessari.

1. intreccio: _____
2. mera: _____
3. plasmano: _____
4. cognizione: _____
5. ovverosia: _____
6. giacché: _____
7. illustre: _____
8. sostiene: _____
9. lente: _____
10. concepiamo: _____
11. tale: _____
12. i quali: _____
13. tuttavia: _____
14. ha fornito: _____
15. decisivo: _____

3b In gruppi. Ora che avete letto la prima parte dell'articolo, quali cose, secondo voi, non sono spiegate abbastanza o cosa vorreste sapere in più? Scrivete insieme una lista di almeno 4 domande, poi passatele alle persone di un altro gruppo; loro, immaginando di essere esperti del tema, avranno 10 minuti di tempo per rispondere oralmente alle vostre domande.
Vince il gruppo che risponde in modo più convincente.

DOMANDA	
1	
2	
3	
4	

3c In coppie. Leggete la seconda parte dell'articolo, verificate se ci sono le risposte alle domande che avete formulato al punto *3b* e se le risposte date dai vari gruppi sono corrette.

Ad esempio, in alcune lingue i numeri sono classificati in base al loro genere grammaticale: il numero 1 può essere maschile, il 2 femminile, il 3 neutro ecc. Questa classificazione linguistica può influenzare il modo in cui i parlanti di queste lingue pensano ai numeri. Un esperimento che è stato fatto da un gruppo di ricercatori dell'Università di Princeton ha dimostrato che i parlanti le cui lingue classificano i numeri in base al genere grammaticale sono più tendenti ad associare i numeri maschili a concetti positivi, come la forza e il potere, e i numeri femminili a concetti negativi, come la debolezza e la vulnerabilità. Molto discutibile dal punto di vista dell'uguaglianza di genere, ma questa è un'altra storia…

Oltre a ciò, la teoria della relatività linguistica dimostra anche che per le persone che entrano nel regno del plurilinguismo, i benefici sono molti: gli studi mostrano, infatti, un'aumentata flessibilità cognitiva, tale da aiutare queste persone a negoziare e risolvere conflitti in modo migliore. Ma i vantaggi che vengono dati alla mente bilingue si estendono oltre i confini della cognizione, includendo un miglioramento delle prestazioni, una memoria potenziata e una maggiore fiducia in se stessi.

In generale, i vantaggi del plurilinguismo aumentano con l'aumentare del livello linguistico di chi parla una seconda lingua. Però, anche un livello di competenza linguistica moderato può portare a benefici importanti. Un esempio pratico di come il plurilinguismo aumenti la flessibilità è la capacità di passare da un compito all'altro in modo veloce ed efficiente: chi parla più lingue è più bravo in questo rispetto ai monolingue, perché è abituato a saltare da una lingua all'altra. Questa capacità di passare da una prospettiva all'altra è fondamentale per la risoluzione dei problemi e per stimolare il pensiero creativo.

In questa intricata danza tra parole e pensieri, il linguaggio emerge non come una via per la comunicazione, ma come un abile architetto capace di modellare i paesaggi della cognizione umana e ci invita a riflettere sulle possibilità che si mostrano quando spieghiamo il profondo legame tra linguaggio, pensiero ed esperienza.

1A Lingua e pensiero

G pronomi relativi
V difatti • ciò • nonostante ciò

3d *In gruppi (gli stessi del punto 3b). Scrivete 4 domande a cui rispondono i 4 paragrafi del testo del punto 3c e poi confrontatevi con gli altri gruppi.*

PARAGRAFO	DOMANDA
1	
2	
3	
4	

3e *In coppie (le stesse del punto 3d). Migliorate lo stile delle frasi tratte dal testo del punto 3c sostituendo le parole **evidenziate** con i sinonimi più "eleganti" della lista (facendo i cambiamenti necessari).*

condurre | plasmare | avventurarsi | ciò | incline
dispiegarsi | intensificarsi | solito | abile | tale
nonostante ciò | abbondare | abbracciare
più efficace | rapido | svelare | conferire
difatti | questo individuo

1. **Questa** (_____) classificazione linguistica...
2. Un esperimento che è stato **fatto** (_____) da...
3. ... grammaticale sono più **tendenti** (_____) ad associare...
4. ... le persone che **entrano** (_____) nel regno del plurilinguismo...
5. ... i benefici **sono molti** (_____):...
6. ... gli studi mostrano, **infatti** (_____),...
7. ... tale da aiutare **queste persone** (_____)...
8. ... in modo **migliore** (_____).
9. Ma i vantaggi che vengono **dati** (_____) alla mente...
10. ... **includendo** (_____) un miglioramento...
11. ... i vantaggi del plurilinguismo **aumentano** (_____) con l'aumentare...
12. **Però** (_____), anche un livello di competenza...
13. ... in modo **veloce** (_____) ed efficiente:...
14. ... è più **bravo** (_____) in **questo** (_____)...
15. ... perché è **abituato a** (_____) saltare da...
16. ... capace di **modellare** i paesaggi (_____)...
17. ... sulle possibilità che **si mostrano** (_____) quando **spieghiamo** (_____) il profondo legame...

4 PARLARE E SCRIVERE Fai un esempio!

In coppie. Nel testo del punto 3c avete letto un esempio di come l'apprendimento di una seconda lingua abbia un impatto positivo sulle capacità cognitive. Pensate alla lingua italiana e cercate almeno un altro esempio di come questa lingua straniera ha influenzato il vostro modo di pensare. Dopo averne discusso, scrivete un testo che possa sostituire quello del terzo paragrafo.

5 ASCOLTARE Prof, ci faccia qualche altro esempio!

Ascolta la lezione in cui la Professoressa Maria Laura Magnini risponde alla domanda di un suo studente universitario che le ha chiesto altri esempi di come la lingua possa influenzare il pensiero e prendi appunti.

ESEMPIO 1	ESEMPIO 2

Confronta i tuoi appunti con quelli di un'altra persona, poi lavorate con un'altra coppia e riflettete sugli esperimenti che avete condotto in classe al punto 1. I risultati sono collegati in qualche modo alla teoria della relatività linguistica?

Lingua e pensiero 1A

6 GRAMMATICA I pronomi relativi

6a *In coppie. Andate in ▶ COMUNICAZIONE a pagina 213 e leggete la trascrizione dell'audio del punto 5. Inserite nel seguente schema le parole e i numeri corrispondenti alle parole evidenziate. Un consiglio: partite dalle parole che conoscete meglio!*

PAROLA	SPIEGAZIONE	NUMERI
1 _____	pronome relativo doppio: dimostrativo + relativo: significa *la persona* o *le persone che*, *colui* o *coloro che*. Si usa esclusivamente al singolare e si riferisce solo a persone.	
2 chi	pronome relativo doppio: indefinito + relativo: significa *qualcuno che*. Si usa esclusivamente al singolare e si riferisce solo a persone.	
3 chi	pronome indefinito con valore condizionale: significa *se qualcuno*. Si usa esclusivamente al singolare e si riferisce solo a persone.	
4 _____	congiunzione: serve a unire due frasi. Non può essere sostituito dalle forme *il quale, la quale, i quali, le quali*.	
5 che	pronome relativo invariabile in genere e numero: può essere soggetto o complemento oggetto diretto.	
6 cui	pronome relativo invariabile in genere e numero: si usa solo come complemento oggetto indiretto ed è sempre preceduto da una preposizione.	
7 _____	pronome relativo variabile in genere e numero: può sostituire i pronomi relativi *che* e *cui* nelle situazioni più formali o per evitare ripetizioni e dubbi. Si accorda con il genere e il numero del nome a cui si riferisce.	
8 il / la / i / le cui	pronome relativo preceduto dall'articolo: esprime possesso. Significa *del quale, della quale, dei quali, delle quali*.	
9 _____	pronome relativo invariabile in genere e numero: significa *ciò / questa cosa*. Si usa per sostituire tutta la frase precedente.	
10 quanto	pronome relativo doppio: significa *tutto quello che*. Si usa esclusivamente al singolare e si riferisce solo a cose.	
11 quanti/e	pronome relativo doppio: significa *le persone che, coloro che*. Si usa esclusivamente al plurale e si riferisce solo a persone.	

6b *Completa l'ultima parte dell'articolo dei punti 2 e 3c con le parole della prima colonna dello schema al punto 6a. Quando ci sono più opzioni possibili, scrivile tutte. Poi confrontati con un'altra persona.*

_____ menzionato a proposito del modo di percepire il mondo, si estende anche all'intera cultura: _____ possiedono una visione binaria della realtà, spesso hanno una lingua in _____ esistono parole _____ funzione è quella di creare distinzioni nette tra cose o concetti. Per chiarire meglio: _____ parla italiano sa benissimo _____ la parola "vero" è spesso usata in modo assoluto e in contrapposizione a "falso", _____ può portare a una visione binaria della realtà. In cinese, invece, la parola "shi" può essere usata per indicare sia la verità che la falsità, a seconda del contesto. Ad esempio, si può dire "shi, è vero" o "shi, non è vero", _____ conduce a una visione più fluida della realtà.

Le persone _____ lingua tende a una visione binaria possono essere più propense a vedere i problemi come facili da risolvere, mentre _____ appartiene a una cultura con una visione fluida della realtà, può essere più incline a vedere i problemi come difficili da risolvere o almeno a trovare una soluzione _____ sia un compromesso.

7 PARLARE E tu che ne pensi?

In gruppi. Parlate dei seguenti punti.

- Qual è la vostra opinione sulla teoria della relatività linguistica? Vi sembra plausibile o no? Perché?
- Esistono nella vostra lingua parole, strutture grammaticali o caratteristiche particolari che secondo voi hanno un'influenza sul modo di pensare e sulla cultura?

1B A ogni cultura la sua lingua

v *gettare la spugna, cadere a fagiolo*
un sassolino nello stagno • *parole italiane intraducibili*

1 VOCABOLARIO Come si dice?

In coppie. Guardate le immagini e, se possibile, scrivete una parola o un'espressione che le descriva nella vostra lingua.

1. _____   2. _____   3. _____   4. _____

In italiano esiste un'unica parola per definire le 4 immagini: culaccino. *In coppie, discutete i seguenti punti.*

- Pensate che la parola *culaccino* sia nata per indicare un solo significato e che sia stata poi estesa ad altri significati? Se sì, qual è il significato più antico secondo voi? O forse è nata per indicare già tutti i diversi significati?
- Perché è importante per la lingua italiana avere una parola che abbia un significato così specifico?
- Esistono nella vostra lingua delle parole o espressioni che non sono traducibili in altre lingue? Fate un elenco e presentatelo alla classe spiegandone il significato.

2 LEGGERE Le parole intraducibili

2a *Leggi il testo di un forum di traduttori e completalo con le parole della lista. Al termine, formate dei piccoli gruppi, confrontate i vostri testi e create quello definitivo.*

gettare la spugna | sassolino nello stagno | mettersi le mani nei capelli | nocciolo della questione
una passeggiata | al dente | cade a fagiolo | pieno zeppo

testo parlante 2

Augusto P.
Salve colleghi! Oggi mi piacerebbe conoscere la vostra opinione su una frase che si sente spesso, ossia "Tradurre equivale a tradire il testo originale". Che ne pensate? Siamo davvero destinati ad essere "traditori" per professione? Non pretendo di sviscerare l'argomento che è spinoso e assai impenetrabile, ma la domanda vuole essere un _____, chiedendo a tutti voi un parere estemporaneo nella convinzione che le opinioni diverse dalla propria sono sempre un arricchimento!

Mirella C.
Se pensiamo a come spesso vengono tradotti certi titoli dei film americani, direi che la risposta è sì! E credo che dovrebbero emanare una legge apposita che punisca questo grave reato! Prendete il film "My Own Private Idaho" tradotto in italiano con "Belli e dannati" o "Gone girl" che è diventato "L'amore bugiardo"!! Roba da _____!

Mauro G.
A me sembra una discussione del tipo "è nato prima l'uovo o la gallina?". Il _____ è che la lingua è strettamente legata alla cultura. Ogni lingua ha un suo proprio vocabolario e una sua propria grammatica, che riflettono la specificità della cultura di quel popolo. Insomma, fare il traduttore non è _____!

Paola S.
Condivido quanto detto da Mauro G. e aggiungo che il problema si fa scottante quando parliamo delle "parole intraducibili", quei frammenti di significato che sfuggono alla cattura di una singola espressione in altre lingue. Pensiamo ad esempio al termine inglese "cringe": quanto è difficile catturarne la piena essenza senza ricorrere a una perifrasi lunga e complicata? Forse è proprio per questo che è entrata nel dizionario italiano, no? Così come la nostra "_____" si è diffusa in varie lingue del mondo!

Sandra B.
L'argomento _____! Sto traducendo da diversi giorni un testo _____ di parole italiane che, a mio parere, sono intraducibili e mi sarebbero molto utili i vostri consigli: come tradurreste in inglese "cazzimma", "quaquaraquà", "abbiocco", "accrocco", "scugnizzo", "umarell" senza fare lunghi giri di parole ma con corrispondenze certe? Sono ad un passo dal _____, aiutatemi!!!!!

A ogni cultura la sua lingua 1B

2b Per verificare le vostre risposte al punto **2a**, completate la tabella. Poi rispondete alle domande che seguono.

ESPRESSIONE E ORIGINE	SIGNIFICATO
gettare la spugna Deriva dal mondo della boxe, in cui lanciare una spugna o un asciugamano al centro del ring è il segno convenzionale di resa.	
gettare un sassolino nello stagno Deriva dal fatto che quando gettiamo un sasso nello stagno con la giusta angolatura si producono cerchi concentrici che si allargano.	Suscitare di proposito discussioni o polemiche.
mettersi le mani nei capelli È il gesto che facciamo quando siamo disperati o preoccupatissimi.	
nocciolo della questione Il nocciolo è il nucleo, la parte centrale e dura di alcuni frutti.	
essere una passeggiata Attività semplice e rilassante che si compie camminando per piacere.	
al dente Per verificare il grado di cottura si rompe la pasta con i denti.	Grado di cottura della pasta che la lascia leggermente croccante, tenera all'esterno e compatta all'interno.
cadere a fagiolo I fagioli cadono dalla pianta al momento giusto, quando sono pronti per essere raccolti e mangiati.	
pieno zeppo La zeppa è un pezzo di legno che si usa per riempire un vuoto.	Pieno in ogni sua parte.

Quali di queste espressioni esistono anche nella vostra lingua? Per quelle che non esistono, ci sono altri modi per esprimere gli stessi concetti?

2c In coppie. Nel testo del punto **2a** ci sono altre parole complicate; alcune (nella lista in rosa) sono termini dialettali entrati nella lingua italiana. Provate a collegare ogni termine alla sua definizione facendo ipotesi per le parole più difficili per voi.

1. sviscerare
2. spinoso
3. estemporaneo
4. emanare
5. scottante
6. perifrasi
7. cazzimma
8. qua(c)quaraquà
9. abbiocco
10. accrocco
11. scugnizzo
12. umarell

a. ragazzo astuto che sa arrangiarsi con metodi non sempre onesti
b. stato di sonnolenza che di solito si manifesta dopo i pasti
c. pieno di difficoltà
d. immediato, improvvisato
e. urgente, delicato
f. insieme di parole che sostituiscono un termine
g. atteggiamento determinato e coraggioso di chi sa ottenere quello che vuole
h. persona che parla molto ma non ha capacità effettive e perciò priva di valore
i. approfondire, studiare a fondo
l. struttura composta di più parti messe insieme alla bell'e meglio per risolvere un problema (solitamente tecnico)
m. anziano che osserva gli operai al lavoro nei cantieri con l'aria di essere esperto di tutto
n. emettere, pubblicare

2d In coppie. Ritornate al testo del punto **2a** e rispondete alle seguenti domande.

1. Qual è l'obiettivo principale di Augusto P. nel porre la sua domanda riguardo alla relazione fra traduzione e tradimento del testo originale?
2. Mirella C. usa un paradosso. Quale?
3. Mauro G. usa un paragone. Qual è e che senso ha?
4. Perché, secondo Paola S., la parola "cringe" è entrata nel dizionario italiano?
5. Qual è la principale preoccupazione di Sandra B. riguardo alla traduzione di un testo?

1B A ogni cultura la sua lingua

G posizione dell'aggettivo qualificativo
V parole straniere intraducibili

3 GRAMMATICA Posizione dell'aggettivo qualificativo

3a *In coppie. Osservate le frasi tratte dal testo del punto 2a e scegliete nella lista i sinonimi delle parole evidenziate.*

parecchi | alcuni | sicura | differenti

1. ... le opinioni **diverse** dalla propria sono sempre un arricchimento! (_____)
2. Sto traducendo da **diversi** giorni un testo... (_____)
3. Se pensiamo a come spesso vengono tradotti **certi** titoli dei film americani... (_____)
4. ... senza fare lunghi giri di parole ma con una corrispondenza **certa**? (_____)

Ora rispondete alle domande.

a. Solitamente l'aggettivo qualificativo sta prima o dopo il nome? _____

b. Spesso l'aggettivo sta prima del nome per esprimere una funzione specifica. Leggete le frasi.

> Lui è un buon dottore. – Lui è un dottore buono.

Secondo voi nella prima frase è più importante la parola *dottore* o *buono*? E nella seconda?
_____

c. Leggete le altre frasi.

> Vado al vecchio bar. – Vado al bar vecchio.

In quale delle due frasi l'aggettivo *vecchio* ha una funzione descrittiva (*il cinema è effettivamente vecchio*) e in quale una funzione distintiva (*non vado al cinema nuovo ma in quello vecchio*)?
_____

d. Leggete le altre frasi.

> La "Gioconda" è una grande opera.
> L'"Ultima cena" è un'opera grande.

In quale frase l'aggettivo *grande* ha un senso figurato e in quale un senso letterale?
_____

Infine, scegliete l'opzione corretta per completare la regola e poi confrontatevi con le altre coppie.

L'aggettivo qualificativo deve stare obbligatoriamente dopo il nome quando:
- è un alterato: *una casa piccola / piccolina*
- è seguito da un complemento: *un bar pieno di gente*
- deriva da un **participio / gerundio** passato o presente: *un sole splendente, una strada stretta*
- indica nazionalità: *un ragazzo cinese*
- indica forma / colore / materia: *una pizza rotonda, una sciarpa rossa, una medicina liquida*
- indica luogo e **data / posizione**: *la mano destra, il quartiere periferico*
- indica appartenenza a una categoria: *un pittore rinascimentale*
- deriva da un **nome / verbo**: *estate > estivo (le vacanze estive)*

3b *Leggi il testo e sottolinea l'opzione corretta.*

La magia delle parole

C'è una magia in tutte le parole, che diventa ancora più evidente quando esploriamo le parole intraducibili, quei tesori linguistici che brillano solo nelle sfumature di una **certa lingua / lingua certa**.
Immagina *Waldeinsamkeit*, una parola tedesca che evoca la sensazione di essere soli nel bosco, in **intima comunione / comunione intima** con la **circostante natura / natura circostante**.
I giapponesi ci offrono *Mono no aware*, un termine che abbraccia la **dura consapevolezza / consapevolezza dura** della transitorietà delle cose e la bellezza malinconica di ciò che è effimero. Nell'ambito della lettura di libri, *Tsundoku* è l'abitudine di acquistare freneticamente libri senza poi avere il tempo o la voglia di leggerli.
E ancora, *Wabi-sabi* indica l'accettazione e l'apprezzamento dell'imperfezione delle cose.
Molto interessante è anche la simpatica **indonesiana parola / parola indonesiana** *Mancolek*, la descrizione dello scherzo che consiste nel mettersi a fianco del malcapitato e toccargli **l'opposta spalla / la spalla opposta** per farlo girare.
E cosa dire di *Saudade*, il **tesoro portoghese / portoghese tesoro** che incarna la malinconia e il desiderio nostalgico per qualcosa che è andato perduto, anche per **sconosciute persone / persone sconosciute** o posti mai visti prima? Una parola impossibile da riprodurre con la **stessa ricchezza / ricchezza stessa** in qualsiasi altra lingua.
Termini che rivelano **l'unica bellezza / la bellezza unica** di culture lontane, come **astratti dipinti / dipinti astratti**, sfumature di emozioni che solo una lingua può dipingere con precisione.

A ogni cultura la sua lingua 1B

4 PARLARE Facciamo una magia!

In gruppi. Nel testo del punto *3b* avete conosciuto 6 parole intraducibili. Secondo voi quali sono più utili? E quali più belle? Stilate le due classifiche, poi confrontatevi con gli altri gruppi.

PAROLE PIÙ UTILI	PAROLE PIÙ BELLE
1. _____	1. _____
2. _____	2. _____
3. _____	3. _____
4. _____	4. _____
5. _____	5. _____
6. _____	6. _____

Ora ogni gruppo deve inventare una nuova parola italiana che non esiste, ma che sarebbe molto utile o bella, e darne una definizione. Al termine i gruppi propongono le loro parole alla classe e ogni studente vota la parola migliore degli altri gruppi.

PAROLA: _____
DEFINIZIONE: _____

5 PROGETTO Podcast di classe 1

In gruppi. Inizia per voi una nuova avventura: la creazione del vostro podcast, un episodio in ogni lezione!
Prima di tutto, leggete le caratteristiche di un podcast e completate il testo con le parole date. Poi seguite le istruzioni.

**registrare | audio | originali | intervista
episodi | cellulare | argomento**

Il termine podcast (iPod + *broadcasting*) indica una trasmissione _____ suddivisa in _____ che viene registrata (anche con un semplice _____) e resa disponibile su Internet. I passaggi fondamentali per creare un buon podcast sono:
- scegliere il nome e l'_____
- decidere la propria modalità di narrazione (racconto, _____, chiacchierata ecc.)
- preparare e provare un testo prima di _____
- essere coinvolgenti e _____

In questo primo episodio potete scegliere liberamente uno degli argomenti che avete affrontato in questa lezione e raccontarlo in modo approfondito al vostro pubblico. Condividete le vostre esperienze personali in proposito per renderlo più interessante e coinvolgente!

DIECI parole italiane intraducibili

1. gattara
2. pantofolaio
3. qualunquismo
4. struggente
5. posato
6. apericena
7. dietrologia
8. meriggiare
9. menefreghismo
10. mammone

In gruppi. Di quali parole conoscete il significato? Abbinate i significati a ogni parola della lista.

a. al tempo stesso tormentoso, intenso e dolce (___)
b. il considerare inutile ogni tipo di impegno ideologico e politico, secondo il principio per cui "i politici sono tutti uguali e le cose non possono essere cambiate" (___)
c. dotato di un carattere riflessivo, calmo, equilibrato (___)
d. donna che dà da mangiare ai gatti randagi (___)
e. chi ama eccessivamente il quieto vivere, la vita abitudinaria e evita ogni attività sociale (___)
f. riposare in un luogo esterno fresco e ombroso nel primo pomeriggio (___)
g. aperitivo accompagnato da un ricco buffet, che può sostituire la cena (___)
h. totale e cinico disinteresse nei confronti di tutto e tutti ( )
i. figlio adulto molto attaccato alla mamma (___)
l. tendenza a indagare ossessivamente i motivi nascosti o presunti di fatti, eventi o comportamenti, specialmente in contesti politici (___)

Tutte queste parole sono davvero introducibili o esiste una parola corrispondente nella vostra lingua? Quale parola vi piace di più? Quale vi sembra più utile? E quale più bella?

▶ GRAMMATICA ES 3 E 4   ▶ VOCABOLARIO ES 3, 4 E 5

1c Italiano: un viaggio senza fine

v a dirla tutta • mettere il turbo • tirare in ballo
avere una marcia in più

1 VOCABOLARIO Il podcast "A dirla tutta!" 1

1a In gruppi. Ascoltate la prima parte del podcast e completate la frase.

> Cominciamo _____ _____ _____ _____ _____ perché oggi abbiamo con noi il Professor Paolo Torresan.

Cosa significa questa espressione idiomatica? A quale delle seguenti immagini la abbinereste?

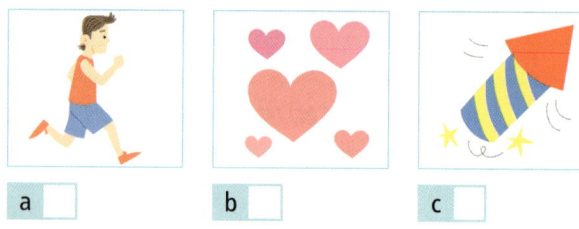

a ☐   b ☐   c ☐

2 ASCOLTARE Mamma mia, il livello C1!

2a In gruppi. Ascoltate la prima domanda che Rosella pone al Prof. Torresan (se necessario potete riascoltarla); cosa rispondereste al posto suo? Parlate e stilate la classifica delle difficoltà del livello C1 secondo voi, poi confrontatevi con gli altri gruppi.

1. _____
2. _____
3. _____
4. _____
5. _____
6. _____
7. _____
8. _____
...

2b Ascoltate la risposta del Prof. Torresan per verificare le vostre ipotesi e allo stesso tempo rispondete alle seguenti domande.

1. Perché il livello C1 è molto diverso dai livelli precedenti?
2. Quali sono i 3 lavori da fare con la grammatica nel livello C1?
3. In che senso il lessico del livello C1 è complesso?
4. Qual è la difficoltà specifica della lingua parlata del livello C1?

2c In coppie. Completate le frasi di Rosella e del Prof. Torresan con l'espressione idiomatica corretta, spiegatene il significato e poi confrontatevi con le altre coppie per verificare.

mettere il turbo | capire tra le righe

- Un interlocutore non dice tutto quello che dovrebbe dire perché sa che l'altra persona può capire, e quindi è un allenamento a _____.

▸ Quindi ci possiamo rilassare un po' per quanto riguarda la grammatica, ma dobbiamo _____ per il lessico.

2d In coppie. Discutete dei seguenti punti.

- La risposta del Prof. Torresan sulle difficoltà del livello C1 corrispondeva alle vostre aspettative o vi ha sorpreso? Perché?
- In generale per voi è più difficile la grammatica o il lessico? Quali sono le difficoltà specifiche di ognuno di questi due aspetti della lingua?
- Quali strategie utilizzate per memorizzare e acquisire il lessico?

2e In coppie. Provate ad applicare la seguente strategia per l'apprendimento del lessico e poi dite cosa ne pensate.

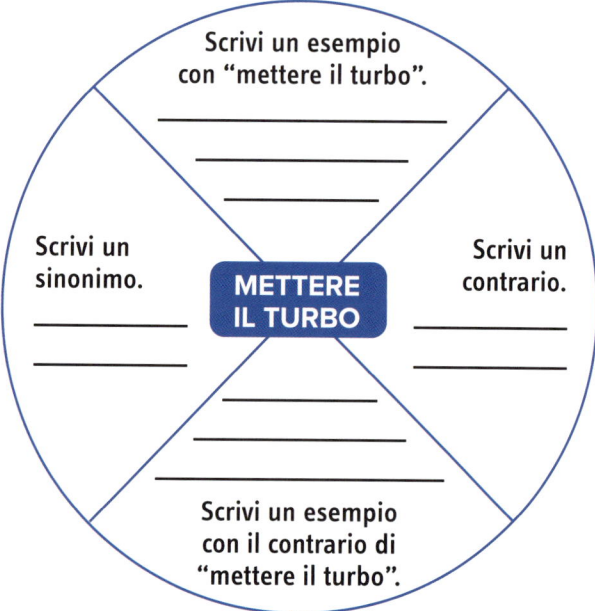

2f Ascolta la parte successiva del podcast e completane la trascrizione in alto a destra con le parole mancanti. Poi confrontati con un'altra persona e, se necessario, ascoltate nuovamente fino a completare tutta la trascrizione.

Italiano: un viaggio senza fine   1c

▶ E un'altra cosa: spesso gli studenti, _____ _____ _____ _____, _____ _____, non vedono più miglioramenti rapidi nel loro apprendimento, _____ _____ _____ _____ _____. Secondo lei, quali sono le strategie più efficaci che si possono consigliare agli studenti per uscire da quello _____ _____?

● Sì, in effetti, anche nella letteratura si parla di questo aspetto. Si usa un'espressione che viene dal francese, l'effetto *plateau*, cioè un altopiano dove la persona, come dire, usa la lingua, però, _____ _____ _____ _____ _____ _____ _____ _____. Questo in parte è legato a quello che dicevamo prima, cioè, non abbiamo grandi scoperte grammaticali da fare, ma abbiamo _____ _____ _____ _____, _____, _____ _____. In realtà, direi anche con la sintassi, il modo di costruire la frase, ma il lessico è importante. E allora che cosa fare con questo lessico nuovo? Qui ogni studente deve trovare la propria strategia, perché c'è il rischio che, essendo un lessico, poiché questo lessico appunto è un lessico di bassa frequenza, _____ _____ _____ _____ _____ _____ _____ _____ _____ dal contesto e dalle altre parole che sono presenti, quindi assorbo, vado avanti, riesco a comprendere il testo, ma in realtà è bene soffermarsi un po' di più, rileggere un po' di più, _____ _____ _____ _____ _____ _____ _____ nelle nostre produzioni per farlo proprio.

In coppie. Ora rileggete il testo e rispondete alle seguenti domande.

1. In cosa consiste l'effetto *plateau*?
2. Anche voi lo avete provato durante lo studio dell'italiano?
3. Quale soluzione propone il Prof. Torresan per contrastare l'effetto *plateau*?

2g *In coppie. Nella parte successiva del podcast Rosella farà al Prof. Torresan una domanda che lei definisce "da un milione di dollari". Quale potrebbe essere, secondo voi? Avete 2 minuti di tempo per decidere, poi confrontatevi con le altre coppie.*

Ora ascoltate per verificare. Chi si è avvicinato di più? E qual è la risposta, secondo voi? Parlatene tutti insieme. **7** ▶

2h *Ascolta attentamente la risposta del Prof. Torresan. Poi leggi le opinioni e cancella quelle che non gli appartengono. Al termine confrontati con altre 2 persone.* **8** ▶

1. Nella lingua inglese il madrelingua non esiste.
2. Per gli studenti il madrelingua è un modello.
3. È sbagliato per lo studente porsi il madrelingua come obiettivo.
4. Avere il madrelingua come obiettivo può essere d'aiuto nello studio della lingua.
5. Gli studenti non dovrebbero confrontarsi con le altre persone della classe.
6. La mancanza di un orecchio musicale non significa che non si possa arrivare a un alto livello di lingua.
7. L'orecchio musicale e la passione per la lingua e la cultura sono i due fattori che aiutano a imparare bene una lingua.

2i *In gruppi. Ascoltate l'ultima parte del podcast e scrivete tutti i consigli del Prof. Torresan per non perdere il lessico e farlo proprio. Potete riascoltare più volte, se necessario. Alla fine, confrontatevi con gli altri gruppi.* **9** ▶

I consigli del Prof. Torresan per il lessico
_____
_____
_____

2l *Rileggi alcune frasi del podcast che contengono delle espressioni idiomatiche e abbinale al significato corretto, poi confrontati con le altre persone.*

a. essere più capaci degli altri
b. considerare, coinvolgere
c. informazioni preziose
d. fare un rapido progresso

1. Qui ci sono diverse cose da **tirare in ballo**... (___)
2. C'è una pratica particolare... che secondo lei gli studenti... dovrebbero... mettere in pratica per **avere**, diciamo, **una marcia in più**. (___)
3. ... la mia competenza, allora sì, **farà un balzo in avanti**. (___)
4. ... lei ci ha dato delle **perle** molto, molto interessanti. (___)

3 SCRIVERE Il livello C1

Scrivi sul quaderno un riassunto di almeno 300 parole contenente tutte le informazioni che hai appreso dal podcast. Se vuoi, puoi riascoltarlo per intero.

1 PER FARE ANCORA MEGLIO

G *che* polivalente
V errore, sbaglio

1 VOCABOLARIO — Errore o sbaglio?

1a In coppie. Leggete le definizioni di **errore** e **sbaglio** e scrivete le parole al posto giusto.

| Allontanamento con il pensiero o con l'azione dal bene o dal vero a causa di distrazione, stress, stanchezza, ecc. _____ | Allontanamento sistematico con il pensiero o con l'azione dal bene o dal vero a causa di incompetenza. _____ |

1b Ora pensate agli errori che fate nella lingua italiana. Sono più spesso veri errori o sbagli? E quali strategie potete adottare per evitare gli uni e gli altri?

2 GRAMMATICA — Il *che* polivalente

2a In coppie. Osservate le frasi e individuate quelle che, secondo voi, contengono errori.

○ 1. Vieni qui che ti aiuto!
○ 2. Lo vedo che sta tutto il giorno sul divano.
○ 3. Fai attenzione che non si rompe!
○ 4. Il giorno che sono andata a Roma pioveva.
○ 5. La città che sono nato è Pavia.

2b Se avete trovato errori in tutte le frasi, siete dei veri geni dell'italiano! Ora provate a sostituire il *che* di ogni frase con la parola o le parole corrette, come nell'esempio.

1. che: *così*
2. che: _____
3. che: _____
4. che: _____
5. che: _____

Ora completate la spiegazione del *che* polivalente con le parole date.

secondarie | parlata | congiuntivo

> Il *che* polivalente è un fenomeno che si sta diffondendo nella forma _____ colloquiale dell'italiano contemporaneo e consiste nella tendenza a usare il *che* per introdurre frasi _____ che dovrebbero essere introdotte con parole diverse (*così, mentre, quando, affinché, dove,* preposizione + *cui*). In questi casi il *che* è sempre seguito dall'indicativo, anche quando sarebbe più appropriato usare il _____.

2c Riscrivi le frasi nella forma corretta e indica i casi in cui sarebbe meglio usare il congiuntivo. Segui gli esempi.

Congiuntivo? sì / no

1. La ragione che te lo dico è che ti voglio bene.
   La ragione per cui te lo dico è che ti voglio bene. — no ✓

2. Controlla che Eva non esce.
   Controlla affinché Eva non esca. — sì ✓

3. La mattina che sono andato a fare l'esame avevo paura.
   _____ ○ ○

4. Ho capito di aver fatto un errore nell'attimo esatto che ho parlato.
   _____ ○ ○

5. Siamo arrivati che la lezione era già cominciata.
   _____ ○ ○

6. Vedi che prende tutte le medicine!
   _____ ○ ○

DIECI TIPI DI ERRORI

1. errore di stampa
2. errore di ortografia
3. errore di prospettiva
4. errore di distrazione
5. errore di gioventù
6. errore di calcolo
7. errore di giudizio
8. errore di concetto
9. errore di battitura
10. errore sistematico

A volte gli italiani dicono "errore di sbaglio". La frase è scorretta, ma viene usata in senso ironico o scherzoso per riferirsi a un errore.

In coppie. Spiegate il significato di ogni tipo di errore della lista con una definizione o con un esempio. Quale tipo di errore commettete più spesso? Quale considerate più giustificabile? Quale imperdonabile? Quale non sopportate nelle altre persone?

▶ GRAMMATICA ES 2

SPUTA IL ROSPO 1

1 PARLARE Studiare in Italia... gratis!!

In coppie. Leggete a destra l'annuncio di una scuola di lingua italiana e parlatene discutendo i seguenti punti.

- Avete mai seguito un corso di italiano in Italia? Se sì, raccontate la vostra esperienza. Se no, vi piacerebbe?
- Secondo voi a che tipo di candidato/a la scuola è più propensa a concedere la borsa di studio?
- Voi potreste essere dei buoni candidati/delle buone candidate? Perché sì o no?

2 VOCABOLARIO La lettera di candidatura

In coppie. Leggete la lettera di candidatura alla borsa di studio inviata da uno studente e completate la tabella a destra seguendo gli esempi.

Oggetto: Candidatura per borsa di studio

Egregio/a Responsabile delle borse di studio,
mi chiamo Patrick Lins e sto frequentando il corso di lingua italiana presso la University of Michigan. Con entusiasmo, presento la mia candidatura per la borsa di studio.
Recentemente ho iniziato il corso C1 e sono motivato a proseguire gli studi e immergermi nella cultura italiana in quanto il mio obiettivo è quello di lavorare in Italia come corrispondente di una testata giornalistica americana.
La vostra scuola è rinomata per l'eccellenza nell'insegnamento dell'italiano e ritengo che sia l'ambiente ideale per affinare le mie competenze, quindi la vostra borsa di studio sarebbe estremamente preziosa date le mie limitate risorse finanziarie. Mi impegno fin d'ora a dedicare il massimo impegno ai miei studi con l'obiettivo di raggiungere risultati accademici eccellenti.
Invio in allegato il mio CV e i certificati di frequenza e valutazione linguistica dei corsi di lingua italiana che ho completato.
Ringrazio per l'opportunità e spero di essere considerato per la borsa. Sono disponibile per un colloquio, se necessario.

Distinti saluti,
Patrick Lins

---

10 BORSE DI STUDIO PER VACANZA-STUDIO A FIRENZE

Riservate a studenti / studentesse di lingua e cultura italiana di livello avanzato

Inviare la candidatura a: direzione@scuolagenio.it

FUNZIONI COMUNICATIVE	
indicazione breve e chiara dell'argomento	*Oggetto...studio.*
formula di apertura	
breve presentazione personale	
espressione di interesse	
espressioni di motivazione	
descrizione di competenze e obiettivi	
espressione di stima	
spiegazione della motivazione oggettiva	
manifestazione di impegno	
notifica degli allegati	*Invio... completato.*
ringraziamento	
disponibilità al colloquio	
chiusura formale	

3 SCRIVERE E PARLARE Mi candido!

Scrivi la tua lettera di candidatura seguendo lo schema precedente e dalla a un'altra persona che correggerà eventuali errori. Poi date le vostre lettere a un'altra coppia che dovrà decidere chi di voi due merita di più la borsa di studio e perché.

4 RIFLETTERE A che punto sono?

Pensa al tuo obiettivo di parlare italiano a livello avanzato e rispondi alle domande in forma scritta o orale.
- A che punto del percorso sei?
- Cosa può ostacolare e cosa può agevolare il raggiungimento del tuo obiettivo?
- Cosa cambierà per te quando arriverai al traguardo?

Confrontati con le altre persone. Cosa c'è di diverso fra di voi? E quali delle loro idee possono aiutarti?

1 GRAMMATICA

PRONOMI RELATIVI

chi
- significa *la persona* o *le persone che, colui* o *coloro che*. Si usa esclusivamente al singolare e si riferisce solo a persone.
  Chi parla italiano, sa che è una bella lingua.
- significa *qualcuno che*. Si usa esclusivamente al singolare e si riferisce solo a persone.
  Voglio parlare con chi è più esperto di me.
- significa *se qualcuno*. Si usa esclusivamente al singolare e si riferisce solo a persone.
  Chi volesse, può farmi qualsiasi domanda.

che
invariabile in genere e numero. Può essere soggetto o complemento oggetto diretto.
Il traduttore che mi aiuta è bilingue.
L'articolo che ho letto è molto interessante.

cui
invariabile in genere e numero. Si usa solo come complemento oggetto indiretto ed è sempre preceduto da una preposizione.
La città in cui vivo è molto sicura.
Il collega a cui ho chiesto aiuto è stato molto gentile.

il / la quale – i / le quali
possono sostituire i pronomi relativi *che* e *cui* nelle situazioni più formali o per evitare ripetizioni o dubbi. Si accordano con il genere e il numero del nome a cui si riferiscono.
La città nella quale vivo è molto sicura.
Gli amici con i quali esco sono tutti appassionati di sport.

il / la / i / le cui
esprime possesso. Significa *del quale, della quale, dei quali, delle quali*.
Il linguista, il cui libro ho studiato a fondo, è russo.

il che
invariabile in genere e numero. Significa *ciò / questa cosa*. Si usa per sostituire tutta la frase precedente.
Marco non è ancora tornato, il che mi preoccupa.

quanto
significa *tutto quello che*. Si usa esclusivamente al singolare e si riferisce solo a cose.
Quanto hanno detto è incomprensibile.

quanti/e
significa *le persone che, coloro che*. Si usa esclusivamente al plurale e si riferisce solo a persone.
Hanno aiutato quanti potevano.

"CHE" POLIVALENTE

Il *che* polivalente è un fenomeno che si sta diffondendo nella forma parlata colloquiale dell'italiano contemporaneo e consiste nella tendenza a usare il *che* per introdurre frasi secondarie che dovrebbero essere introdotte con parole diverse (*così, mentre, quando, affinché, dove,* preposizione + *cui*). In questi casi il *che* è sempre seguito dall'indicativo, anche quando sarebbe più appropriato usare il congiuntivo.
Guarda che (affinché) il bambino non si fa male!
L'anno che (in cui) mi sono laureata era il 2015.

POSIZIONE DELL'AGGETTIVO QUALIFICATIVO

Solitamente l'aggettivo qualificativo sta dopo il nome.
Ho comprato un libro nuovo.
Spesso, però, sta prima del nome per esprimere una funzione specifica:

PRIMA del nome → esalta il nome
Lui è un buon dottore. (un dottore bravo)

DOPO il nome → esalta l'aggettivo
Lui è un dottore buono. (un dottore con un buon cuore)

PRIMA del nome → funzione descrittiva
Vado al vecchio cinema. (il cinema è vecchio)

DOPO il nome → funzione distintiva
Vado al cinema vecchio. (non in quello nuovo)

PRIMA del nome → senso figurato
La Gioconda è una grande opera. (importante e famosa, anche se di piccole dimensioni)

DOPO il nome → senso letterale
L'Ultima cena è un'opera grande. (di grandi dimensioni)

L'aggettivo qualificativo deve stare obbligatoriamente dopo il nome quando:
- è un alterato: *una casa piccolina*
- è seguito da un complemento: *un bar pieno di gente*
- deriva da un participio passato o presente: *un sole splendente, una strada stretta*
- indica nazionalità: *un ragazzo cinese*
- indica forma / colore / materia: *una pizza rotonda, una sciarpa rossa, una medicina liquida*
- indica luogo e data / posizione: *la mano destra, il quartiere periferico*
- indica appartenenza a una categoria: *un pittore rinascimentale*
- deriva da un nome / verbo: *le vacanze estive* (estate > estivo)

COMBINAZIONE DI UN NOME CON PIÙ AGGETTIVI

Quando un nome è accompagnato da due aggettivi, l'aggettivo relazionale (che deriva da un nome) deve stare subito dopo il nome.

GRAMMATICA 1

- nome + aggettivo relazionale + aggettivo relazionale
  le vacanze **estive annuali**
- nome + aggettivo relazionale + aggettivo qualificativo
  le vacanze **estive divertenti**
- aggettivo qualificativo + nome + aggettivo relazionale
  le **grandi** vacanze **estive**

La costruzione **nome + aggettivo qualificativo + aggettivo relazionale** non è possibile:
~~le vacanze belle estive~~ le **belle** vacanze **estive**

La costruzione **nome + aggettivo qualificativo + aggettivo qualificativo** è possibile:
- solo nelle forme cristallizzate
  un **agente segreto infallibile**
- quando il secondo aggettivo qualificativo ha una funzione restrittiva rispetto al nome e al primo aggettivo.
  Non trovo i **pantaloni leggeri stretti**.

PRONOMI RELATIVI

1 *Riscrivi le frasi usando i pronomi relativi per evitare le ripetizioni. Scrivi tutte le frasi possibili, come nell'esempio.*

ESEMPIO:
Whorf ha elaborato la teoria della relatività linguistica. Whorf è un linguista e antropologo americano.
Whorf, *che / il quale è un linguista e antropologo americano, ha elaborato la teoria della relatività.*

1. La teoria di Whorf è molto interessante. La ricerca scientifica ha dato sostegno alla teoria di Whorf.
   La teoria di Whorf, _____
   _____

2. Le persone plurilingue sono abituate a passare da una lingua all'altra. Il fatto che sono abituate a passare da una lingua all'altra significa che hanno una maggiore flessibilità cognitiva.
   Le persone plurilingue _____
   _____
   _____
   _____

3. Il plurilinguismo è importante per le persone perché conferisce una memoria potenziata alle persone che hanno questa capacità.
   Il plurilinguismo _____
   _____ ha queste capacità.

4. Il livello linguistico di Stefano non è molto alto. Anche Stefano trae vantaggio dal suo plurilinguismo.
   Anche Stefano, _____
   _____
   _____

"CHE" POLIVALENTE

2 *Individua le frasi che contengono il che polivalente e riscrivile sostituendolo con una forma più adeguata. Dove necessario, trasforma il verbo al congiuntivo.*

○ 1. Maledetto il giorno che ho deciso di studiare l'italiano! La grammatica è davvero difficile!
○ 2. La lingua è un potente strumento che permette di comunicare ed esprimere il pensiero.
○ 3. Il bilinguismo è un vantaggio che vorrei godere.
○ 4. Quando finisci, dimmelo che controllo tutto!
○ 5. L'ho visto che traduceva un libro dal sanscrito!
○ 6. Il 1956 è l'anno che è stata pubblicata la teoria della relatività linguistica.
○ 7. Per favore, controlla che fa tutti gli esercizi!

POSIZIONE DELL'AGGETTIVO QUALIFICATIVO

3 *Inserisci gli aggettivi tra parentesi al posto giusto nella frase, indicandolo con una freccia (↓). La parola a cui si riferisce l'aggettivo è evidenziata.*

1. Ho bisogno di ricevere una **risposta**, non mi basta il tuo "penso di sì"! (*certa*)
2. Mio figlio è tornato tardi anche ieri sera. Dobbiamo fare una **chiacchierata**! (*lunga*)
3. Per fortuna all'esame di inglese mi hanno fatto una **domanda**! (*semplice*)
4. Secondo me Vincenzo non ha colpa, è solo una **vittima**! (*povera*)
5. Hanno **opinioni**, per questo non vanno d'accordo! (*diverse*)
6. Voglio la **verità**, nient'altro! (*semplice*)
7. Franco ha proposto **soluzioni**, dobbiamo solo decidere quale sia la migliore. (*diverse*)

COMBINAZIONE DI UN NOME CON PIÙ AGGETTIVI

4 *Metti in ordine le parole per formare le frasi facendo attenzione alla posizione degli aggettivi. In alcuni casi sono possibili più soluzioni.*

1. primaverile | abbiamo | un | viaggio memorabile | fatto
   _____

2. universitarie | concentrazione | intensive | lezioni richiedono | le | grande
   _____

3. macchina | musica | sempre | rilassante | mi la | accompagna | classica | in
   _____

4. fatto | discussioni | candidati | hanno politiche | i | appassionate
   _____

1 VOCABOLARIO

TONALITÀ DI BLU

blu   azzurro   celeste   blu oltremare

blu di Persia   turchese   blu reale

LESSICO FORMALE APPROPRIATO

- **abbondare**: essere molto numeroso
- **abbracciare**: includere, comprendere
- **abile**: bravo
- **avventurarsi**: entrare / avvicinarsi (per la prima volta)
- **cognizione**: conoscenza, competenza
- **concepire**: comprendere / interpretare
- **condurre**: fare (esperimento) / portare / guidare
- **conferire**: dare, offrire
- **decisivo**: determinante, cruciale
- **dispiegarsi**: rivelarsi, manifestarsi, mostrarsi
- **emanare**: emettere
- **estemporaneo**: improvvisato / immediato / spontaneo
- **fornire**: dare, procurare
- **giacché**: dato che / visto che / poiché
- **illustre**: famoso, celebre
- **incline**: tendente / disposto
- **mero**: semplice, puro
- **ovverosia**: cioè, ossia
- **plasmare**: creare / modellare
- **scottante**: urgente e delicato
- **solito**: abituato a
- **sostenere / affermare**: dire
- **spinoso**: difficile, complesso
- **svelare**: rivelare / chiarire / spiegare / esprimere
- **sviscerare**: analizzare, approfondire, investigare
- **tale/i**: questo/a/i/e
- **tuttavia /nonostante ciò**: però

ESPRESSIONI IDIOMATICHE

- **gettare la spugna**: rinunciare o arrendersi di fronte a una difficoltà o sfida
- **gettare, lanciare un sassolino nello stagno**: suscitare di proposito discussioni o polemiche
- **mettersi le mani nei capelli**: essere preoccupati, frustrati o disperati riguardo a una situazione
- **nocciolo della questione**: il punto centrale o la sostanza di una questione
- **essere una passeggiata**: essere (molto) facile
- **al dente**: grado di cottura ideale della pasta
- **cadere a fagiolo**: arrivare al momento giusto e adattarsi perfettamente a una situazione o un discorso
- **pieno zeppo**: pieno in ogni sua parte
- **a dirla tutta**: per dire la verità / onestamente
- **mettere il turbo**: accelerare, impegnarsi di più
- **capire / leggere tra le righe**: comprendere, intuire ciò che è sottinteso in un testo o in un discorso
- **tirare in ballo**: considerare, coinvolgere
- **avere una marcia in più**: essere più capaci degli altri
- **fare un balzo in avanti**: fare un rapido progresso
- **una perla**: un'informazione preziosa

PAROLE ITALIANE INTRADUCIBILI

- **apericena**: aperitivo accompagnato da un ricco buffet, che può sostituire la cena
- **culaccino**: segno che lascia un recipiente bagnato sul luogo dov'è stato posato / residuo di un liquido che resta nel fondo di un bicchiere o di un altro piccolo recipiente / parte terminale di un salame, di una salsiccia ecc. o di un cetriolo vicino al gambo
- **dietrologia**: tendenza a indagare ossessivamente i motivi nascosti o presunti di fatti, eventi o comportamenti, specialmente in contesti politici
- **gattara**: donna che dà da mangiare ai gatti randagi
- **mammone**: figlio adulto molto attaccato alla mamma
- **menefreghismo**: totale e cinico disinteresse nei confronti di tutto e tutti
- **meriggiare**: riposare in un luogo esterno fresco e ombroso nel primo pomeriggio
- **pantofolaio**: chi ama eccessivamente il quieto vivere, la vita abitudinaria ed evita ogni attività sociale
- **posato**: dotato di un carattere riflessivo, calmo, equilibrato
- **qualunquismo**: il considerare inutile ogni tipo di impegno ideologico e politico, secondo il principio per cui "i politici sono tutti uguali e le cose non possono essere cambiate"
- **struggente**: al tempo stesso tormentoso, intenso e dolce

REGIONALISMI

- **abbiocco**: stato di sonnolenza che di solito si manifesta dopo i pasti
- **accrocco**: struttura composta di più parti messe insieme alla bell'e meglio per risolvere un problema (solitamente tecnico)
- **cazzimma**: atteggiamento determinato e coraggioso di chi sa ottenere quello che vuole
- **qua(c)quaraquà**: persona che parla molto, ma non ha capacità effettive e perciò priva di valore
- **scugnizzo**: ragazzo di strada astuto che sa arrangiarsi con metodi non sempre onesti
- **umarell**: anziano che osserva gli operai al lavoro nei cantieri con l'aria di essere esperto di tutto

VOCABOLARIO 1

TONALITÀ DI BLU

1 Completa le frasi con i vari tipi di blu.

1. Il _____ è il colore classico dei jeans, versatile e adatto a ogni occasione.
2. Le antiche moschee persiane sono decorate con piastrelle colorate in _____, che evoca eleganza e mistero.
3. Le maglie della nazionale di calcio italiana sono di un brillante _____, simbolo di tradizione e orgoglio sportivo.
4. La gemma del mio anello ha un colore brillante e vivo, tendente al verde, tipico del _____.
5. La divisa ufficiale dei regnanti inglesi aveva un colore distintivo chiamato _____, a metà tra l'azzurro e il blu.
6. I vestiti dei bebè sono spesso di un tenue colore _____ che evoca tranquillità e dolcezza.
7. Il mare profondo, visto da una barca al largo, ha una tonalità di _____, molto scura e intensa.

LESSICO FORMALE APPROPRIATO

2 Sostituisci le parole **evidenziate** con sinonimi più eleganti.

1. Solo **analizzando a fondo** _____ il problema potremo sperare di risolverlo.
2. Il comitato si è riunito per scegliere il candidato a cui **dare** _____ il primo premio.
3. Lo abbiamo fatto per **puro** _____ divertimento, ma capisco che abbiamo esagerato.
4. I suoi genitori vogliono **modellare** _____ il suo carattere.
5. In questo periodo nel mondo i problemi **sono molti** _____, purtroppo!
6. La scuola deve **dare** _____ agli studenti le basi per affrontare la vita.
7. Questo è un argomento **complicato** _____, meglio cambiare discorso se non vogliamo litigare.

ESPRESSIONI IDIOMATICHE

3 Completa le espressioni idiomatiche con le parole corrette.

stagno | spugna | al | nocciolo
mettersi | pieno | essere una | cadere

1. _____ della questione
2. _____ zeppo
3. _____ le mani nei capelli
4. sassolino nello _____
5. _____ passeggiata
6. _____ a fagiolo
7. gettare la _____
8. _____ dente

4 Inserisci nelle frasi le espressioni idiomatiche del punto **3** facendo i necessari cambiamenti e coniugando i verbi al modo e al tempo opportuni.

1. Dopo aver provato per anni a superare l'esame di guida, Patrizio ha deciso di _____ e ha comprato una bicicletta.
2. L'esame di medicina non _____ per nessuno, nemmeno per gli studenti migliori.
3. Il regalo che mi ha fatto il mese scorso _____ perché avevo davvero bisogno di un nuovo computer!
4. La sua dichiarazione è stata un _____ che ha provocato un'ondata di polemiche.
5. La testa di Marco era _____ di idee che non riusciva a mettere in ordine.
6. La soluzione al problema è semplice, ma il _____ è che nessuno vuole fare dei sacrifici.
7. Quando si è reso conto del disastro che aveva combinato, _____.
8. L'espressione "_____" è conosciuta in molti Paesi del mondo.

PAROLE ITALIANE INTRADUCIBILI

5 Scegli l'opzione corretta.

1. Mio marito ha messo una tavola di legno sulla finestra per non far uscire il gatto, ma è **un abbiocco / accrocco / culaccino** inguardabile!
2. Quel ragazzo ha **cazzimma / qualunquismo / menefreghismo** da vendere, non si tira mai indietro.
3. Davvero non andrai a votare? **La tua dietrologia / La tua cazzimma / Il tuo qualunquismo** mi delude!
4. Il film "La vita è bella" è davvero **pacato / struggente / abbiocco**, ho riso e pianto.
5. Nel primo pomeriggio, se non prendo il caffè, mi viene sempre un tremendo **abbiocco / accrocco / scugnizzo**!

1 CULTURA

1 Indovina indovinello...
In squadre. Trovate le soluzioni di questi indovinelli, scrivetele su un foglio e, appena terminate, datelo all'insegnante. Vince la squadra che scrive più risposte esatte nel minor tempo.

1. Più son caldo e più son fresco!
2. Quando passo io, devi toglierti il cappello.
3. Quando ci sei dentro, si accorcia davanti e si allunga di dietro.
4. È innocente ma viene sempre arrestato.
5. Quali animali mangiano con la coda?

2 Un indovinello famoso
Ancora in squadre. Leggete il testo e svolgete il compito che segue.

L'INDOVINELLO VERONESE
L'anno era il 1924. Luigi Schiaparelli, un archeologo italiano, stava studiando un codice della Biblioteca capitolare di Verona, una liturgia cristiana spagnola che probabilmente fu scritta a Toledo nell'VIII secolo. Schiaparelli era concentrato nel suo lavoro quando, all'improvviso, notò sul margine di una pagina un breve testo scritto a penna dall'amanuense* in una lingua che non conosceva. Schiaparelli era un uomo curioso e decise di indagare. Riuscì a comprenderne il significato: si trattava di un indovinello, scritto in un volgare italiano che era ancora molto vicino al latino.
Boves se pareba
Alba pratalia araba
Et albo versorio teneba
Et negro semen seminaba.
Schiaparelli era entusiasta della sua scoperta: era il più antico testo letterario in italiano mai ritrovato e la prova che il volgare italiano era già in uso come lingua letteraria nel Medioevo.

amanuense: chi, prima dell'invenzione della stampa, copiava manoscritti per mestiere.

Leggete la parafrasi dell'indovinello in italiano contemporaneo e selezionate il significato corretto.

Teneva davanti a sé i buoi
arava bianchi prati
e aveva un bianco aratro
e un nero seme seminava.

○ a. Arava un campo bianco con un aratro bianco e seminava semi neri.
○ b. Dipingeva un quadro bianco con colori neri e bianchi.
○ c. Scriveva su una pagina bianca con una penna bianca e l'inchiostro nero.

3 Le origini della lingua italiana
Ancora in squadre. Leggete il testo e svolgete il compito che segue.

Non tutti gli studiosi sono d'accordo nel ritenere che l'indovinello veronese possa essere considerato il primo testo in lingua italiana perché è ancora troppo simile al latino. Altri esperti ritengono che in realtà il primo testo in lingua italiana sia il "placito capuano", una sentenza scritta in latino in cui è inserito il giuramento in volgare (lingua colloquiale fiorentina) pronunciato dai testimoni di una controversia tra il monastero di Montecassino e un proprietario terriero. I testimoni giurano in volgare perché non conoscono il latino.
Il testo in volgare dice:

Sao ko kelle terre, per kelle fini que ki contene, trenta anni le possette parti sancti benedicti.

Il volgare di questo testo presenta notevoli differenze rispetto al latino, manifestando caratteristiche tipiche delle regioni Campania e Toscana.
La letteratura italiana, invece, ha le sue radici nel XIII secolo quando cominciano a emergere testi letterari scritti in volgare italiano. In quell'epoca, però, non esisteva un unico volgare italiano, ma piuttosto diverse varianti linguistiche. Dante, ad esempio, identifica quattordici diverse aree linguistiche in Italia. Gli autori delle prime opere utilizzavano il volgare della propria regione, come l'umbro, il siciliano, il toscano, e così via. Un esempio significativo di queste prime produzioni è il "Cantico di Frate Sole", conosciuto anche come "Cantico delle Creature", una preghiera di lode a Dio scritta nel 1224 in umbro da San Francesco d'Assisi.

Scrivete su un foglio la traduzione del testo tratto dal "placito capuano" e datelo all'insegnante. Vince la squadra che si avvicina di più alla traduzione corretta nel minor tempo.

4 Chi vince, decide!
La squadra che ha accumulato più punti può decidere cosa fare tra le due proposte.

- La classe va su Youtube per ascoltare il *Cantico delle Creature* e poi parla del suo significato.

- Ogni squadra traduce in italiano degli indovinelli del proprio Paese e sfida le altre squadre a dare le soluzioni corrette.

Soluzione del punto 1: 1. il pane; 2. il pettine; 3. la strada; 4. il computer; 5. tutti quelli che hanno la coda.

TEST 1

GRAMMATICA

1 *Completa il testo con i pronomi relativi.*

La neurolinguistica, disciplina _____ studia il rapporto tra il linguaggio e il cervello, rivela interessanti dinamiche sull'apprendimento delle lingue straniere. Il cervello umano è dotato di una grande plasticità grazie _____ si adatta e si trasforma durante il processo di apprendimento della lingua _____ siamo esposti. _____ significa che quando una persona inizia a imparare una nuova lingua, il cervello attiva diverse aree coinvolte nell'elaborazione del linguaggio. L'area di Broca, _____ funzione è quella di produrre il linguaggio, e l'area di Wernicke, _____ invece è coinvolta nella comprensione del linguaggio, giocano un ruolo chiave. _____ vuole imparare una lingua straniera ha bisogno di pratica costante e di esposizione continua alla lingua; _____ permette al cervello di rafforzare le connessioni neurali utilizzate più frequentemente, facilitando così la memorizzazione e l'accesso alle informazioni linguistiche. _____ si avventurano nell'apprendimento linguistico si rendono subito conto che l'immersione linguistica, l'esposizione a contesti autentici e l'interazione sociale favoriscono un apprendimento più efficace, ma devono tener presente che anche l'emotività e l'interesse personale _____ sono dotati incidono profondamente.

`OGNI COMPLETAMENTO CORRETTO = 2 PUNTI    ___ / 20`

2 *Unisci le due frasi usando il che polivalente e poi riscrivi la frase sostituendo il che polivalente con un'altra forma più adeguata, come nell'esempio.*

ESEMPIO: Siamo andati in un parco enorme. Nel parco ci si perde.
Siamo andati in un parco enorme che ci si perde.
Siamo andati in un parco enorme in cui ci si perde.

1. Aspettami. Ti raggiungo!
   a. _____
   b. _____
2. Quello è stato il momento. In quel momento ho capito che l'amavo.
   a. _____
   b. _____
3. Sara è arrivata. Il treno era partito.
   a. _____
   b. _____
4. Ho superato l'esame con il massimo dei voti! Quella volta ero al settimo cielo!
   a. _____
   b. _____
5. Controlla tutte le frasi. Non devono esserci errori nelle frasi.
   a. _____
   b. _____

`OGNI FRASE CORRETTA = 2 PUNTI    ___ / 20`

3 <u>Sottolinea</u> *l'opzione corretta.*

1. Ho sognato un **grande uomo / uomo grande** come una casa che mangiava un piatto di pasta.
2. Non prendere la **vecchia strada / strada vecchia**, è piena di buche!
3. Non posso mangiare **solido cibo / cibo solido** perché sto facendo una dieta liquida.
4. Ho incontrato una **certa persona / persona certa**, ma non posso rivelarti chi è.
5. **La giovane insegnante / L'insegnante giovane** è più preparata di quella anziana.
6. Al mio **vecchietto gatto / gatto vecchietto** piace ancora nascondersi nelle scatole.
7. **Il sondaggio economico annuale / L'economico sondaggio annuale** ha mostrato un alto tasso di povertà.
8. **I suoi risultati ultimi scolastici / suoi ultimi risultati scolastici** sono ottimi.
9. Abbiamo firmato il contratto con **l'importante ditta americana / la ditta importante americana**.

`OGNI OPZIONE CORRETTA = 2 PUNTI    ___ / 18`

VOCABOLARIO

4 *Indica con una ✗ i sinonimi delle parole.*

1. fornire
   - a. concepire
   - b. procurare
   - c. dare
   - d. togliere
2. scottante
   - a. normale
   - b. urgente
   - c. tranquillo
   - d. delicato
3. sviscerare
   - a. trascurare
   - b. cambiare
   - c. analizzare
   - d. approfondire
4. incline
   - a. ostile
   - b. favorevole
   - c. tendente
   - d. loquace

1 TEST

5. solito
   - a. urgente
   - b. consueto
   - c. estemporaneo
   - d. abituato a

6. estemporaneo
   - a. meditato
   - b. improvvisato
   - c. pensato
   - d. spontaneo

7. spinoso
   - a. delicato
   - b. violento
   - c. complicato
   - d. accurato

OGNI SCELTA CORRETTA = 1 PUNTO ___ / 14

5 Nel dialogo ogni parola **evidenziata** è stata invertita con un'altra. Rimettile al posto giusto, come nell'esempio.

- Sai, ultimamente ho pensato di imparare il cinese. È una lingua così affascinante e potrebbe aprirmi molte porte nel futuro!
- Ma dai, davvero? È una decisione … interessante! Ci vuole **l'abbiocco** (_____) per mettersi a fare una cosa del genere!
- Beh, lo sai che mi piacciono le sfide! So che è difficile e che ci vuole un sacco di tempo, ma credo di potercela fare.
- Mamma mia, ti invidio veramente! Io, quando ho provato a studiare l'arabo due anni fa, ogni volta che mi mettevo sui libri mi veniva **la cazzimma** (_____) e mi buttavo sul letto!
- Magari non eri abbastanza motivata!
- Non cominciare a parlarmi come fa mia madre: "È importante avere obiettivi e impegnarsi per raggiungerli" e poi "Il tuo **pantofolaio** (_____) è davvero sconcertante!" e "bla bla bla…"!
- No no, per carità, non volevo dire questo! Ti capisco perfettamente, ieri mia madre mi ha fatto una scenata perché ha trovato il **qua(c)quaraquà** (_____) della lattina di coca-cola sul tavolinetto del soggiorno!
- Guarda, a volte i miei mi mandano fuori di testa! Prendi mio padre: quando gli ho detto che voglio andarmene qualche mese in Irlanda era **credulone** (___incredulo___)! Ma che vuole?! Che diventi come lui che ogni fine settimana sta a casa a fare il **menefreghismo** (_____) e non esce neanche quando gli amici lo invitano a cena?? No, io non voglio finire così!

- A proposito di viaggi, sai che ieri ho incontrato Marco all'università e mi ha detto che la prossima estate andrà negli Stati Uniti, poi in Sudamerica e addirittura in Antartide per vedere i pinguini?
- Sì, l'Antartide! Ancora credi a quello che dice Marco? Lo sai che è un **culaccino** (_____)!
- Hai ragione, a volte sono un **incredulo** (___credulone___)!

OGNI INSERIMENTO CORRETTO = 2 PUNTI ___ / 12

COMUNICAZIONE

6 Completa ogni dialogo con l'espressione idiomatica corretta coniugando i verbi, se necessario.

mettersi le mani nei capelli | pieno zeppo
gettare un sassolino nello stagno
essere una passeggiata | gettare la spugna
al dente | cadere a fagiolo | nocciolo della questione

1. • Sai cosa ha detto Luca ieri? _____ dicendo che il tuo progetto non funzionerà mai.
   ▸ Non me ne importa, continueremo comunque.

2. • Ho deciso di smettere di cercare lavoro. È troppo difficile!
   ▸ Non puoi _____ così facilmente!

3. • Dobbiamo concentrarci sul _____!
   ▸ Hai ragione, è inutile che parliamo di tutto il resto.

4. • Questo esercizio _____, lo finirò in un attimo.
   ▸ Sei sicuro? A me sembra piuttosto impegnativo.

5. • Laura ha scoperto che l'ho tradita, sono sicuro che mi lascerà!
   ▸ Non _____, magari ti perdonerà!

6. • Come le vuoi le linguine?
   ▸ _____, ovvio!

7. • Non so dove mettere tutti questi vestiti, l'armadio è _____!
   ▸ Beh, puoi donarne qualcuno!

8. • Ho appena sentito la notizia che la mia squadra ha vinto la partita.
   ▸ Oh, che bello! _____, proprio oggi stavo pensando di andare a vedere una partita!

OGNI COMPLETAMENTO CORRETTO = 2 PUNTI ___ / 16

TOTALE ___ / 100

LEZIONE 2
COSA BOLLE IN PENTOLA

Qui imparo a:
- *comprendere e descrivere le dinamiche familiari*
- *narrare episodi e ricordi*
- *esprimere desideri e progetti*
- *motivare le proprie opinioni*

COMINCIAMO

a In gruppi. Provate a spiegare il significato del titolo di questa lezione e scrivete una definizione adatta a un dizionario, indicando anche l'origine di questo modo di dire. Seguite il modello qui a fianco.

acqua cheta

DEFINIZIONE
(figurato) persona apparentemente calma, tranquilla, accomodante, ma che in realtà è determinata a raggiungere i propri scopi a ogni costo.

ORIGINE
L'espressione deriva dal proverbio "l'acqua cheta rovina i ponti"; infatti l'acqua dei fiumi scorre lentamente, ma danneggia la struttura dei ponti.

b Con lo stesso gruppo di lavoro.
- Parlate di cosa, secondo voi, bolle in pentola oggi in Italia, cioè cosa c'è di nuovo e di diverso rispetto a tradizioni del passato, luoghi comuni e stereotipi ormai superati.
- Confrontatevi con gli altri gruppi.

2A Un secolo di italiani

G verbi con doppio ausiliare • ripasso dei modi finiti
V verbi di cambiamento

1 ASCOLTARE Di che si tratta?

Ascolta il dialogo tra Chiara e la sua amica e prova a ipotizzare il contenuto dell'articolo letto da Chiara, poi confrontati con un'altra persona. Ascoltate di nuovo e, insieme, completate la tabella, come nell'esempio.

ARGOMENTO	REAZIONE DI CHIARA
La lingua e il cibo riflettono l'identità.	

2 LEGGERE Un'identità in evoluzione

2a Continuate a lavorare in coppie. Leggete la prima parte dell'articolo e completatela con le parti sotto, come nell'esempio. Poi verificate se le vostre ipotesi del punto **1** erano corrette.

ITALIA: IDENTITÀ IN EVOLUZIONE

Un'analisi del presente italiano a partire dall'Italia di ieri e una prospettiva sul futuro

La nostra quotidianità è permeata dall'inestricabile legame con le nostre radici locali, ___*dove*___ la lingua parlata e il cibo consumato fungono da espressione tangibile della nostra identità. _____ nel 1861 il 98% della popolazione utilizzava il dialetto nel contesto familiare, oggi solo una persona su dieci continua a farlo. Parallelamente, il 30% di noi preferisce i prodotti alimentari locali _____ quelli globali (18%), evidenziando la fiducia nei produttori del luogo e la speranza in benefici economici per la comunità _____ alle scelte di consumo.

La nostra identità si fonda, _____, in modo indissolubile con la comunità locale e ci consideriamo italiani in modo più marcato nelle circostanze straordinarie, quando indossiamo la divisa della Nazionale e anche nelle emergenze.

L'evoluzione della nostra storia nel secolo scorso delinea chiaramente la metamorfosi del cittadino medio italiano: _____ una condizione di povertà, denutrizione, analfabetismo e agricoltura di sussistenza (nel 1901, la spesa annua pro-capite equivaleva solo a un decimo di quella attuale), siamo giunti a livelli di benessere e prosperità significativamente superiori, _____ dopo la Seconda guerra mondiale.

_____ una volta, è il nostro approccio al cibo a riflettere in modo eloquente tale trasformazione. Da una nazione che si cibava prevalentemente di pane, legumi e verdure, con la carne, un lusso, che faceva capolino _____ sporadicamente, siamo divenuti una generazione cresciuta con abbondanza di proteine durante il periodo del boom economico (tra gli anni '60 e '80, il consumo pro capite di carne è aumentato di ben 20 chili). Questa costante metamorfosi continua a definire la nostra identità oggi e plasmerà indubbiamente il nostro futuro.

a. ancora
b. dovuti
✓c. dove
d. dunque
e. solo
f. particolarmente
g. se
h. rispetto a
i. da

Un secolo di italiani 2A

2b In gruppi. Rispondete alle domande e confrontate le vostre idee.

1. In che senso e in quali settori gli italiani sono "locali"? E perché?
2. In quali occasioni, invece, sono "italiani"? Potete immaginarne altre oltre a quelle riportate nel testo? Succede lo stesso nel vostro Paese?
3. Quali cambiamenti sono avvenuti nell'ultimo secolo in Italia? Sono positivi o negativi?

3 GRAMMATICA Verbi con doppio ausiliare

Osserva le due frasi e spiega perché con lo stesso verbo si usano due ausiliari diversi.

1. Il consumo di carne e **è aumentato** di ben 20 chili.
2. Gli italiani **hanno aumentato** il loro consumo di carne.

Ora guarda l'elenco dei verbi e cerchia quelli che, nei tempi composti, a volte hanno l'ausiliare avere e a volte l'ausiliare essere. Poi scrivi due frasi per ognuno dei verbi selezionati, una con l'ausiliare avere e una con l'ausiliare essere.

mancare | credere | fallire
salire | giudicare | variare
toccare | avanzare | seguire
agire | migliorare | crescere

4 GRAMMATICA Ripasso dei modi finiti

Probabilmente le frasi che hai scritto al punto 3 sono tutte o quasi tutte al passato prossimo, vero?
Ma tu hai studiato tantissimi tempi verbali e tra questi ci sono molti tempi composti!
Allora facciamo un ripasso generale:

- dividetevi in gruppi e completate la tabella in alto a destra seguendo gli esempi
- indicate con una ✗ tutti i tempi composti, come nell'esempio
- riscrivete le vostre frasi del punto 3 usando un tempo composto diverso per ogni verbo.

MODI FINITI (è chiaro chi compie l' _azione_)	
INDICATIVO (esprime un fatto _reale_)	
○ PRESENTE io _parlo_	✗ PASSATO PROSSIMO io _____
○ IMPERFETTO io _____	○ TRAPASSATO PROSSIMO io _____
○ PASSATO REMOTO io _____	○ TRAPASSATO REMOTO io _ebbi parlato_
○ FUTURO SEMPLICE io _____	○ FUTURO ANTERIORE io _____
CONGIUNTIVO (esprime un fatto _____, una possibilità, un sentimento, un'opinione ecc.)	
○ PRESENTE io _____	○ PASSATO io _____
○ IMPERFETTO io _____	○ TRAPASSATO io _____
CONDIZIONALE (esprime una probabilità, un _____, una richiesta gentile ecc.)	
○ PRESENTE io _____	○ PASSATO io _____
IMPERATIVO (esprime un _____, una raccomandazione)	
○ INFORMALE tu _____	○ FORMALE Lei _____

5 VOCABOLARIO Verbi di cambiamento

Abbina ogni parola a uno dei tre significati.

sanare
perfezionare → **cambiare** — alterare
guastare — mutare
deteriorare → **migliorare** — evolviare
raffinare — sviluppare
limare → **peggiorare** — variare
rovinare — sciupare

6 SCRIVERE Lettera a me

Ricordi quando avevi 7 anni? Scrivi una lettera a quel bambino / quella bambina raccontando cosa è successo nel suo futuro e dando dei consigli per affrontarlo meglio. Usa i verbi che hai imparato e i tempi verbali che conosci.

2A Un secolo di italiani

- G nominalizzazione di verbi e aggetti
- V su questo fronte • a seguire

7 LEGGERE Altri cambiamenti

7a In coppie. Leggete la seconda parte dell'articolo del punto 2a e completatela usando le parole tra parentesi per formare altre parole adatte al contesto che abbiano la stessa radice, come nell'esempio.

Se negli anni '30 era ancora sottonutrito un terzo degli italiani, oggi il 59% della popolazione è in sovrappeso e il 21% è considerato obeso dall'OMS (Organizzazione Mondiale della Sanità). Sarà per questa ragione che nelle scelte (alimento) _alimentari_ ora gli italiani sono molto sensibili ai contenuti di (fresco) _____ e (natura) _____ dei prodotti. Inoltre, se un anno fa solo il 13% degli italiani affermava di consumare abitualmente prodotti vegani, il 49% già immaginava che i propri consumi sarebbero cambiati in quella direzione nei (dieci) _____ successivi.
E non è un caso che proprio alla tavola gli italiani destinino quote consistenti dei consumi e abbiano la più alta spesa alimentare pro capite d'Europa (superiore di ben 20 punti (per cento) _____ alla media europea). L'identikit dell'italiano di oggi mostra lati (contraddizione) _____, ma affonda i piedi nella tradizione. Una vita più lunga, infatti in 100 anni è (doppio) _____, più (solo) _____, tra mura di case più grandi (4 stanze per 2 persone a fronte delle 3 stanze per 4 di inizio secolo) e di proprietà (7 su 10), comunque (preferire) _____ fuori dai centri abitati. Nel frattempo, hanno smesso di fare figli (in 100 anni il tasso di (nascere) _____ è diventato meno di un terzo di quello del 1901), da agricoltori sono diventati operai o lavoratori autonomi, ma lavoro e famiglia sono tasti (dolere) _____.
Sul lavoro, infatti, rispetto agli europei sono i più (non soddisfare) _____ delle loro mansioni e dei loro superiori, ma, nonostante ciò, non intendono cambiare: il 41% vorrebbe rimanere al proprio posto di lavoro per i prossimi 10 o 20 anni, contro la media europea che si attesta sul 30%.
Quanto alla famiglia, il non averla sembra essere più una (necessario) _____ che una scelta e infatti a partire dal 2011 è esplosa la (comporre) _____ dei divorziati. L'egoismo sociale, poi, domina (non discutere) _____ e la (diffidare) _____ si sfoga in ambito religioso; spicca non a caso il dato sull'(ostile) _____ che gli italiani mostrano nei confronti delle religioni.

7b In gruppi. Per ogni risposta scrivete la domanda appopriata. Attenzione: per una risposta non dovete scrivere la domanda perché quell'informazione non è contenuta nel testo del punto 7a.

1. Molto di più rispetto agli altri europei.
2. No, ma non vogliono cambiarlo.
3. È raddoppiata.
4. A causa del sovrappeso e dell'obesità.
5. Perché sono più stressati rispetto al passato.
6. È diminuito moltissimo.
7. Di avversione.

8 GRAMMATICA La nominalizzazione di verbi e aggettivi

Osserva le parole tratte dal testo del punto 7a e completa la regola.

necessario ➝ necessità   **diffidare** ➝ diffidenza

La nominalizzazione è la trasformazione di un _____ o di un _____ in un nome attraverso l'aggiunta di suffissi (-ità, - _____, ecc).

I suffissi più comuni per la nominalizzazione dei verbi sono:
- **-zione / -sione** (trasformare ➝ _____ / comprendere ➝ comprensione)
- **-mento** (_____ ➝ insegnamento)
- **-ura** (scrivere ➝ scrittura)
- **-aggio** (lavare ➝ lavaggio)
- **-enza** (conoscere ➝ _____)

I suffissi più comuni per la nominalizzazione degli aggettivi sono:
- **-ezza** (triste ➝ tristezza)
- **-ità / -età** (_____ ➝ _____ / sazio ➝ sazietà)
- **-ismo** (egoista ➝ _____).

La scelta del suffisso dipende dalla parola di partenza.

Un secolo di italiani 2A

9 ASCOLTARE Gli italiani del futuro

9a *In gruppi. Discutete e ipotizzate quali dei seguenti desideri degli italiani in futuro aumenteranno (+), quali diminuiranno (-) e quali rimarranno invariati (=), giustificando le vostre opinioni.*

- [ ] più figli
- [ ] studiare
- [ ] salute
- [ ] tanti soldi
- [ ] essere famosi

Quali altre parole o espressioni conoscete per indicare un aumento o una diminuzione? Provate a scriverle tutte!

aumentare: _____

_____

diminuire: _____

_____

9b *Ora ascoltate la prima parte dell'intervista per:*

- verificare quale gruppo ha fatto le ipotesi migliori sui desideri degli italiani;
- individuare altre parole usate nell'intervista per indicare l'aumento o la diminuzione e completare l'elenco dei sinonimi che avete scritto al punto *9a*.

9c *Ancora in gruppi, parlate dei seguenti punti.*

- Nella prima parte dell'intervista ci sono alcune informazioni che vi sorprendono? Quali? E perché vi stupiscono?
- Secondo voi succede lo stesso nel vostro Paese?

9d *Ascolta la seconda parte dell'intervista. Per ognuna delle 3 risposte del sociologo scrivi una frase che ne riassuma il contenuto. Poi confrontati con un'altra persona e infine con il resto della classe.*

RISPOSTA	RIASSUNTO
1	
2	
3	

9e *In coppie. Riascoltate la seconda parte dell'intervista tutte le volte che volete e scrivete le parole o le espressioni che sentite e che corrispondono alle seguenti definizioni (le definizioni sono nello stesso ordine in cui compaiono le parole nell'audio).*

a. superare di molto: _____
b. accelerare: _____
c. riguardo a questo: _____
d. che si spera: _____
e. grande miglioramento: _____
f. dopo questo: _____
g. avere una sensazione negativa per il futuro: _____
h. proteggersi: _____
i. in continuità, conformemente: _____

9f *Ancora in coppie, confrontate le vostre risposte al punto 9e con il resto della classe. Poi scegliete 5 delle parole o espressioni che avete scritto e scrivete 5 mini-dialoghi di due battute che le contengano. Le altre persone e l'insegnante verificheranno che le abbiate usate nel giusto senso e nel contesto adeguato.*

MINI DIALOGHI

▶ _____
● _____

▶ _____
● _____

▶ _____
● _____

▶ _____
● _____

▶ _____
● _____

▶ GRAMMATICA ES 1, 2 E 4   ▶ VOCABOLARIO ES 2

2B Famiglia vecchia e nuova

G *che* indefinito e *ché* causale
V famiglia oggi

1 SCRIVERE Come è stato e come sarà

In coppie. Analizzate attentamente il grafico, interpretate i dati e poi scrivete un testo di almeno 200 parole su come è cambiata la famiglia italiana e su cosa bolle in pentola per il futuro. Usate uno stile giornalistico, seguendone le regole stilistiche:

- accuratezza, brevità, chiarezza
- presentazione oggettiva dei fatti
- lessico accurato e pertinente

e le regole specifiche:

- introduzione dell'argomento
- panoramica generale delle informazioni presentate
- descrizione dettagliata delle informazioni più importanti
- conclusione.

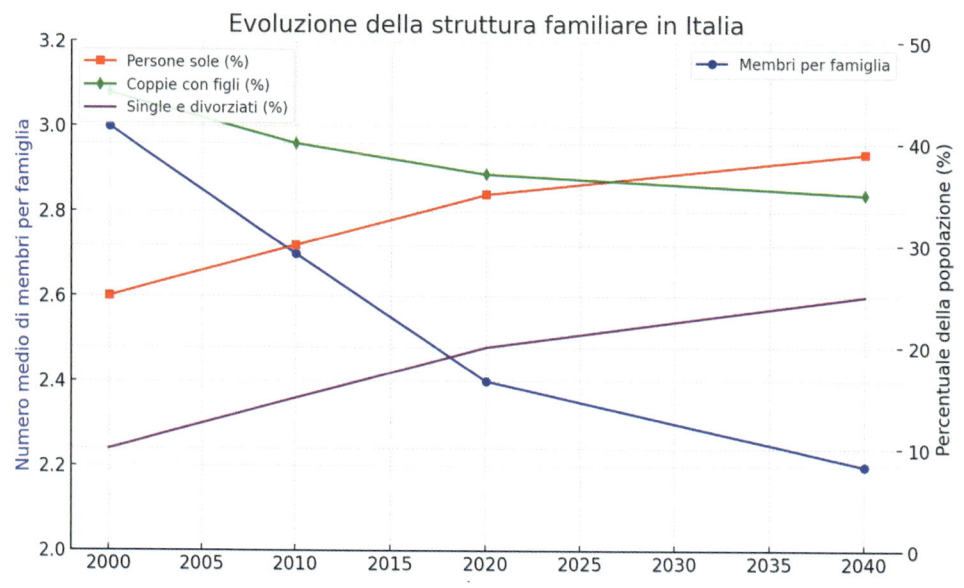

2 LEGGERE La famiglia italiana tra passato e futuro

2a *In coppie. Leggete l'articolo per verificare quello che avete scritto al punto 1 e riflettete sulla vostra interpretazione del grafico. Parlatene e, se necessario, apportate delle modifiche al testo che avete scritto.*

testo parlante 14

ITALIA, NON DISPERARE CHÉ LA FAMIGLIA È SEMPRE IL TUO "PORTO SICURO"!

La famiglia italiana continua a sperimentare notevoli metamorfosi, come dimostrato dalla ricerca "La famiglia moderna: 30 anni di evoluzione" commissionata da BNP Paribas Cardif e condotta dall'istituto di ricerca Eumetra MR. Nonostante queste mutazioni, la famiglia rimane un pilastro affidabile per molti italiani, con un'evoluzione sorprendentemente positiva. Rispetto a tre decenni fa, il numero medio dei membri delle famiglie è diminuito, con un significativo incremento dei single e dei divorzi. Tuttavia, nonostante questa trasformazione, la famiglia contemporanea si caratterizza come tradizionale, un porto sicuro, ma ha anche un che di moderno, nel senso che si dimostra molto più aperta rispetto al passato. La stragrande maggioranza delle famiglie si dichiara oggi più felice e serena, soprattutto grazie a una maggiore stabilità economica.
Le dinamiche relazionali, sia all'interno delle famiglie che nel contesto sociale, sono diventate più semplici, con attività come le conversazioni, la visione di film e serie TV in casa o le cene fuori in cima alla lista delle preferenze. C'è, tuttavia, un crescente bisogno di tempo da dedicare a se stessi.
L'Istat ha recentemente messo in luce ulteriori mutamenti nella struttura delle famiglie italiane. Nel corso degli ultimi due decenni, il numero di famiglie tradizionali ha registrato un calo, mentre sono aumentate le famiglie nucleari e le persone che vivono da sole. Le famiglie monoparentali, guidate da genitori single, stanno crescendo.
Un dato sorprendente è che oggigiorno il numero di persone che vivono da sole ha superato quello delle coppie con figli, con previsioni che suggeriscono che questa tendenza continuerà, portando al 39% le famiglie italiane composte da persone che vivono da sole entro il 2040.
L'aumento previsto della popolazione anziana nel 2042 rappresenta una sfida significativa per il sistema pensionistico e per le spese sociali oltre che sanitarie, ma può anche offrire opportunità per un ruolo più attivo nella società per gli anziani, considerando l'incremento della loro aspettativa di vita in salute.
L'evoluzione della famiglia e della società italiane richiede inevitabilmente un aggiornamento delle politiche sociali, in modo da garantire che tutte le famiglie, indipendentemente dalla loro struttura, e più in generale tutti i cittadini, abbiano le stesse opportunità e possano contribuire alla società in modo pieno e soddisfacente.

Famiglia vecchia e nuova 2B

2b *In coppie, con una persona diversa dalla precedente. Rispondete alle seguenti domande.*

1. In cosa le famiglie italiane sono oggi più moderne e in cosa rimangono tradizionali?
2. Quali sono le principali trasformazioni che la famiglia italiana ha sperimentato rispetto a tre decenni fa?
3. Quali sono le sfide e le opportunità legate all'aumento previsto della popolazione anziana nel 2042?
4. Quali potrebbero essere secondo voi gli aspetti positivi e negativi dell'allungamento dell'aspettativa di vita in salute?

2c *In gruppi. Completate le frasi con le parole che si riferiscono alla famiglia nel testo* **2a**, *facendo i necessari cambiamenti.*

1. Nel contesto delle famiglie _____ entrambi i genitori vivono con i loro figli sotto lo stesso tetto come un unico nucleo.
2. Le _____ sono famiglie in cui uno dei genitori si occupa da solo dei figli, senza la presenza dell'altro genitore.
3. Dopo il _____, le responsabilità _____ vengono sciolte, creando nuove dinamiche familiari per tutti i membri coinvolti.
4. I _____ del nucleo domestico sono in netto calo rispetto al passato.
5. I genitori _____ intervistati hanno condiviso le loro esperienze, sottolineando l'importanza del sostegno sociale e dell'accesso a servizi adeguati per garantire il benessere delle loro famiglie al fine di superare le difficoltà del dover gestire tutto da soli.

3 GRAMMATICA Il *che* indefinito e il *ché* causale

3a *Osserva le due frasi tratte dal testo del punto* **2a** *e completa la regola in alto a destra con le parole date.*

1. Italia, non disperare **ché** la famiglia è sempre il tuo "porto sicuro"!
2. ... la famiglia contemporanea si caratterizza come tradizionale..., ma ha anche un **che** di moderno.

accento | 2 | qualcosa | orale | perché | 1

> Il *ché* causale introduce una spiegazione o una causa ed è una contrazione della parola _____.
> Nella forma scritta ha un _____ acuto (ESEMPIO: Frase numero ___), ma è usato soprattutto in forma _____ (ESEMPIO: *Sbrigati, che è tardi!*) e in questo caso viene riportato senza accento.
> Il *che* indefinito è un pronome che indica _____ in modo indefinito (ESEMPIO: Frase numero ___) e ha diverse forme di uguale significato: *un che, un certo che, un non so che, un certo non so che* (ESEMPIO: *Quell'uomo ha un (certo) (non so) che di inquietante*).

3b *Modifica le seguenti frasi usando il* che *indefinito o il* ché *causale quando è possibile, come nell'esempio.*

ESEMPIO: C'è qualcosa di misterioso nella sua risposta.
C'è un che / un certo che / un non so che / un certo non so che di misterioso.

1. Quell'opera d'arte ha un qualche elemento attraente che affascina gli spettatori, ma non capisco cosa sia.

   _____

2. Non posso venire da te stasera perché devo studiare per l'esame di domani.

   _____

3. Dobbiamo approfittare al massimo di ogni giorno in quanto la vita è breve.

   _____

4. Questo luogo ha qualcosa di magico, rende ogni visita un'esperienza unica e indimenticabile.

   _____

5. Hai notato anche tu che questo ragù ha qualcosa di strano? Meglio non mangiarlo perché potremmo stare male!

   _____

2B Famiglia vecchia e nuova

G forme impersonali
V *pressoché* • *al di là di*

4 SCRIVERE Quando la nonna chiama

In gruppi. Immaginate di essere una famiglia italiana. Partendo dal primo messaggio della nonna, continuate la chat decidendo il nome del gruppo, il numero e l'identità dei membri. Se volete, potete creare una vera chat nel vostro smartphone. Al termine leggete la chat a tutta la classe.

> Vi aspetto domenica a pranzo. Non fate tardi come al solito! 😠

5 LEGGERE Tradizioni che restano: il pranzo domenicale

5a *In coppie. Leggete la prima parte dell'articolo e scrivete un titolo per ogni paragrafo. Poi confrontatevi con le altre coppie e scegliete i titoli migliori. Per ora ignorate le parti di testo **evidenziate**.*

1. _____

L'Accademia Italiana della Cucina ha recentemente condotto un'approfondita ricerca che ha rivelato l'importanza del pranzo della domenica per molte famiglie italiane. Nonostante le tendenze culinarie moderne come la *nouvelle cuisine*, l'*happy hour*, il *finger food* e il *fast food*, il pranzo domenicale rimane un importante retaggio nella cultura italiana e coinvolge il 52% delle famiglie ogni settimana.

2. _____

Il menù richiama gli anni '50 e '70 ed è composto da piatti come antipasto di salumi, pasta (soprattutto ripiena), arrosto, patate e torta di mele. Sorprendentemente, solo il 5% degli italiani preferisce optare per un ristorante in questa occasione, poiché la maggior parte predilige condividere questo momento a casa, in famiglia dove **ci si ritrova** uniti e felici.

3. _____

Ma l'importanza di questa tradizione va al di là del cibo; rappresenta, infatti, il momento in cui **si sta insieme**, un'opportunità per riaffermare i valori della famiglia e della convivialità, con il 62% delle famiglie che gli attribuisce un significato profondo e lo considera pressoché irrinunciabile.

4. _____

Sebbene le donne svolgano ancora un ruolo predominante nella preparazione del pasto (80%), il 20% degli uomini sta diventando sempre più attivo nella cucina domenicale così come nella cucina di tutti i giorni.

5b *Ora leggete la seconda parte dell'articolo e completate il testo con una (1) o due (2) parole che vi sembrano appropriate. Per ora ignorate le parti di testo **evidenziate**. Poi ascoltate l'audio e verificate. Quale coppia si è avvicinata di più?*

Anche se, quindi, **si è andati** indietro per quanto riguarda le dimensioni delle famiglie, il pranzo della domenica coinvolge ancora in (1) _____ cinque persone, con alcune regioni italiane, come le isole, che raggiungono picchi di sei partecipanti. Inoltre, ci sono casi in cui si (2) _____ _____ con sette o persino dieci partecipanti (10% e 7% rispettivamente)
Le preferenze culinarie si concentrano su piatti (1) _____ e locali (82%), con solo una piccola minoranza (10%) che opta per piatti (1) _____. La scelta di ingredienti freschi è la norma (65%), mentre l'uso di (2) _____ _____ è limitato.
Il Sud Italia è senza dubbio la zona in cui **si è più propensi** a ritenere questo rito imperdibile, con il 73% dei cittadini del Sud che lo considera un fondamentale momento di condivisione (1) _____, rispetto al 61% del Centro e al 56% del Nord. Inoltre, nel Sud, la (1) _____ vede raccolte in media 5,3 persone, mentre nel Centro e nel Nord ce ne sono 4,8 e 4,6. Il pranzo della domenica in Italia continua a rappresentare "un'archeologia enogastronomica", un legame con le (1) _____ del passato che resiste alle sfide culinarie (1) _____, dimostrando che la convivialità e la cucina tradizionale occupano ancora un posto significativo nel (1) _____ degli italiani.

Famiglia vecchia e nuova 2B

6 VOCABOLARIO Sinonimi

In coppie. Leggete la lista di parole tratte dall'articolo al punto 5a e cercate nel box i sinonimi corrispondenti. Attenzione: nel box ci sono delle parole in più.

paragrafo 1

1. condotto (___)
2. tendenze (*f*)
3. retaggio (___)

paragrafo 2

4. richiama (___)
5. predilige (___)

paragrafo 3

6. al di là (___)
7. pressoché (___)

SINONIMI
a. preferisce
b. assolutamente
c. quasi
d. realizzato
e. approfondito
f. mode ✓
g. lontano
h. oltre
i. addirittura
l. eredità
m. ricorda

Ora scrivete una frase con ognuna delle parole della prima colonna facendo attenzione a usarle nel giusto contesto.

7 GRAMMATICA Forme impersonali

7a *In gruppi. Leggete la regola grammaticale e cercate nel testo ai punti 5a e 5b le frasi evidenziate che corrispondono a ogni spiegazione.*

FORMA IMPERSONALE
serve a esprimere un'azione senza indicare un soggetto specifico. Il verbo è alla terza persona singolare.
(ESEMPIO: ____si sta insieme____)

FORMA IMPERSONALE CON AGGETTIVO
quando la forma impersonale è seguita da un aggettivo, l'aggettivo deve essere maschile plurale.
(ESEMPIO: _____)

FORMA IMPERSONALE RIFLESSIVA
quando la forma impersonale è usata con un verbo riflessivo, uno dei due *si* viene trasformato in *ci*.
(ESEMPIO: _____)

FORMA IMPERSONALE NEI TEMPI COMPOSTI
quando la forma impersonale è usata in un tempo composto, il participio passato deve essere maschile singolare se il verbo è transitivo (ESEMPIO: __si è mangiato bene__) o maschile plurale se il verbo è intransitivo.
(ESEMPIO: _____)

7b *Ora completate il testo con le forme impersonali dei verbi nei tempi indicati e con gli aggettivi accordati per genere e numero.*

Domenica scorsa si è riunita tutta la famiglia per il tradizionale pranzo della domenica. Ovviamente (*ritrovarsi*, **passato prossimo**) _____ a casa dei nonni e quindi (*svegliarsi*, **passato prossimo**) _____ tutti presto perché nonna Angela aveva avvisato che se (*arrivare*, **congiuntivo trapassato**) _____ in ritardo, (*rimanere*, **condizionale passato**) _____ fuori della porta!
La nonna ha preparato un pranzo da veri intenditori: (*iniziare*, **passato prossimo**) _____ con un antipasto di salumi e formaggi, poi un primo piatto di tagliatelle fatte a mano con i funghi. Dopodiché, (*passare*, **passato prossimo**) _____ al secondo piatto: un arrosto di vitello con patate al forno e infine è arrivata la famosa panna cotta della nonna, una delizia!
Come era prevedibile (*abbuffarsi*, **passato prossimo**) _____ e dopo il caffè (*buttarsi*, **passato prossimo**) _____ sul divano. Però è bellissimo che (*parlare*, **congiuntivo passato**) _____ tanto, che (*ridere e scherzare*, **congiuntivo passato**) _____ e _____ tutti insieme! Insomma (*sentirsi*, **passato prossimo** + aggettivi *felice* e *appagato*) _____ e tutti hanno promesso ai nonni che lo rifaremo presto.

8 PROGETTO Podcast di classe 2

In questo episodio parlerete del pranzo domenicale in Italia, delle similitudini e differenze con i vostri Paesi e di altre tradizioni che fanno parte della vostra cultura.

Lavorate in coppie e seguite ogni passo:
- scegliete un titolo
- scrivete la scaletta dei contenuti
- registrate il podcast.

Al termine fate ascoltare il podcast alle altre coppie e ascoltate il loro segnando eventuali errori, poi parlatene insieme.

2C Nuovi orizzonti

G *non* pleonastico

1 PARLARE Uno, nessuno, centomila

1a *In gruppi. Guardate l'immagine e spiegatene il significato. La trovate divertente? A cosa vi fa pensare? Parlatene insieme.*

Allora, chi di voi due è la forchetta?

1b *Individualmente. Pensa ai diversi aspetti che formano la tua identità e completa la tabella con una sola parola per ogni riga (non è necessario completare tutti gli spazi). Deve essere una parola che indichi la tua identità in quel settore (ad esempio, per la categoria "interessi" potresti scrivere "lettore", "sportivo", ecc.).*

IDENTITÀ	DESCRIZIONE
nazionalità	
religione	
stato civile	
personalità	
occupazione	
educazione	
valori	
interessi	

1c *In gruppi. Condividete le vostre tabelle e parlate dei seguenti punti.*

- Quale aspetto della tua identità preferisci e perché?
- C'è un aspetto che non ti fa sentire completamente a tuo agio?
- Quale aspetto ha la maggiore influenza nella tua vita? È un'influenza positiva o negativa? Perché?
- Guarda l'ultima parola che hai scritto nella tabella a sinistra. Come ti sentiresti e cosa faresti se improvvisamente i governi di tutto il mondo decidessero che tutte le persone che hanno quell'interesse non hanno più il diritto né di studiare né di viaggiare? Parlane con la classe.

2 ASCOLTARE Il podcast "A dirla tutta!" 2

2a 🔊16 *In coppie. Ascoltate la prima parte del podcast e scrivete le 3 domande che fareste voi a Francesco. Confrontate le vostre risposte con un'altra coppia e scegliete le 3 domande migliori.*

2b *Ascolta di nuovo la prima parte e scrivi le parole che corrispondono a questi sinonimi.*

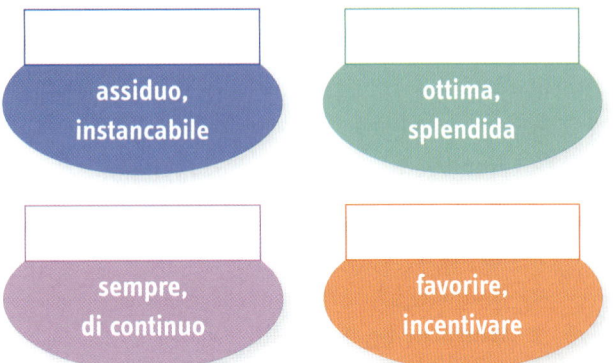

assiduo, instancabile

ottima, splendida

sempre, di continuo

favorire, incentivare

2c *In coppie. Prima di ascoltare la seconda parte del podcast, completate le frasi di Francesco in base alle vostre aspettative.*

"... l'Italia, non ci sono dubbi, è un Paese _____

però _____
_____.

(...) io confido _____
_____ ..."

2d 🔊17 *Ascoltate la seconda parte e verificate le vostre ipotesi. Quale coppia si è avvicinata di più? Poi indicate se le seguenti informazioni sono vere (V) o false (F).*

	V	F
1. La legislazione italiana riconosce pienamente i diritti delle persone LGBTQ+.	○	○
2. La discriminazione delle persone LGBTQ+ in Italia è dovuta principalmente a fattori culturali e religiosi.	○	○
3. L'Italia ha legalizzato l'unione civile tra persone dello stesso sesso.	○	○
4. L'Italia ha recentemente legalizzato l'adozione di minori da parte di coppie dello stesso sesso.	○	○
5. Francesco esprime fiducia nella progressiva eliminazione delle disparità di diritti tra le persone LGBTQ+ e il resto della popolazione italiana.	○	○

Nuovi orizzonti 2C

2e In gruppi. Ascoltate l'ultima parte del podcast e rispondete alle seguenti domande scrivendo al massimo 50 parole per ogni risposta.

1. Qual è la posizione dell'Italia in un'ipotetica classifica dei Paesi più virtuosi nel riconoscimento dei diritti dei cittadini LGBTQ+?
2. Da cosa è dipesa la scelta di Francesco e del suo compagno di non sposarsi e qual è la situazione generale in Italia a tal proposito?
3. Quale consiglio ci dà Francesco per approfondire l'argomento?

3 PARLARE Culture a confronto

In gruppi. Parlate dell'argomento del podcast rispondendo alle seguenti domande. Se volete, riascoltate tutto il podcast.

- Francesco sostiene che in Italia esistono dei fattori culturali e religiosi che non favoriscono il pieno riconoscimento dei diritti LGBTQ+. Secondo voi, quali potrebbero essere questi fattori? Sono presenti anche nei vostri Paesi?
- Come si posizionerebbe il vostro Paese rispetto all'Italia nell'ipotetica classifica di cui si parla nel podcast e perché?
- Conoscete il libro che Francesco ha consigliato? Potete consigliare altre opere (libri, film ecc.) che affrontano tematiche simili nel vostro Paese?

4 GRAMMATICA Il *non* pleonastico

4a Leggi le frasi tratte dal podcast e scegli il significato corretto, poi completa la regola sottolineando l'opzione giusta.

1. Magari meglio di quanto **non** si pensi?
   - a. Forse meglio di quanto la gente pensi?
   - b. Forse peggio di quanto la gente pensi?
2. ... non possiamo concludere il nostro podcast senza che tu **non** ci dia un consiglio...
   - a. se tu non ci dai un consiglio, possiamo concludere
   - b. se tu ci dai un consiglio, possiamo concludere

> Il *non* pleonastico è un *non* "**superfluo / necessario**", cioè il significato della frase **non cambia / cambia** se lo eliminiamo.
>
> Ad esempio, la frase *meglio di quanto non si pensi* ha **un significato opposto / lo stesso significato** di *meglio di quanto si pensi*.

4b Indica se, nelle seguenti frasi, i *non* evidenziati sono pleonastici (P), cioè superflui o grammaticali (G), cioè necessari.

	P	G
1. **Non** appena è stata approvata la legge, Sara e Michela hanno adottato una bambina.	○	○
2. Mi dispiace che Guido **non** si preoccupi del suo futuro.	○	○
3. La situazione è più complicata di quanto loro **non** vogliano ammettere.	○	○
4. Non sarò contento fino a quando **non** approveranno la legge.	○	○
5. Per poco **non** facevo una figuraccia con Sandro!	○	○
6. Laura dovrebbe essere a casa, a meno che **non** mi abbia detto una bugia.	○	○

DIECI suffissi

1. -zione — adozione
2. -sione — condivisione
3. -mento — innamoramento
4. -ura — struttura
5. -aggio — retaggio
6. -enza — convivenza
7. -ezza — sicurezza
8. -ità — convivialità
9. -età — solidarietà
10. -ismo — paternalismo

Tutte le parole della lista potrebbero essere collegate in qualche modo all'idea di famiglia? Spiegate perché e discutete dei seguenti punti:
- Le parole sono legate solo all'idea di famiglia italiana o valgono anche per la famiglia del vostro Paese?
- Ci sono delle parole che, secondo voi, indicano concetti ormai superati rispetto all'idea di famiglia? Perché? Ed è un cambiamento positivo o negativo?

▶ GRAMMATICA ES 6

2 PER FARE ANCORA MEGLIO
v composti di altro

1 VOCABOLARIO Senz'altro!

1a *Ricordi l'intervista al sociologo Baldini dei punti 9b e 9d della sezione A? Leggi l'ultima parte e indica tutti i significati corretti dell'espressione evidenziata.*

> ▶ Grazie, professor Baldini, per le sue preziose osservazioni. È chiaro che (…) la comprensione di queste dinamiche è essenziale per una migliore pianificazione futura.
> ● **Senz'altro!** Grazie a voi!

○ 1. C'è altro (da dire)!
○ 2. Indubbiamente!
○ 3. Non c'è altro (da dire)!
○ 4. Sicuramente!
○ 5. Eccome!
○ 6. Non dico altro!
○ 7. Sì!
○ 8. Già!
○ 9. Purtroppo!

Ora lavora con un'altra persona. Leggete le seguenti frasi e inserite senz'altro in ogni frase nel punto giusto usando una freccia (↓).

1. ● Non posso tollerare oltre l'ingerenza di tua madre nelle nostre questioni personali!
   ▶ Hai ragione!
2. ● Ma tu avresti il coraggio di lanciarti con il paracadute?
   ▶ Io adoro volare!
3. ● Che ne dici, prendiamo il treno per andare a Parigi?
   ▶ Sarebbe più conveniente andare in aereo, non credi?
4. ● Mi scusi, avrei bisogno che mi prenotasse un tavolo al ristorante per stasera.
   ▶ Provvederò!
5. ● Stasera i tuoi amici vorranno mangiare il tuo famoso arrosto.
   ▶ Giusto, ma non so se avrò abbastanza tempo per prepararlo.
6. Se fossi ricca, farei molta beneficenza!
7. Andrò alla presentazione del libro perché adoro quell'autore!
8. L'impostazione generale è corretta, quindi non ho nulla da aggiungere.

1b *La parola altro fa parte di molte altre espressioni. Leggi la lista e abbina ogni parola al sinonimo corrispondente, come nell'esempio.*

DIECI PAROLE COMPOSTE DI "ALTRO"

1. senz'altro
2. altrettanto /a/i/e
3. altrove
4. altrimenti
5. talaltro/a/i/e
6. tutt'altro
7. altresì
8. altrui
9. d'altronde
10. altroché

☐ a. sicuramente, indubbiamente.
☐ b. se no, in caso contrario, diversamente
☐ c. qualche altro/a, alcuni/e altri/e
☐ d. d'altra parte, d'altro canto, del resto
☐ e. di un altro, di un'altra, di altri/e
[7] f. inoltre, anche, ancora
☐ g. eccome, come no
☐ h. al contrario, assolutamente no
☐ i. in un altro luogo, da un'altra parte
☐ l. nella stessa misura / quantità, lo stesso

Ora lavora in coppia con un'altra persona. Trovate nella lista sopra le parole giuste per completare le frasi.

1. Imparare una lingua straniera non significa solo conoscere parole, ma anche comprendere modi di vivere e pensare _____, ed è _____ che un compito facile; _____ ogni lingua è un mondo a sé.

2. Lo studio della lingua implica molta costanza e applicazione, ma i discenti dovrebbero _____ divertirsi e, non ultimo, gli insegnanti dovrebbero farlo _____, _____ tutti i loro sforzi sarebbero vani.

▶ VOCABOLARIO ES 3

SPUTA IL ROSPO 2

1 PARLARE Un problema di coscienza

Leggi il post di Santina, una signora di 81 anni che è nata in Italia e si è trasferita con la sua famiglia negli Stati Uniti quando aveva 14 anni.

Santina Micci-Watrel
Ieri alle 20:32   ... x

Certi giorni il mio cuore si riempie di nostalgia per la mia amata Italia che non vedo da 67 anni! Mi manca camminare per la strada e sentire il profumo del ragù che esce dalle finestre insieme al vociare gioioso delle famiglie riunite a tavola! Mi mancano le vie piene di bambini che giocano, gli uomini seduti ai tavoli dei bar che chiacchierano, la dolce musica di un mandolino che risuona in lontananza. Chissà se la mia cara Italia è ancora così? Lo spero proprio!

Con la tua classe avete deciso di rispondere al post di Santina, ma dovete discutere per decidere se dirle o meno la verità in base a quanto appreso nelle pagine precedenti. Esprimete le vostre opinioni toccando i seguenti punti.

- Quali effetti potrebbe avere sulla signora Santina una risposta sincera e quali una risposta edulcorata?
- È sempre meglio dire la verità o qualche volta è preferibile mentire per il bene degli altri?
- C'è mai stata una volta nella tua vita in cui avresti preferito non conoscere la verità? O una volta in cui hai deciso di nascondere la verità per non far soffrire qualcuno? Racconta!

2 SCRIVERE Gentile Signora...

*Forma un gruppo con altre persone che hanno espresso opinioni simili alle tue nella conversazione al punto 1 e, insieme, scrivete una risposta per Santina.
Il vostro testo deve contenere le seguenti parti:*

- una formula di apertura
- un'introduzione
- il corpo del messaggio con informazioni specifiche sull'Italia di oggi
- una conclusione
- una formula di congedo.

3 RIFLETTERE Quali obiettivi?

Rispondi, in forma orale o scritta, alle seguenti domande.

- Quali erano, secondo te, gli obiettivi principali delle pagine precedenti di questa lezione?
- Perché tali obiettivi sono importanti?
- Hai imparato cose nuove che ti sembrano molto utili? Quali?
- Cosa puoi fare per non dimenticare i nuovi concetti appresi e per integrarli nel tuo italiano?
- Se dovessi fare una lezione ad altre persone per spiegare i contenuti che hai appreso, come la struttureresti?

Confrontati con le altre persone della classe mantenendo una mente aperta e facendo tesoro dei punti di vista diversi dai tuoi.

GRAMMATICA

MODI E TEMPI VERBALI

MODI FINITI	TEMPI SEMPLICI	TEMPI COMPOSTI
INDICATIVO (realtà e certezza)	presente io mangio	passato prossimo io ho mangiato
	imperfetto io mangiavo	trapassato prossimo io avevo mangiato
	passato remoto io mangiai	trapassato remoto io ebbi mangiato
	futuro semplice io mangerò	futuro anteriore io avrò mangiato
CONGIUNTIVO (opinioni, possibilità, desideri, dubbi)	presente io mangi	passato io abbia mangiato
	imperfetto io mangiassi	trapassato io avessi mangiato
CONDIZIONALE (possibilità, ipotesi, opinioni, notizie non verificate, futuro nel passato)	presente io mangerei	passato io avrei mangiato
IMPERATIVO (comandi, inviti, divieti, esortazioni)	informale (tu) mangia!	

VERBI CON DOPPIO AUSILIARE

Alcuni verbi italiani possono avere sia l'ausiliare *avere* che *essere* nei tempi composti.

- Si usa l'ausiliare *avere* quando il verbo ha il complemento oggetto, in forma esplicita o implicita.

Ho cominciato il lavoro.   *Ho* cominciato bene.

- Si usa l'ausiliare *essere* quando il verbo non ha e non può avere un complemento oggetto.

Il mio lavoro è cominciato bene.

NOMINALIZZAZIONE DI VERBI E AGGETTIVI

La nominalizzazione è la trasformazione di un verbo o di un aggettivo in un nome attraverso l'aggiunta di suffissi.
I suffissi più comuni per la **nominalizzazione dei verbi** sono:
-*zione* / -*sione*: *trasformare* → *trasformazione* / *comprendere* → *comprensione*
-*mento*: *insegnare* → *insegnamento*
-*ura*: *scrivere* → *scrittura*
-*aggio*: *lavare* → *lavaggio*
-*enza*: *conoscere* → *conoscenza*

I suffissi più comuni per la **nominalizzazione degli aggettivi** sono:
-*ezza*: *triste* → *tristezza*
-*ità* / -*età*: *felice* → *felicità* / *sazio* → *sazietà*
-*ismo*: *egoista* → *egoismo*

"CHE" INDEFINITO E "CHÉ" CAUSALE

La particella *che* può essere usata come **pronome indefinito**: indica qualcosa di indeterminato ed è sempre maschile.
C'è un (certo) che di interessante in lui.
Ho percepito un (certo) non so che di strano nelle sue parole.

La particella *che* può avere anche una funzione **causale** e sostituisce *perché*, quindi in questo caso si scrive con l'accento.
Chiudi la finestra ché è freddo!

FORME IMPERSONALI

Quando la forma impersonale è usata con un **verbo riflessivo**, uno dei due *si* viene trasformato in *ci*.
In famiglia ci si sente bene.

Quando la forma impersonale è seguita da un **aggettivo**, l'aggettivo deve essere plurale maschile.
Mangiando in compagnia si è felici.

Quando la forma impersonale è usata in un **tempo composto**, il participio passato deve essere:
singolare maschile se il verbo è transitivo
Si è mangiato tanto a casa della nonna!
maschile plurale se il verbo è intransitivo
Oggi si è diventati più intolleranti ad alcuni cibi.

"NON" PLEONASTICO

Il *non* pleonastico è un *non* "superfluo", cioè se lo eliminiamo, il significato della frase non cambia.

Per poco non dimenticavo le chiavi di casa.
Non appena è arrivato ha cominciato a lamentarsi.
Questo esercizio è più difficile di quanto tu non pensi.
Possiamo uscire, a meno che tu non voglia andare a letto.
Non puoi andartene senza che tu non mi dica la verità.
Andremo in campeggio eccetto che non sia freddo.
Eravamo allegri finché non è arrivato lui.

GRAMMATICA 2

MODI FINITI E TEMPI VERBALI

1 Completa il testo coniugando i verbi al modo e tempo corretti. Attenzione: un verbo va alla forma passiva.

riflettere | derivare | dovere | potere | vivere
perdere | seguire | tramandare | essere (x4)

> Essere tradizionalisti significa aderire fermamente alle pratiche, alle credenze e ai valori che si _____ nel passato e che _____ attraverso le generazioni. Si crede che questa tendenza _____ dalla necessità umana di stabilire un senso di continuità e sicurezza nel mondo in rapida evoluzione in cui _____. Alcune persone sostengono che _____ essenziale mantenere vive le tradizioni perché, se così non _____, _____ le nostre radici, ma altri ritengono che _____ adattarci ai tempi moderni in quanto se non saremo disposti a farlo, _____ perdere l'opportunità di crescita e sviluppo personale. _____, dunque, sulle tradizioni che valorizzate e chiedetevi se _____ ancora significative nel contesto attuale. _____ aperti alle nuove idee e prospettive!

VERBI CON DOPPIO AUSILIARE

2 Completa le frasi coniugando i verbi al modo e tempo composto corretti. Decidi se usare l'ausiliare avere o essere.

1. Se non avessi portato in viaggio il mio cuscino mi (*mancare*) _____ molto!
2. Se avessi avuto il permesso, (*toccare*) _____ il dipinto per verificarne l'autenticità.
3. Purtroppo (*fallire*) _____ nel tentativo di salvare il loro matrimonio e hanno deciso di divorziare.
4. Ho avuto un'importante promozione, ma il mio collega avrebbe preferito che (*toccare*) _____ a lui questa volta.
5. La stampa ha screditato il gruppo di scienziati che il giorno prima (*avanzare*) _____ una nuova teoria sulla relatività.
6. Ha fatto un lungo discorso, ma ritengo che (*mancare*) _____ il punto essenziale.
7. Quando il progetto (*avanzare*) _____ abbastanza, lo presenteremo al direttore.
8. La gente pensava che il nostro tentativo (*fallire*) _____ e invece ce l'abbiamo fatta!

"CHE" INDEFINITO E "CHÉ" CAUSALE

3 Per ogni che **evidenziato** indica se è indefinito (**I**), causale (**C**) o né indefinito né causale (**X**). Considera che quello causale è stato scritto senza accento.

1. Non è un libro fantastico ma ha quel **che** (__) di intrigante **che** (__) ti incuriosisce a ogni pagina.
2. **Che** (__) disgrazia terribile!
3. Non mettere via il coltello **che** (__) devo usarlo.
4. Ascolta bene **che** (__) può esserti utile.
5. Non capisco **che** (__) c'entri questo con il resto!

NOMINALIZZAZIONE DI VERBI E AGGETTIVI

4 Completa con i verbi, gli aggettivi o i nomi.

VERBI	NOMI
	lettura
accendere	
	atterraggio
apparire	
dipendere	

AGGETTIVI	NOMI
pieno	
precario	
comodo	
tranquillo	
	vivibilità

FORME IMPERSONALI

5 Nelle frasi ci sono 4 errori. Trovali e correggili.

1. Ho detto ai miei colleghi che al lavoro ci si dovrebbe comportare da adulto, non come bambino.
2. Anche quando ci si sono lasciati, i figli devono poter sentire di essere ancora una famiglia.
3. Se si è andati d'accordo per tanti anni, si può continuare a farlo anche dopo un litigio.
4. Non è affatto bello quando si va a dormire arrabbiati e non ci si dice *buonanotte*.
5. Nella vita è importante che si renda conto di chi sono le persone che contano veramente.

"NON" PLEONASTICO

6 Inserisci il non e le espressioni della lista al posto giusto.

appena | finché | più di quanto
per poco | a meno che

1. Stamattina mi sono svegliato tardi e _____ perdevo il treno!
2. Dove sei stato? Sono stata preoccupata _____ sei arrivato!
3. Sarei felice se veniste alla mia festa, _____ abbiate di meglio da fare!
4. Ti aggiornerò _____ avremo notizie.
5. Fabio è nervoso ultimamente, _____ voglia ammettere!

2 VOCABOLARIO

FAMIGLIA OGGI

- **famiglia nucleare**: genitori e figli vivono insieme come un'unità familiare indipendente
- **famiglia monoparentale / monogenitoriale**: uno solo dei genitori vive con i figli e si assume la responsabilità della loro educazione e crescita
- **famiglia plurigenitoriale**: formata da più di due genitori, come nel caso di famiglie con genitori divorziati e nuovi partner
- **famiglia ricomposta / ricostituita**: quando un genitore si risposa con un partner e i figli di entrambi i genitori vivono insieme nella stessa famiglia
- **famiglia omosessuale / arcobaleno**: composta da genitori dello stesso sesso
- **famiglia queer**: include persone che vivono insieme per scelta, indipendentemente dal genere d'appartenenza o dall'orientamento sessuale
- **famiglia adottiva**: include genitori adottivi e figli adottivi, che sono stati legalmente adottati
- **dinamiche familiari**: modelli di interazione, comunicazione, ruoli e relazioni che si sviluppano all'interno di una famiglia
- **rapporto coniugale**: connessione emotiva, fisica, sociale e legale che esiste tra due persone sposate
- **convivenza**: due o più persone vivono insieme senza necessariamente essere sposate. Può riguardare coppie sentimentali, amici o coinquilini
- **monogamia**: unione matrimoniale con un solo uomo o una sola donna
- **poligamia**: unione matrimoniale di un uomo con più donne (poliginia) o di una donna con più uomini (poliandria)
- **unione civile**: accordo legale che garantisce alle coppie di persone dello stesso sesso una serie di diritti e responsabilità equivalenti a quelle del matrimonio
- **coppia di fatto**: due persone che vivono insieme come coppia senza essere sposate legalmente
- **prole**: l'insieme dei figli o dei discendenti di una coppia o di una famiglia
- **divorzio**: procedimento legale attraverso il quale un matrimonio viene ufficialmente sciolto
- **separazione**: stato in cui una coppia sposata decide di vivere separata, senza però ottenere un divorzio ufficiale
- **porto sicuro**: metafora che si riferisce a un luogo, una persona o una situazione in cui ci si sente protetti, al sicuro e al riparo da pericoli, preoccupazioni o difficoltà

VERBI DI CAMBIAMENTO

- alterare
- mutare
- variare

- evolvere
- perfezionare
- raffinare
- sanare
- sviluppare

- deteriorare
- guastare
- rovinare
- sciupare

- accentuare
- accrescere
- alzare
- ampliare
- arricchire
- crescere
- dilatare
- estendere
- gonfiare
- incrementare
- intensificare
- prolungare
- salire

- abbassare
- abbreviare
- accorciare
- decurtare
- defalcare
- restringere
- ridurre
- rimpicciolire
- scendere
- sminuire
- sottrarre
- tagliare
- togliere

COMPOSTI DI "ALTRO"

- **senz'altro**: sicuramente, senza dubbio
- **altroché**: eccome!, sicuro!, certo!
- **tutt'altro**: al contrario, all'opposto
- **altrettanto**: la stessa cosa, quantità, misura
- **altresì**: anche, pure, inoltre
- **altrove**: in altro luogo, da un'altra parte
- **altrui**: di altri
- **altrimenti**: diversamente, se no, in caso contrario
- **d'altronde**: ad ogni modo, comunque, d'altra parte, d'altro canto, del resto, peraltro
- **talaltro/a/i/e**: qualche altro/a, alcuni/e altri/e

VOCABOLARIO 2

FAMIGLIA OGGI

1 *Completa il cruciverba.*

ORIZZONTALI →
2. I genitori devono provvedere al sostentamento della _____.
4. Viaggio molto, ma la mia famiglia rimane sempre il mio _____ sicuro.
7. Marco e Sibilla vivono insieme da molti anni, ma non vogliono sposarsi. Sono una coppia di _____.
9. Le famiglie con genitori dello stesso sesso possono anche essere definite famiglie _____.
10. Dopo alcuni anni di separazione Sandra ha deciso di firmare le carte del _____.
11. In alcune culture la _____ è legale, cioè si possono avere più partner.
12. Fanno parte di una famiglia _____ persone che vivono insieme per scelta, indipendentemente dal genere d'appartenenza o dall'orientamento sessuale.

VERTICALI ↓
1. Secondo alcuni antropologi la _____ non è una condizione naturale dell'uomo, ma una regola culturale imposta.
3. Non è semplice essere genitore in una famiglia _____ perché non si possono condividere le responsabilità.
5. Un tempo nelle famiglie vivevano sotto lo stesso tetto varie generazioni di persone, insomma erano poche le famiglie _____.
6. Vivo con mio padre, la sua compagna e i figli di lei. Siamo una bella famiglia _____!
8. Giuseppe è molto riconoscente alla sua famiglia _____ che lo ha accolto come un suo membro a tutti gli effetti.

VERBI DI CAMBIAMENTO

2 <u>Sottolinea</u> *l'opzione corretta.*

Il *coming out* è una metamorfosi interiore, che **muta / defalca / sciupa** profondamente la percezione di sé e le relazioni. Può **mitigare / migliorare / prolungare** l'autostima e rafforzare il senso di appartenenza al mondo. Tuttavia, inizialmente può anche **peggiorare / evolvere / rimpicciolire** le cose, generando conflitti e incomprensioni. Può sembrare come **raffinare / sanare / guastare** l'armonia, ma in realtà, serve a **modificare / gonfiare / intensificare** preconcetti obsoleti. Ovviamente richiede la volontà di **ampliare / sottrarre / ridimensionare** la propria visione del mondo ed è un modo per **moderare / attenuare / estendere** i confini delle relazioni umane e di conseguenza **accrescere / sciupare / diminuire** le barriere mentali e sociali, **ridurre / deteriorare / evolvere** il gap tra chi siamo e chi pensiamo di dover essere.

COMPOSTI DI "ALTRO"

3 *In tutte le frasi i composti di* altro *sono usati in modo sbagliato. Sostituiscili con la parola più appropriata al contesto.*

1. Roma mi piace, non voglio trasferirmi altrui.
   _____

2. È bello e tutt'altro interessante.
   _____

3. ● Hai fame?
   ■ Altrettanto! Mangiamo?
   _____

4. ● Hai caldo?
   ■ Altroché! Si gela!
   _____

5. ● Ci vediamo domani?
   ■ Altrove!
   _____

2 CULTURA

1 La famiglia nel libro "Cuore"
In coppie. Leggete il brano tratto dal libro "Cuore" di Edmondo De Amicis e completate le metafore sulla famiglia italiana con le parole giuste della lista.

il miele | un pozzo secco | il male | delle spine
un vento di tramontana | il lusso

> Vi sono famiglie, caro amico, che sono come dei fiori, e famiglie che sono come _____; famiglie che sono come una barca a vela e famiglie che sono come una nave a vapore; famiglie che sono come _____ e famiglie che sono come l'assenzio; famiglie che sono come una brezza del mare e famiglie che sono come _____; famiglie che sono come una fontana d'acqua viva e famiglie che sono come _____; famiglie che sono come _____ e famiglie che sono come miseria; famiglie che sono come il bene e famiglie che sono come _____. Insomma, amico mio, vi sono famiglie di tutti i generi, come ci sono di tutte le specie gli animali.

Ora ognuno di voi deve scrivere una metafora sulla propria famiglia e spiegarla alla classe, che poi voterà la migliore. Prima, però, leggete la definizione di metafora a destra.

metàfora: figura retorica che stabilisce un rapporto di somiglianza o analogia tra due concetti o oggetti apparentemente diversi al fine di creare un'idea più suggestiva. Es. "Il suo sorriso è una luce brillante".

2 Il libro "Cuore"
Leggi le informazioni sul libro "Cuore" e correggi i 7 errori presenti nel testo. Poi confrontati con la classe.

> "Cuore" è un libro scritto da Edmondo De Amicis, pubblicato per la prima volta in 1886. L'opera è strutturata a forma di diario e narra le vicende di un giovane studente di nome Enrico Bottini, che frequenta una scuola elementare in Italia.
> Il romanzo affronta temi importanti come l'amicizia, il dovere, la solidarietà e la lealtà attraverso le esperienze quotidiane dei giovani protagonisti. L'importanza di "Cuore" nella cultura italiana risiede nella sua capacità a catturare l'essenza dell'infanzia e dell'adolescenza, offrendo una rappresentazione realistica della vita scolastica e familiare dell'epoca.

Il libro fu stato utilizzato come strumento educativo per generazione di studenti italiani, insegnando importanti valori morali e sociali. È ancora letto e amato in Italia, e ha contribuito a plasmare l'immaginario collettivo riguardo dell'infanzia e all'istruzione del Paese.

3 Libri sulla famiglia
Leggi l'elenco e le descrizioni di 10 libri italiani che parlano della famiglia. Quale ti piacerebbe leggere e perché? Nella letteratura del tuo Paese ci sono libri che parlano della famiglia? Discutine con i compagni.

DIECI LIBRI SULLA FAMIGLIA

1 CANNE AL VENTO (Grazia Deledda, 1913)
La decadenza di una famiglia nobiliare legata ad antichi valori.

2 IL GATTOPARDO (Giuseppe Tomasi di Lampedusa, 1958)
Un'antica famiglia siciliana vede il mondo cambiare davanti ai propri occhi.

3 LESSICO FAMIGLIARE (Natalia Ginzburg, 1963)
Una famiglia italiana attraverso gli occhi di una bambina.

4 NUDO DI FAMIGLIA (Gaia Manzini, 2009)
A 97 anni Ada è sul letto di morte, eppure ha un segreto...

5 L'ARMINUTA (Donatella Di Pietrantonio, 2017)
Una bambina restituita, dopo 13 anni, alla sua famiglia di origine.

6 LA PIÙ AMATA (Teresa Ciabatti, 2017)
Teresa ripercorre la sua infanzia, dominata dalla figura del padre.

7 I LEONI DI SICILIA (Stefania Auci, 2019)
Una storia di migranti, una storia reale e non inventata.

8 NOI NON ABBIAMO COLPA (Marta Zura Puntaroni, 2020)
Il ritorno al paese, dove tutto sembra immutato.

9 PRIMA DI NOI (Giorgio Fontana, 2020)
Una saga familiare che attraversa il Novecento italiano.

10 NIENTE DI VERO (Veronica Raimo, 2022)
Il ritratto sincero e libero di una giovane donna di oggi.

TEST 2

GRAMMATICA

1 Completa il testo con i verbi della lista coniugandoli al giusto modo e tempo.

minare | stare | salire | portare | durare
fallire | apparire | aprire | essere (x2)

Sebbene negli ultimi decenni la tecnologia _____ benefici ineguagliabili nella vita quotidiana, un fenomeno meno discusso _____ emergendo: il numero di divorzi causati dall'influenza della tecnologia nelle relazioni coniugali _____ in modo esponenziale ultimamente. Se ai tempi dei telefoni fissi i matrimoni _____ anche 60 anni, oggi questo risultato _____ come un miraggio e secondo alcuni esperti la prima causa a scatenare la rottura in una coppia _____ proprio i social network. La facilità con cui è possibile connettersi con persone al di fuori del matrimonio _____ la porta a tentazioni e tradimenti virtuali e _____ la fiducia e l'intimità nelle relazioni. Che l'uso eccessivo degli smartphone abbia ridotto la comunicazione faccia a faccia è evidente e la conseguenza _____ che la distanza emotiva tra i coniugi si è accentuata notevolmente. Chi poteva immaginare che uno strumento di comunicazione avrebbe deteriorato proprio la comunicazione di coppia? Ma d'altro canto: siamo davvero sicuri che questi matrimoni ormai distrutti non _____ comunque, indipendentemente dal ruolo giocato dai social network?

OGNI VERBO CORRETTO = 3 PUNTI ___ / 30

2 Trasforma gli aggettivi e i verbi in nomi, usando l'articolo appropriato se necessario.

1. Di certo (*chiudere*) _____ dei confini agli immigrati non è una buona mossa se vogliamo risolvere il problema del calo demografico in Italia.
2. (*Riciclare*) _____ e (*sostenere*) _____ possono guidare la nazione verso un futuro migliore.
3. L'antipasto di mia nonna è sempre composto da una serie di (*assaggiare*) _____ deliziosi e io ho (*tendere*) _____ a mangiarli tutti!
4. (*Decadere*) _____ di alcuni valori tradizionali sta generando una profonda (*riflettere*) _____ sulla (*dirigere*) _____ morale e sociale del Paese, una riflessione a tratti caratterizzata da (*amaro*) _____ per il dilagante (*individuale*) _____.

OGNI NOME CORRETTO = 2 PUNTI ___ / 20

3 Sostituisci le parti **evidenziate** con la forma impersonale, facendo le necessarie modifiche.

1. L'anno scorso **ci siamo ritrovati** quasi ogni domenica per pranzare insieme.
   _____
   _____

2. Quando **uno è stato troppo superficiale** nel comprendere il disagio di un familiare, **si sente stupido e inadeguato**.
   _____
   _____

3. **La gente si è fatta trascinare** dalla modernità e **si è dimenticata** di alcuni valori fondamentali.
   _____
   _____

4. Ieri **ci siamo fatti coraggio** e **abbiamo parlato** con il capo di alcuni problemi lavorativi.
   _____
   _____

OGNI SOSTITUZIONE CORRETTA = 2 PUNTI ___ / 14

2 TEST

VOCABOLARIO

4 Completa il testo con i verbi della lista coniugandoli quando necessario.

guastare | ridurre | sanare
mutare | elevare | ampliare

Nel corso degli ultimi decenni, gli italiani hanno vissuto cambiamenti significativi che hanno modellato il tessuto sociale e la mentalità della popolazione. Queste trasformazioni sono state spesso guidate dal desiderio di _____ alcune difficoltà della vita quotidiana. Un esempio di cambiamento positivo è emerso nell'ambito dell'industria e dell'economia: dopo la Seconda guerra mondiale, l'Italia ha affrontato una fase di ricostruzione economica, in cui il Paese _____ notevolmente grazie alla crescita economica e all'industrializzazione. Questo processo di cambiamento ha portato a _____ la qualità della vita per molti italiani, espandendo l'occupazione e _____ la disponibilità di beni e servizi. Tuttavia, l'urbanizzazione e la globalizzazione _____ la quantità delle comunità locali e delle pratiche tradizionali e hanno portato a mutamenti che hanno rischiato di _____ il fascino di alcune tradizioni e valori italiani.

OGNI INSERIMENTO CORRETTO = 2 PUNTI ___ / 12

5 Scrivi le parole corrispondenti alle definizioni.

1. _____ Condizione in cui le persone vivono insieme sotto lo stesso tetto. Può riferirsi a relazioni familiari, di coppia o a semplici coinquilini (**sostantivo**).

2. _____ Termine che indica una famiglia in cui genitori e figli vivono insieme come un'unità familiare indipendente (**aggettivo**).

3. _____ Termine che indica una famiglia in cui è presente un solo genitore (**aggettivo**).

4. _____ Tutto ciò che è relativo al matrimonio o alla vita matrimoniale (**aggettivo**).

5. _____ Termine collettivo che indica l'insieme di tutti i figli di una famiglia o di un determinato individuo (**sostantivo**).

6. _____ Condizione in cui il vincolo matrimoniale può essere contratto con un solo uomo o una sola donna (**sostantivo**).

OGNI PAROLA CORRETTA = 2 PUNTI ___ / 12

COMUNICAZIONE

6 <u>Sottolinea</u> l'opzione corretta tra quelle **evidenziate**. Attenzione: in alcuni casi entrambe le opzioni sono corrette.

1. ● Pensi che il nuovo film di Sorrentino sia noioso?
   ■ **Tutt'altro / Altresì**! È emozionante e pieno di colpi di scena!

2. ● Hai trovato interessante il libro che ti ho consigliato?
   ■ **Tutt'altro! / Altroché!** Non riuscivo a smettere di leggerlo!

3. ● Credi che possiamo fidarci di Marco per il progetto?
   ■ **Senz'altro / Eccome!** Ha già dimostrato la sua competenza in passato.

4. ● Come ti senti quando sei in Italia?
   ■ Beh, c'è sempre **un talaltro / un certo non so che** nell'aria, un'atmosfera magica che ti fa sentire a casa.

5. ● Hai mai pensato di cambiare lavoro?
   ■ Veramente no! **Altrui / D'altronde** mi piace un sacco!

6. ● Cosa ti ha colpito di più nel suo discorso?
   ■ C'era **un che / un non so che** di stimolante nella sua voce.

OGNI OPZIONE CORRETTA = 1 PUNTO ___ / 12

TOTALE ___ / 100

LEZIONE 3
QUI PRO QUO

Io e la batteria del mio cellulare ce la giochiamo a chi è più esaurito.

a

"Sai, adoro fare la coda!"

"Perché non ne trovo mai una normale!?"

Qui imparo a:
- *riconoscere malintesi ed espressioni ambigue*
- *riconoscere e utilizzare vocaboli con significati multipli*
- *interpretare segnali corporei e non verbali*
- *analizzare e commentare meme e doppi sensi*
- *usare correttamente espressioni di approssimazione in vari contesti*

c

Tranquilli ho un piano.
Wolfgang Amadeus Mozart

d

Lei disse che nella relazione mancava la magia. Lui scomparve.

COMINCIAMO

a Scegli il significato giusto dell'espressione "qui pro quo", poi confrontati con le altre persone.

1. Io do una cosa a te e tu dai una cosa a me, scambio.
2. Capire una cosa per un'altra, equivoco.
3. Incontrarsi a metà strada, né qui né là.

b In coppie. Ogni immagine in alto contiene un malinteso divertente. Individuate quali sono le parole o espressioni ambigue in ogni frase e spiegate il motivo per cui sono spiritose. Poi confrontatevi con le altre coppie per verificare se avete fatto le stesse interpretazioni.

c In gruppi. In italiano esistono molti termini che si prestano a equivoci perché possono avere più significati diversi. Leggete le seguenti parole e per ognuna scrivete i vari significati che possono avere. Poi scegliete una parola tra queste e scrivete un brevissimo testo divertente basato proprio sull'ambiguità di significato. Infine, presentate i testi alla classe e votate i più divertenti.

 PENNA  CAFFÈ PIANTA

3A Doppi sensi

G trapassato remoto
V affitto di un immobile

1 VOCABOLARIO Affittare un appartamento

In coppie. Abbinate le parole ai significati corrispondenti. Attenzione: ci sono due significati in più.

1. immobile
2. locatore
3. locatario / affittuario
4. deposito cauzionale
5. caparra
6. affitto
7. disdetta
8. sfratto

a. somma che l'inquilino versa al proprietario come garanzia su eventuali danni e / o debiti, e che viene restituita al termine del contratto
b. somma che l'inquilino paga ogni mese al proprietario
c. rifiuto del proprietario di continuare il contratto
d. si ha quando l'affittuario dà in affitto l'immobile a un'altra persona
e. termine generico per edifici, case, appartamenti ecc.
f. tipo di contratto di affitto che prevede un prezzo fisso non soggetto ad aumenti
g. comunicazione del locatore o del locatario della volontà di terminare il contratto
h. somma che l'inquilino versa come impegno a prendere in affitto l'immobile
i. chi prende in affitto l'immobile, inquilino
l. chi possiede l'immobile e lo dà in affitto, proprietario

2 PARLARE Un anno in Italia!

Immagina di avere l'occasione di poter vivere un anno in Italia e di dover cercare un appartamento in affitto. Decidi la città, il tipo di immobile, il budget per l'affitto e altri dettagli necessari, poi gira per la classe cercando un coinquilino o una coinquilina. Quando qualcuno non è d'accordo con le tue decisioni, passa a un'altra persona e così via, finché non avrai trovato quella perfetta per te.

3 LEGGERE Un malinteso

testo parlante 20 ▶

3a *Leggi il testo e cerca di capire qual è il malinteso e da cosa è causato, poi confrontati con un'altra persona.*

Carlo amava Milano e sapeva che, quando avrebbe terminato l'università, sarebbe rimasto a vivere lì. L'appartamento in cui abitava, affittato tre anni prima, e che condivideva con un compagno di corso, adesso non gli serviva più perché voleva spostarsi più in centro. Perciò, non appena si fu laureato, mandò la disdetta al proprietario e cominciò a informarsi sui prezzi delle case a Milano che, tuttavia, tra depositi cauzionali, caparre e affitto mensile, si rivelarono troppo costose attraverso le agenzie. Poi un giorno, mentre si trovava in biblioteca, notò un annuncio in bacheca che diceva «Affitto bilocale». Dopo che ebbe preso nota del numero e del nome, telefonò.
«Buongiorno, la chiamo in merito all'annuncio dell'appartamento in affitto.» - «Ah sì! Vorrei affittarlo urgentemente.» rispose la voce di una ragazza. «Perfetto. Ma di che cifra parliamo?» - «Non saprei. Pensavo attorno ai 700 euro o giù di lì.» - «700 euro va benissimo, è proprio quello che cercavo.» disse Carlo. «Possiamo fissare un appuntamento?» chiese la ragazza. «Stavo per chiederglielo io. Guardi, mi trovo proprio nei pressi della biblioteca dove ho trovato l'annuncio...» - «Perfetto! Se mi dà a dir tanto dieci minuti arrivo perché abito proprio qui. Io sono Angela.» Si diedero appuntamento al bar all'angolo e Angela arrivò puntuale. Si strinsero la mano e infine Carlo domandò: «Allora? Da che parte?» - «In che senso "da che parte"?» - «L'appartamento!» spiegò Carlo. «Me lo dica Lei. Io sono pronta.» Carlo si grattò la testa: «Non ha un appartamento da affittare?» - «No, io cerco un appartamento da affittare! Voglio affittarlo al più presto!» - «Anche io voglio affittarlo al più presto,» disse Carlo, «ma avevo capito che Lei lo dava in affitto! Mi sa che ho fatto un buco nell'acqua, tanto per cambiare!».

3b *Con la stessa persona, parla dei seguenti punti.*

- Nella vostra lingua esistono parole che hanno più significati e possono generare equivoci? Fate degli esempi.
- Vi è mai capitato un qui pro quo (linguistico o di altro tipo) divertente o imbarazzante? Raccontatelo!

Doppi sensi 3A

4 GRAMMATICA Il trapassato remoto

4a *Osserva le frasi tratte dal testo del punto 3a e svolgi le attività.*

1. Non appena **si fu laureato**, <u>mandò</u> la disdetta al proprietario.
2. Dopo che **ebbe preso** nota del numero e del nome, <u>telefonò</u>.

Ogni frase presenta un **trapassato remoto** *e un* <u>passato remoto</u>*. Scegli la risposta corretta.*

Il trapassato remoto può essere usato in alternativa al passato remoto per indicare un'azione che succede:
○ poco prima del verbo principale.
○ subito dopo il verbo principale.

Completa la regola e la tabella.

Il trapassato remoto si forma con il _____ di *essere* o *avere* + participio passato.

ANDARE	CAPIRE
io _____ andato/a	io ebbi capito
tu fosti andato/a	tu _____ capito
lui / lei _____ andato/a	lui / lei _____ capito
noi _____ andati/e	noi avemmo capito
voi _____ andati/e	voi _____ capito
loro furono andati/e	loro _____ capito

Completa le frasi come nell'esempio.

Il trapassato remoto è quasi esclusivamente usato dopo espressioni come:

- **dopo che** → Continuò a lavorare anche dopo che (*andare*) *fu andato* in pensione.
- **(non) appena** → (Non) appena (*capire*) _____ l'equivoco, il cassiere si scusò con lui.
- **quando** → Quando tutti (*andarsene*) _____, cominciò la festa.
- **finché (non)** → Continuò a sorridere finché tutti (non) (*uscire*) _____.

Scegli l'opzione corretta.

Attualmente il trapassato remoto viene utilizzato molto **frequentemente / raramente**, soprattutto in contesti formali ed elevati della lingua italiana **scritta / parlata**. Nell'uso quotidiano, tende a essere sostituito dal passato remoto o dal trapassato prossimo, così come **il passato remoto / l'imperfetto** viene spesso sostituito dal passato prossimo.

4b *Completa il testo coniugando i verbi all'imperfetto, al trapassato prossimo, al passato remoto o al trapassato remoto. Segui gli esempi.*

Maria (*trascorrere*) **aveva trascorso** i mesi più belli della sua vita con la famiglia Contini che l'(*ospitare*) _____ come ragazza alla pari e soprattutto finalmente (*potere*) _____ dire di parlare italiano abbastanza bene! Purtroppo, però, ormai (*dovere*) **doveva** fare ritorno al suo Paese. Prima di andarsene (*volere*) _____ comprare dei regali ai suoi ospiti: (*terminare*) _____ da tempo il ricamo sulla tovaglia per la signora Luisa, ma (*dovere*) _____ ancora trovare qualcosa per il signor Maurizio. Improvvisamente le (*venire*) **venne** in mente quello strano commento che (*fare*) _____ il suo ospite poco dopo il suo arrivo: "Vado pazzo per i libri gialli!". Lì per lì (*rimanere*) _____ un po' stupita, ma poi (*imparare*) _____ l'espressione idiomatica "de gustibus" … chi (*essere*) _____ lei per mettere in discussione i gusti degli altri! Tant'è che (*avviarsi*) _____ verso la libreria del paesino dove un ragazzo molto carino la (*accogliere*) _____ con un sorriso smagliante. Maria gli (*dire*) _____ con decisione: "Vorrei comprare un libro giallo, il migliore che avete, per favore!". Il ragazzo (*andare*) _____ filato verso gli scaffali e quando (*fare*) _____ sulle sue braccia una pila di libri che quasi gli (*ostacolare*) _____ la visuale, (*tornare*) _____ al bancone per mostrarli con orgoglio a Maria dicendo: "Si prenda tutto il tempo che vuole per scegliere. Sa, sono tutti bellissimi, non sarà facile!". Maria (*essere*) _____ un po' perplessa e (*pensare*) _____ fra sé e sé: "Mamma mia, che situazione imbarazzante! Di certo questo povero ragazzo è daltonico! E ora cosa gli dico per non offenderlo?". (*Prendere*) _____ coraggio e (*dire*) _____: "Sicuramente lei ha scelto i libri più belli che ha, ma vede, io vorrei un libro un pochino più giallo.". Non appena (*pronunciare*) _____ quelle parole, Maria (*notare*) _____ che il ragazzo (*stare*) _____ strabuzzando gli occhi e arrossendo allo stesso tempo, e (*sentirsi*) _____ morire di vergogna. Lui, balbettando (*dire*) _____: "Mi scusi, ma come fa a sapere che non sono abbastanza gialli se non li ha letti?".

3A Doppi sensi

G tempi passati dell'indicativo
V polisemia • enantiosemia

5 GRAMMATICA I tempi passati dell'indicativo

In coppie. Rileggete il testo del punto 4b e abbinate i tempi verbali alle loro forme e funzioni. Seguite l'esempio.

✓ 1. PASSATO PROSSIMO
2. IMPERFETTO
3. TRAPASSATO PROSSIMO
4. PASSATO REMOTO
5. TRAPASSATO REMOTO

a. parlai / andai
b. parlavo / andavo
c. ebbi parlato / fui andato
✓ d. ho parlato / sono andato
e. avevo parlato / ero andato

I. Indica un'azione passata avvenuta prima di un'altra azione passata che è espressa con il passato prossimo o con il passato remoto.
II. Indica un'azione passata successa poco tempo prima di un'altra azione passata espressa con il passato remoto ed è di solito introdotto da espressioni come *dopo che, (non) appena, quando, finché (non)*.
III. Indica situazioni passate viste nel loro svolgimento, abituali, descrittive o simultanee.
✓ IV. Indica un evento concluso nel passato che ha ancora effetti sul presente.
V. Indica un evento concluso nel passato che non ha effetti sul presente ed è lontano sia cronologicamente che psicologicamente.

1. _d_ / _IV_   2. __/__   3. __/__   4. __/__   5. __/__

6 PARLARE E SCRIVERE Il vostro finale!

In gruppi di 3. Svolgete i seguenti compiti.

- Parlate tra voi per spiegare il malinteso tra Maria e il libraio nel testo del punto 4b. Da quale parola nasce?
- Accertatevi di aver capito tutte le parole o espressioni contenute nel testo cercando le parole o espressioni corrispondenti ai seguenti significati.

1. decorazioni di filo sul tessuto: _____
2. mi piace moltissimo: _____
3. in un primo momento: _____
4. sui gusti non si discute: _____
5. brillante: _____
6. di corsa: _____
7. che non distingue i colori: _____
8. guardando con grande sorpresa: _____
9. parlando con difficoltà: _____

- Discutete per decidere come finisce la storia, scrivete il finale (sia la parte narrativa che i dialoghi) facendo attenzione ai tempi verbali e presentatelo alla classe attribuendovi i ruoli di narratore, Maria e libraio.

7 LEGGERE Una risposta autorevole

7a *In gruppi. Ricordate il testo del punto 3a? Carlo, confuso da quello che gli è successo, ha deciso di chiedere spiegazioni sul corretto significato di "affittare" all'Istituto di Lingua Italiana. Leggete la risposta e completatela mettendo le frasi della lista al posto giusto.*

a. Basti pensare, ad esempio,
b. che ha scatenato l'equivoco occorsoLe
c. qualora non si interpreti correttamente il contesto
d. non esiti a contattarci di nuovo
e. Infatti, per quanto paradossale possa sembrare,
f. La ringraziamo per averci dato la possibilità

Gentile Carlo,

(1) ____ di portare alla luce un argomento davvero interessante e curioso riguardante il lessico italiano. Nel nostro vocabolario esistono, infatti, termini che possiedono più di un significato. (2) ____ alla parola "penna", che può riferirsi allo strumento con il quale scriviamo o alla piuma di un uccello, ma indica anche un tipo di pasta ed è usato colloquialmente come sinonimo di "plettro", per chi suona la chitarra, o di "scrittore / giornalista". Questo particolare fenomeno linguistico è denominato **polisemia**, ma il piccolo incidente linguistico che Lei ci ha raccontato appartiene a una situazione ancor più specifica e peculiare. (3) ____ esiste un gruppo di vocaboli contraddistinto dal possedere allo stesso tempo due significati opposti: "affittare" rientra proprio in tale definizione, dal momento che, a seconda del contesto, potrebbe significare sia "dare in affitto" che "prendere in affitto", elemento, questo, (4) ____.
Tale singolare comportamento, che in linguistica prende il nome di **enantiosemia**, coinvolge anche molte parole di uso quotidiano come "tirare", che ha il doppio significato di "lanciare" e di "avvicinare a sé". I casi di enantiosemia sono molto comuni e possono dare luogo a qui pro quo piuttosto fastidiosi (5) ____.
Speriamo di averLe chiarito ogni dubbio su questa spinosa questione e, se necessario, (6) ____. Il nostro ufficio è sempre aperto nei giorni feriali.

Cordialmente,
L'Istituto di Lingua Italiana

Doppi sensi 3A

7b *In gruppi. Scegliete dalla lista delle frasi che avete inserito al punto 7a le parole che esprimono le seguenti funzioni o concetti. Seguite l'esempio.*

1. Evidenziare l'eccezionalità e la veridicità di un evento: _____
2. Offrire un solo esempio fra tanti: _____
3. Esprimere apprezzamento per la domanda fatta: *La ringraziamo per averci dato la possibilità...*
4. Introdurre una situazione ipotetica: _____

8 VOCABOLARIO Polisemia ed enantiosemia

In coppie. Abbinate a ogni parola i suoi possibili significati e indicate se si tratta di polisemia (P) o enantiosemia (E). Seguite l'esempio.

PAROLA	SIGNIFICATI	P	E
1. ciao	i	○	✓
2. avanti		○	○
3. piano		○	○
4. coda		○	○
5. spolverare		○	○
6. feriale		○	○
7. ospite		○	○
8. tempo		○	○
9. storia		○	○

PAROLA	SIGNIFICATI	P	E
10. pauroso		○	○
11. operazione		○	○
12. voce		○	○
13. curioso		○	○
14. cacciare		○	○
15. affogare		○	○
16. funzione		○	○
17. appunto		○	○

SIGNIFICATI

a. azioni organizzate /  /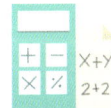

b.  /

c. programma / superficie piatta / / lentamente / livello di un edificio / punto di vista

d. successione di istanti / clima / epoca / momento opportuno / velocità di un pezzo musicale

e. persona che ha molta curiosità / qualcosa o qualcuno che suscita curiosità

f. prima / poi

g. morire in acqua / uccidere qualcuno in acqua

h. allontanare qualcuno in malo modo / inseguire

✓ i. benvenuto/a! / arrivederci!

l. nota che scriviamo per non dimenticare / esattamente

m.  /

n.  /

o. parola / singolo elemento di un elenco

p. compito / ruolo / rapporto / cerimonia sacra

q. racconto inventato / insieme di eventi reali avvenuti in passato

r. persona che ospita / persona che viene ospitata

s. i giorni di vacanza dal lavoro / i giorni di lavoro

3B Il corpo parla

G usi del condizionale presente e passato
V in buona fede • per giunta • non di rado • un'acca • a riprova di

1 PARLARE I piedi non mentono!

In gruppi. Sapete che i piedi e le gambe sono le parti del corpo meno capaci di mentire e che più di tutte rivelano la verità sulle intenzioni di una persona? Guardate le immagini e discutete per abbinarle ai significati corretti, come nell'esempio.

 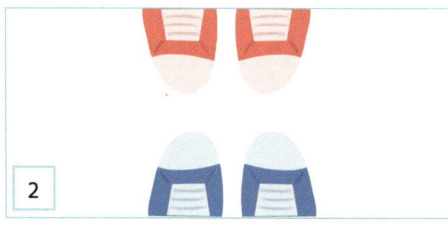 

a. Mi sento molto a mio agio!
✓ d. Voglio andare via!
b. Sono molto felice!
e. C'è qualcosa che non va, ho paura!
c. Mi interessa quello che dici!
f. Stai lontano da me!

1. _d_   2. ___   3. ___   4. ___   5. ___   6. ___

2 ASCOLTARE Gesticolandia

21 ▶ 2a *In coppie. Ascoltate le risposte di due esperti alle domande dell'intervistatore e scrivete le domande che, secondo voi, gli sono state poste.*

DOMANDA PARTE 1: _____
_____

DOMANDA PARTE 2: _____
_____

22 ▶ *Ora ascoltate le domande e verificate le vostre ipotesi. Quale coppia si è avvicinata di più?*

23 ▶ 2b *Ascoltate l'intero audio e indicate se le seguenti informazioni sono presenti nella parte 1, 2 o in nessuna delle due (X).*

	1	2	X
1. La gestualità viene considerata come un linguaggio a sé stante.	○	○	○
2. Gli italiani sono considerati il popolo più incline alla gestualità.	○	○	○
3. In epoca romana la gestualità era considerata un elemento fondamentale dell'arte oratoria.	○	○	○
4. Le origini della gestualità italiana affondano le radici nell'epoca romana.	○	○	○
5. L'uso di gesticolare è un tratto comune a tutte le culture del globo.	○	○	○
6. La gestualità degli italiani tende ad aumentare nella comunicazione con un interlocutore straniero.	○	○	○
7. Nel Sud Italia si gesticola di più.	○	○	○
8. La gestualità è un fenomeno comune a tutti i popoli mediterranei.	○	○	○
9. La frammentazione dialettale pre-unitaria ha contribuito allo sviluppo della gestualità.	○	○	○

Il corpo parla 3B

2c *In coppie. Facendo riferimento alla risposta del Prof. Mancini, mettete in ordine cronologico (da 1 a 5) le seguenti immagini e, per ognuna, scrivete le corrispondenti informazioni sulle origini della gestualità in Italia. Se necessario, potete riascoltare l'audio.*

a. _____

b. _____

c. _____

d. _____

e. _____

3 VOCABOLARIO Evitare le ripetizioni

Abbina ogni espressione che hai ascoltato nell'audio precedente a tutti i suoi significati.

ESPRESSIONE	SIGNIFICATO
1. in buona fede	a. frequentemente
	b. inoltre
	c. a sostegno
2. non di rado	d. niente
	e. ingenuamente
	f. un tubo
3. per giunta	g. sovente
	h. per di più
	i. nulla
4. un'acca	l. con buone intenzioni
	m. senza malizia
	n. come conferma
5. a riprova di	o. oltre a ciò

4 GRAMMATICA Usi del condizionale presente e passato

4a *In coppie. Leggete le frasi tratte dall'audio al punto 2b e completate la tabella. Attenzione: alcune caselle rimarranno vuote e lì dovrete scrivere voi una frase di esempio.*

1. Abbiamo un dilemma che Lei (...) **potrebbe aiutarci** a chiarire.
2. Secondo la Prof. Isabella Poggi (...) nella cultura italiana **ci sarebbero** almeno 250 gesti distinti e tale complessità **rispecchierebbe** addirittura una...
3. ... ma il dato **potrebbe essere sottostimato**...
4. ... il 37% **avrebbe risposto** che lo fa...
5. E su questo ultimo punto **vorrei soffermarmi**...
6. Spesso è vero, ma altrettanto spesso il risultato **potrebbe essere** l'esatto contrario ...
7. Il divertimento **sarebbe garantito**...
8. ... ma **potremmo biasimarlo** se alla fine non avesse capito un'acca?
9. Professor Mancini, **potrebbe spiegarci** qual è...?
10. ... i gesti **potrebbero essere stati utilizzati** come modo per...
11. Infine, non **dovremmo dimenticare** che...
12. ... il fatto che gli italiani **sarebbero** pian piano **diventati** maestri...

CONDIZIONALE PRESENTE	
funzione	frase o esempio
a. esprimere una supposizione o incertezza	2
b. esprimere un'azione considerata possibile	
c. esprimere un desiderio	
d. fare una richiesta gentile	
e. dare un consiglio	

CONDIZIONALE PASSATO	
funzione	frase o esempio
f. esprimere una supposizione o incertezza sul passato	
g. esprimere un'azione che poteva realizzarsi nel passato ma che non si è realizzata	_____
h. esprimere un desiderio nel passato	_____
i. esprimere un'opinione sul passato	*Secondo me avrebbe dovuto stare zitto.*
l. esprimere un'azione "futura" rispetto al passato	

3B Il corpo parla

G ripasso dell'imperativo
V espressioni derivanti da gesti

4b *In coppie. Prima di leggere il testo che segue rispondete alle domande confrontando le vostre idee.*

- Secondo voi, gesticolare è un'abitudine positiva o negativa? Perché?
- L'uso della gestualità potrebbe avere delle conseguenze positive o negative sulla nostra mente? Se sì, quali?
- Gesticolare potrebbe avere ripercussioni positive o negative sulla nostra salute? Se sì, quali?

Ora leggete il testo e completatelo coniugando al condizionale presente o passato i verbi che ritenete più opportuni per esprimere le funzioni indicate.

Gesticolare: un tocco di salute per mente e corpo
La ricerca è partita da un quesito che si sono posti alcuni studiosi: l'umanità (**AZIONE POSSIBILE**) _____ diversa oggi se gli esseri umani non avessero imparato a gesticolare? E i risultati sono stati più sorprendenti del previsto.

Una spinta per la memoria e l'apprendimento
Secondo diversi studi, tra cui uno condotto all'Università di Chicago, l'utilizzo di gesti durante l'apprendimento (**SUPPOSIZIONE O INCERTEZZA**) _____ facilitare la memorizzazione e la comprensione di nuove informazioni. I gesti (**SUPPOSIZIONE O INCERTEZZA**) _____, infatti, capaci di creare una sorta di "memoria visiva", rafforzando le connessioni neurali e creando un'associazione più profonda tra le parole e i concetti.

Un alleato contro lo stress
Un interessante studio dell'Università di Tilburg ha evidenziato come gesticolare durante una conversazione (**SUPPOSIZIONE O INCERTEZZA**) _____ la regolazione delle emozioni negative. In pratica gesticolare (**SUPPOSIZIONE O INCERTEZZA**) _____ aree del cervello che (**AZIONE POSSIBILE**) _____ contribuire a ridurre lo stress e l'ansia.

Un modo per sentirsi più sicuri
Altri esperimenti svolti recentemente negli Stati Uniti (**SUPPOSIZIONE O INCERTEZZA**) _____ che assumere posture e gesti di potere durante una conversazione (**SUPPOSIZIONE O INCERTEZZA**) _____ la sensazione di sicurezza e assertività. Gesticolare (**SUPPOSIZIONE O INCERTEZZA**) _____, quindi, a sentirsi più a proprio agio e di conseguenza a comunicare con maggiore efficacia.

Una marcia in più per la comunicazione
I gesti (**SUPPOSIZIONE O INCERTEZZA**) _____ altresì in grado di rendere le parole più chiare, coinvolgenti e memorabili. Uno studio dell'Università di Roma "Sapienza" ha infatti evidenziato come la comunicazione non verbale, di cui i gesti fanno parte, (**SUPPOSIZIONE O INCERTEZZA**) _____ responsabile di circa il 60% dell'efficacia comunicativa.

In conclusione, la prossima volta che vi troverete a gesticolare animatamente, non (**CONSIGLIO**) _____ assolutamente cercare di trattenervi, anzi (**CONSIGLIO**) _____ il caso di complimentarvi con voi stessi perché state facendo del bene alla vostra mente e al vostro corpo. La risposta alla domanda iniziale, dunque, è semplice: senza la gestualità l'umanità non (**AZIONE POSSIBILE NON REALIZZATA**) _____ diventare com'è e di certo gli italiani oggi non (**AZIONE POSSIBILE**) _____ considerati così divertenti da tutto il resto del mondo!

Ora verificate l'esattezza delle vostre risposte iniziali. Che differenze ci sono rispetto al testo? C'è qualcosa che vi ha colpito particolarmente? Le vostre idee sulla gestualità sono cambiate? Se sì, in che modo?

5 ASCOLTARE I gesti nella lingua

5a *Ascolta l'audio ed esegui i comandi per rappresentare i 10 gesti indicati, senza guardare le altre persone della classe (se possibile copriti gli occhi con una benda). Ascolta di nuovo (senza la benda) e indica i gesti che sei sicuro di aver rappresentato bene.*

○ 1 ○ 2 ○ 3 ○ 4 ○ 5
○ 6 ○ 7 ○ 8 ○ 9 ○ 10

5b *Tutti insieme, ascoltate di nuovo interrompendo l'audio tra un gesto e l'altro. Discutete per arrivare a un accordo su quale sia il gesto appropriato.*

5c *Andate in ▶ COMUNICAZIONE a pagina 212 per verificare le vostre ipotesi.*

Il corpo parla 3B

5d In coppie. Abbinate ogni gesto al suo significato. Attenzione: due gesti hanno lo stesso significato.

GESTO
1. girarsi i pollici
2. averne fin sopra i capelli
3. arricciare il naso
4. fare spallucce
5. mangiarsi le mani
6. mordersi la lingua
7. strizzare l'occhio
8. fare le corna
9. toccare ferro
10. fregarsi le mani

SIGNIFICATO
a. ammiccare o alludere
b. non fare nulla
c. trattenersi dal parlare
d. essere stufi di qualcosa
e. scongiurare, evitare il peggio
f. disgusto o disapprovazione
g. contentezza o soddisfazione
h. non avere interesse o non sapere qualcosa
i. rimpianto o pentimento

5e In gruppi di 3. Tutti i gesti del punto **5d** sono anche espressioni idiomatiche. È sufficiente pronunciarle o scriverle, per esprimere il loro significato. Scrivete un dialogo fra tre persone utilizzando almeno 4 espressioni e recitatelo alla classe. Vince il gruppo più divertente!

6 GRAMMATICA Ripasso dell'imperativo

6a Leggi le frasi tratte dall'ascolto al punto **5a**, poi completa le tabelle e le regole dell'imperativo.

1. **Piega** la mano in posizione orizzontale e **muovila** da sinistra a destra.
2. **Apri** le dita e **intreccia** quelle della mano destra con quella della mano sinistra.
3. **Non muovere** le mani.

IMPERATIVO INFORMALE – VERBI REGOLARI

	-are	-ere	-ire
tu	alz___	chiud___	apr___
noi	alz___	chiudiamo	apr___
voi	alzate	chiud___	apr___

L'unica forma dell'imperativo informale dei verbi regolari diversa dal presente indicativo è quella dei verbi che terminano in -___ per il soggetto ___. Infatti, terminano in **-a** invece che in **-i**.
L'imperativo informale per il soggetto *tu* si forma con **non** + _____.
I _____ vanno dopo il verbo formando un'unica parola.
I seguenti verbi sono irregolari per i soggetti *tu* e *voi*.

	ESSERE	AVERE	SAPERE
tu	sii	_____	sappi
voi	siate	abbiate	_____

I seguenti verbi sono irregolari per il soggetto *tu*.

	DARE	FARE	STARE
tu	dai / da'	fai / fa'	stai / sta'

	ANDARE	DIRE
tu	vai / va'	di'

Quando i pronomi seguono queste forme, raddoppiano la consonante (ESEMPIO: *dammi, stammi, fa__, vacci*), a eccezione del pronome "gli" (ESEMPIO: *dagli*).
L'imperativo formale ha la stessa forma del congiuntivo _____.

IMPERATIVO FORMALE

	-are	-ere	-ire	fare
Lei	alzi	chiud___	apra	_____
loro	alz___	chiudano	apr___	

Nell'imperativo formale i pronomi vanno _____ del verbo (ESEMPIO: *mi dica, lo prenda* ecc.) e la forma negativa è data da **non** + **IMPERATIVO AFFERMATIVO**.

6b In coppie (**A** e **B**). **A** va a pagina 211 e **B** va a pagina 213. Per ogni immagine date all'altra persona i comandi per realizzare quel gesto. Poi chiedetele se conosce il significato ed eventualmente spiegateglielo.

6c In gruppi. Scegliete uno dei gesti di pagina 211, 212 o 213, o un gesto del vostro Paese e scrivete i comandi **formali** per farlo realizzare all'insegnante. Poi dategli/le gli ordini e verificate se lo fa bene cronometrando il tempo. Vince il gruppo che riesce a far fare il gesto corretto all'insegnante nel minor tempo possibile.

7 PROGETTO Podcast di classe 3

In questo episodio potete scegliere fra due argomenti:
1. ambiguità della lingua italiana: da cosa dipende, quali sono gli esempi più importanti e comuni, qual è la vostra esperienza.
2. gestualità italiana: origine, aspetti positivi e negativi, come la gestualità entra nella lingua.

Seguite la procedura dei podcast precedenti.

3c Il potere dei meme

G verbi difettivi del participio passato
V intercalari

1 PARLARE Meme mio, come ti capisco!

In coppie. Guardate i meme e commentateli. Se non li capite chiedete aiuto a un'altra coppia. Quale argomento li accomuna? Qual è il più divertente per voi? Avete mai visto in rete un meme particolarmente simpatico? Descrivetelo all'altra persona (sia l'immagine che le parole), chiedetegli se gli piace e perché.

1. Guarda amore, un sole così bello non era mai… spleso… splenduto… splesuto…

2. Provo di farlo… / Si dice provo a farlo!

3. Quando ti dicono che un sacco di italiani usano male il congiuntivo.

Quando ti dicono che tu lo devi saper usare bene lo stesso.

2 ASCOLTARE Il podcast "A dirla tutta!" 3

25 ▶ 2a *In gruppi. Ascoltate la prima parte del podcast e pensate a come si potrebbero utilizzare i meme in una lezione di italiano. Condividete le vostre idee con tutta la classe.*

26 ▶ 2b *In gruppi. Ascoltate il resto del podcast e rispondete alle domande (riascoltate l'audio tutte le volte che volete).*

1. Qual è il primo argomento che Claudia propone per utilizzare i gesti in classe?
2. Che cosa sono i meme? Scrivete una definizione completa che ne contempli tutte le caratteristiche.
3. Che caratteristiche deve avere il "vocabolario" dei meme? Perché?
4. Quali difficoltà di comprensione presentano i meme? Fate degli esempi.
5. Perché il linguaggio dei meme è transnazionale ma anche nazionale?
6. Quali creatori di meme ha consigliato Claudia? Di quali argomenti parlano?

27 ▶ 2c *In coppie. Riascoltate una parte del podcast, sottolineate le parole che non sono presenti nelle frasi e scrivete nello spazio le parole usate nell'audio, poi confrontatevi con le altre coppie.*

a. … per farla breve, oltre gli stereotipi e dei preconcetti. _____
b. … e da lì la decisione a volerlo introdurre nelle mie lezioni… _____
c. Per farti un esempio, nelle prime lezioni in cui normalmente si parla degli stereotipi… _____
d. che ha un suo formato e che circola molto velocemente su internet. _____
e. … i meme hanno un altro livello di significato… _____
f. … tutti questi elementi insieme trasmettono la comicità. _____

28 ▶ 2d *Riascolta l'ultima parte dell'intervista e completa le frasi.*

a. … per uno studente di italiano sia importante, _____ _____ _____, confrontarsi, con questo tipo…
b. Come dicevo prima _____ _____ _____ il linguaggio dei meme ha diversi strati…
c. … ci sono dei format conosciuti _____ _____ Italia che in altri Paesi…
d. … e Troisi che risponde _____ "ok, me lo scrivo".
e. … e quindi sul _____ e sulla polisemia.
f. … *Italiano con umorismo* che è specifico, _____, dell'italiano per stranieri…
g. Insomma, _____ _____ _____: tutto è lecito per strappare una risata.
h. Grazie per questa piacevole e, _____, interessantissima chiacchierata.

Ora rileggi le frasi complete: quali parole o espressioni possono essere eliminate senza compromettere la comunicazione e senza perdere informazioni? Confrontati con un'altra persona.

2e *Inserisci nel dialogo i seguenti intercalari.*

e niente | e senti | in buona sostanza | tipo morale della favola | per così dire piaccia o non piaccia

● Mario mi ha forwardato il meme di cui stanno parlando tutti i nostri amici, ma io _____ non capisco mica cos'ha di divertente.

▶ Ah, sta sfottendo il primo ministro, sai per quell'uscita che ha avuto due giorni fa… ma dai! Ne parlano tutti!

● Scusa, sai, ma me la devo essere persa. Ultimamente non seguo molto la politica. Con certi elementi mi viene, _____, il voltastomaco solo a sentirli nominare.

Il potere dei meme — 3c

▶ Ti capisco, però, _____ sono quelli che ci ritroviamo. Insomma, che l'energumeno sostiene che dovremmo tornare alle scuole divise, i maschi da una parte e le femmine dall'altra. _____ 1910, per intenderci. _____, una cosa veramente assurda! _____, è scoppiata una bella polemica.

● Ah, adesso capisco! _____, già che ci sei, potresti spiegarmi anche...

3 PARLARE — 50 sfumature di meme

In gruppi. Cercate sul web 2 meme di almeno 2 dei creatori citati da Claudia: "Sfumature di cattiveria", "Democratici hipster", "Sapore di male", "Italiano con umorismo" e "Tacco Funeral".

- Quali degli elementi indicati da Claudia sono presenti?
- Che difficoltà avete incontrato per capire il meme?
- Quale trovate più interessante e perché?
- Sarebbe possibile farne una versione per il vostro Paese? Se sì, quali modifiche dovreste apportare?
- Tra quelli esaminati, sceglietene uno e illustratelo alla classe.

4 SCRIVERE — Creatori per un giorno

In gruppi. Provate a creare un meme.

- Ispiratevi alla vostra classe, allo studio dell'italiano o a temi d'attualità.
- Se il tema si presta, cercare di riutilizzare il vocabolario imparato nella sezione A | Doppi sensi.
- Decidete con quale immagine lo potete accompagnare e fate uno schizzo veloce o descrivetela.
- Condividete la vostra creazione con gli altri gruppi.

5 GRAMMATICA — I verbi difettivi del participio passato

5a In coppie. Ritornate al punto **1** di questa sezione e osservate il primo meme. Qual è il problema del ragazzo? Aiutatevi riflettendo sul titolo di questa attività! Riuscite a correggere la frase?

Ora completate la regola scegliendo le opzioni giuste.

I verbi difettivi del participio passato sono verbi...
- ○ a. il cui participio passato suona troppo male e quindi non si usa.
- ○ b. che si usano molto raramente al participio passato.
- ○ c. il cui participio passato non esiste.

Di conseguenza...
- ○ a. l'unico tempo verbale che non si può usare con questi verbi è il passato prossimo.
- ○ b. questi verbi non si possono usare in tutti i tempi composti.

Selezionate gli 8 verbi difettivi del participio passato tra quelli della lista.

- ○ a. apprendere
- ○ b. decidere
- ○ c. concernere
- ○ d. accadere
- ○ e. competere
- ○ f. aggradare
- ○ g. esimersi
- ○ h. vigere
- ○ i. soccombere
- ○ l. stridere
- ○ m. fervere
- ○ n. commuovere

5b In coppie. Trovate i sinonimi dei seguenti verbi tra quelli che avete scelto nell'ultima parte dell'attività precedente e poi usateli per completare le frasi, come nell'esempio.

1. piacere (*f*)
2. rivaleggiare (_)
3. perdere / cedere (_)
4. stonare (_)
5. essere intenso (_)
6. riguardare (_)
7. sottrarsi (_)
8. essere valido (_)

1. I preparativi (*fervere*, PASSATO PROSSIMO) _____ per settimane.
2. Senza l'aiuto degli alleati l'esercito (*soccombere*, CONDIZIONALE PASSATO) _____ presto.
3. Quella legge (*vigere*, TRAPASSATO PROSSIMO) _____ per 100 anni prima di essere abrogata.
4. Davvero pensi che questo problema non mi (*concernere*, CONGIUNTIVO PASSATO) _____?
5. Non credevo che Dario (*esimersi*, CONDIZIONALE PASSATO) _____ al suo dovere in questo modo.

DIECI intercalari

1. per così dire
2. diciamo
3. direi
4. in buona sostanza
5. tipo
6. piaccia o non piaccia
7. e niente
8. e senti
9. morale della favola
10. comunque

3 PER FARE ANCORA MEGLIO

v approssimazione • sinonimi di *molto* / *tanto*
• espressioni con *tanto*

1 VOCABOLARIO Più o meno

1a In coppie. Rileggete una parte del dialogo tra Carlo e Angela del punto **3a** della sezione A e sottolineate le due parole che significano più o meno.

«Ma di che cifra parliamo?» - «Non saprei. Pensavo attorno ai 700 euro o giù di lì.»

1b In coppie. Indicate quali espressioni, secondo voi, hanno un significato simile a più o meno.

- ○ piuttosto
- ○ su + articolo
- ○ nome + più + nome + meno
- ○ grossomodo / grosso modo
- ○ pressappoco
- ○ circa
- ○ pressoché
- ○ all'incirca
- ○ tutt'al più
- ○ o giù di lì
- ○ attorno / intorno a
- ○ approssimativamente
- ○ indicativamente
- ○ a occhio e croce
- ○ a occhio
- ○ a grandi linee
- ○ poco più poco meno
- ○ a spanne
- ○ suppergiù / su per giù

1c In coppie. Quali parole o espressioni del punto **1b**, secondo voi, devono necessariamente precedere la quantità, quali devono seguire la quantità e quali possono stare sia prima che dopo la quantità (ESEMPIO: circa un mese / un mese circa)? Completate la tabella seguendo gli esempi e poi confrontatevi con le altre coppie.

PRIMA della quantità (ESEMPIO: Ho speso intorno ai 50 euro.)	DOPO la quantità (ESEMPIO: Ho speso 50 euro o giù di lì.)	PRIMA o DOPO la quantità (ESEMPIO: Ho speso circa 50 euro. / Ho speso 50 euro circa.)
attorno / intorno a,...	o giù di lì,...	circa,...

2 VOCABOLARIO Molto, tanto...

In coppie. Leggete le frasi e sottolineate le parole o espressioni che, secondo voi, hanno lo stesso significato di molto / tanto. Attenzione: non tutte le frasi le contengono.

1. Era oltremodo soddisfatto del suo lavoro.
2. Ho dormito un bel po' stanotte.
3. C'era un mare / una marea di persone al concerto.
4. Ho comprato un mucchio di libri nuovi.
5. Fa piuttosto freddo, prendi il cappello!
6. Il prof. ci dà compiti in quantità industriale!
7. ▶ Ti piace studiare italiano? ● Hai voglia! / Aivoglia!
8. Ha ricevuto una valanga di lettere.
9. Quel tizio mi sembra alquanto strano!
10. Il film ci è piaciuto da matti / da impazzire.
11. La macchina nuova è costata un botto.
12. ▶ Ti dà fastidio il rumore? ● Quanto basta!
13. Ho rivisto Luca, è cambiato un casino!
14. Questo esercizio è assai importante.

Ora guardate le frasi che sono rimaste, trovate le parole che esprimono una quantità e scrivete il sinonimo di tutte e tre.

1. _____ 2. _____ 3. _____

SINONIMO: _____

DIECI ESPRESSIONI CON "TANTO"

1 **A dir tanto** *Non c'è molta fila, a dir tanto 5 minuti.*

2 **Tanto più che...** *È una decisione difficile, tanto più che ci sono un sacco di variabili!*

3 **Tanto per cambiare** *Piove anche oggi, tanto per cambiare!*

4 **Tanto di cappello** *Ha cresciuto da solo cinque figli, tanto di cappello!*

5 **Con tanto di...** *Ha comprato una casa grande, con tanto di giardino e piscina.*

6 **Una volta tanto** *Devi arrivare puntuale, una volta tanto!*

7 **Di tanto in tanto** *Di tanto in tanto vado a fare un massaggio.*

8 **Tant'è (vero) che...** *Il film era assai noioso, tant'è che mi sono addormentata.*

9 **È da tanto che...** *È da tanto che non facciamo una festa.*

10 **È già tanto che...** *È già tanto che riesco a pagare l'affitto con lo stipendio che prendo.*

SPUTA IL ROSPO 3

1 SCRIVERE Una conversazione segreta

1a In coppie. Guardate le scene e cercate di capire cosa si stanno dicendo Marcella e Sandro.

Ora immaginate che Marcella e Sandro abbiano usato il computer per scriversi tramite chat invece di usare i gesti. Scrivete il dialogo arricchendo ogni battuta di tutte le parole necessarie, poi leggetelo alla classe e verificate se le vostre interpretazioni sono uguali o diverse rispetto a quelle delle altre coppie.

1b In gruppi di 3. Sandro convince Marcella ad andare insieme a parlare con Luisa. Lei rivela che il suo fidanzato l'ha lasciata. Seguite le istruzioni:

- attribuitevi i ruoli di Sandro, Marcella e Luisa
- considerate che Sandro è una persona molto empatica, Marcella è un po' cinica e Luisa è davvero disperata perché ama il suo fidanzato alla follia
- prima di improvvisare il dialogo, scrivete tutte le espressioni che conoscete per esprimere le emozioni seguenti.

empatia e conforto (Sandro)	cinismo e minimizzazione del problema (Marcella)	dolore e disperazione (Luisa)

- leggete le espressioni a destra e, se non le avete già scritte, decidete se sono adatte a Sandro (S), a Marcella (M) o a Luisa (L).

	S	M	L
1. Dai, non è mica la fine del mondo!	○	○	○
2. Ho il cuore a pezzi!	○	○	○
3. Non so dove sbattere la testa!	○	○	○
4. Tieni duro! / Fatti coraggio!	○	○	○
5. Ma che ti importa! / Fregatene!	○	○	○
6. Sto sotto a un treno.	○	○	○
7. Mi sento a pezzi!	○	○	○
8. Non fare (tante) tragedie!	○	○	○

- avete 10 minuti per prepararvi e poi dovrete improvvisare il dialogo davanti alla classe, senza dimenticare di usare la gestualità!

2 RIFLETTERE Centrare l'obiettivo

Pensa ai contenuti dell'intera lezione e rispondi alle domande in forma scritta o orale.
- Qual era, secondo te, l'obiettivo principale dell'autrice del libro nel proporti questa lezione?
- Pensi di aver raggiunto tale obiettivo?
- Cosa hai capito perfettamente e su quale argomento hai ancora dei dubbi?

Confrontati con la classe. Avete individuato lo stesso obiettivo principale? Puoi aiutare le altre persone a chiarire i loro dubbi? E loro possono aiutarti a chiarire i tuoi?

3 GRAMMATICA

TRAPASSATO REMOTO

Il trapassato remoto si forma con il passato remoto di *essere* o *avere* + participio passato.

	ANDARE	CAPIRE
io	fui andato/a	ebbi capito
tu	fosti andato/a	avesti capito
lui / lei / Lei	fu andato/a	ebbe capito
noi	fummo andati/e	avemmo capito
voi	foste andati/e	aveste capito
loro	furono andati/e	ebbero capito

Il trapassato remoto è usato quasi esclusivamente nella lingua scritta in alternativa al passato remoto per indicare un'azione che succede poco prima del verbo principale, di solito dopo espressioni come *dopo che, (non) appena, quando, finché (non)*.

TEMPI PASSATI DELL'INDICATIVO

Il **PASSATO PROSSIMO**: evento concluso nel passato che ha ancora effetti sul presente.
*Non mi sento bene perché ieri sera **ho mangiato** troppo.*

L'**IMPERFETTO**: situazioni passate viste nel loro svolgimento, abituali, descrittive o simultanee.
*Mentre **scendevo** le scale sono caduto.*

Il **TRAPASSATO PROSSIMO**: azione passata avvenuta prima di un'altra azione passata al passato prossimo, al passato remoto o all'imperfetto.
Quando sono arrivato a casa, Tiziano era già uscito.

Il **PASSATO REMOTO**: evento concluso nel passato che non ha effetti sul presente ed è lontano sia cronologicamente che psicologicamente.
*Dante Alighieri **si sposò** con Gemma Donati.*

Il **TRAPASSATO REMOTO**: azione passata di solito preceduta da *dopo che, (non) appena, quando* o *finché (non)*, avvenuta prima di un'altra azione passata al passato remoto o all'imperfetto.
Appena se ne furono andati, chiamai la polizia.

USI DEL CONDIZIONALE PRESENTE E PASSATO

Il **CONDIZIONALE PRESENTE** si usa per:
- esprimere un'azione considerata possibile
***Potrebbe** essere una buona idea!*
- esprimere un desiderio
***Vorrei** ricordare tutto quello che studio.*
- fare una richiesta gentile
*Mi **daresti** una mano con questo esercizio?*
- dare un consiglio
*Al tuo posto, non **comprerei** quella macchina.*
- esprimere una supposizione o incertezza sul presente
*Il Presidente **sarebbe** malato.*

Il **CONDIZIONALE PASSATO** si usa per:
- esprimere una supposizione o incertezza sul passato
*Il Presidente **avrebbe mentito** al Consiglio.*
- esprimere un'azione che poteva realizzarsi nel passato ma che non si è realizzata
*Gli **avrei prestato** i soldi, ma non me li ha chiesti.*
- esprimere un desiderio non realizzato del passato
*Mi **sarebbe piaciuto** tanto venire alla festa (ma non ci sono venuto).*
- esprimere un'opinione sul passato
***Avresti fatto** meglio a non risponderle male.*
- esprimere un'azione "futura" rispetto al passato
*Mi aveva promesso che **sarebbe venuto** da me.*

RIPASSO DELL'IMPERATIVO

IMPERATIVO INFORMALE – VERBI REGOLARI			
	-are	-ere	-ire
tu	alza	chiudi	apri
noi	alziamo	chiudiamo	apriamo
voi	alzate	chiudete	aprite

IMPERATIVO INFORMALE – VERBI IRREGOLARI			
	ESSERE	AVERE	SAPERE
tu	sii	abbi	sappi
voi	siate	abbiate	sappiate
	DARE	FARE	STARE
tu	dai / da'	fai / fa'	stai / sta'
	ANDARE	DIRE	
tu	vai / va'	di'	

L'imperativo negativo per il soggetto *tu* si forma con **non** + infinito ➙ **Non parlare**, per favore!
Nell'imperativo informale i pronomi vanno dopo il verbo formando un'unica parola ➙ **Aspettami!**
Dopo le forme *da', fa', sta', va'* e *dì* i pronomi raddoppiano la consonante ➙ **Dimmi!**

IMPERATIVO FORMALE				
	-are	-ere	-ire	fare
Lei	alzi	chiuda	apra	faccia
loro	alzino	chiudano	aprano	facciano

GRAMMATICA 3

L'imperativo formale ha la stessa forma del congiuntivo presente. I pronomi vanno prima del verbo. *Mi dica*. La forma negativa è data da **non** + IMPERATIVO AFFERMATIVO. *Non si preoccupi!*

VERBI DIFETTIVI AL PARTICIPIO PASSATO

Alcuni verbi non hanno il participio passato quindi nei tempi composti devono essere sostituiti da un sinonimo. I più comuni sono *concernere, competere, aggradare, esimersi, soccombere, stridere, fervere, vigere*.

TRAPASSATO REMOTO

1 Riscrivi le frasi usando il trapassato remoto e le espressioni dopo che, quando, (non) appena, finché non. *Segui l'esempio.*

ESEMPIO: Solo quando me ne andai, ricominciò a cantare.
Non ricominciò a cantare finché (non) me ne fui andato.

1. Mi fece l'occhiolino e poi cominciò a parlare con lei.
2. Accettò il lavoro e si sentì subito meglio.
3. Uscirono e chiamai immediatamente la polizia.
4. Solo quando ci riuscirono smisero di provare.

TEMPI PASSATI DELL'INDICATIVO

2 Completa le frasi coniugando i verbi al passato prossimo, imperfetto, trapassato prossimo, passato remoto o trapassato remoto. Attenzione: i verbi non sono in ordine e in alcuni casi sono possibili più soluzioni.

avere | sapere
1. Non appena _____ che suo marito _____ un incidente, andò in ospedale.

essere | rassicurare | capire
2. Non risposi correttamente perché non _____ la domanda ed _____ anche molto emozionata, ma il professore mi _____.

nascere | sapere | rientrare
3. Io e Samuele _____ da poco quando abbiamo ricevuto la chiamata di Sabrina e _____ che la bambina _____ pochi minuti prima.

accertarsi | essere (x2)
4. Non furono soddisfatti finché non _____ della veridicità delle informazioni. Solo a quel punto _____ sicuri del fatto che la proposta _____ davvero conveniente.

uscire | correre | aprire
5. Si rese conto che il gatto _____ dalla finestra la mattina quando l'_____ per far cambiare l'aria nella stanza e quindi _____ fuori a cercarlo.

USI DEL CONDIZIONALE PRESENTE E PASSATO

3 Individua le frasi che contengono errori e correggili.

1. Avrei comprato quel cappotto, ma era troppo caro.
2. Avresti scritto tu questo libro? Non ci credo!
3. Pensavo che Donatella verrebbe alla mia festa di laurea, ma non si è presentata.
4. Secondo alcuni testimoni il ladro uscirebbe dalla finestra.
5. Forse dovrei pensarci meglio, non sono sicuro di aver fatto un buon affare.
6. Graziella mi aveva promesso che mi avrebbe accompagnata, ma ha avuto un impegno.

RIPASSO DELL'IMPERATIVO

4 Cosa diresti in queste situazioni? Scegli il verbo più adatto, coniugalo all'imperativo formale o informale e usa i pronomi quando necessario. Segui l'esempio.

lasciare | ✓spegnere | aspettare | finire | riportare

ESEMPIO: Il tuo assistente si dimentica spesso di spegnere il computer a fine giornata.
Lo spenga stasera, mi raccomando!

1. Hai prestato un libro al tuo amico e lui ancora non te lo ha restituito, ma ti serve per la lezione di domani.
2. Vedi una persona anziana che non riesce a caricare le buste della spesa nel bagagliaio della macchina.
3. Capisci che alla tua amica piace molto la torta che le hai preparato. Invitala a mangiare l'ultima fetta.
4. I tuoi amici stanno uscendo di casa per andare al bar, ma tu devi andare un attimo in bagno.
5. Tu e i tuoi amici siete arrivati a teatro con 5 minuti di ritardo e la persona all'ingresso non vuole farvi entrare.

3 VOCABOLARIO

AFFITTO

affitto: la somma che l'inquilino paga ogni mese al proprietario
affittuario / locatario: chi prende in affitto l'immobile, inquilino
caparra: la somma che l'inquilino versa come impegno a prendere in affitto l'immobile
deposito cauzionale: la somma che l'inquilino versa al proprietario come garanzia su eventuali danni e / o debiti. Viene restituito al termine del contratto
disdetta: comunicazione del locatore o del locatario della volontà di terminare il contratto
immobile: termine generico per edificio, casa, appartamento, ecc.
locatore: chi possiede l'immobile e lo dà in affitto, proprietario
sfratto: rifiuto del proprietario di continuare il contratto

SINONIMI DI "EQUIVOCO"

qui pro quo | malinteso | fraintendimento

PAROLE POLISEMICHE

appunto: nota che scriviamo per non dimenticare / esattamente
caffè: bevanda / locale pubblico (bar)
coda: coda di animale / fila di macchine
funzione: compito / ruolo / rapporto / cerimonia religiosa
giallo: colore / genere poliziesco / mistero
operazione: azioni organizzate / procedura chirurgica / operazione matematica
penna: parte del corpo degli uccelli / oggetto per scrivere / scrittore / plettro / cima del monte / tipo di pasta
piano: pianoforte / programma / superficie piatta / lentamente / livello di un edificio / punto di vista
pianta: vegetale / parte inferiore del piede / disegno della disposizione interna di un edificio
tempo: successione di istanti / clima / epoca / momento opportuno / velocità di un pezzo musicale
voce: suono emesso da una persona che parla / parola / singolo elemento di un elenco

PAROLE ENANTIOSEMANTICHE

affittare: prendere in affitto / dare in affitto
affogare: morire in acqua / uccidere qualcuno in acqua
avanti: prima / poi (*il giorno avanti / d'ora in avanti*)
cacciare: mandare via / inseguire
ciao: benvenuto/a / arrivederci
curioso/a: che ha molta curiosità / che suscita curiosità
feriale: relativo alle vacanze dal lavoro / relativo ai giorni di lavoro

ospite: persona che ospita / persona che viene ospitata
pauroso/a: che ha sempre paura / che fa paura, spaventoso
spolverare: togliere la polvere / mettere qualcosa in polvere sopra
storia: racconto inventato / insieme di eventi reali avvenuti nel passato
tirare: lanciare / avvicinare a sé

ESPRESSIONI IDIOMATICHE DERIVANTI DAI GESTI

girarsi i pollici
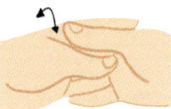
(non fare nulla)

averne fin sopra i capelli

(essere stufi di qualcosa)

arricciare il naso

(disgusto / disapprovazione)

fare spallucce

(disinteresse / non sapere)

mangiarsi le mani

(rimpianto / pentimento)

morderci la lingua

(trattenersi dal parlare)

strizzare l'occhio

(ammiccare / alludere)

fare le corna

(scongiurare / evitare il peggio)

toccare ferro

(scongiurare / evitare il peggio)

fregarsi le mani

(contentezza / soddisfazione)

APPROSSIMAZIONI

PRIMA della quantità: **attorno / intorno a..., su + articolo...**
*Hanno pagato **sui** 20 euro.*

DOPO la quantità: ... **o giù di lì**, ... **poco più poco meno**, nome... **più**... nome... **meno**
*Ho fatto 15 giorni di vacanza, **o giù di lì**.*

PRIMA o DOPO la quantità: **circa, all'incirca, indicativamente, a occhio, a occhio e croce, pressoché, suppergiù / su per giù, a grandi linee, a spanne, grossomodo / grosso modo, pressappoco, approssimativamente**
*Salvatore ha **suppergiù** 35 anni. / Salvatore ha 35 anni **suppergiù**.*

VOCABOLARIO 3

SINONIMI DI "MOLTO / TANTO"

a iosa (avverbio o aggettivo) | **assai** (avverbio o aggettivo)
da matti / da impazzire (avverbio) | **hai voglia! / aivoglia!** (espressione)
in quantità industriale (aggettivo o avverbio) | **oltremodo** (avverbio)
un bel po' (avverbio) / **un bel po' di** (aggettivo)
un botto (avverbio) / **un botto di** (aggettivo)
un casino (avverbio) / **un casino di** (aggettivo)
un mare di / una marea di (aggettivo) | **una valanga di** (aggettivo)
un mucchio di (aggettivo) | **un sacco** (avverbio) / **un sacco di** (aggettivo)

ESPRESSIONI CON "TANTO"

a dir tanto: al massimo, tutt'al più
tanto più che: anche perché
tanto per cambiare: come al solito (ironico)
tanto di cappello: complimenti!
con tanto di: addirittura con, proprio con
una volta tanto: per una volta
di tanto in tanto: qualche volta, saltuariamente
tant'è (vero) che: e infatti
è da tanto che: è da molto tempo che
è già tanto che: è già una grande cosa, è già positivo

INCORAGGIARE / MINIMIZZARE

Dai, non è mica la fine del mondo!
Tieni duro! / Fatti coraggio!
Ma che ti importa!
Non fare (tante) tragedie!

TRISTEZZA / DISPERAZIONE

Ho il cuore a pezzi!
Non so dove sbattere la testa!
Mi sento a pezzi!
Sto sotto un treno!

AFFITTO

1 *Di cosa stanno parlando queste persone? Scegli la parola corrispondente, come nell'esempio.*

caparra | locatore | deposito cauzionale
sfratto | ✓ affitto | locatario

ESEMPIO: Il mio è di 700 euro mensili. _affitto_

1. Quindi te l'hanno dato solo perché non hai pagato due mesi di affitto? _____
2. L'ho perso perché miei figli hanno colorato tutte le pareti delle loro camere da letto! _____
3. Il mio è molto gentile e non si arrabbia neanche se pago l'affitto con qualche giorno di ritardo. _____
4. Ho visto l'appartamento stamattina e mi è piaciuto così tanto che ho deciso di versarla subito. _____
5. È una brava persona, non ha mai ritardato nel pagamento dell'affitto. _____

PAROLE ENANTIOSEMANTICHE

2 *Leggi le frasi e scegli il sinonimo corretto delle parole evidenziate. Attenzione: ci sono dei sinonimi in più.*

inseguire | che prova curiosità | spaventoso
mandare via | che ha sempre paura | di lavoro
prima | di vacanza | poi | che suscita curiosità

1. Quando sei stressato devi cercare di **cacciare** i pensieri superflui. _____
2. Purtroppo il museo è aperto solo nei giorni **feriali**, ma non posso chiedere un permesso solo per vedere una mostra. _____
3. Da oggi in **avanti** farò la dieta! _____
4. È un bambino **curioso**, preferisce scrivere poesie che giocare con i suoi coetanei. _____
5. È stato un incidente davvero **pauroso**! _____

ESPRESSIONI IDIOMATICHE DERIVANTI DAI GESTI

3 *Completa le frasi con una delle espressioni idiomatiche che hai imparato in questa lezione facendo i necessari adattamenti. In un caso sono possibili 2 soluzioni.*

1. Quando ha visto il pollo sul tavolo _____ perché è vegetariana.
2. Se non approfitterai di questa occasione _____ .
3. ● Ho l'impressione che domani farà brutto tempo e non potremo andare al mare.
   ■ _____ .
4. Quando Elisa mi ha accusato di essere un bugiardo, ho dovuto _____ per non far scoppiare una lite.
5. Simona ha lasciato il marito perché _____ del suo caratteraccio.

SINONIMI DI "MOLTO / TANTO" ED ESPRESSIONI CON "TANTO"

4 *Completa le frasi con le parole o espressioni corrette.*

con tanto di | bel | tant'è vero | tanto più che
quantità industriale | da | hai voglia | iosa

1. Non ci penso proprio a uscire stasera, _____ fa un freddo cane!
2. Il traffico in città era _____ impazzire, ci sono rimasto bloccato per due ore!
3. Ho studiato un _____ po' per l'esame, spero di superarlo.
4. È una persona molto intelligente, _____ che ha ottenuto ottimi voti a scuola.
5. In quel negozio ci sono libri a _____ , potrei passarci delle ore a sfogliare!
6. Il concerto è stato fantastico, _____ effetti speciali e fuochi d'artificio!
7. ● Ma tu hai cercato di convincerlo?"
   ■ _____ ! Ma non c'è stato niente da fare!
8. Ogni volta che esce compra vestiti in _____ !

3 CULTURA

1 A Carnevale ogni scherzo vale

In gruppi. Svolgete i seguenti compiti:
- *Cosa sapete del Carnevale in Italia? Condividete tutte le vostre informazioni.*
- *Secondo voi, qual è il collegamento tra la gestualità e il Carnevale? Confrontate le vostre idee.*
- *Leggete il seguente testo, scegliete le opzioni corrette e poi confrontatevi con gli altri gruppi per verificare.*

LA COMMEDIA DELL'ARTE

Il corpo e la gestualità sono strettamente legati al teatro e in particolare alla Commedia dell'arte che, a sua volta, nasce dal **Natale / Carnevale / Ferragosto**. Ma cos'è la Commedia dell'arte? È una forma **teatrale / letteraria / artistica** rivoluzionaria che nasce in Italia nel XVI secolo. Due caratteristiche la rendono unica: l'improvvisazione e le maschere. Gli attori, infatti, non **dirigono / recitano / scrivono** un copione fisso, ma si basano su "canovacci", ossia trame **dettagliate / complicate / generiche** che lasciano spazio alla loro creatività e al loro talento improvvisativo. Inoltre, questi attori decidono di inserire nei loro **capolavori / spettacoli / testi** le maschere, personaggi con caratteristiche fisse e stereotipate che usano molta **finzione / musica / gestualità** e che diventano i protagonisti della Commedia dell'arte. In questo contesto la parola "arte" significa "mestiere" in quanto gli attori creano delle vere e proprie compagnie indipendenti e diventano, dunque, per la prima volta dei **professionisti / dilettanti / periti** del teatro che non dipendono più dal Re o dalla Chiesa.

- *Immaginate di dover partecipare a una festa di Carnevale in Italia. Scegliete la vostra maschera tra le 10 proposte, ma non basatevi solo sull'estetica! Abbinate a ogni maschera le sue caratteristiche e decidete qual è quella che si addice più a voi!*

DIECI MASCHERE DELLA COMMEDIA DELL'ARTE

a. b. c. d. e. f. g. h. i. l.

1. **ROSAURA**: è la figlia di Pantalone, molto bella ma anche chiacchierona, irascibile, vanitosa e gelosa.
2. **PULCINELLA**: è un servo furbo e truffatore che svolge molti ruoli, tra cui fornaio e contadino.
3. **TARTAGLIA**: è decisamente goffo, soffre di una forte miopia e di balbuzie. Spesso fa il ruolo dell'avvocato.
4. **CAPITAN FRACASSA**: un soldato spagnolo con pizzo e baffetti, un grande quaquaraquà.
5. **COLOMBINA**: è la fidanzata di Arlecchino, una serva molto furba e adulatrice.
6. **FLORINDO**: giovane e affascinante, ha il ruolo dell'innamorato.
7. **BRIGHELLA**: è un servo scaltro, bugiardo e senza scrupoli, ma è anche un abile musicista.
8. **ARLECCHINO**: è un servo pigro, imbroglione, sempre affamato, sciocco e impiccione, ma il suo vestito è il più colorato.
9. **BALANZONE**: può essere un medico oppure un giurista, è molto presuntuoso ma il più delle volte fa solo sproloqui.
10. **PANTALONE**: vecchio mercante, ricco e avaro, con naso aquilino, barba appuntita e scarpe a punta rialzata.

1. _g_ 2. ___ 3. ___ 4. ___ 5. ___
6. ___ 7. _b_ 8. ___ 9. _c_ 10. ___

TEST 3

GRAMMATICA

1 Scegli l'opzione corretta.

In una mattina di primavera, il signor Freddi, un anziano pensionato dal carattere burbero ma dal cuore d'oro, **sorseggiò / sorseggiava / ebbe sorseggiato** il suo caffè mattutino in giardino mentre il suo cagnolino Pippo **faceva / fece / ebbe fatto** una passeggiata nel tranquillo quartiere. D'un tratto il telefono **squillava / ebbe squillato / squillò**: era la signora Varani, la vicina di casa, molto preoccupata perché il suo gatto Romeo **scomparse / era scomparso / scompariva** misteriosamente. Il signor Freddi **aveva posato / ebbe posato / posò** immediatamente la tazza e **si recò / si era recato / si ebbe recato** di corsa a casa della signora Varani per darle una mano nelle ricerche. Quando **fu arrivato / era arrivato / arrivava** sul posto, trovò la signora Varani in lacrime e insieme **hanno iniziato / iniziavano / iniziarono** a cercare Romeo in ogni angolo della casa. Ispezionarono persino il frigorifero perché secondo lui il micio **si aveva infilato / si era infilato / si fu infilato** lì dentro per sbaglio. Ma Romeo **era sparito / sparì / spariva** nel nulla. Dopo ore di ricerche, il signor Freddi **tornava / fu tornato / tornò** a casa affranto e decise di andare a riposarsi in camera. Non appena **aveva aperto / apriva / ebbe aperto** la porta della stanza, **rimaneva / è rimasto / rimase** a bocca aperta di fronte all'inaspettato spettacolo: lì, sul letto, c'erano Pippo e Romeo, che **sonnecchiavano / avevano sonnecchiato / ebbero sonnecchiato** beatamente insieme. Pippo, con la sua solita vivacità, **scambiò / scambiava / aveva scambiato** Romeo per un nuovo giocattolo e lo **trascinò / aveva trascinato / trascinava** fino alla stanza al piano di sopra, dove poi **si addormentò / si era addormentato / si fu addormentato** con lui. Il signor Freddi **scoppiò / scoppiava / fu scoppiato** a ridere e subito chiamò la signora Varani. Il mistero era risolto: semplicemente Romeo **è stato / fu stato / era stato** vittima di uno scherzo innocente da parte del suo nuovo amico a quattro zampe. Da quel giorno, Pippo e Romeo **divennero / hanno diventato / furono diventati** inseparabili.

OGNI VERBO CORRETTO = 1 PUNTO ___ / 20

2 Coniuga i verbi al condizionale presente o passato.

1. (*Fare*) _____ volentieri un giro in centro. Vieni con me?
2. Prof, possiamo disturbarla? (*Avere*) _____ una cosa da chiederle.
3. Secondo la testimone l'uomo (*uccidere*) _____ per difendersi.
4. Mi sembrate stanchi, (*dovere*) _____ riposarvi un po' invece di rimettervi a lavorare, ma ormai vedo che avete quasi finito.
5. L'anno scorso mi avevi promesso che quest'anno (*dedicarsi*) _____ di più alla tua salute, ricordi?
6. Sapevo che non (*superare*) _____ l'esame, ma ho tentato ugualmente.
7. E tu (*fare*) _____ tutto da solo? Non ci credo, è troppo perfetto!
8. Mi (*piacere*) _____ molto averti alla mia festa, ma se non potrai venire capirò!

OGNI INSERIMENTO CORRETTO = 2 PUNTI ___ / 16

3 Completa le frasi scegliendo il verbo corretto e coniugandolo all'imperativo formale o informale, affermativo o negativo, in base al contesto. Usa anche i pronomi con ogni verbo.

stare | fare | sbrigarsi | dire (x2) | dare | credere
ritornare | parlare | allontanarsi | stampare

1. (*la mamma ai figli*) Dobbiamo uscire subito per arrivare puntuali a scuola, _____!
2. (*il direttore all'assistente*) Il documento deve essere firmato da tutti quindi _____ 7 copie.
3. (*il fidanzato alla mamma di lei*) È l'arrosto più buono che abbia mai mangiato, _____!
4. (*il medico alla mamma del paziente*) Suo figlio soffre di ansia, _____ fare delle sedute con lo psicologo.
5. (*la moglie al marito*) Tua madre è troppo invadente, _____ che abbiamo bisogno dei nostri spazi!
6. (*il padre alla bambina*) In questo mercato c'è tantissima gente, _____ sempre vicina, _____!
7. (*Paolo al suo amico*) _____ 5 minuti e arrivo.
8. (*l'avvocato alla cliente*) _____ cosa è successo e vedrò cosa posso fare.
9. (*Carla a sua sorella*) Il concerto di ieri è stato stupendo, _____ alla prossima data disponibile!
10. (*il negoziante al cliente*) Se non è sicuro, _____ con sua moglie.

OGNI INSERIMENTO CORRETTO = 2 PUNTI ___ / 22

3 TEST

VOCABOLARIO

4 *Completa le frasi con le parole corrette, di cui hai già la lettera iniziale.*

1. Il locatore ha deciso di mettere in vendita l'i_____ al termine del contratto di affitto.
2. Il locatore ha restituito il d_____ cauzionale al termine del contratto di affitto, una volta verificato lo stato impeccabile dell'appartamento.
3. Il locatore ha emesso un avviso di s_____ al locatario per mancati pagamenti dell'affitto.
4. Il locatario ha inviato una d_____ al locatore con un preavviso di tre mesi prima di lasciare l'appartamento.
5. Il locatario e il locatore hanno firmato un c_____ di affitto valido per un anno.
6. Il locatario ha versato mille euro come c_____ al locatore per assicurarsi di poter affittare la casa.
7. Dopo aver perso il lavoro, Maria ha deciso di a_____ una stanza della sua casa per integrare il suo reddito.
8. Il locatario ha versato una c_____ pari a tre mensilità come anticipo prima di firmare il contratto di affitto dell'appartamento.
9. Il l_____ ha deciso di aumentare l'affitto dell'appartamento dopo aver effettuato alcuni miglioramenti alla struttura.
10. Il l_____ ha comunicato al proprietario la sua intenzione di trasferirsi prima della scadenza del contratto di affitto.
11. Il locatario ha una grande disponibilità finanziaria e quindi può p_____ regolarmente l'affitto ogni mese.
12. L'a_____ ha contattato il proprietario per segnalare alcuni problemi nell'appartamento.

OGNI PAROLA CORRETTA = 1 PUNTO ___ / 12

5 *Scegli il giusto significato di ogni parola evidenziata.*

punto di un elenco | livello di un edificio | lanciare | spaventosa | ruolo | suono che esce dalla bocca | che ha sempre paura | punto di vista | cerimonia | avvicinare a sé | scrittore | strumento per scrivere

1. La **funzione** (_____) si è svolta nella chiesa di Santa Maria degli Angeli.
2. Voglio sapere chi è la **penna** (_____) che ha prodotto questo testo.
3. Devi considerare la questione da un diverso **piano** (_____).
4. L'esperienza è stata così **paurosa** (_____) che non la dimenticherò mai.
5. Per entrare devono **tirare** (_____) la porta, non spingerla!
6. Penso che la prima **voce** (_____) del bilancio non sia corretta.

OGNI SCELTA CORRETTA = 1 PUNTO ___ / 6

6 *Metti in ordine le parole per formare le frasi.*

1. di | euro | speso | o | giù | ho | 20 | lì
   _____
2. ricevuto | regali | una | valanga | di | per | ha | il | compleanno
   _____
3. da | l' | arrabbiato | saputo | matti | quando | s'è | ha
   _____
4. un | arrivati | mese | incirca | all' | sono | fa
   _____
5. su | ci | giù | due | vorranno | ore | per
   _____
6. a | linee | tutto | è | grandi | pronto
   _____

OGNI FRASE CORRETTA = 2 PUNTI ___ / 12

COMUNICAZIONE

7 *Scegli la reazione giusta.*

1. Costa molto?
   - a. No, a dir tanto 15 euro!
   - b. No, con tanto di 15 euro!
2. Ho ricevuto un premio per la mia poesia!
   - a. Di tanto in tanto!
   - b. Tanto di cappello!
3. Che faccia hai oggi!
   - a. Fatti coraggio!
   - b. Sto sotto un treno!
4. Non ne posso più di studiare!
   - a. Tieni duro!
   - b. Non so dove sbattere la testa!
5. Valentina, stasera arrivo tardi.
   - a. Tanto per cambiare!
   - b. Una volta tanto!
6. Secondo me Lisa è arrabbiata.
   - a. Sì, tant'è vero che non mi ha salutato.
   - b. Sì, è già tanto che non mi ha salutato.

OGNI SCELTA CORRETTA = 2 PUNTI ___ / 12

TOTALE ___ / 100

LEZIONE 4
GONGOLARE DI GIOIA

Qui imparo a:
- *esprimere emozioni e sentimenti in modo appropriato*
- *confrontare e contrastare idee diverse*
- *fare deduzioni e formulare ipotesi*
- *sostenere un argomento con evidenze e ragionamenti*
- *condividere consigli e suggerimenti pratici*

COMINCIAMO

In coppie. Leggete la spiegazione dell'espressione "gongolare di gioia" e svolgete i compiti.

> Vuol dire mostrare la propria contentezza per una soddisfazione personale, provare un senso di gioia che si trattiene a fatica per qualcosa che reca piacere, che alimenta la propria vanità o per qualche fatto che causa danno o fastidio ad altre persone.

- In base a quanto avete letto, confrontatevi e chiarite in che modo "gongolare di gioia" è diverso da "essere felici". Scrivete la vostra spiegazione su un foglietto e scambiatevelo con un'altra coppia. Siete tutti d'accordo? Altrimenti, continuate a parlare per giungere a una spiegazione univoca.
- Continuando a lavorare in 4, ognuno deve raccontare un episodio in cui ha gongolato di gioia spiegando:

| quando, dove e con chi era | il motivo per cui ha gongolato | la reazione degli altri |

- Decidete qual è il miglior "gongolamento" dei 4 e raccontatelo alla classe.

4A A lezione di felicità

v espressioni di felicità e infelicità

1 PARLARE Quanto sei felice?

1a Pensa all'ultimo anno e per ogni mese dai un punteggio da 1 *(il più basso)* a 10 *(il più alto)* al tuo livello di felicità. Segna un punto (●) nella casella corrispondente e poi unisci tutti i punti con una linea da sinistra a destra. In tutte le caselle con un punteggio superiore a 5 scrivi una parola che riassuma la causa della tua felicità. Se non vuoi parlare di te, puoi parlare di un'altra persona.

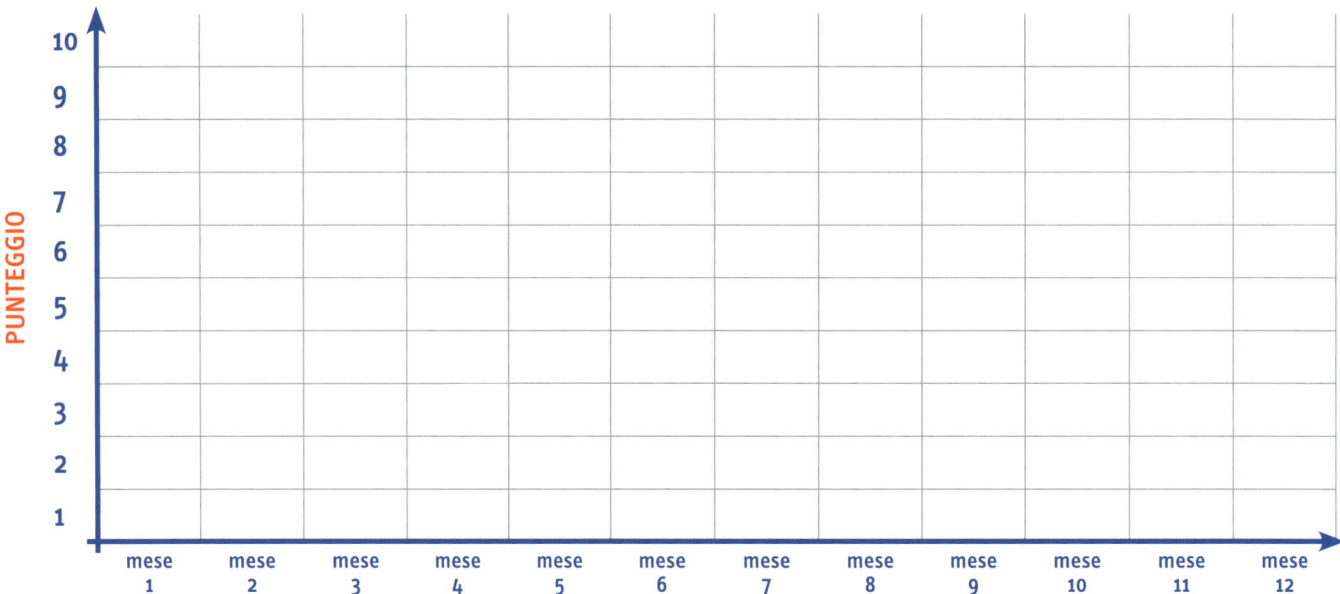

1b In coppie. Ognuno di voi dovrà descrivere all'altra persona il proprio grafico, raccontando nel dettaglio cosa è successo nei momenti più felici e, se volete, anche in quelli meno felici. Per prepararvi, leggete le seguenti espressioni e scrivete ogni numero sotto l'immagine corrispondente, come nell'esempio.

✓ 1. essere affranto
2. essere al settimo cielo
3. essere a terra
4. essere un'anima in pena
5. essere a pezzi
6. non stare più nella pelle
7. essere a cavallo
8. avere il cuore a pezzi
9. avere il morale a terra
10. mi piange il cuore
11. fare i salti di gioia
✓ 12. stare da Dio
13. essere felice come una Pasqua
14. essere giù di corda / morale / tono
15. toccare il cielo con un dito
16. soffrire le pene dell'inferno
17. sprizzare gioia da tutti i pori
18. non sapere dove sbattere la testa

1, ...

12, ...

Ora descrivete all'altra persona il grafico al punto **1a** usando le espressioni del punto **1b** e, se volete, anche il verbo gongolare.

2 LEGGERE Misura la tua felicità

In coppie. Svolgete tutti i compiti, ma senza rispondere alle domande del punto 5. Al termine, confrontatevi con le altre coppie per verificare.

1 Completate le parole.
IL TAF: Test di Autentica Felicità
Il TAF è uno strumento semplice e ra____do per valutare il benessere generale de____ individui, ispirato al modello di felicità au____tica di Martin Seligman e colleghi dell'Università de____ Pennsylvania, che è am____mente utilizzato nella ricerca psicologica e nei con____sti clinici per valutare il benessere individuale e studiare i fat____ri che contribui____ alla felicità autentica. Rispondendo alle domande con sincerità, ot____rai un punteggio che ti indi____rà il tuo livello di felicità autentica e ti fornirà sp____ti di riflessione per mi____rare la tua vita.

A lezione di felicità 4A

2 *Inserite le parole della lista al posto giusto.*

interiore | fiducia | gestire | speranza
perdonare | lavorativa | valori | vitalità

Cosa misura il TAF:
- ottimismo e _____
- soddisfazione per la vita
- _____ ed energia
- autostima e _____ in se stessi
- gratitudine
- senso di coerenza con i propri _____
- senso di appartenenza e connessione
- capacità di _____ lo stress
- capacità di _____
- resilienza e ottimismo
- soddisfazione _____ o scolastica
- senso di autorealizzazione
- pace _____

3 *Scegliete dalla lista il verbo giusto per ogni frase.*

effettuare | aumentare | identificare | ricevere

Perché fare il TAF:
- per _____ la consapevolezza del tuo benessere
- per _____ aree su cui lavorare per migliorare la tua felicità
- per _____ una valutazione generale del tuo stato psicologico
- per _____ suggerimenti pratici per migliorare la tua vita.

4 *Correggete i 3 errori presenti.*

Il TAF è uno strumento utile per:
- chiunque desidera migliorare la propria felicità
- persone chi stanno attraversando un momento difficile
- professionisti che se occupano di benessere mentale
- studenti e ricercatori in psicologia.

5 *Rispondete individualmente al test e andate in ▶ COMUNICAZIONE a pagina 212 per controllare i risultati. Poi, in coppie, spiegate se siete d'accordo o meno con i risultati ottenuti e perché.*

Fai il TAF oggi e inizia il tuo viaggio verso una vita più felice e appagante!
Rispondi scegliendo il numero che meglio riflette la tua esperienza personale.

(1 = mai, 2 = raramente, 3 = a volte, 4 = spesso, 5 = sempre)

	1	2	3	4	5
1. Quanto spesso provi gioia nella tua vita quotidiana?	○	○	○	○	○
2. Quanto spesso senti gratitudine per le cose nella tua vita?	○	○	○	○	○
3. Quanto spesso provi soddisfazione per il tuo lavoro / studio?	○	○	○	○	○
4. Quanto spesso senti di avere energia e motivazione?	○	○	○	○	○
5. Quanto spesso provi appagamento e senso di realizzazione?	○	○	○	○	○
6. Quanto spesso ti senti in pace con te stesso/a e con il mondo?	○	○	○	○	○

(1 = molto poco, 2 = poco, 3 = neutrale, 4 = abbastanza, 5 = molto)

	1	2	3	4	5
1. In che misura provi soddisfazione per le tue relazioni personali (familiari, amicali, sentimentali)?	○	○	○	○	○
2. Quanto ti senti ottimista riguardo al futuro?	○	○	○	○	○
3. Quanto sei in grado di gestire lo stress nella tua vita quotidiana?	○	○	○	○	○
4. Quanto ti senti in armonia con te stesso/a?	○	○	○	○	○
5. In che misura provi soddisfazione per il tuo sviluppo personale e il tuo percorso di crescita?	○	○	○	○	○
6. Quanto ti senti in connessione con le altre persone e con il mondo che ti circonda?	○	○	○	○	○
7. Quanto sei in grado di affrontare le sfide e superare gli ostacoli nella tua vita?	○	○	○	○	○
8. Quanto sei disponibile al cambiamento e alla crescita personale?	○	○	○	○	○
9. Quanto sei riconoscente per le esperienze passate che hanno contribuito alla persona che sei oggi?	○	○	○	○	○

4A A lezione di felicità

G *si impersonale con pronomi*
V *mettersi in testa • piove dal cielo • fare eco • ebbene sì*

3 PARLARE Dieci domande sulla felicità

In gruppi. Discutete dei seguenti punti.

IL CONCETTO DI FELICITÀ

1. Completate individualmente la seguente equazione con un'unica parola.

   FELICITÀ = _____

   Confrontate le vostre risposte e spiegate perché la vostra parola è più "giusta" secondo voi.
2. La felicità è uno stato permanente o transitorio?
3. Ci sono cose che rendono felici tutti?
4. La felicità è contagiosa?

I FATTORI DELLA FELICITÀ

5. Quali fattori influenzano la felicità e in che misura?
   - fattori genetici
   - esperienze di vita
   - personalità
   - circostanze esterne

LE SFIDE ALLA FELICITÀ

6. Quali sono le sfide nel percorso verso la felicità?
7. Come si possono gestire le emozioni negative?
8. Qual è il modo migliore per affrontare le avversità?
9. Come si può mantenere la felicità nel tempo?

LA DOMANDA CRUCIALE

10. Si può imparare a essere felici?

4 LEGGERE Imparare l'arte della felicità

4a *In coppie. Leggete il testo del blog e completatelo con i pronomi mancanti (_____ = 1 pronome, ... = 2 pronomi combinati, ___ ___ = 2 pronomi separati).*

testo parlante 29

La felicità: un'arte che si può imparare

Mettiamo.......... bene in testa: la felicità non è un dono che piove dal cielo, ma una competenza che possiamo acquisire con impegno e dedizione. _____ dimostrano gli studi di scienziati come Laurie Santos, docente di psicologia all'Università di Yale, che ha sviluppato il corso "Science of Well-being" (Scienza del benessere), il più seguito di sempre. E a far_____ eco, la psicologa della Stanford University Sonja Lyubomirsky ha condotto studi che hanno portato alla conclusione che il 40% della nostra felicità dipende dalle nostre azioni e dai nostri pensieri.
A questo punto la domanda è scontata: come ___ ___ può ottenere? E come prender.......... cura? Vediamo insieme alcuni suggerimenti pratici.

L'importanza delle relazioni
Le persone positive e amorevoli hanno un ruolo fondamentale per il nostro benessere e circondar.......... permette di sentir_____ amati, supportati e di esprimere il meglio di _____ stessi. E allora, prendi_____ cura delle tue relazioni, dedica tempo agli amici e alla famiglia e non aver paura di aprir_____ e di mostrare i tuoi lati più vulnerabili.

La gentilezza verso _____ stessi
È importante trattar_____ con gentilezza e compassione, anziché incolpar_____ eccessivamente quando affrontiamo difficoltà. Gli esperti _____ consigliano di chieder_____ se ciò che desideriamo corrisponde veramente ai nostri valori e di affrontare il percorso con gentilezza verso noi stessi, accettando i fallimenti come parte del processo di crescita.

La pratica della gratitudine
Ogni giorno, prendi_____ qualche minuto per riflettere sulle cose positive della tua vita, grandi o piccole. Esprimi gratitudine per le persone che _____ amano, per le esperienze che hai vissuto e per le opportunità che hai. Puoi scrivere un diario della gratitudine o semplicemente prendere un foglietto e annotar_____ tre cose per cui sei grato. ___ ___ può fare anche mentalmente, l'importante è far_____!

Meglio pensare negativo
Ammetto di non aver_____ mai pensato prima, ma curiosamente una delle strategie insegnate a Yale è la visualizzazione negativa. Immaginare scenari negativi e visualizzar_____ il potenziale impatto negativo, _____ aiuta a valutare meglio ciò che abbiamo e ad apprezzar_____ di più. Questo approccio _____ ricorda di non dare per scontate le cose positive nella nostra vita e di sviluppare una maggiore gratitudine.

Ebbene sì: i soldi non fanno la felicità
_____ so, _____ so, il denaro permette a chi _____ ha di toglier_____ molti sfizi, ma è ormai appurato che oltre una determinata soglia diventa controproducente. E, dunque,

A lezione di felicità 4A

non far____ il tuo obiettivo principale e, soprattutto, non sacrificare le tue relazioni, la tua salute e i tuoi sogni per inseguire beni materiali effimeri.

La teoria del Woop
La psicologa tedesca Gabriele Oettingen ha sviluppato una strategia nota come WOOP che si basa su quattro step:
WISH: definisci il tuo desiderio o obiettivo in modo chiaro e specifico.

OUTCOME: immagina il risultato migliore possibile e come ____ sentiresti se ____ raggiungessi.
OBSTACLE: identifica gli ostacoli che potrebbero impedir____ di raggiungere il tuo obiettivo.
PLAN: elabora un piano d'azione concreto per superare gli ostacoli e realizzare il tuo desiderio.

Facile no? E allora, forza pelandroni, tutti al lavoro per essere strafelici!

4b In gruppi. Svolgete i seguenti compiti e poi confrontatevi con gli altri gruppi.

1. Qual è il concetto principale espresso nel testo? Riassumetelo in una frase.
2. In che modo l'autore ha supportato le sue idee dandogli una base scientifica?
3. Tra i modi pratici suggeriti dal testo per coltivare relazioni significative, quale non dipende dalla disponibilità degli altri?
4. Spiegate il funzionamento e lo scopo della teoria della visualizzazione negativa in modo molto semplice.
5. In che senso la teoria del WOOP è molto facile da mettere in pratica e alla portata di tutti?

5 VOCABOLARIO Espressioni e metafore

Facendo riferimento al testo del punto *4a*, scegli il corretto significato di ogni espressione in base al contesto in cui è usata, poi scrivi per ognuna una frase di esempio nel tuo quaderno.

1. mettersi in testa
   a. acquisire una nuova competenza
   b. convincersi di qualcosa e accettarla
   c. pensare bene prima di agire
2. piove dal cielo
   a. si ottiene senza sforzo
   b. si raggiunge solo con grande impegno
   c. si trova solo se si ha fortuna
3. fare eco
   a. chiedere di ripetere
   b. rispondere con una domanda
   c. sostenere o condividere un'opinione
4. dare per scontato
   a. considerare qualcosa come garantito
   b. valutare attentamente ogni opzione
   c. chiedere conferma di qualcosa
5. ebbene sì
   a. è un bene che sia così
   b. proprio così
   c. sarebbe bene se fosse così
6. togliersi uno sfizio
   a. accontentarsi di qualcosa
   b. fare / comprare una cosa non necessaria
   c. rinunciare a qualcosa
7. è appurato
   a. è un'opinione diffusa
   b. è stato verificato o confermato
   c. è un'ipotesi non sicura e non confermata
8. pelandrone
   a. persona pigra o svogliata
   b. persona attiva e laboriosa
   c. persona impulsiva e incostante

6 GRAMMATICA Si impersonale con pronomi

Osserva le seguenti frasi tratte dal testo del punto *4a* e completa le tabelle.

> Come **la si** può ottenere? E come prender**sene** cura?
> **Lo si** può fare anche mentalmente...

PRONOMI DIRETTI + SI IMPERSONALE		
MI		MI SI
TI		__ __
LO / __	+ SI =	LO SI / __ SI
__		__ SI
__		__ SI
__ / __		__ SI / __ SI

PRONOMI INDIRETTI + SI IMPERSONALE		
MI		__ __
TI		TI SI
__ / __	+ SI =	__ SI / __ SI
__		__ SI
VI		VI SI
__		__ __

PRONOME RIFLESSIVO + SI IMPERSONALE		
SI	+ SI =	CI SI

PRONOME NE + SI IMPERSONALE		
NE	+ SI =	__ __

PRONOME CI + SI IMPERSONALE		
CI	+ SI =	CI SI

▶ GRAMMATICA ES 1 E 2 ▶ VOCABOLARIO ES 1 E 2

4B Una nuova normalità

v normalità • verbi parasintetici

1 SCRIVERE Lettera aperta al giornale

In coppie. Basandovi sull'infografica scrivete una lettera aperta al direttore di un giornale ribadendo l'importanza della salute mentale per il benessere della società nel suo complesso e concludendo con un invito all'azione. Seguite le seguenti indicazioni.

Le regole d'oro per la lettera al giornale:
- ricordatevi di scrivere il luogo e la data in alto a destra
- 1° paragrafo: introducete l'argomento supportandolo con dati concreti
- 2° paragrafo: esponete la vostra posizione sul tema e spiegate perché è rilevante per voi
- 3° paragrafo: invitate all'azione e ringraziate
- siate concisi (massimo 150 parole): più breve è la lettera e più ha probabilità di essere letta e pubblicata
- ricordatevi di mettere la vostra firma (leggibile) e i vostri recapiti.

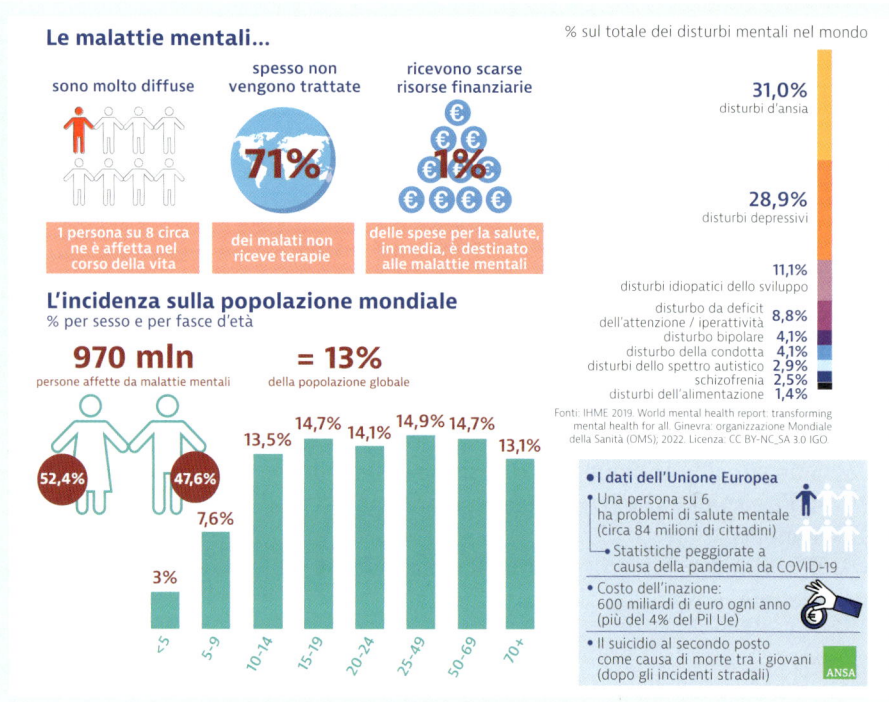

2 LEGGERE E PARLARE Cos'è la normalità?

In coppie. Leggete le citazioni. Con quale siete più d'accordo e con quale meno? Parlatene, poi scrivete la vostra definizione di "normale" e confrontatela con quella delle altre coppie.

> La cosa più difficile non è essere dei fenomeni o degli eroi, la cosa più difficile è essere persone normali.
> **Vasco Rossi**

> Chi decide cosa è normale? La normalità è un'invenzione di chi è privo di fantasia.
> **Alda Merini**

> Se cerchi sempre di essere normale, non saprai mai quanto puoi essere straordinario.
> **Maya Angelou**

> Visto da vicino nessuno è normale.
> **Franco Basaglia**

> Nessuno comprende che alcune persone consumano una enorme quantità di energia per essere normali.
> **Albert Camus**

> Ciascuno di noi ogni tanto è cretino, imbecille, stupido o matto. Diciamo che la persona normale è quella che mescola in misura ragionevole tutte queste componenti, questi tipi ideali.
> **Umberto Eco**

Una nuova normalità 4B

3 LEGGERE La normalità ieri e oggi

3a *In gruppi. Leggete il testo e riassumetelo in un tweet. Poi i gruppi si scambiano i tweet e correggono gli eventuali errori. Infine, discutete: avete detto le stesse cose? Quale tweet è più chiaro ed efficace? Per il momento non considerate il fatto che alcune frasi sono <u>sottolineate</u> e alcune parole **evidenziate**.*

Tutti noi usiamo quotidianamente l'aggettivo *normale* per classificare comportamenti, azioni e situazioni. <u>Eppure questo concetto non esisteva fino al 1800, quando un termine che significava *perpendicolare* nell'ambito della geometria fu adottato dalla statistica.</u> Ed ecco che *normale* passò a indicare un ipotetico uomo medio, con un comportamento medio, mentre si etichettò come *anormale* tutto ciò che da esso si **discostava**. Se a ciò si aggiunge che i soggetti esaminati per questi studi erano tutti borghesi, colti, benestanti, bianchi, maschi, eterosessuali e privi di disabilità, ossia **incarnavano** quella parte della popolazione già ritenuta dagli studiosi di allora come la migliore, <u>possiamo capire come il concetto di *normale* che vige ancora oggi sia intriso di preconcetti e stereotipi</u>. Le conseguenze dirette di questa concezione le hanno subite coloro che in passato, per avere comportamenti che si **allontanavano** da questa ipotetica normalità o che la società non accettava, sono stati rinchiusi in manicomi e sottoposti alle peggiori crudeltà, finendo spesso per **impazzire** davvero.
Per nostra fortuna molto è cambiato da allora e oggi l'OMS* definisce la salute come "uno stato di completo benessere fisico, mentale e sociale". Purtroppo, questo non significa, come ci si potrebbe aspettare, che i disturbi psichici siano stati **sdoganati**, ossia che abbiano perso lo stigma che li circondava in passato e, ancora oggi, <u>chi soffre di problemi mentali viene spesso emarginato</u>. Ne consegue che in molti evitano di **accennare** ai loro problemi di salute mentale ad amici e conoscenti e, pertanto, <u>spesso ignoriamo le reali dimensioni di un fenomeno che è molto più esteso di quanto ci potremmo aspettare</u>. Infatti, sempre secondo i dati dell'OMS, si stima che circa un soggetto su 8 soffra di disturbi mentali.
Ben venga quindi l'inversione di tendenza a cui stiamo assistendo negli ultimi anni, in cui si inizia a parlare con serenità del benessere psichico – o della sua mancanza – sia sui media tradizionali che sui social. Questi ultimi sono il canale preferito da personaggi di spicco che sempre più spesso vediamo o ascoltiamo parlare senza tabù di depressione, ansia, autismo, bulimia o anoressia. Forse, finalmente, sta diventando normale parlare dei propri problemi mentali?

*OMS: Organizzazione Mondiale della Sanità

3b *Cerca nel testo del punto 3a i sinonimi delle seguenti parole o espressioni (sono in ordine), poi confrontati con un'altra persona.*

1. definì: _____
2. persone: _____
3. non poveri: _____
4. rappresentavano: _____
5. liberati dalla condanna sociale: _____
6. marchio negativo: _____
7. importanti: _____

3c *In coppie. Parafrasate le frasi <u>sottolineate</u> nel testo del punto 3a, cioè esponetene i contenuti con parole vostre sviluppando o chiarendo i concetti. Non è necessario cambiare tutte le parole, cercate piuttosto di cambiare la sintassi delle frasi.*

4 VOCABOLARIO I verbi parasintetici

4a *In gruppi. Svolgete i seguenti compiti.*

- Osservate i verbi **evidenziati** nel testo del punto 3a. Da quale parola derivano?
- Completate la regola con le parole mancanti e <u>sottolineando</u> le opzioni corrette.

> I verbi parasintetici si formano con i **prefissi a-, de-, di-, dis-, in-, s-, tra-** + un sostantivo o un aggettivo.
> Alcuni prefissi cambiano in situazioni particolari:
> - il prefisso **a-**: se il sostantivo o aggettivo inizia con consonante, questa si deve **raddoppiare / eliminare**: (ESEMPIO: _____).
> - il prefisso **in-**: se il sostantivo o aggettivo inizia con vocale, spesso si raddoppia la **n** (ESEMPIO: *innamorarsi*); davanti a **p** o **b**, la **n** diventa **m** (ESEMPIO: _____);
> - davanti a **l, m** e **r** si raddoppia la **consonante / vocale**: (ESEMPIO: *irrigidire*).
> - il prefisso **dis-** raddoppia la **s** se la parola che segue inizia con la lettera ____ (ESEMPIO: *dissalare*).

4b *Completa le frasi trasformando gli aggettivi e i sostantivi in verbi e usando il prefisso indicato. Attenzione: alcuni verbi sono riflessivi.*

1. Non passare così tante ore davanti alla tv! Ti (*in + pigro*) _____ troppo!
2. La psicoterapia a volte è (*a + fianco*) _____ da psicofarmaci.
3. Mario (*a + rosso*) _____ per un nonnulla!
4. Se sudi molto, devi (*dis + sete*) _____.
5. Empatizzare significa (*in + medesimo*) _____ negli altri.
6. Fa' attenzione, quel muro è stato (*in + bianco*) _____ da poco!
7. Fare sport serve anche a migliorare l'umore, non solo a (*in + robusto*) _____ il corpo.

4B Una nuova normalità

G verbi + infinito • verbi + preposizione + infinito

5 GRAMMATICA Verbi + infinito o verbi + preposizione + infinito

5a *Nelle seguenti frasi (alcune sono tratte dal testo del punto 3a) sottolinea tutti i verbi seguiti da **infinito** o da **preposizione + infinito** e completa la regola.*

1. ... possiamo capire come il concetto di normale che vige...
2. ... personaggi di spicco che sempre più spesso vediamo o ascoltiamo parlare senza tabù...
3. Domani vado a parlare con i professori di mio figlio.
4. L'hanno obbligato a imparare a memoria una lunga lista di verbi.
5. Bisogna parlare di più di benessere mentale e di mindfulness.
6. Davide sa di essere depresso, ma non vuole curarsi.
7. Ieri notte ho sognato di volare come un uccello: è stato bellissimo.
8. Dopo molti anni di studio so parlare benissimo l'italiano.
9. Adoro dormire fino a tardi durante il fine settimana!

In genere si usa la preposizione _____:
- con alcuni verbi di movimento come *andare, uscire, venire*. (frase numero __)
- con alcuni verbi che trasferiscono l'azione verso l'altra persona (*obbligare, aiutare, insegnare*, ecc.). (frase numero __)

In genere si usa la preposizione _____:
- con i seguenti verbi quando il soggetto del verbo coniugato e quello dell'infinito sono uguali: *pensare, decidere, dire, riconoscere, sognare, stabilire, chiedere,* ecc. (frase numero __)
- con il verbo *sapere*, quando significa "essere consapevoli di qualcosa". (frase numero __)

Non si usa una preposizione prima dell'infinito:
- con i verbi _____, *dovere, volere*. (frase numero __)
- con il verbo _____ quando significa "essere capace di". (frase numero __)
- con alcuni verbi che indicano gusti, preferenze come *amare, preferire, piacere,* _____. (frase numero __)
- con le espressioni impersonali _____, *occorre, basta, serve, è + aggettivo*. (frase numero __)
- con i verbi di percezione *vedere, sentire,* _____ e i rispettivi sinonimi. (frase numero __)

5b *Decidi se i seguenti verbi sono normalmente seguiti da **a + infinito** o **di + infinito**, e inseriscili nella tabella seguendo l'esempio.*

✓ andare | decidere | riuscire | sognare | venire | chiedere | smettere | continuare | provare | riuscire | ringraziare | cercare | accompagnare | imparare | mettersi | restare | accorgersi | dimenticarsi | ricordarsi | iniziare | finire | rischiare

VERBO + *a* + INFINITO	VERBO + *di* + INFINITO
andare	

5c *Hai notato che nella tabella sono rimaste alcune righe vuote? Prova a completarla con altri verbi e poi confrontati con i tuoi compagni per verificare ed eventualmente per aggiungerne altri a cui non avevi pensato.*

5d *Completa le frasi inserendo, solo dove necessario, la preposizione **di** o **a** prima dell'infinito. Attenzione: in alcune frasi ci sono due verbi seguiti dall'infinito.*

1. Quando ha visto che era stato promosso è andato dirlo ai suoi genitori.
2. Non serve rivangare il passato, è ora girare pagina.
3. Hai chiesto Giovanna mandarti quell'articolo che ci interessava?
4. Smettila preoccuparti, vedrai che andrà tutto bene.
5. Ci siamo accorti non sapere molto su questo tema.
6. Fai attenzione! Non vedi che hai rischiato cadere?
7. Vorrei provare fare un po' di meditazione, dicono che sia ottima per la concentrazione.
8. È utile cercare ragionare sulla grammatica: aiuta memorizzare.
9. Lo vedevo uscire di casa sempre alle 8:00.

Una nuova normalità 4B

5e *Abbiamo visto che il verbo* sapere *cambia di significato se è seguito da infinito o da di + infinito. Ci sono altri verbi che si comportano nello stesso modo. Osserva le frasi e scegli il significato giusto del verbo* **evidenziato**.

1. Mario **vede** sorgere il sole. (*lo vede / cerca di*)
2. Domani **vediamo di** decidere dove andremo in vacanza. (*vediamo / cerchiamo di*)
3. Anna **pensa di** parlare molto bene l'italiano. (*ritiene / si occupa di*)
4. Abbiamo deciso che Marta **penserà a** scegliere la musica mentre noi porteremo da bere. (*riterrà / si occuperà di*)
5. Mario **sa** cucinare benissimo. (*è capace di / è consapevole di*)
6. Anna **sa di** avere molti dubbi sui verbi con le preposizioni. (*è capace di / è consapevole di*)

5f *Tre delle seguenti frasi non sono corrette. Trova gli errori e correggili.*

1. Vedi studiare molto per l'esame, dicono che è difficile.
2. Quando vedo giocare i bambini per strada mi viene in mente quando avevo la loro età.
3. L'importante è sapere essere persone imperfette ma uniche.
4. Ada è un po' maleducata, ma quando vuole sa essere gentile.
5. Non ti preoccupare troppo e pensa di essere felice!
6. Sto pensando di iniziare a fare un po' di terapia, secondo me mi farebbe bene.

6 PARLARE Piccole manie

In gruppi. Tutti abbiamo delle piccole manie. Quali sono le vostre? Raccontatele e cercate di riutilizzare i verbi seguiti dall'infinito, con o senza preposizioni.

ESEMPI:
- Io non <u>riesco a dormire</u> con le tapparelle abbassate. <u>Devo poter vedere</u> la luce del giorno al mattino.

7 PROGETTO Podcast di classe 4

In questo episodio dovrete toccare i seguenti temi, ma potete scegliere se parlare del vostro Paese, dell'Italia o delle differenze tra l'uno e l'altra.
- In generale, cosa rende le persone più felici?
- Quali sono i problemi e le preoccupazioni più comuni della gente?
- Quali comportamenti sono considerati normali, ma sono visti come strani dagli stranieri?

Se necessario, potete aiutarvi con una ricerca in rete.

DIECI funzioni dei prefissi verbali

1 opposizione / reazione / replica → **CONTRO- / CONTRA-**
controindicare, contraddire, contrapporre

2 sottrazione → **DI- / DE- / DIS-**
diffidare, demotivare, disboscare

3 negazione → **S-**
scaricare, smontare, scolorire

4 peggioramento → **S-**
sparlare, sragionare, svalutare

5 ripetizione → **RI- / RE-**
riavviare, reimpiegare, reinserire

6 movimento all'indietro → **RI- / RE-**
rispedire, riaccompagnare, respingere

7 eccesso → **STRA- / IPER-**
straparlare, straviziare, ipernutrire

8 inferiorità → **SOTTO- / SUB-**
sottovalutare, sottomettere, subaffittare

9 superiorità → **SOPRA- / SOVRA-**
sopravvalutare, sovrastare, sovrastimare

10 passaggio → **TRA-**
tramandare, travalicare, traforare

im **p o s s i b i l e**

Metti una X vicino a tutti i verbi di cui conosci il significato. Gira per la classe cercando una persona che conosca il significato di quelli rimasti. Attenzione: hai 5 minuti di tempo e l'uso di internet o del dizionario non è ammesso!

4C Benessere psico-emotivo

G vari usi di *proprio*
V benessere mentale ed emotivo

1 PARLARE Mente ed emozioni

In gruppi. Leggete i consigli per la salute mentale ed emotiva e completateli con le parole date, poi rispondete alle domande.

perdona | gratitudine | cambiamento | poniti | erba | cura | amaca | impara | libera | natura

6 CHIAVI DEL BENESSERE MENTALE

- Rilassati su un'_____.
- Fai trekking e cammina nella _____.
- Mostra _____ per la natura.
- Stenditi sull'_____.
- Organizza un picnic.
- Prenditi _____ di una pianta.

6 CHIAVI DEL BENESSERE EMOTIVO

- _____ a dire no.
- _____ te stesso/a.
- Disconnettiti.
- _____ la mente.
- Accetta il _____.
- _____ degli obiettivi.

- Quali sono, secondo voi, le principali differenze tra la salute mentale e quella emotiva?
- Che rapporto avete con la natura e in che modo influisce sul vostro benessere?
- Avete mai abbracciato un albero? Che ne pensate?
- Quali altre attività potreste aggiungere a queste 6?

- Quando è stata l'ultima volta che avete detto no a qualcosa che non volevate fare e come vi siete sentiti?
- Che rapporto avete con il cambiamento?
- Perché è importante avere degli obiettivi?
- Quali di queste indicazioni sono per voi più difficili da seguire e perché?

2 ASCOLTARE Il podcast "A dirla tutta!" 4

2a *Completa le frasi di Rosella con la parola o le parole più logiche secondo te, poi confrontati con una persona della classe e infine ascolta la prima parte del podcast per verificare.*

1. Eccoci di _____ al nostro podcast "A dirla tutta"! Per questa lezione, _____ tema principale è la felicità, abbiamo pensato di invitare una persona che per lavoro si _____ proprio di rendere le persone più felici, se così si può _____. Abbiamo con noi la dottoressa Roberta Arrighi, psicologa, psicoterapeuta e docente universitaria. _____, dottoressa!

2. Allora cominciamo con la prima domanda. Non si _____, perché non le chiederemo cos'è la felicità! _____ che vorremmo sapere è cosa significa per lei benessere psico-emotivo e come possiamo riconoscere i segnali di _____ psico-emotivo.

2b *Ascolta la seconda parte del podcast e scegli il paragrafo, fra i seguenti tre, che ne riassume meglio il contenuto, poi confrontati con un'altra persona della classe e verifica se è d'accordo con te.*

1. Il benessere psico-emotivo include la salute mentale e fisica, aiutando a gestire lo stress e a realizzarsi. Seligman, con la sua psicologia positiva, sottolinea che emozioni positive, impegno, relazioni sentimentali soddisfacenti e un lavoro appagante sono essenziali per il benessere.

2. Il benessere psico-emotivo è collegato all'assenza o a bassi livelli di disagio fisico e mentale. Supporta la gestione dello stress e le relazioni positive. Studi indicano una riduzione della mortalità del 20% nelle persone con problemi di salute. Seligman, nella sua psicologia positiva, enfatizza emozioni positive, impegno, relazioni e significato.

Benessere psico-emotivo 4c

3. Il benessere psico-emotivo, più complesso del benessere generale, è legato alla salute mentale e fisica. Aiuta a gestire lo stress, crescere, realizzarsi e avere relazioni positive. Seligman, con la sua psicologia positiva, identifica emozioni positive, impegno, relazioni, significato e realizzazione come pilastri del benessere.

2c *In coppie. Ricostruite la prossima domanda che Rosella pone alla psicologa, poi ascoltate la terza parte per verificare. Continuate ad ascoltare e mettete in ordine cronologico i concetti che seguono.*

un'idea di normalità | del concetto di normalità di salute mentale | Esiste una definizione di normalità quando si parla | E un'altra curiosità nelle nostre lezioni abbiamo parlato

Rosella _____:
_____.
_____
_____,
_____?

☐ La psicologia positiva e altre discipline stanno ampliando le nostre conoscenze sul benessere.

☐ La tecnologia aiuta a misurare e aumentare il benessere.

☐ Essere normali significa stare bene.

☐ Il concetto di normalità nella salute mentale è fluido e relativo.

☐ I nuovi approcci al benessere considerano la persona nella sua interezza, tenendo conto di tutti gli aspetti della sua vita.

2d *Ascolta l'ultima parte del podcast, svolgi il compito pratico che la psicologa consiglia, poi condividilo con altre 2 persone discutendo di eventuali similitudini e differenze.*

3 SCRIVERE Il compito della felicità

Sei un/un'esperto/a di benessere psico-emotivo. Scrivi e fai fare a una persona della classe un compito per sviluppare il suo benessere. Se vuoi, puoi riascoltare il podcast completo per trovare l'ispirazione. Alla fine confrontatevi sull'utilità di questo esercizio.

4 GRAMMATICA Vari usi di proprio

Hai notato che nel podcast la Dottoressa Arrighi usa molte volte la parola proprio*? Leggi le frasi e abbina ogni* proprio *alla sua funzione.*

FUNZIONE

1. **aggettivo possessivo** (*mio, tuoi,* ecc.)
2. **intercalare** (parola o espressione che può essere eliminata senza compromettere la comunicazione)
3. **avverbio** (parola che modifica o precisa il significato di altre parti del discorso)

	1	2	3
a. ... tra cui **proprio** possiamo citare il benessere psicologico...	○	○	○
b. Questo tipo di benessere permette (...) alle persone (...) di avere delle relazioni positive nella **propria** vita...	○	○	○
c. ... due studiosi Chida e Steptoe, e parlano **proprio** del fatto che...	○	○	○

Ora completa la spiegazione dei vari usi di proprio *inserendo gli esempi al posto giusto.*

1. *Sono proprio felice!* | 2. *Non ho capito proprio!* | 3. *L'ho fatto con le mie proprie mani!* | 4. *Marco ci ha ospitati in casa propria.* | 5. *Ha detto che, proprio, mi chiamerà.* | 6. *Ognuno scriva sul proprio quaderno!* | 7. *Questo non è un comportamento proprio.* | 8. *Le vostre idee sono importanti, ognuno può esprimere la propria.* | 9. *Sono ignoranti, nel senso proprio del termine.* | 10. *L'incoscienza è una caratteristica propria dei giovani.* | 11. *Intendevo proprio questo!*

a. **aggettivo possessivo**: può sostituire *suo* e *loro* (ESEMPIO: ___). Può rafforzare gli altri aggettivi possessivi (ESEMPIO: ___). È obbligatorio con le forme impersonali (ESEMPIO: ___).

b. **pronome possessivo**: può essere usato come possessivo senza essere seguito dal nome (ESEMPIO: ___).

c. **intercalare**: parola che può essere eliminata dal discorso senza cambiarne il senso (ESEMPIO: ___).

d. **aggettivo qualificativo**: significa:
- *tipico, peculiare, caratteristico* (ESEMPIO: ___).
- *appropriato, decoroso, gentile* (ESEMPIO: ___).
- *letterale, non figurato* (ESEMPIO: ___).

e. **avverbio**: significa:
- *davvero, veramente* (ESEMPIO: ___).
- *precisamente, appunto* (ESEMPIO: ___).
- *per niente, affatto* (in frasi negative) (ESEMPIO: ___).

4 PER FARE ANCORA MEGLIO

v collocazioni di uso frequente • espressioni con *dare*

1 VOCABOLARIO Collocazioni di uso frequente

1a *In coppie. Osservate le seguenti frasi estratte da questa lezione. Le parti **evidenziate** indicano combinazioni lessicali frequenti. Le conoscete? In che altro modo si possono esprimere gli stessi concetti?*

1. ... provare un senso di gioia che si trattiene a fatica per qualcosa che **reca piacere**... (COMINCIAMO)
2. **Svolgete** tutti **i compiti**.... (Sezione A, 2)
3. ... ti **fornirà spunti** di riflessione per migliorare la tua vita. (Sezione A, 2.1)
4. ... una **competenza** che possiamo **acquisire** con impegno e dedizione. (Sezione A, 4a)
5. ... Sonja Lyubomirsky **ha condotto studi** che hanno portato alla conclusione che... (Sezione A, 4a)
6. Questo approccio ci ricorda di non **dare per scontate** le cose positive nella nostra vita... (Sezione A, 4a)
7. ... Gabriele Ottingen ha **sviluppato** una **strategia** nota come WOOP... (Sezione A, 4a)
8. ... gli ostacoli che potrebbero impedirti di **raggiungere** il tuo **obiettivo**. (Sezione A, 4a)

1b *In coppie. Qui sotto ci sono cinque verbi molto frequenti. Associateli alle parole appropriate (in alcuni casi ci possono essere più opzioni valide). Poi confrontatevi con le altre coppie.*

un ruolo		uno studio
	svolgere	
aiuto		un compito
	sviluppare	
una ricerca		un'informazione
		un accordo
una risposta	raggiungere	
		un concetto
un alibi		
	condurre	uno scopo
un progetto		
		una tecnica
un traguardo	fornire	
		un risultato

1c *In coppie. Completate le seguenti frasi con le combinazioni lessicali che avete trovato al punto 1b apportando le necessarie modifiche.*

1. La polizia sospetta di lui perché non ha saputo _____ convincente su dove si trovava il giorno del delitto.
2. Durante l'esame i candidati dovranno _____ senza l'aiuto di dizionari.
3. Gli architetti sono stati incaricati di _____ per l'edificazione di questa nuova area.
4. Il nostro team è convinto di poter _____ prefissato nei tempi previsti.
5. Gli scienziati che _____ hanno raggiunto conclusioni illuminanti.
6. Dopo mesi di trattative finalmente siamo riusciti a _____.

DIECI ESPRESSIONI CON "DARE"

1. **DARE UN ESAME** (sostenere un esame)
2. **DARE A VEDERE** (far credere, mostrare)
3. **DARLA A BERE** (ingannare)
4. **DARE IN CAMBIO / REGALO** (offrire)
5. **DARE IN MOGLIE** (far sposare)
6. **DARE PER SCONTATO / FINITO** (considerare)
7. **DARE TORTO / RAGIONE** (accettare / non accettare come corretto)
8. **DARE UN PUGNO / UNA SBERLA** (colpire con)
9. **DARE SULLA STRADA / SUL CORRIDOIO** (affacciarsi)
10. **DARE DEL TU / LEI** (rivolgersi in modo informale / formale)

SPUTA IL ROSPO 4

1 PARLARE — Per stare bene con se stessi

In gruppi. Osservate le immagini delle attività che aiutano a mantenere un buon equilibrio mentale e discutete dei seguenti punti.

- Quali altre attività, secondo voi, aiutano l'equilibrio mentale?
- Qual è il vostro "segreto" per stare bene con voi stessi/e?
- Quali cose, invece, sono nocive per la vostra salute mentale? Potete evitarle?

2 SCRIVERE — Vademecum della salute mentale

In gruppi. Preparate un cartellone da appendere nell'aula con un vademecum per avere una buona salute mentale, dividendolo in due parti:

1 - **Per stare bene con te stesso/a...**
2 - **E se...**

Nella parte 1 date 5 consigli per mantenere un buon equilibrio mentale (usando l'imperativo informale con il soggetto "tu") e spiegatene la ragione con brevi frasi. Seguite l'esempio:

> 1. **Per stare bene con te stesso/a...**
> Segui una ricca e sana alimentazione. Anche il cervello è un organo e bisogna nutrirlo.

Nella parte 2 usate 5 espressioni negative del punto 1b della Sezione A e suggerite cosa fare per contrastare questi sentimenti. Usate la forma impersonale. Seguite l'esempio:

> 2. **E se...**
> si è giù di corda? È necessario cercare di fare qualcosa di piacevole!

Seguite le regole.
- Ricordate l'importanza della chiarezza e della concisione.
- In entrambe le parti cercate di usare i verbi e le espressioni viste in questa lezione:
  - **forme impersonali con pronomi** (*la si può ottenere, lo si capisce,* ecc.)
  - **verbi + infinito o verbi + preposizione + infinito** (*ricordarsi di, accorgersi di, riuscire a,* ecc.)
  - **verbi parasintetici** (*impigrirsi, invogliare,* ecc.)
  - **espressioni idiomatiche** (*dare per scontato, togliersi uno sfizio, mettersi in testa,* ecc.).

3 RIFLETTERE — Lo stato mentale nell'apprendimento

Rispondi, in forma orale o scritta, alle domande, poi confrontati con un'altra persona.

- Gli argomenti (grammaticali, lessicali, culturali, ecc.) di questa lezione erano tutti nuovi per te o ne conoscevi in parte già alcuni? Fai degli esempi.
- È più facile per te affrontare un nuovo argomento quando è collegato a qualcosa che conosci già? Se sì, come sfrutti questo tuo vantaggio in pratica?
- Cosa provi quando ti rendi conto che stai per affrontare un argomento completamente nuovo? Di solito provi più entusiasmo o preoccupazione? Perché?
- In che modo il tuo stato mentale influisce sul tuo apprendimento? E cosa puoi fare concretamente per superare, ad esempio, uno stato di ansia di fronte a un nuovo argomento che appare particolarmente complicato?

4 GRAMMATICA

"SI" IMPERSONALE CON PRONOMI

PRONOMI DIRETTI	PRONOMI INDIRETTI	PRONOME RIFLESSIVO
mi si	mi si	ci si
ti si	ti si	**PRONOME NE**
lo si / la si	gli si / le si	se ne
ci si	ci si	**PRONOME CI**
vi si	vi si	ci si
li si / le si	gli si	

I pronomi diretti e indiretti vanno prima del *si* impersonale.
*Non **li si** deve disturbare. **Gli si** può scrivere un'e-mail.*

Quando il *si* impersonale è accompagnato:
- dal *si* riflessivo: otteniamo *ci si* ➙ *Se **ci si** sveglia tardi, si perde l'autobus.*
- dal pronome *ne*: il *si* diventa *se* e il *ne* va dopo ➙ *Di errori **se ne** fanno molti nella vita.*
- dal pronome locativo o dimostrativo *ci*: questo va prima della particella *si* ➙ *A teatro **ci si** va vestiti bene.*

VERBI + INFINITO O VERBI + PREPOSIZIONE + INFINITO

In genere si usa la preposizione *a*:
- con alcuni verbi di movimento come *andare, uscire, venire* ➙ ***Usciamo a bere** qualcosa?*
- con alcuni verbi che trasferiscono l'azione verso l'altra persona (*obbligare, aiutare, insegnare*, ecc.) ➙ *Mi **insegni a nuotare**?*

In genere si usa la preposizione *di*:
- con i seguenti verbi quando il soggetto del verbo coniugato e quello dell'infinito sono uguali: *pensare, decidere, dire, riconoscere, sognare, stabilire, chiedere*, ecc. ➙ ***Sogno di vincere** la gara.*
- con il verbo *sapere*, quando significa "essere consapevoli di qualcosa" ➙ ***So di guidare** bene.*

Non si usa una preposizione prima dell'infinito:
- con i verbi *potere, dovere, volere* ➙ ***Devi andare** in bagno?*
- con il verbo *sapere* quando significa "essere capace di" ➙ ***So cucinare** bene.*
- con alcuni verbi che indicano gusti, preferenze come *amare, preferire, piacere*, ecc. ➙ ***Amo ballare**.*
- con le espressioni impersonali *bisogna, occorre, basta, serve, è* + aggettivo ➙ ***Bisogna studiare**.*
- con i verbi di percezione *vedere, sentire* e i rispettivi sinonimi ➙ *Lo **sento piangere**.*

Molti verbi di uso frequente sono eccezioni alla regola. Ad esempio, si usa la preposizione **a** con: *accompagnare, continuare, imparare, iniziare, mettersi, provare, restare, riuscire.* Si usa la preposizione **di** con: *accorgersi, cercare, dimenticarsi, finire, ricordarsi, ringraziare, rischiare, smettere.*

Oltre al verbo *sapere*, altri verbi cambiano significato se sono seguiti direttamente dall'infinito o se c'è una preposizione e anche se sono seguiti da preposizioni diverse:
- *vedere* + infinito = vedere qualcuno o qualcosa che fa un'azione ➙ *Lo **vedono uscire** tutte le notti.*
- *vedere di* + infinito = cercare di ➙ ***Vedi di fare** presto!*
- *pensare di* + infinito = credere o avere intenzione di ➙ ***Penso di partire** domani.*
- *pensare a* + infinito = occuparsi di ➙ ***Pensiamo a lavorare** invece di chiacchierare!*

VARI USI DI "PROPRIO"

Il termine *proprio* ha vari significati e funzioni:

aggettivo possessivo: può sostituire *suo* e *loro*.
*Carlo prenderà la **propria** macchina.*
Può rafforzare gli altri aggettivi possessivi.
*Vogliamo esprimere la nostra **propria** opinione.*
È obbligatorio con le forme impersonali.
*È necessario che ognuno riconosca le **proprie** colpe.*

pronome possessivo: può essere usato come possessivo senza essere seguito dal nome.
*Ci sono troppe giacche qui, ognuno riprenda la **propria**.*

intercalare: parola che può essere eliminata dal discorso senza cambiarne il senso.
*Ho molte idee... **proprio**... ve ne dirò alcune.*

aggettivo qualificativo: significa:
- *tipico, peculiare, caratteristico.*
  *È un tratto **proprio** della pronuncia anglofona.*
- *appropriato, decoroso, gentile.*
  *È importante mantenere un atteggiamento **proprio**.*
- *letterale, non figurato.*
  *Quel quadro è grande nel senso **proprio** della parola.*

avverbio: significa:
- *davvero, veramente.*
  *Sei **proprio** simpatica!*
- *precisamente, appunto.*
  *È **proprio** questo che penso!*
- *per niente, affatto* (in frasi negative).
  *Non mi piace **proprio**!*

GRAMMATICA 4

"SI" IMPERSONALE CON I PRONOMI

1 *Unisci le due frasi trasformandole in impersonali e sostituendo le ripetizioni con i pronomi. Segui l'esempio.*

ESEMPIO: Il caffè rende alcune persone nervose. Alcune persone bevono troppi caffè. (*quando*)
Il caffè rende nervosi quando se ne bevono troppi.

1. Passeggiare nella natura è piacevole. Gli uomini traggono beneficio dalla natura. (*e tra l'altro*)
   _____

2. Questo psicofarmaco andrebbe prescritto da uno psichiatra. Molte persone lo acquistano anche sul web. (*ma purtroppo*)
   _____
   _____

3. Le persone sono abituate a godere di buona salute. Spesso danno per scontata la buona salute. (*così... che*)
   _____
   _____

4. La gente oggi si preoccupa di più della propria salute mentale. La gente considera ancora un tema tabù la salute mentale. (*benché*)
   _____
   _____

5. Ti hanno raccomandato di tornare nel paese dove sei cresciuto. Quando la gente torna nel paese dove è cresciuta riaffiorano dei bei ricordi. (*tanto più che*)
   _____
   _____

6. Una persona si fida di un'altra persona. Non sempre si confidano a questa persona i propri problemi. (*sebbene*)
   _____
   _____

2 *Nelle seguenti frasi ci sono 4 pronomi combinati sbagliati. Trovali e correggili.*

1. Anticamente le malattie mentali erano tabù, non se ne parlava e qualora ce ne fosse un caso in famiglia, se lo teneva nascosto.
2. In questo palazzo non si ci può più vivere! Non se ne può più dei vicini rumorosi! Quando gli si dice di abbassare il volume della musica lo alzano!
3. Bella la tua idea, se ne potrebbe parlare con gli altri la prossima volta che ci si vede per prendere una decisione.
4. Si ti è detto più volte di non essere così testardo. È normale che quando ci si mette in testa un'idea sia difficile cambiare opinione, ma tu esageri!
5. Questa volta non ce la dà a bere. Ha detto tante di quelle bugie che ormai non se gli crede più.

VERBI + INFINITO O VERBI + PREPOSIZIONE + INFINITO

3 *Nelle seguenti frasi ci sono 8 preposizioni errate o mancanti. Correggi gli errori.*

1. Vedi arrivare puntuale, mi raccomando!
2. La prossima volta, se sai arrivare in ritardo, avvisaci!
3. Riconoscere di avere un problema è il primo passo per risolverlo.
4. Ti ringrazio essere venuto malgrado tutti i tuoi impegni.
5. È sano di ritagliarsi un momento durante la settimana per i propri hobby.
6. Mi aiuti? Non riesco fare quest'esercizio.
7. Il brutto tempo non ci ha permesso fare tutto quello che avevamo previsto.
8. Parlando con il mio psicologo mi sono accorto avere spesso pensieri negativi.
9. In vacanza odio di svegliarmi tardi e perdere tutta la mattina.

4 *Completa il testo con le preposizioni* a *o di dove necessario.*

> I social media non servono solo per balletti e sfide divertenti, ma possono anche ____ aiutare i giovani a superare un momento difficile. Ne è convinta la psicologa Francesca Pizzi, che parla di salute mentale su TikTok, e spiega che ha cominciato ____ fare video perché è convinta ____ che sia importante ____ normalizzare i disturbi mentali ed eliminare i pregiudizi. Oggi, infatti, l'adolescenza non è più l'età della ribellione, ma un periodo in cui i ragazzi cercano ____ condividere una vita perfetta sui social e aspirano ____ sentirsi accettati dal loro gruppo di amici. Inoltre, spesso la società li spinge ____ dover ____ eccellere in tutti i campi. Questo porta a un senso di fallimento e a un aumento del disagio mentale. Nei suoi video Francesca li invita invece ____ riflettere sulla propria vita e ____ affrontare i problemi di salute mentale, anche provando ____ confidarsi nel suo forum.

VARI USI DI "PROPRIO"

5 *In ogni frase* sottolinea *la parola che può o deve essere sostituita con proprio e fai la sostituzione come nell'esempio.*

ESEMPIO: Ada ha condiviso i suoi pensieri con tutti.
propri

1. Chiunque può esporre le sue idee. _____
2. È esattamente questo che intendo. _____
3. È vecchio nel senso letterale del termine. _____
4. Bisogna affrontarlo in un modo adatto. _____
5. Non si è divertito affatto. _____
6. È tipico del direttore prendere decisioni. _____

4 VOCABOLARIO

ESPRIMERE FELICITÀ

- gongolare
- essere al settimo cielo
- essere felice come una Pasqua
- toccare il cielo con un dito
- essere a cavallo
- fare i salti di gioia
- stare da Dio
- non stare più nella pelle
- sprizzare gioia da tutti i pori

ESPRIMERE INFELICITÀ

- essere affranto
- essere un'anima in pena
- essere a pezzi
- non sapere dove sbattere la testa
- avere il morale a terra
- mi piange il cuore
- essere a terra
- essere giù di corda / morale / tono
- avere il cuore a pezzi
- soffrire le pene dell'inferno

ESPRESSIONI E METAFORE

- **dare per scontato**: considerare qualcosa come garantito, ovvio
- **è appurato**: è stato verificato o confermato
- **ebbene sì**: proprio così
- **fare eco**: sostenere o condividere un'opinione
- **mettersi in testa**: convincersi di qualcosa
- **pelandrone**: persona pigra e / o svogliata
- **piove dal cielo**: si ottiene senza sforzo
- **togliersi uno sfizio**: fare / comprare una cosa non necessaria

VERBI PARASINTETICI

Con il prefisso *a-* il verbo indica un'azione o un cambiamento di condizione.
Se il sostantivo o aggettivo inizia con consonante, questa raddoppia:
- *a + lontan(o) + are* ➡ **allontanare**: mandare lontano.

Con il prefisso *di-, de-, dis-* il verbo ha un valore negativo o sottrattivo. Il prefisso *dis-* raddoppia la *s* se la parola che segue inizia con s.
- *di + rozz(o) + are* ➡ **dirozzare**: rendere meno rozzo.
- *de + tass(a) + are* ➡ **detassare**: togliere le tasse.
- *dis + gust(o) + are* ➡ **disgustare**: togliere il gusto.
- *dis + sal(e) + are* ➡ **dissalare**: togliere il sale.

Con il prefisso *in-* che indica un'azione. Se la parola che segue inizia con vocale, spesso si raddoppia la *n*; davanti a *p* o *b* la *n* diventa *m*; davanti a *l, m, r* si raddoppia la consonante.
- *in + pazz(o) + ire* ➡ **impazzire**: diventare pazzo.
- *in + rigid(o) + ire* ➡ **irrigidire**: rendere più rigido.

Con il prefisso *s-* che ha un valore intensivo o privativo:
- *s + popol(o) + are* ➡ **spopolare**: diventare più popolare.
- *s + macchi(a) + are* ➡ **smacchiare**: togliere la macchia.

Con il prefisso *tra-* che indica un passaggio:
- *tra + vas(a) + are* ➡ **travasare**: trasferire da un contenitore all'altro.

SALUTE MENTALE

- **psichiatra**: medico specialista che tratta i disturbi mentali e può prescrivere farmaci per curarli
- **psicologo**: esperto di psicologia, non medico, che aiuta con il colloquio le persone che stanno attraversando un momento di disagio
- **psicoterapeuta**: psichiatra o psicologo specializzato che cura le malattie mentali senza l'utilizzo di farmaci
- **psicofarmaco**: farmaco che agisce sull'attività psichica
- **seduta**: ciascuno degli incontri con uno psicologo, psicoterapeuta o psichiatra
- **stigma**: segno di disapprovazione sociale associato a qualcosa o qualcuno
- **tabù**: divieto di fare o nominare certe cose
- **preconcetto**: pregiudizio nei confronti di qualcosa o qualcuno
- **emarginazione**: esclusione da una comunità perché non si corrisponde ai modelli sociali prevalenti

COLLOCAZIONI LESSICALI DI USO FREQUENTE

- **svolgere** un compito / un ruolo / uno studio / una ricerca
- **raggiungere** un obiettivo / un traguardo / un accordo / uno scopo / un risultato
- **condurre** uno studio / una ricerca
- **fornire** aiuto / un'informazione / un alibi / una risposta
- **sviluppare** un concetto / una tecnica / un progetto / una ricerca

VOCABOLARIO 4

ESPRIMERE FELICITÀ / INFELICITÀ

1 *Completa le frasi con le espressioni più adatte.*

1. Mi _____ _____ cuore a vederla così demoralizzata. Marco l'ha lasciata senza una spiegazione plausibile, e adesso Anna ha il cuore a _____.
2. Grazie di cuore per il tuo aiuto, non so come avrei fatto senza di te, non sapevo dove _____ _____ _____ per risolvere quel problema.
3. Mi hanno dato la borsa per andare a studiare a Berlino, parto tra un mese. Non sto più _____ _____!
4. Ho visto Marco ieri sera: _____ _____ _____ perché l'hanno promosso sul lavoro!
5. Guarda che Bobby non è cattivo, ti abbaia un po' perché non ti conosce, ma se gli gratti la testa tocca _____ _____ _____ _____ _____.
6. Massimo deve aspettare ancora un mese per conoscere l'esito dell'esame. Nel frattempo, è _____ _____ in pena, sempre teso, preoccupato, ansioso

ESPRESSIONI E METAFORE

2 *Completa le frasi con le espressioni della lista.*

**togliersi uno sfizio | è appurato | ebbene sì
pelandroni | dare per scontato | metterci in testa
piove dal cielo**

1. _____ che molte coppie sono in crisi perché non capiscono che _____ l'amore dell'altro è un terribile errore.
2. _____, ammettiamolo: tutti tendiamo a essere un po' _____ a volte, però dovremmo _____ che niente di bello _____.
3. Ho comprato davvero una Ferrari! Qualche volta bisogna _____, altrimenti perché si lavora così tanto?!

VERBI PARASINTETICI

3 *Completa le frasi trasformando gli aggettivi e i sostantivi in verbi. Attenzione: alcuni verbi sono riflessivi.*

1. Dovrei (*vuoto*) _____ la soffitta, mi aiuti?
2. Questo articolo mi ha (*voglia*) _____ ad approfondire il tema del benessere psicofisico.
3. Vorrei provare quel prodotto per (*bianco*) _____ i denti: secondo te è dannoso?
4. Guarda che se passiamo da qui (*lungo*) _____ la strada di dieci minuti buoni.
5. Chi svolge una professione sanitaria è tenuto ad (*giorno*) _____ costantemente.
6. Le nostre speranze di vincere il concorso sono (*fumo*) _____ anche questa volta.
7. La neve ha (*bianco*) _____ le cime delle montagne.
8. Devo (*buccia*) _____ le patate per preparare il purè.
9. Ricordati di (*burro*) _____ la teglia prima di versarci l'impasto della torta!
10. Il suo gesto è riuscito ad (*dolce*) _____ la mia giornata.

SALUTE MENTALE

4 *Completa le frasi con le parole e l'articolo determinativo o indeterminativo se necessario. Attenzione: nella lista ci sono delle parole in più.*

**tabù | preconcetto | depressione | psicofarmaci
seduta | stigma sociale | panico**

1. Solo lo psichiatra può prescrivere _____ che il paziente deve assumere.
2. Oggi non è necessario recarsi nello studio di uno psicologo per fare _____: molti offrono i loro servizi anche per videoconferenza.
3. Sembra che finalmente si sia infranto _____ di parlare di salute mentale.
4. Bisogna sfatare _____ che a cadere in depressione siano solo soggetti deboli.

COLLOCAZIONI ED ESPRESSIONI CON "DARE"

5 *Completa il testo con le collocazioni e le espressioni corrette facendo i necessari cambiamenti.*

**dare ragione | dare una sberla | svolgere
dare | fornire (x2) | dare per scontato**

1. Sembra che le ricerche _____ presso varie università per _____ delle risposte conclusive al dubbio sul collegamento tra alimentazione e salute mentale, _____ a chi da sempre sostiene che corpo e mente sono intrinsecamente connessi.
2. Sebbene oggi si _____ che le punizioni corporali nei confronti dei bambini sono solo controproducenti, sono ancora numerosi i genitori che, purtroppo, _____ di tanto in tanto ai propri figli.
3. La signora Gianna, la cui finestra _____ sulla strada in cui si è svolta la rapina, _____ un alibi a uno degli imputati dichiarando di averlo visto seduto al bar tutto il tempo.

4 CULTURA

1 **Viaggio nel tempo alla ricerca della felicità**
In gruppi. Leggete il testo e discutete rispondendo oralmente alle domande che seguono.

DIECI TAPPE DELLA FELICITÀ NELLA STORIA

1. Grecia Antica: le prime riflessioni sulla felicità

Nella Grecia Antica fioriscono le prime riflessioni sulla felicità: Socrate indirizza l'uomo verso la conoscenza di sé come pilastro fondamentale per raggiungere la felicità. Per Aristotele, invece, la felicità è raggiungibile attraverso la ragione e la ricerca del bene comune.

2. Medioevo: la beatitudine celeste

Nel Medioevo la concezione di felicità si intreccia con la religione: la beatitudine eterna diventa l'obiettivo principale della vita terrena. Sant'Agostino individua la felicità nell'unione con Dio, mentre per Tommaso d'Aquino si raggiunge attraverso la fede e lo studio della teologia.

3. Rinascimento: il trionfo dell'uomo e del suo piacere

Nel Rinascimento l'uomo ritorna a essere il centro dell'universo, quindi la felicità ha un significato più terreno e concreto e si raggiunge attraverso il piacere, inteso come ricerca del bello e del buono.

4. Illuminismo: la ragione al potere

Per gli illuministi del Settecento la ragione e il progresso sono gli strumenti per raggiungere la felicità e una società basata sulla giustizia e sulla libertà è la condizione necessaria per la felicità individuale. La felicità diventa, quindi, un obiettivo politico e sociale.

5. Romanticismo: malinconia e ricerca

Nel Romanticismo la felicità è vista soprattutto come una continua ricerca e dunque diventa un'esperienza sfuggente da inseguire attraverso l'arte, l'amore e la contemplazione della bellezza.

6. XX secolo: tra guerre e nuove speranze

Il Novecento, con le sue due guerre mondiali, mette a dura prova la fiducia nella felicità, ma in questo secolo buio nasce l'interesse per la psicologia positiva, basata sulla resilienza, la gratitudine e l'ottimismo.

7. XXI secolo: la felicità come scienza

Oggi la felicità è diventata oggetto di studi interdisciplinari che spaziano dalla neurobiologia all'economia, dalla sociologia alla medicina. Si applicano la mindfulness e la meditazione per promuovere la felicità individuale.

8. Felicità per tutti: la globalizzazione del benessere

La globalizzazione permette a modi di vita provenienti da diverse culture di mescolarsi e la ricerca del benessere diventa un obiettivo globale.

9. Felicità digitale: sfide e opportunità nell'era tecnologica

L'era digitale ha portato nuove opportunità, ma presenta anche nuove minacce alla ricerca della felicità. La sfida è trovare un equilibrio tra i suoi benefici e i suoi rischi.

10. Felicità sostenibile: il futuro della ricerca

L'economia della felicità studia l'impatto di politiche e scelte individuali sul benessere collettivo. L'obiettivo è un mondo dove tutti vivano una vita felice e appagante, in armonia con l'ambiente.

- Quali sono le vostre impressioni sulla storia della felicità? Avete imparato qualcosa di nuovo?
- In che modo dovrebbe essere strutturata la società per promuovere il benessere individuale e collettivo? Quali sono le vostre idee?
- Ogni periodo storico ha un suo concetto di felicità. Quale si avvicina più al vostro? E quale, invece, è più distante?
- La felicità è un obiettivo raggiungibile o un viaggio continuo? Perché?

TEST 4

GRAMMATICA

1 *Completa ogni frase con un si impersonale e un pronome.*

1. Questo film contiene scene particolarmente cruente. ___ ___ sconsiglia la visione a un pubblico particolarmente sensibile.
2. Dicono che Sabina stia passando un periodo difficile. ___ ___ vede spesso in giro in stato confusionale.
3. I bambini sono il nostro futuro! ___ ___ deve insegnare a prendersi cura del proprio benessere psichico.
4. Lo studio dello psicoterapeuta non è più un tabù. ___ ___ va sempre di più senza alcuna vergogna.
5. Quando ___ ___ trova in difficoltà bisogna avere il coraggio di chiedere aiuto.
6. Siete troppo permalosi! Non ___ ___ può fare una critica che subito ve la prendete!
7. Mi dispiace molto quando ___ ___ dice che sono un asociale! In realtà ho solo poco tempo di uscire!
8. Tutti hanno qualche problema. Se ___ ___ parla, è più facile superarli.

OGNI PRONOME CORRETTO = 1 PUNTO ___ / 16

2 *Inserisci le preposizioni di o a nelle parti evidenziate, solo quando sono necessarie.*

Una delle caratteristiche dell'essere umano, che gli **consente imparare** dall'esperienza e progettare imprese meravigliose, è che **sa riflettere** sul passato e immaginare il futuro.
Purtroppo, a volte **tendiamo rivangare** inutilmente il passato o ci preoccupiamo ossessivamente di ciò che **potrebbe accadere** in futuro.
Non è facile imparare non farci trascinare dai nostri pensieri negativi, per questo molti terapeuti **consigliano provare frequentare** un corso di mindfulness. Questa tecnica **insegna essere** più consapevoli dei propri sentimenti e **aiuta gestire** meglio le emozioni mediante la consapevolezza. Infatti, **sapere provare** delle emozioni, e ammettere che in alcuni casi queste **possono essere** negative, ci **permette accettarle** e capire che non **serve rimuginare** sul latte versato o su ciò che non **possiamo controllare**.
Ovviamente occorre tempo e disciplina per **iniziare vederne** i risultati, ma i benefici sulla serenità mentale sono indiscussi.

OGNI ELEMENTO CORRETTO = 1 PUNTO ___ / 16

3 *Correggi gli errori presenti nelle parti evidenziate di ogni frase. Se cancelli una parola, scrivi una X nello spazio vuoto.*

1. Quando **se gli** _____ è proposto di trasferirsi in un'altra città, ha accettato immediatamente.
2. Avevo l'impressione che di esercizi di mindfulness **si ne** _____ dovessero fare più di uno al giorno.
3. Malgrado si sentissero delle persone **a** _____ parlare, in un primo momento non ci si fece caso.
4. Ci si accorse subito che non sarebbe **riuscito mantenere** _____ la calma in quella situazione.
5. **Ve si** _____ era chiesto di vedere di essere puntuali almeno questa volta, ma vedo che è stato inutile raccomandarvelo!
6. Sebbene sia normale oggi **di** _____ rivolgersi a uno psicoterapeuta, alcuni sono ancora diffidenti.
7. Quando si è provato **di** _____ chiudere i manicomi non sempre lo si è fatto nel modo più corretto.
8. Molti disturbi mentali sono ancora un mistero, ma **se li** _____ studiano da anni e se ne cercano le cause.
9. Bisognerebbe decidere se si desidera **di** _____ candidarsi per ottenere quella borsa di studio perché la domanda o la si presenta adesso o non sarà più possibile.
10. Troppe volte si dà per scontata la felicità, ma non ci si rende conto che è impossibile **di** _____ essere sempre felici.
11. Insomma, tu credi che non **te si** _____ sia stata detta tutta la verità e che si voglia ingannarti.

OGNI ERRORE CORRETTO = 2 PUNTI ___ / 22

4 TEST

VOCABOLARIO

4 Completa le frasi con le parole mancanti.

1. Finalmente partiamo! Non sto più _____ _____! Questo viaggio in Australia è il sogno della mia vita. Quando i miei amici mi hanno confermato che sarebbero venuti con me ho fatto letteralmente _____ _____ di gioia!
2. Ragazzi, siamo a _____: ci hanno dato la sovvenzione per il nostro progetto. Me l'ha appena confermato Francesco, che _____ gioia da tutti _____ _____.
3. Mi _____ il cuore a vederti così: da un po' di giorni sembri un'anima _____ _____, ma che ti è successo?
4. In questo periodo ho _____ _____ a terra!

OGNI PAROLA CORRETTA = 1 PUNTO ___ / 13

5 Ricostruisci le parole **evidenziate** mettendo le lettere nel corretto ordine.

a. Dovremmo **mrteteci** _____ in **tates** _____ che solo se siamo grati per ciò che abbiamo, sia dal punto di vista materiale che relazionale, possiamo **raegigungre** _____ la vera felicità. Infatti numerosi studi **cotnodti** _____ negli ultimi anni hanno **apapruto** _____ che troppo spesso diamo per **scnatoto** _____ quello che già abbiamo, sprecando energie per rincorrere obiettivi che altri, non noi, ci prospettano come appetibili.

b. Nonostante sia un **onelpanrde** _____ e non guadagni nulla, ieri si è tolto lo **fisoiz** _____ di comprare una macchina nuova, come se i soldi gli piovessero dal **oclei** _____!

OGNI ELEMENTO CORRETTO = 2 PUNTI ___ / 18

6 Completa il cruciverba scrivendo il verbo parasintetico indicato dalla definizione. Attenzione: c'è un verbo riflessivo.

ORIZZONTALI →

3. spalmare di burro
4. togliere la sete
6. conquistare con il fascino
11. ridurre in briciole
13. diventare pallido
14. chiudere con i bottoni
15. dipingere di bianco

VERTICALI ↓

1. colpire con un coltello
2. mettere in carcere
5. prendere possesso di qualcosa
7. unire a coppie
8. mettere in trappola
9. rendere dolce
10. rendere duro
12. rendere curioso

OGNI ELEMENTO CORRETTO = 1 PUNTO ___ / 15

TOTALE ___ / 100

LEZIONE 5
CHE CASINO!

ATTENZIONE!
Alcune delle seguenti pagine contengono parole volgari. Se ne sconsiglia la lettura a un pubblico particolarmente sensibile.

Qui imparo a:
- *interpretare il significato di parole polisemiche e polisemantiche*
- *conoscere il linguaggio volgare e le sue implicazioni sociolinguistiche*
- *applicare il congiuntivo in tutte le sue funzioni*
- *utilizzare strategie linguistiche per evitare la volgarità*

Le attività contenenti le suddette parole saranno contrassegnate da questo simbolo:

COMINCIAMO

a In coppie. La parola "casino" ha molti significati. Scegliete quelli che secondo voi sono corretti. Poi confrontatevi con le altre persone.

- ☐ 1. casa di prostituzione
- ☐ 2. confusione
- ☐ 3. disordine
- ☐ 4. tristezza
- ☐ 5. situazione problematica
- ☐ 6. grande quantità
- ☐ 7. situazione spiacevole
- ☐ 8. casa di gioco
- ☐ 9. reazione esagerata
- ☐ 10. rifiuto

Attenzione: per il significato "casa di gioco" è raccomandabile usare la parola "casinò".

b In gruppi. Leggete l'avviso presente sull'immagine e discutete dei seguenti punti.

- In quali contesti avete sentito usare le parolacce in italiano? Quali sono state le vostre impressioni?
- Avete mai usato parolacce in italiano? Se sì, in quali situazioni e per quali motivi?
- Esistono delle parolacce "peggiori" di altre? Quali sono i criteri che le rendono tali?
- Come cambia l'uso delle parolacce in base all'età, al genere e alla classe sociale?
- Secondo voi è importante conoscere le parolacce italiane a questo livello? Perché?
- Vi interessa studiare le prossime pagine o preferireste non farlo?

5A Introduzione alla volgarità

G usi del congiuntivo (ripasso)
V turpiloquio, parolaccia, imprecazione, bestemmia

1 ASCOLTARE Insegnare la volgarità?

Ascolta l'intervento di un linguista a una conferenza sull'insegnamento della lingua italiana agli stranieri e completa la tabella con il maggior numero possibile di informazioni.

ARGOMENTO	INFORMAZIONI
etimologia e significato di "turpiloquio"	
sinonimi di "turpiloquio"	
tipi di turpiloquio	
definizione di "parolaccia"	
definizione di "imprecazione"	
definizione di "bestemmia"	
aspetti sociolinguistici del turpiloquio	
utilità del turpiloquio per gli studenti stranieri	
raccomandazioni per l'insegnamento del turpiloquio	

Ora confronta le informazioni che hai scritto nella tabella con quelle di un'altra persona e, se necessario, riascoltate nuovamente l'intervento per risolvere eventuali incongruenze.

2 PARLARE Pro e contro

2a In gruppi di 4 (o altro numero pari). Discutete dei seguenti punti.

- È giusto o sbagliato insegnare le parolacce a chi studia una lingua straniera? Perché?
- Se foste voi gli insegnanti, avreste difficoltà a fare una lezione del genere? E come risolvereste il problema?
- Secondo voi, il vostro / la vostra insegnante si sente in imbarazzo nel fare questa lezione? Se sì, cosa potete fare per aiutarlo/la?
- Secondo voi, l'atteggiamento nei confronti delle parolacce cambia a seconda della cultura di provenienza? In che modo?

2b Ora l'insegnante dividerà ogni gruppo a metà (persone A e persone B). Farete un dibattito di 10 minuti in cui le persone A sono favorevoli all'insegnamento delle parolacce nella classe di italiano, mentre le persone B sono contrarie. Leggete le seguenti motivazioni in alto a destra per avere uno spunto, pensatene altre e poi improvvisate il dibattito.

A (PRO)	B (CONTRO)
migliore comprensione della lingua e della cultura italiana	offesa e fraintendimenti
ampliamento del vocabolario e delle competenze linguistiche	percezione negativa
maggiore autenticità nella comunicazione	potenziale uso improprio

3 VOCABOLARIO Sinonimi e contrari

In coppie. Andate in ▶ COMUNICAZIONE a pagina 214 e leggete il testo del discorso pronunciato dal linguista al punto **1**. Concentratevi sulle parole **evidenziate** per comprenderne il significato grazie al contesto e per ognuna di esse trovate nella lista 2 sinonimi e 2 contrari, come nell'esempio.

deciso, risoluto | insistere, approfondire
partecipare, aderire | criterio, saggezza
dubitare, non essere certi | esimersi, sottrarsi
distinguersi, differenziarsi | composto, multiforme
perdersi d'animo, scoraggiarsi | credere, ritenere
✓ dettaglio, particolarità | incerto, tentennante
semplice, univoco | farsi forza, farsi animo
tratto marcato, caratteristica molto evidente
tralasciare, sorvolare | divertimento, allegria
superficialità, leggerezza | tristezza, afflizione
assomigliare, essere uguale

	SINONIMI	CONTRARI
1. titubante		
2. tirarsi indietro		
3. farsi coraggio		
4. sfumatura	*dettaglio, particolarità*	
5. differire		
6. soffermarsi		
7. reputare		
8. ilarità		
9. discernimento		
10. sfaccettato		

Ora scrivete una frase con ogni parola da 1 a 10.

Introduzione alla volgarità 5A

4 GRAMMATICA — Usi del congiuntivo (ripasso)

4a In coppie. Ritornate alla trascrizione a pagina 214 e completate la tabella con le frasi <u>sottolineate</u>, come negli esempi.

USI DEL CONGIUNTIVO NELLE FRASI SUBORDINATE	
FUNZIONE	ESEMPIO
SENTIMENTO temere, piacere, dispiacere, avere paura, ecc.	1. Ho paura che mio figlio impari troppe parolacce stando con te.
OPINIONE credere, pensare, ritenere, supporre, avere l'impressione, ecc.	1. *... reputo davvero importante che facciate capire...* 2. _____ 3. _____
VOLONTÀ volere, preferire, pretendere, ordinare, vietare, ecc.	1. Pretendo che gli studenti non usino espressioni scurrili in classe.
DUBBIO dubitare, non essere sicuro / certo, ecc.	1. _____
CONCESSIONE nonostante, malgrado, benché, sebbene, ecc.	1. *...benché in alcune regioni italiane (...) sia più usata...* 2. _____
LIMITAZIONE cerco / preferisco / voglio + nome + limitazione, per quanto, ecc.	1. Cerco un insegnante che mi spieghi il significato di tutte le parolacce italiane.
FINALITÀ affinché, perché, in modo che, ecc.	1. _____ 2. *... affinché gli studenti comprendano non solo...*
CONDIZIONE, RESTRIZIONE, ECCEZIONE, ESCLUSIONE a condizione / patto che, nel caso / a meno / salvo che, senza che, ecc.	1. _____
TEMPORALE prima che	1. _____
ESPRESSIONI IMPERSONALI basta, conviene, bisogna, occorre, pare, può darsi, sembra, si dice, è meglio / importante, ecc.	1. *... è fondamentale che comprendiate...* 2. *... sia importante che consideriate...* 3. *... a me sembra essenziale che affrontiate l'argomento...* 4. _____
SUPERLATIVO RELATIVO e COMPARAZIONE articolo + più / meno + che, più / meno... di quanto	1. _____
AGGETTIVI E PRONOMI INDEFINITI qualsiasi, qualunque, dovunque, chiunque, comunque, ecc.	1. _____
PRONOME RELATIVO NEGATIVO niente, nessuno, ecc. + che	1. Non c'è niente che tu possa fare per convincermi che il turpiloquio è positivo in qualche modo.
DOMANDA INDIRETTA mi chiedo / domando che cosa / se / come, ecc.	1. *Sarei un'ipocrita se mi tirassi indietro...*
PERIODO IPOTETICO DI II e III TIPO se, qualora, laddove, ecc.	1. _____
FRASE INCIDENTALE sia vero o no, abbia ragione o meno, ecc.	1. _____
FRASE NEGATIVA non è, non dico + che, ecc.	1. Non dico che sia facile, ma è meglio non essere volgari!

5A Introduzione alla volgarità

v volgarità

4b In coppie. Osservate la frase tratta dal discorso al punto 1 e rispondete alla domanda scegliendo l'opzione corretta.

> ... a volte gli studenti (...) magari **credono di poter** essere simpatici usandola anche loro...

Perché il verbo "credono" (che esprime un'opinione) non è seguito dal congiuntivo?

○ a. Perché ne sono convinti.
○ b. Perché i due verbi hanno lo stesso soggetto.
○ c. Perché ci sono 2 infiniti dopo.

5 LEGGERE Le più amate dagli italiani

In coppie. Leggete il testo del blog "Il potere delle parole" e completatelo con il congiuntivo, l'indicativo o l'infinito dei verbi dati. Poi indicate se le affermazioni che seguono sono vere (V), false (F) o non presenti (X) e confrontate le vostre risposte con le altre coppie.

pronunciare | diventare | farla | dovere | leggere | esserci (x 2) | avere
potere | trattarsi | sparare | venire | stare (x 2) | essere (x 3) | sapere

IL POTERE DELLE PAROLE

L'altra sera nonna Gina mi fa: "Da quando _____ così sboccata?".
L'osservazione mi sorprende perché in realtà quando _____ lei mi trattengo rispetto al solito 🙂, ma allo stesso tempo mi viene lo scrupolo: "Sarà che dico troppe parolacce? 😳". E allora, per sciogliere il dubbio, ho fatto un tuffo tra articoli di giornale e ricerche linguistiche recenti, e quello che ho trovato _____ un quadro decisamente... colorito!
Eh già, perché pare che gli italiani _____ in media 2 parolacce all'ora o giù di lì, quindi a conti fatti sarebbero all'incirca 32 al giorno, uno dei tassi più alti d'Europa e in forte aumento rispetto a 27 anni fa (data dell'ultimo studio sul tema) quando se ne _____ solo 12 / 13 al giorno. E per fortuna che gli italiani dormono in media 8 ore! Immagino che _____ già pensando che _____ di una delle solite stronz... ohps, bufale che si _____ sui giornali, ma in realtà i dati sono stati estrapolati dallo studio di emeriti linguisti dell'Università di Bologna e di Torino, quindi, cari miei, _____ poco da dubitare! Ma chi le dice tutte queste sconcezze? Beh, visto che lo studio è stato condotto su una popolazione con alto livello di istruzione e di reddito, non si _____ certo dire che la scurrilità _____ appannaggio degli ignoranti e dei poveracci (devo dirlo a nonna Gina, ne sarà confortata! 😜). Arrivata a questo punto della mia ricerca potevo forse esimermi da un approfondimento sulla tipologia di parolacce più in voga? Ma certo che no! E dunque, signori e signore, ecco a voi i risultati! Non ci sorprende affatto che sul podio della scurrilità _____ da padrone il classico e intramontabile "cazzo" (mi rifiuto di scriverlo "ca**o" o "c.zzo" come fanno in molti! Bisogna _____ il coraggio delle proprie azioni, per la miseria!), con tutti i suoi derivati, che resiste al tempo e alle mode, nonostante _____ sempre più minacciato dal suo sinonimo siciliano "minchia" che è dilagato ormai in tutta la penisola. Vanno alla grande anche "merda", "stronzo", "vaffanculo / fanculo", "coglione", "palle", "porca troia", "porca puttana" e via dicendo, ma lo _____ già visto che ormai sono sempre più presenti anche in tv, al cinema e soprattutto nei social! Con mia grande gioia _____ invece scemando rapidamente gli insulti omofobi (questi sì che mi rifiuto di scriverli! 😡), ma devo ammettere che a seccarmi parecchio è che a condividere il podio con l'organo sessuale maschile _____ proprio "Dio" e "Madonna", a dimostrazione del fatto che la blasfemia _____ sulla bocca di molti! Ma perché??? Perché??? Cioè, se ci credi sai che non _____ "nominare il nome di Dio invano" e se non ci credi... che senso ha bestemmiare!? 😬

Introduzione alla volgarità — 5A

	V	F	X
1. L'autrice cerca di dire meno parolacce in presenza della nonna.	○	○	○
2. L'autrice fa la ricerca sulle parolacce per dimostrare alla nonna che non ne dice troppe.	○	○	○
3. Gli italiani dicono poche parolacce perché dormono 8 ore.	○	○	○
4. Le parolacce vengono dette in ugual misura dalle persone di ceto alto e di ceto basso.	○	○	○
5. Lo studio dimostra che i giovani dicono più parolacce degli anziani.	○	○	○
6. L'autrice si rifiuta di scrivere gli insulti omofobi perché ora non sono più tanto usati.	○	○	○
7. L'autrice è infastidita dalla quantità di bestemmie che gli italiani pronunciano.	○	○	○
8. L'autrice è di religione cattolica.	○	○	○

6 PARLARE Quanto è troppo?

In gruppi. In riferimento al testo del blog del punto 5, discutete dei seguenti punti.

- Quali sono le informazioni che conoscevate già e quelle invece nuove per voi?
- C'è qualche informazione che vi ha sorpreso? Quale?
- Secondo voi, 32 parolacce al giorno sono davvero molte?
  Voi quante pensate di dirne ogni giorno?
  E nel vostro Paese se ne dicono di più o di meno?
- Conoscete qualcuno che, a vostro avviso, dice proprio troppe parolacce?
  Se ne rende conto?
  Glielo avete mai detto?
- Quali possono essere le cause del forte aumento dell'uso delle parolacce negli ultimi decenni?
- Per voi il turpiloquio può avere anche degli effetti benefici? Se sì, quali?

7 VOCABOLARIO Ma che significa?

In coppie. Completate il significato di ogni parolaccia presente nel testo del punto 5 con le parole date.

sinonimo | senza | fastidio
significato | brutta | malvagia

cazzo	letteralmente *organo sessuale maschile*. Usato per esprimere rabbia o una sorpresa sia bella che _____.
merda	letteralmente *escremento*. Esclamazione di rabbia, ma anche cosa o persona spregevole o _____ valore, situazione critica o problematica.
stronzo	letteralmente *escremento*. Persona _____ o stupida.
vaffanculo / fanculo	insulto rivolto a qualcuno o qualcosa che dà _____ affinché smetta o se ne vada.
coglione	letteralmente *parte dell'organo sessuale maschile*. Stupido. Al plurale esprime noia, fastidio.
palle	_____ di *coglioni*. È usato al plurale per esprimere noia, fastidio.
porca troia / puttana	i due termini *troia* e *puttana* hanno il _____ di *prostituta*. Preceduti da *porca*, si usano per esprimere rabbia o sorpresa.

Tra queste parolacce ce n'è qualcuna che vi dà più fastidio delle altre? Se sì, Perché?

5B Meglio dirle o no?

v *spigliato* • *ingessato* • *sboccato*

1 PARLARE Il mio italiano

In gruppi. Parlate rispondendo alle seguenti domande.

- Qual è stata la tua prima esperienza nel parlare italiano in una situazione reale fuori dalla classe? Come ti sentivi in quel momento?
- Ti è mai capitato di aver usato delle parole o espressioni italiane in un contesto sbagliato? Cosa è successo?
- Quali parole o espressioni idiomatiche sono il tuo asso nella manica quando vuoi fare una bella figura parlando italiano?

2 LEGGERE Il dilemma delle parolacce

2a *In coppie. Leggete il titolo del testo e formulate ipotesi sul suo contenuto. Poi confrontatevi con le altre coppie.*

TRASGRESSIONE O INTEGRAZIONE?
Il dilemma delle parolacce per chi studia una lingua straniera

2b *In coppie. Leggete il testo per verificare le vostre ipotesi e riordinate le parole per formare le frasi mancanti. Per il momento non considerate il fatto che alcune parole sono <u>sottolineate</u>.*

testo parlante 36

Ebbene sì, arriva il momento in cui, raggiunto un livello di padronanza della lingua che ci permette di cavarcela <u>egregiamente</u> nelle più svariate situazioni, ci può sembrare che il nostro modo di comunicare sia ancora un po' troppo <u>ingessato</u> rispetto a quello dei nostri amici italiani.
È a questo livello, quindi, _____ orecchiata qua e là diventa più forte. E allora ci lanciamo a inserire qualche parolaccia nei nostri discorsi, ma può capitare che qualcuno ci guardi come se avessimo commesso un reato!
Eh sì, perché il turpiloquio è un'arte, e malgrado a prima vista paia un modo per sembrare più <u>spigliati</u> e disinvolti, _____.
Pare infatti che la percezione emotiva di alcune espressioni non sia la stessa nella lingua materna che in una lingua straniera.
È quanto risulta da recenti studi che hanno preso in esame l'uso delle parolacce tra parlanti <u>pressoché</u> bilingui e hanno rilevato come questi ultimi ritenevano che parole relativamente benigne come "cretino" fossero più offensive di altre che vengono invece percepite dai madrelingua come un'imperdonabile caduta di stile o persino un insulto.
Inoltre, _____ contenenti parolacce, si è visto che gli studenti tendevano a usare espressioni molto più <u>sboccate</u> quando traducevano nella lingua straniera rispetto a quando lo facevano nella propria.
E allora che fare? Ecco alcuni consigli che possono aiutarti nel caso tu abbia già deciso di voler usare qualche parolaccia in italiano:
- ascolta e impara dai madrelingua: presta attenzione a come i parlanti nativi usano le parolacce e _____
- inizia con le parolacce più usate dagli italiani, ma non troppo volgari
- usa le parolacce solo in contesti informali e con persone che conosci bene e che apprezzano il tuo senso dell'umorismo
- non esagerare! Un uso eccessivo di parolacce può risultare fastidioso e anche poco efficace!
- se commetti un errore o usi una parolaccia in modo inappropriato, sii pronto a scusarti e _____ (oppure dai la colpa al tuo / alla tua insegnante! 😝).

| di – espressione – che – tentazione – colorita – usare – qualche – la |
| volte – a – figuracce – succede – imbarazzanti – che – facciamo |
| di – gli – frasi – si – chiesto – quando – tradurre – è |
| il – imitarne – linguistico – cerca – tono – e – registro – il – di |
| la – imparando – a – ancora – spiegare – stai – lingua – che |

Meglio dirle o no? 5B

2c Leggi ancora il testo del punto **2b** e scegli l'opzione corretta.

1. **In quale tra le seguenti situazioni uno studente di lingua straniera potrebbe sentirsi indotto all'utilizzo di parolacce?**
   - a. Quando raggiunge un livello di padronanza linguistica che gli permette di comunicare con disinvoltura.
   - b. Quando si sente sicuro della propria conoscenza grammaticale e sintattica e desidera dimostrare la propria padronanza della lingua.
   - c. Quando teme di commettere errori grammaticali e cerca di compensare usando un linguaggio più colloquiale.

2. **Qual è la differenza nella percezione emotiva delle parolacce tra lingua madre e lingua straniera?**
   - a. I parlanti bilingui tendono a percepire le parolacce in una lingua straniera come meno offensive rispetto alla loro lingua madre.
   - b. Non ci sono differenze sostanziali nella percezione emotiva, ma ci sono nella frequenza di uso.
   - c. I parlanti bilingui tendono a percepire le parolacce in una lingua straniera come più offensive rispetto alla loro lingua madre.

3. **Cosa hanno scoperto gli studi sulla traduzione delle parolacce da parte dei parlanti bilingui?**
   - a. I parlanti bilingui tendono a tradurre le parolacce in modo più volgare nella loro lingua madre.
   - b. I parlanti perfettamente bilingui tendono ad usare lo stesso livello di volgarità nelle traduzioni.
   - c. I parlanti bilingui tendono a esagerare la volgarità nella traduzione dalla lingua madre alla lingua seconda.

4. **Quale consiglio viene dato agli studenti che vogliono usare le parolacce in italiano?**
   - a. Usare le parolacce dello stesso grado di volgarità rispetto a quelle che usano i madrelingua perché in questo modo possono integrarsi meglio.
   - b. Usare le parolacce con moderazione e solo in contesti informali con persone che si conoscono bene, per un uso appropriato del linguaggio colloquiale.
   - c. Usare le parolacce solo con persone che hanno senso dell'umorismo perché le altre potrebbero prendersela a male.

3 PARLARE La percezione emotiva della lingua

*In gruppi. Il testo del punto **2b** dice "Pare infatti che la percezione emotiva di alcune espressioni non sia la stessa nella lingua materna che in una lingua straniera". Pensando alla vostra esperienza con la lingua italiana, siete d'accordo o no? Potete fare qualche esempio? Discutetene e poi condividete le vostre opinioni con tutta la classe.*

4 VOCABOLARIO Qualche parola interessante

4a Scegli il significato corretto di ogni espressione presente nel testo del punto **2b**.

1. egregiamente	○ a. elegantemente ○ b. benissimo ○ c. gentilmente
2. ingessato	○ a. affrettato, veloce ○ b. poco corretto ○ c. poco naturale, rigido
3. orecchiata	○ a. ascoltata per caso ○ b. non ben assimilata ○ c. fastidiosa da ascoltare
4. spigliati	○ a. colti e loquaci ○ b. sicuri di sé e disinvolti ○ c. vestiti in modo volgare
5. pressoché	○ a. perfettamente ○ b. quasi ○ c. precocemente
6. sboccate	○ a. disinvolte ○ b. corrette ○ c. scurrili, volgari

4b Completa le frasi con le parole date facendo i necessari cambiamenti.

spigliato | egregiamente | ingessato
pressoché | orecchiare | sboccato

1. É un ambiente di lavoro _____ che soffoca la creatività.
2. Ornella _____ sempre i discorsi dei colleghi quando facevano pettegolezzi.
3. La presentazione _____ dell'oratore ha rapito il pubblico, rendendo il tema facile da capire.
4. Il suo spettacolo fu criticato per essere troppo _____ e offensivo nei confronti di alcune categorie di persone.
5. Era _____ impossibile stabilire la responsabilità dell'incidente.
6. Marco se l'è cavata _____ al colloquio.

5B Meglio dirle o no?

G concordanza del congiuntivo

5 GRAMMATICA Concordanza del congiuntivo

*In coppie. Osservate le frasi estratte dal testo del punto **2b** e inseritele negli schemi al posto giusto, come nell'esempio. Attenzione: per alcune situazioni ci sono più frasi nel testo e per altre non ce n'è nessuna!*

✓ 1. ... ci può sembrare che il nostro modo di comunicare sia ancora un po' troppo ingessato...
2. ... ma può capitare che qualcuno ci guardi come se avessimo commesso un reato!
3. Pare, infatti, che la percezione emotiva di alcune espressioni non sia la stessa nella lingua materna...
4. ... questi ultimi ritenevano che parole relativamente benigne come "cretino" fossero più offensive...
5. Ecco alcuni consigli che possono aiutarti nel caso tu abbia già deciso di voler usare qualche parolaccia in italiano...

FRASE PRINCIPALE	FRASE SUBORDINATA	FRASE NUMERO
PRESENTE INDICATIVO Penso che...	**AZIONE POSTERIORE** → CONGIUNTIVO PRESENTE / INDICATIVO FUTURO ... Filippa dica / dirà molte parolacce nel suo discorso domani.	___
	AZIONE CONTEMPORANEA → CONGIUNTIVO PRESENTE ... Filippa dica sempre molte parolacce / stia dicendo molte parolacce ora.	1 ___
	AZIONE ANTERIORE CONCLUSA → CONGIUNTIVO PASSATO ... Filippa abbia detto molte parolacce ieri.	___
	AZIONE ANTERIORE IN SVOLGIMENTO → CONGIUNTIVO IMPERFETTO ... Filippa dicesse molte parolacce da bambina.	___
	AZIONE ANTERIORE PRIMA DI UN'ALTRA → CONGIUNTIVO TRAPASSATO ... Filippa avesse detto molte parolacce e per questo è stata sgridata.	___
PASSATO INDICATIVO Pensavo che...	**AZIONE POSTERIORE** → CONGIUNTIVO IMPERFETTO / CONDIZIONALE COMPOSTO ... Filippa dicesse / avrebbe detto più parolacce nel suo discorso.	___
	AZIONE CONTEMPORANEA → CONGIUNTIVO IMPERFETTO ... Filippa dicesse sempre molte parolacce. / stesse dicendo molte parolacce in quel momento.	___
	AZIONE ANTERIORE → CONGIUNTIVO TRAPASSATO / CONGIUNTIVO IMPERFETTO ... Filippa avesse detto molte parolacce il giorno prima. / dicesse molte parolacce da bambina.	___
CONDIZIONALE PRESENTE O PASSATO Vorrei che... Avrei voluto che...	**AZIONE POSTERIORE** → CONGIUNTIVO IMPERFETTO ... Filippa non dicesse parolacce domani / il giorno dopo.	___
	AZIONE CONTEMPORANEA → CONGIUNTIVO IMPERFETTO ... Filippa non dicesse sempre molte parolacce.	___
	AZIONE ANTERIORE → CONGIUNTIVO TRAPASSATO ... Filippa non avesse detto molte parolacce ieri.	___

Meglio dirle o no? 5B

Ora inserite nello schema anche le seguenti frasi.

6. Mi piacerebbe molto che l'insegnante ci facesse conoscere delle parole per sostituire le parolacce.
7. Ho avuto il dubbio che il mio amico italiano avesse usato una parola scurrile quando aveva parlato con sua madre.
8. Temo che dopo questa lezione i miei compagni di classe usino molte parolacce in classe.
9. Quando ho visto l'indice del libro, pensavo che la nostra insegnante avrebbe saltato questa lezione.
10. Sarebbe stato meglio che non avessimo studiato le parolacce italiane.
11. Mi sembra che gli italiani usassero meno parole scurrili alcuni anni fa.
12. Sarebbe utile che l'insegnante ci aiutasse a fare questo esercizio!

6 PROGETTO Podcast di classe 5

In gruppi. In questo podcast dovrete raccontare una storia divertente. Guardate le 4 immagini e decidete quale vi ispira di più, poi alla fine dovrete far ascoltare il vostro podcast alla classe. Prima di iniziare leggete le regole e i consigli.

REGOLE
1. La storia deve contenere in qualche modo l'argomento "turpiloquio".
2. Dovete usare il più possibile espressioni che richiedono l'uso del congiuntivo (*Non immaginava che...*, *Era strano che...*, *Gli / Le sembrava che*, ecc.).
3. La storia non deve essere scritta e letta, ma raccontata oralmente da tutti i componenti del gruppo (potete scrivere uno schema).

CONSIGLI
- Fate un brainstorming iniziale per trovare una trama interessante.
- Decidete quanti, chi e come sono i personaggi.
- Scegliete un'ambientazione per la storia.
- Create lo schema della trama suddividendola in:
  – introduzione – presentazione di un problema
  – azione crescente – colpo di scena – conclusione
- Decidete il punto di vista del narratore (prima o terza persona singolare).

5C Moderiamo i termini!

v termini sostitutivi delle parolacce

1 SCRIVERE Diplomatici e rispettosi

In coppie. Leggete le frasi e trasformatele in modo che risultino più gentili e / o diplomatiche, come nell'esempio. Poi confrontatevi con altre due coppie.

ESEMPIO Sei in ritardo! ➡ *Ti aspettavamo da un po'!*

1. Ti sbagli! ➡ _____
2. Non fare questo! ➡ _____
3. È una pessima idea! ➡ _____
4. Non capisco cosa stai dicendo! ➡ _____
5. Non hai capito! ➡ _____
6. Ho ragione io! ➡ _____

2 ASCOLTARE Il podcast "A dirla tutta!" 5

In coppie. Leggete i compiti 2a, 2b, 2c e 2d, poi ascoltate il podcast tutte le volte necessarie per eseguirli. A ogni ascolto potete svolgere un unico compito o alcune parti dei diversi compiti e confrontarvi.

2a Rispondete alle domande.

1. Perché Rosella ha scelto di intervistare Marco per il suo podcast?
   _____
   _____

2. Come reagisce Marco quando Rosella gli chiede di parlare di parolacce senza nominarle, e cosa ci suggerisce questa reazione riguardo al suo carattere?
   _____
   _____

3. Qual è la strategia di Marco per rispondere alla domanda su quale parolaccia usa più spesso senza nominarla?
   _____
   _____

4. Perché, secondo Marco, è difficile evitare di usare la parolaccia "beep"?
   _____
   _____

5. Secondo voi quale gesto ha fatto Marco quando ha spiegato l'uso di "beep" nelle domande?
   _____
   _____

6. Perché Marco ritiene importante che gli studenti conoscano tutti i significati di "beep"?
   _____
   _____

2b Completate la tabella con gli esempi fatti da Marco per ogni significato di "beep" e viceversa. Seguite il modello.

SIGNIFICATO	ESEMPIO
sì	▶ _____ ● _____
no	▶ Puliamo il bagno? ● Col beep!
_____	Quando Rosella spiega le cose non capisco un beep!
cosa / faccenda / affare	_____
problema	Se Rosella si arrabbia, sono beep miei. _____
brutto / cattivo	una domanda del beep
_____	un libro scritto a beep
è ovvio / banale	_____
_____	testa di beep
disturbare / dare fastidio	_____
intensità / rabbia nelle domande	_____ _____

2c Cosa significano questi verbi?

1. inbeepparsi: _____
2. beeppeggiare: _____
   _____

Moderiamo i termini! 5c

2d Che espressioni usa Rosella per... *(Attenzione: le espressioni sono in ordine.)*

1. chiedere a Marco se è d'accordo, se vuole partecipare: _____
2. dire che Marco ha preso la sua intelligenza da lei: _____
3. esprimere sorpresa: _____
4. chiedere a Marco di darci tutte le informazioni: _____
5. dire "è giusto così, non posso dire niente": _____
6. dire che Marco si è salvato all'ultimo momento: _____
7. dire "informazioni utili e importanti": _____

3 VOCABOLARIO Per non essere volgari!

In coppie. Come in tutte le lingue, anche in italiano esistono parole "forti" che possiamo usare al posto di quelle volgari. Abbinate ogni cerchio alla sua funzione. Se volete, potete completare i cerchi con le corrispondenti espressioni volgari, presenti nel testo del punto 5 della sezione A a pagina 94.

1. **noia / fastidio**
   Questa lezione non finisce mai, ...!

2. **rabbia / sorpresa**
   Mi sono perso le chiavi, ...!

3. **persona cattiva, stupida**
   Damiano non mi ha invitata alla festa! Che .... !

4. **invitare qualcuno ad andarsene o a smetterla**
   Non ti sopporto più! .... !

A.
accidenti!
accipicchia!
caspita!
caspiterina!
perdinci!
perdindirindina!
porca paletta!
porca miseria!
cappero/i
cavolo!
cacchio!
_____

B.
vai a farti un giro!
vai a quel paese!
vai al diavolo!
_____

C.
che noia!
che barba!
che pizza!
_____

D.
infame!
carogna!
schifoso!
_____

DIECI termini sostitutivi delle parolacce

1. Accidenti!
2. Accipicchia!
3. Caspita!
4. Cavolo!
5. Capperi!
6. Porca miseria!
7. Che pizza!
8. Che barba!
9. Vai a quel paese!
10. Vai al diavolo!

5 PER FARE ANCORA MEGLIO
G verbi polisemantici all'indicativo e al congiuntivo

1 GRAMMATICA Verbi polisemantici all'indicativo o al congiuntivo

1a *In coppie. Leggete il seguente dialogo e decidete se ci sono errori nell'uso di indicativo o congiuntivo.*

- ■ Hai saputo di Mattia?
- ● No, che gli è successo?
- ■ È stato denunciato. Pare che abbia rubato un profumo al centro commerciale.
- ● Ma che cavolo dici?? Non ci credo!
- ■ Eh già, è in galera adesso.
- ● Cacchio! Ma scusa, ammettiamo che l'abbia fatto veramente, come mai è in galera? Non dovrebbe essere solo agli arresti domiciliari?
- ■ Guarda, prima di tutto ha ammesso che il profumo non era stato pagato, e poi penso che abbia commesso altri reati prima, altrimenti non lo avrebbero arrestato!
- ● Che storia! Mi dispiace un casino! Comunque, la mia opinione su di lui non cambia, penso che è una brava persona, mi ha aiutato così tante volte!

Ora, per verificare, osservate le seguenti frasi e rispondete alle domande scegliendo l'opzione corretta.

INDICATIVO	CONGIUNTIVO
... <u>ha ammesso</u> che il profumo non **era stato pagato**...	... <u>ammettiamo</u> che l'**abbia fatto veramente**...

1. Perché nella prima frase il verbo *ammettere* è seguito dall'indicativo e nella seconda dal congiuntivo?
   - ○ a. Perché nella prima fase significa *riconoscere* e nella seconda *supporre*.
   - ○ b. Perché nella prima frase il verbo è al passato e nella seconda è al presente.

INDICATIVO	CONGIUNTIVO
... <u>penso</u> che è una brava persona...	... <u>penso</u> che **abbia commesso altri reati**...

2. Perché nella prima frase il verbo *pensare* è seguito dall'indicativo e nella seconda dal congiuntivo?
   - ○ a. Perché nella prima frase il secondo verbo è al presente e nella seconda frase il secondo verbo è al passato.
   - ○ b. Perché nella prima frase significa *essere convinti* e nella seconda *supporre*.

1b *Leggi le seguenti frasi e seleziona il significato corretto dei verbi evidenziati.*

1. Il mio capo non vuole proprio **capire** che io sono una collaboratrice esterna e non una dipendente!
   - ○ a. rendersi conto ○ b. trovare naturale
2. **Capisco** benissimo che il suo insulto ti abbia offeso!
   - ○ a. rendersi conto ○ b. trovare naturale
3. Quando ha comprato la Ferrari non **ha considerato** che consuma tanta benzina.
   - ○ a. supporre ○ b. tener conto
4. Sono arrivata a **considerare** che possa avermi mentito.
   - ○ a. supporre ○ b. tener conto
5. **Credo** che la cosa migliore sia lasciar perdere tutto!
   - ○ a. essere convinti ○ b. supporre
6. So che sei triste ora, ma io **credo** che hai la forza per superare tutto!
   - ○ a. essere convinti ○ b. supporre
7. Cerco di non **badare** al fatto che mio figlio dice un botto di parolacce.
   - ○ a. notare ○ b. avere cura
8. **Bada** che tua figlia non cada dall'altalena!
   - ○ a. notare ○ b. avere cura

2 GRAMMATICA Il congiuntivo e l'indicativo: semantica e registro

In coppie. Per concludere questo discorso sull'uso del congiuntivo e dell'indicativo, leggete la seguente riflessione e completatela <u>sottolineando</u> le opzioni corrette.

> La scelta tra indicativo e congiuntivo non è solo una questione di grammatica, ma anche di:
>
> ● **SIGNIFICATO**
> Se vogliamo affermare qualcosa diciamo
> ➡ *Dico che è / sia colpa tua.*
>
> Se vogliamo dare la nostra opinione diciamo
> ➡ *Ritengo che è / sia colpa tua.*
>
> ● **REGISTRO**
> Nello scritto e nelle situazioni formali diciamo
> ➡ *Penso che è / sia colpa di Ada.*
>
> Nelle situazioni informali diciamo
> ➡ *Penso che è / sia colpa di Ada.*

SPUTA IL ROSPO 5

1 SCRIVERE La tua opinione conta!

In gruppi. Ricordate il post del blog "Il potere delle parole" al punto 5 della sezione A? L'autrice vi ha invitato a scrivere un breve articolo perché le sembra interessante che i lettori possano conoscere il punto di vista degli stranieri sulla questione "turpiloquio" in Italia. Vuole anche sapere qual è la vostra percezione emotiva delle parolacce in italiano e se avete l'obiettivo di utilizzarle o di sostituirle con espressioni non volgari. Potete inserire anche qualsiasi altra vostra opinione o idea sul tema. Leggete i vari passi da seguire e scrivete il testo facendo attenzione al congiuntivo!

SCRIVERE UN BLOG

1. Fatevi un'idea di ciò che andrete a scrivere tenendo presente che il contenuto dovrà essere interessante per i lettori.
2. Scegliete un titolo che catturi l'attenzione! I titoli dei post dovrebbero:
   - accendere la curiosità
   - essere diretti
   - rispondere alla domanda principale
   - rispecchiare i contenuti.
3. Schematizzate il post per avere chiari in mente tutti i passaggi principali nell'ordine in cui verranno affrontati.
4. Suddividete il testo in:
   - introduzione (accattivante!)
   - corpo principale (dettagliato, ma ordinato!)
   - conclusione (breve, ma che colleghi tutti i punti e finisca con una nota positiva!).
5. Dividete il contenuto in brevi sezioni per facilitarne la comprensione e utilizzate sottotitoli descrittivi per ogni sezione.

IL POTERE DELLE PAROLE

2 RIFLETTERE Come scrivo?

2a *In gruppi (gli stessi del punto 1). Rispondete alle seguenti domande, poi modificate il testo del punto 1 in base alle vostre risposte.*

CONTENUTO
Le informazioni sono presentate in modo chiaro e organizzato? Il testo è completo e fornisce tutti i dettagli necessari?

STRUTTURA
Il testo è suddiviso in paragrafi ben definiti? C'è una logica chiara nella progressione delle idee? Le frasi sono ben collegate tra loro?

STILE
Il registro linguistico è appropriato al contesto e al destinatario? La scelta del vocabolario è accurata e varia?

CORRETTEZZA
La grammatica e la sintassi sono corrette?
La punteggiatura è utilizzata correttamente? Ci sono errori di ortografia o battitura?

2b *Individualmente. Pensa alla tua abilità di scrittura in lingua italiana, rispondi alle domande e poi confrontati con un'altra persona.*

- In una lista da 1 a 10, che voto ti dai?
- Qual è la cosa più difficile quando scrivi in italiano?
- Quali strategie di scrittura utilizzi quando scrivi un testo? (ad esempio, brainstorming, creazione di mappe mentali, stesura di bozze, revisione, ecc.)
- Osserva lo schema sotto: quando scrivi segui questo ragionamento?

ARGOMENTO
Di cosa scrivo?

PUBBLICO
Per chi scrivo?

OBIETTIVO
Perché scrivo?

ESEMPI
Esistono esempi da seguire?

5 GRAMMATICA

USI DEL CONGIUNTIVO (RIPASSO)

Il modo congiuntivo si usa per esprimere:
SENTIMENTO: *Non mi piace che* tu *dica* tante parolacce!
OPINIONE: *Ho l'impressione che* la nostra insegnante *sia* un po' scandalizzata dal nostro linguaggio.
VOLONTÀ: *Pretendo che* mi *parlino* in modo più gentile.
DUBBIO: *Non sono certo che* tu *abbia* capito tutto.
CONCESSIONE: *Mi piace nonostante sia* un po' volgare.
LIMITAZIONE: *Cerco* un dizionario *che contenga* tutte le parolacce.
FINALITÀ: *Lo rispiegherò perché capiate* bene.
CONDIZIONE, RESTRIZIONE, ECCEZIONE, ESCLUSIONE: *Te lo dico a patto che* tu *mantenga* il segreto.
DOMANDA INDIRETTA: *Mi chiedo* chi lo *abbia detto*.
IPOTESI: *Laddove ci fosse* un problema, mi aiuterebbe.
FRASE INCIDENTALE: Comunque, *sia vero o meno*, non capisco perché lo abbia detto.
NEGAZIONE INIZIALE: *Non è che voglia* insistere, ma sei sicuro di quello che hai detto?
COMPARAZIONE: Sono *più* maturo *di quanto* i miei genitori *pensino*.

Il modo congiuntivo si usa anche con:
PRIMA CHE: *Raccogliamo il bucato prima che piova!*
ESPRESSIONI IMPERSONALI: *È essenziale che ti prepari* bene per l'esame.
SUPERLATIVO RELATIVO: *La bestemmia è la cosa più volgare che* tu *possa* dire.
AGGETTIVI E PRONOMI INDEFINITI: *Ovunque vada*, mi manca sempre la mia casa.
PRONOMI RELATIVI NEGATIVI: *Non esiste nessuno che non si senta* offeso da un insulto.

Quando nella prima e nella seconda parte della frase relativa c'è lo stesso soggetto, il congiuntivo è sostituito da **di** + **infinito**.
~~Mi sembra che io sia abbastanza simpatico.~~
➡ *Mi sembra di essere* abbastanza simpatico.

La scelta tra indicativo e congiuntivo dipende anche dal:
SIGNIFICATO: se vogliamo affermare qualcosa diciamo:
Dico che è colpa tua.
Se vogliamo dare la nostra opinione diciamo:
Ritengo che sia colpa tua.
REGISTRO: nella lingua scritta e nelle situazioni formali diciamo:
Penso che è colpa di Ada.
Nelle situazioni informali diciamo:
Penso che sia colpa di Ada.

CONCORDANZA DEL CONGIUNTIVO

Se nella frase principale c'è un verbo all'**INDICATIVO PRESENTE**, nella frase secondaria si può avere un'azione:

POSTERIORE
➡ **CONGIUNTIVO PRESENTE o INDICATIVO FUTURO**
Ritengo che il mondo *diventi* / *diventerà* sempre più tecnologico.

CONTEMPORANEA
➡ **CONGIUNTIVO PRESENTE**
È possibile che mio marito *sia* in palestra a quest'ora.

ANTERIORE, vista come conclusa
➡ **CONGIUNTIVO PASSATO**
Non posso credere che tu *abbia detto* una parolaccia all'insegnante!

ANTERIORE, vista nel suo svolgimento
➡ **CONGIUNTIVO IMPERFETTO**
Mi sembra che lui *fosse* triste alla festa di ieri.

ANTERIORE, successa prima di un'altra azione anteriore
➡ **CONGIUNTIVO TRAPASSATO**
È strano che lui si *sia presentato* alla festa senza che qualcuno lo *avesse invitato!*

Se nella frase principale c'è un verbo all'**INDICATIVO PASSATO**, nella frase secondaria si può avere un'azione:

POSTERIORE
➡ **CONGIUNTIVO IMPERFETTO o CONDIZIONALE COMPOSTO**
Ieri non *immaginavo* che lui oggi mi *telefonasse* / *avrebbe telefonato*.

CONTEMPORANEA
➡ **CONGIUNTIVO PRESENTE**
Ho pensato che lui *fosse* stanco in quel momento.

ANTERIORE
➡ **CONGIUNTIVO PASSATO**
Mi dispiaceva che lui non mi *avesse chiamato* per diverse settimane.

Se nella frase principale c'è un verbo al **CONDIZIONALE PRESENTE** o **PASSATO**, nella frase secondaria si può avere un'azione:

POSTERIORE ➡ **CONGIUNTIVO IMPERFETTO**
Vorrei tanto che domani non *piovesse!*

CONTEMPORANEA ➡ **CONGIUNTIVO PRESENTE**
Sarebbe importante che tu *fossi* qui ora.

ANTERIORE ➡ **CONGIUNTIVO PASSATO**
Sarebbe stato bello che tu mi *avessi chiesto* il permesso prima di usare i miei vestiti!

GRAMMATICA 5

VERBI POLISEMANTICI ALL'INDICATIVO O AL CONGIUNTIVO

Alcuni verbi cambiano significato se usati all'indicativo e al congiuntivo.

ammettere
= riconoscere ➡ **INDICATIVO**
Ammetto che la festa è stata proprio bella!
= supporre ➡ **CONGIUNTIVO**
Ammettiamo che gli extraterrestri esistano. Secondo te sono buoni o cattivi?

capire
= rendersi conto ➡ **INDICATIVO**
Ho capito che ha fatto qualcosa di sbagliato, ma cosa?
= trovare naturale ➡ **CONGIUNTIVO**
Capisco che tutto ciò sia molto difficile per te!

considerare
= tener conto ➡ **INDICATIVO**
Hai considerato che non è facile studiare il cinese?
= supporre ➡ **CONGIUNTIVO**
Consideriamo la possibilità che sia partito per sempre.

pensare / credere
= essere convinti ➡ **INDICATIVO**
L'ho studiato e penso che il congiuntivo è una tortura!
= supporre ➡ **CONGIUNTIVO**
Non l'ho ancora studiato, ma penso che il congiuntivo sia un gioco da ragazzi!

badare
= notare ➡ **INDICATIVO**
Bada che lo sportello è aperto, non sbatterci la testa!
= avere cura ➡ **CONGIUNTIVO**
Bada che le finestre siano chiuse prima di uscire!

USI DEL CONGIUNTIVO (RIPASSO)

1 Completa il testo con i verbi all'indicativo o al congiuntivo.

Non è che qui si (*volere*) _____ incoraggiare l'uso del turpiloquio, ma vi siete mai chiesti se dire parolacce (*potere*) _____ avere effetti psicologici benefici? A chiarire il vostro legittimo dubbio ci sono diversi studi condotti in varie università, i quali (*dimostrare*) _____ che l'uso di un linguaggio volgare (*potere*) _____ esserci utile in diversi modi. Sembra, infatti, che dire parolacce durante un episodio di dolore (*aiutare*) _____ a sopportarlo meglio: secondo uno studio dell'Università di Keele, pronunciare parolacce (*potere*) _____ aumentare la tolleranza al dolore. Gli sperimentatori (*chiedere*) _____ ai partecipanti di immergere le mani in acqua ghiacciata e allo stesso tempo hanno preteso che (*ripetere*) _____ una parolaccia. I risultati (*mostrare*) _____ che coloro che (*usare*) _____ un linguaggio volgare (*riuscire*) _____ a mantenere le mani immerse nell'acqua più a lungo di quanto (*potere*) _____ coloro che hanno usato parole neutre. Questo effetto (*essere*) _____ attribuito alla risposta di "lotta o fuga" del corpo, che viene innescata dal linguaggio emotivamente carico. E non finisce qui! Sembra che niente (*potere*) _____ contribuire a ridurre lo stress quanto una bella imprecazione: un team di ricercatori dell'Università di Rochester ha condotto uno studio in cui i partecipanti (*essere*) _____ sottoposti a situazioni stressanti e anche in questo caso coloro che (*avere*) _____ la possibilità di usare parolacce hanno ridotto il loro livello di stress più di quanto (*fare*) _____ quelli che non hanno potuto usarle.

CONCORDANZA DEL CONGIUNTIVO

2 Sottolinea l'opzione corretta.

1. Penso che Maria **dica / abbia detto / avesse detto** la verità riguardo a ciò che è successo ieri sera, poiché la versione che ci ha appena dato è coerente con quella degli altri.
2. Era importante che tu **fossi / saresti stato / sia stato** al lavoro ieri mattina, ma non c'eri.
3. Mi aspettavo che loro mi **chiamino / abbiano chiamato / chiamassero** prima di partire ieri sera, specialmente dopo aver promesso che ci avrebbero tenuti informati sui loro spostamenti.
4. Ho saputo che non si è presentata alla riunione, ma non sappiamo con certezza se **fosse / sia / fosse stata** avvisata in tempo utile.
5. Non posso credere che tu **fossi partito / parta / sia partito** senza avvisare ieri mattina.

VERBI POLISEMANTICI ALL'INDICATIVO O AL CONGIUNTIVO

3 Completa le frasi con l'indicativo o il congiuntivo.

1. Ammettiamo che lui (*essere*) _____ in grado di risolvere il problema da solo, dobbiamo comunque essere pronti a intervenire se necessario.
2. Bada che quella sedia (*essere*) _____ un po' rotta, fai attenzione quando ti siedi!
3. Ho ammesso che la mia reazione di ieri (*essere*) _____ esagerata, cos'altro devo dire?!
4. Capisco che questo (*essere*) _____ un periodo difficile per te, ma devi essere forte.
5. Bada che il cane (*essere*) _____ in giardino prima di uscire di casa!
6. Non volevo venire al cinema, ma devo ammettere che il film (*essere*) _____ davvero bello!
7. Ho capito solo che Sara (*essere*) _____ in ospedale, ma non mi hanno spiegato perché.

5 VOCABOLARIO

SINONIMI E CONTRARI

	SINONIMO	CONTRARIO
• titubante	deciso, risoluto	incerto, tentennante
• tirarsi indietro	esimersi da, sottrarsi a	partecipare a, aderire a
• farsi coraggio	farsi forza, farsi animo	perdersi d'animo, scoraggiarsi
• sfumatura	dettaglio, particolarità	tratto marcato, caratteristica molto evidente
• differire da	distinguersi da, differenziarsi da	assomigliare a, essere uguale a
• soffermarsi su	insistere, approfondire	tralasciare, sorvolare
• reputare	credere, ritenere	dubitare, non essere certi
• ilarità	divertimento, allegria	tristezza, afflizione
• discernimento	criterio, saggezza	superficialità, leggerezza
• sfaccettato	composito, multiforme	semplice, univoco

PAROLE INTERESSANTI

- **egregiamente**: benissimo
- **ingessato**: poco naturale, rigido
- **orecchiare**: ascoltare per caso
- **pressoché**: quasi
- **sboccato**: che dice molte parolacce, volgare
- **spigliato**: sicuro di sé, disinvolto

ESPRESSIONI COLLOQUIALI NON VOLGARI

STANDARD	COLLOQUIALE	VOLGARE
sì – certamente	• sì – già – certo – altroché ▪ Hai deciso di partire? ▶ Già!	pag. 93
cosa – affare – difficoltà – impegno – problema – seccatura	• cosa – affare – faccenda – rogna – grana – cavolo – cacchio Oggi ho avuto un sacco di **grane**. – Fatti i **cavoli** tuoi!	pag. 93
Non c'è un corrispettivo in italiano standard.	• accidenti – caspita – diavolo – cappero/i – cavolo – cacchio Che **caspita** fai? – Dove **cavolo** vai? – Perché **diavolo** ridi?	pag. 93
per l'amor di Dio! (rabbia, disapprovazione, fastidio, disperazione) – mio dio! (sorpresa)	• accidenti – accipicchia – caspita – caspiterina – perdinci – perdindirindina – porca paletta – porca miseria – cappero/i – cavolo – cacchio Sono in ritardo, **porca miseria**! – Hai comprato una casa?! **Caspita**!	pag. 93
niente – nulla – alcunché	• niente – un cappero – un cavolo – un cacchio – un tubo Oggi non ho voglia di fare **un cappero**!	pag. 93
no – affatto – niente – nel modo più assoluto – niente affatto	• no – neanche per sogno – neanche per idea – per niente – col cappero – col cavolo – col cacchio ▪ Usciamo? ▶ **Col cavolo**, fa troppo freddo!	pag. 93
sgradevole – malvagio	• brutto – cattivo – ... del cavolo – ... del cappero – ... del cacchio – un / una cavolo di... – un / una cappero di... – un / una cacchio di... Ho comprato un computer **del cavolo**! È lentissimo!	pag. 93
male – in modo scorretto – disonestamente	• male – a cappero – a cavolo – a cacchio Questo tiramisù è fatto proprio **a cacchio**! Non c'è il caffè!!	pag. 93
è ovvio! – è banale! – è evidente!	• grazie al cappero! – grazie al cavolo! – grazie al cacchio! ▪ Sai che Eva ha ricevuto una promozione? ▶ **Grazie al cappero!** È la figlia del direttore!	pag. 93

VOCABOLARIO 5

STANDARD	COLLOQUIALE	VOLGARE
stolto – ottuso – sciocco – insulso (stupidità) malvagio – disonesto – farabutto (cattiveria)	• stupido – testa di cavolo Giorgio è proprio una **testa di cavolo**! Non mi chiama mai!	pag. 93
ne ho abbastanza di te!	• mi hai stufato! – mi hai stancato! – mi hai rotto le scatole Basta! **Mi hai rotto le scatole** con le tue battute offensive!	pag. 93
arrabbiarsi – irritarsi	• incavolarsi – incacchiarsi Valeria **si è incacchiata** perché l'ho chiamata alle 2:00 di notte.	pag. 98
bighellonare – gingillarsi – essere inconcludente	• trastullarsi – poltrire Non puoi **trastullarti** tutto il giorno al cellulare, devi studiare! Oggi voglio **poltrire** tutto il giorno!	pag. 98
che noia! – che fastidio!	• che noia! – che barba! – che pizza! Il capo mi ha chiesto di fare gli straordinari! **Che pizza!**	pag. 93
bugia – menzogna errore – sbaglio stupidaggine – sciocchezza	• cavolata – cacchiata ■ Ho lasciato Fabiana! ▶ Secondo me hai fatto proprio una **cacchiata**!	pag. ---
smettila! – togliti dai piedi!	• vai a farti un giro! – vai a quel paese! – vai al diavolo! ■ Questo vestito ti sta proprio male! ▶ Ma **vai a quel paese**!	pag. 93

SINONIMI E CONTRARI

1 *Sostituisci le parole evidenziate con un sinonimo appropriato.*

1. All'inizio Anna non voleva neanche provarci perché aveva paura, poi però **si è fatta animo** ➡ _____.
2. Gli stili dei due artisti **sono molto diversi** ➡ _____.
3. All'inizio Giulia sembrava **incerta**, ➡ _____ ma alla fine si mostrò più sicura.
4. Dobbiamo **insistere** ➡ _____ questo punto del testo per capirlo meglio.
5. Gli esperti **ritengono** ➡ _____ che la teoria sia valida.
6. Quell'articolo propone una descrizione ricca e **multiforme** ➡ _____ dei fatti accaduti.
7. Il film ha suscitato molta **allegria** ➡ _____ tra il pubblico.
8. Mario ha deciso di **sottrarsi alle** ➡ _____ _____ sue responsabilità, causando vari problemi.
9. Questa decisione richiede un grande livello di **saggezza** ➡ _____.

PAROLE INTERESSANTI

2 *Completa il testo con le parole date facendo i necessari cambiamenti.*

orecchiare | spigliato | sboccato | egregiamente
ingessato | pressoché

Durante la conferenza, Giulia si comportò _____, dimostrando una competenza e una preparazione invidiabili. Nonostante all'inizio potesse sembrare un po' _____, riuscì a sciogliersi rapidamente grazie alla sua natura _____. Al contrario, il suo collega Marco sembrava avere solo _____ gli argomenti discussi, contribuendo in modo _____ irrilevante al dibattito. A peggiorare la situazione, durante una pausa caffè, Marco fece un commento decisamente _____, che lasciò tutti i presenti a bocca aperta.

ESPRESSIONI COLLOQUIALI NON VOLGARI

3 *Sostituisci le parole o espressioni evidenziate con termini colloquiali ma non volgari.*

1. **Che noia** la lezione sul congiuntivo! ➡ _____
2. **Maledizione**, mi si è rotto il cellulare! ➡ _____
3. Non sei venuto alla mia festa! **Togliti dai piedi!** ➡ _____
4. Oggi non ho voglia di fare **nulla**! ➡ _____
5. Ho fatto l'esercizio sul congiuntivo proprio **male**! ➡ _____
6. ■ Mi presti 100 euro?
   ● **Niente affatto!** ➡ _____
7. ■ C'era gente al bar ieri sera?
   ● **Certamente!** Era pieno! ➡ _____
8. Che **brutto** tempo! Piove tutti i giorni! ➡ _____
9. Giulia mi ha detto che ieri sera era a casa, ma secondo me è **una bugia**! ➡ _____
10. ■ Se non sai fare l'esercizio, non lo fare!
    ● La tua risposta è davvero **ovvia e inutile**! ➡ _____
11. Quando ho visto che mi avevano graffiato la macchina, **mi sono irritato** da morire! ➡ _____

5 CULTURA

1 Storia delle parolacce

1a *In coppie. Leggete la prima parte del testo "Storia delle parolacce", spiegate e commentate le opinioni dei due studiosi. Con chi siete più d'accordo?*

Storia delle parolacce
Sigmund Freud, il padre della psicanalisi, scrisse che "colui che per la prima volta ha lanciato all'avversario una parola ingiuriosa invece che una freccia è stato il fondatore della civiltà". Qualche tempo dopo, lo psicologo americano George W. Crane, dichiarò invece: "Il linguaggio è l'abbigliamento nel quale i tuoi pensieri sfilano in pubblico. Non vestirli mai con abiti volgari o scadenti."

1b *Continuate a leggere il testo e scegliete il titolo adatto per ogni paragrafo.*

a. C'è sempre una prima volta | b. I campioni delle bestemmie | c. Snobismo e classismo | d. Dalla notte dei tempi
e. Parolacce bizzarre | f. Insulti sui muri

1. _____
Al di là delle varie opinioni personali, è innegabile che le prime parolacce abbiano radici molto antiche: nella saga di Gilgamesh, datata intorno al 2000 a.C., troviamo Shamhat, che viene definita con un termine volgare che significa "prostituta" e che trasforma il bruto Enkidu in un essere civilizzato. E anche la Bibbia non è da meno: il profeta Ezechiele condanna Gerusalemme definendola anche in questo caso con un'espressione volgare che indica una "donna che vende il proprio corpo".

2. _____
Gli antichi egizi erano maestri di imprecazioni già dal III – II millennio a.C.. Geroglifici e papiri raccontano che la dea Nefti era chiamata "femmina senza vulva" e il dio Thot "privo di madre". Questi epiteti non erano solo insulti, ma veri e propri colpi bassi religiosi.

3. _____
Gli antichi greci amavano imprecazioni stravaganti: *mé tén krambén* ("per il cavolo"), "per l'aglio", "per il cane" e "per la capra". Le prime barzellette con parolacce risalgono proprio a loro e sono documentate nel Philogelos del IV secolo d.C., una raccolta di storielle divertenti in cui compaiono varie espressioni volgari.

4. _____
A dimostrare che i romani non erano da meno sono i graffiti che ancora oggi possiamo vedere a Pompei e che contengono parole quali *stercus* (sterco, escremento), *mentula* (membro maschile), *futuere* (fottere), *meretrix* (prostituta) e *scortum* (persona che si prostituisce).

5. _____
I medievali, invece, ricorrevano al regno animale per insultare: "bestia", "cagna", *bacalare* ("baccalà"), *iumenta* ("vacca"), "porco" e "scorfano" (pesce molto brutto) erano i più usati, ma l'insulto per eccellenza era il termine "villano", che indicava l'abitante delle campagne. Anche le professioni e il cibo più umile davano origine al turpiloquio: i siciliani del '300 erano *mangiamaccarruna* (mangiatori di pasta), i napoletani *mangiafoglia* (mangiatori di foglie di cavolo) e si poteva insultare qualcuno dandogli del "votacessi" (addetto a svuotare i bagni) o dello "scardatore di castagne di villa" (addetto a pulire le castagne per i nobili).

6. _____
"Fili de pute" è la prima parolaccia documentata in italiano volgare, trovata in un affresco nella basilica di San Clemente in Laterano, a dimostrazione che, già nell' XI secolo, le offese familiari erano all'ordine del giorno. Pensate che San Francesco d'Assisi ne *I fioretti*, consigliò a padre Ruffino di rispondere al diavolo: "Apri la bocca; mo' vi ti caco." Anche i santi sapevano che, a volte, le parole più colorite sono le più efficaci!

1c *Suddividete le varie parolacce presenti nel testo nelle varie categorie, seguendo gli esempi. Attenzione: alcune parole possono rientrare in più categorie.*

SESSISTE	FAMILIARI	VEGETALI	ANIMALI	SESSUALI	CLASSISTE	ESCREMENTIZIE
	privo di madre, …	per il cavolo, …	per il cane, …		mangiamaccaruna, …	stercus, …

GRAMMATICA

1 Completa il testo coniugando i verbi all'indicativo o al congiuntivo.

ETIMOLOGIA DELLE PAROLACCE

L'uso di certe espressioni volgari ha una lunga storia e una varietà di significati. Ad esempio, è probabile che la parola "puttana" (*derivare*) _____ dall'antico francese *putain*, che a sua volta (*venire*) _____ dal latino *putidum*, cioè qualcosa di sporco e maleodorante. Pare che in epoca classica, però, si (*preferire*) _____ usare "meretrice", dal latino *merere*, che significa "guadagnare".
Per quanto riguarda la parola "cazzo", alcuni studiosi ritengono che (*derivare*) _____ dall'italiano antico *cazza*, che significava *mestola* (strumento da cucina e degli alchimisti), mentre altri suppongono che la sua origine (*essere*) _____ "oco" (il maschio dell'oca, che con il suffisso -*azzo* diventa "ocazzo"). È verosimile che (*essere*) _____ proprio così se consideriamo che in alcuni dialetti il termine "oco" si (*usare*) _____ anche oggi come sinonimo di membro maschile.
La parola "scopare", che nel linguaggio moderno (*indicare*) _____ un atto sessuale, senza dubbio (*provenire*) _____ dal termine latino *scopam*, che originariamente (*significare*) _____ "pianta" e poi "strumento per spazzare", prima che nel XVII secolo (*assumere*) _____ un significato sessuale nel dialetto romanesco.
Infine, il verbo "fottere", che oggi (*essere*) _____ usato per significare sia "possedere carnalmente" che "imbrogliare", (*trovare*) _____ le sue origini nel latino *futuere* (avere rapporti carnali).
Per quanto riguarda "stronzo", malgrado (*essere*) _____ una parola largamente usata in italiano, sembra che ci (*arrivare*) _____ dal longobardo *strunz* ("sterco").
Qualunque ne (*essere*) _____ l'origine, non dimentichiamo che oggi (*essere*) _____ tutte parole volgari ed è essenziale che ne (*fare*) _____ un uso consapevole se non volete incappare in situazioni imbarazzanti.

OGNI INSERIMENTO CORRETTO = 2 PUNTI   __ / 36

2 Crea delle frasi usando il verbo come nell'esempio.

ESEMPIO: La mia amica **ricordarsi** del mio compleanno, così domani riceverei un regalo! (**sarebbe bello**)
Sarebbe bello che la mia amica si ricordasse del mio compleanno, così domani riceverei un regalo!

1. Questo test **andare**, sarò felice! (**comunque**)
   _____

2. Io **volere** dubitare di te, ma quello che dici mi sembra strano. (**non è che**)
   _____

3. Mio padre sapeva quello che mia madre stava pensando, lei **parlare**. (**prima che**)
   _____

4. Ero stanca, loro **immaginare**. (**più di quanto**)
   _____

5. Da bambina, la mia vita **essere** così bella! (**non immaginare che**)
   _____

OGNI INSERIMENTO CORRETTO = 2 PUNTI   __ / 10

3 Trasforma le frasi seguendo le indicazioni, come nell'esempio.

PRESENTE → CONDIZIONALE
ESEMPIO: Voglio che tu mi parli di più.
Vorrei che tu mi parlassi di più.

PRESENTE → PASSATO
1. Dobbiamo uscire prima che piova.
   _____

2. Non ci credo che Lia vi abbia aiutato così tanto!
   _____

PASSATO → PRESENTE
3. Era strano che Piero non fosse venuto.
   _____

4. Non c'era niente che tu potessi fare per me.
   _____

PRESENTE → CONDIZIONALE
5. Preferisco che tu non venga con me all'ospedale.
   _____

6. Mi fa felice che tu abbia pensato a me.
   _____

CONDIZIONALE → PRESENTE
7. Sarebbe comprensibile che tu ti sentissi offeso.
   _____

8. Mi sarebbe piaciuto molto che me lo avessi chiesto.
   _____

OGNI FRASE CORRETTA = 2 PUNTI   __ / 16

5 TEST

4 *Scegli il significato corretto dei verbi evidenziati.*

1. **Bada** che la macchina è parcheggiata male.
   ○ a. osservare ○ b. fare attenzione
2. **Hai considerato** che questo richiede molto tempo?
   ○ a. supporre ○ b. tenere conto
3. **Ammettiamo** che tu non sappia nulla.
   ○ a. supporre ○ b. riconoscere
4. **Capisco** che la situazione è complicata.
   ○ a. trovare naturale ○ b. rendersi conto
5. **Ammetto** che la colpa è mia!
   ○ a. supporre ○ b. riconoscere
6. **Bada** che le porte siano chiuse a chiave.
   ○ a. notare ○ b. fare attenzione

OGNI SCELTA CORRETTA = 1 PUNTO ___ / 6

VOCABOLARIO

5 *Completa le frasi con il contrario della parola evidenziata.*

1. Non bisogna mai **scoraggiarsi** di fronte agli ostacoli, ma _____.
2. Al contrario di un **tratto marcato**, questa _____ è quasi impercettibile.
3. Le scelte fatte con **superficialità** spesso portano a problemi, mentre quelle fatte con _____ sono più solide.
4. Marco è sempre molto **deciso**, mai _____.
5. Queste due opere **sembrano uguali**, ma in realtà _____ in molti aspetti.
6. Non bisogna **sorvolare** sui dettagli importanti, ma _____ su di essi.
7. Invece di **sottrarsi**, Laura ha scelto di _____ pienamente al progetto.

OGNI PAROLA CORRETTA = 2 PUNTI ___ / 14

6 *Sostituisci le parole evidenziate con quelle della lista. Attenzione: nella lista ci sono 2 parole in più.*

orecchiare | spigliato | sboccato
egregiamente | ingessato | pressoché

1. L'insegnante ci ha spiegato il congiuntivo **benissimo**!
   _____
2. Il suo modo di parlare era troppo **rigido**.
   _____
3. Sono venuti **quasi** tutti al rinfresco.
   _____
4. Sei stato davvero **disinvolto**! Complimenti!
   _____

OGNI PAROLA CORRETTA = 2 PUNTI ___ / 8

COMUNICAZIONE

7 *Scegli la reazione corretta.*

1. ● Ho speso mille euro per un paio di scarpe!
   ■ ○ a. Che scemenza! ○ b. Che barba!
2. ● La prof ci ha dato 12 esercizi da fare per compiti!
   ■ ○ a. Che pizza! ○ b. Che paletta!
3. ● Ho bruciato la tua camicia mentre la stiravo.
   ■ ○ a. Porca paletta! ○ b. Neanche per sogno!
4. ● Mi presti altri 100 euro?
   ■ ○ a. Col schifoso! ○ b. Col cavolo!
5. ● Hai fatto qualcosa di bello ieri sera?
   ■ ○ a. Non ho fatto del cavolo! ○ b. Non ho fatto un cappero!
6. ● Ti piace il tuo lavoro?
   ■ ○ a. Per niente, è un lavoro col cavolo! ○ b. Per niente, è un lavoro del cavolo!
7. ● Com'è il libro che stai leggendo?
   ■ ○ a. Mah, è scritto a cavolo! ○ b. Mah, è scritto del cavolo!
8. ● Mamma, io esco con gli amici!
   ■ ○ a. Sei sempre a bighellonare! ○ b. Sei sempre in bestia!
9. ● Quest'anno sono stato il migliore della classe!
   ■ ○ a. Che carogna! ○ b. Accipicchia!
10. ● Arturo ha riciclato il mio regalo di Natale!
    ■ ○ a. Che infame! ○ b. Che perdinci!

OGNI SCELTA CORRETTA = 1 PUNTO ___ / 10

TOTALE ___ / 100

LEZIONE 6
GATTE DA PELARE

Qui imparo a:
- riconoscere e utilizzare vari tipi di frasi ipotetiche esplicite e implicite
- distinguere la funzione ipotetica, temporale, causale o avversativa di frasi introdotte da "se"
- discutere di privacy e dipendenze, e dei rischi correlati
- comprendere e utilizzare il linguaggio inclusivo

COMINCIAMO

a In coppie. Leggete le frasi e scegliete il corretto significato del modo di dire "avere una bella gatta da pelare".

| Stasera torno tardi perché ho diverse gatte da pelare in ufficio! | Dopo aver accettato di organizzare l'evento da sola, Maria si è resa conto di avere una bella gatta da pelare. | Ristrutturare la casa di mia nonna? Beh, quella sì che sarà una bella gatta da pelare! |

- a. qualcosa di impossibile
- b. un problema
- c. una grande opportunità
- d. qualcosa di molto costoso

b In gruppi. Avete 10 minuti di tempo per leggere i seguenti modi di dire e proverbi che contengono la parola "gatto", ipotizzarne il significato e scrivere una frase di esempio per ognuno di essi. Vince la squadra che indovina più significati.

1. Non c'è trippa per gatti.
2. Essere / Esserci quattro gatti.
3. Quando il gatto non c'è, i topi ballano.
4. Essere come cane e gatto.
5. (Qui) Gatta ci cova.
6. Tanto va la gatta al lardo che ci lascia lo zampino.

6A Sono fatti miei!

G periodo ipotetico (ripasso)

1 PARLARE Non te lo dirò mai!

1a Scrivi 3 domande a cui non vorresti mai rispondere (non ti preoccupare, non dovrai rispondere!).

1. _____
2. _____
3. _____

Ora gira per la classe, poni le 3 domande alle altre persone e metti una X nei box in alto a destra ogni volta che ottieni una risposta. Allo stesso tempo, segna nel box sotto quante risposte dai tu alle domande che ti fanno.

1b In gruppi. Discutete dei seguenti punti.

- Qual è stata, per voi, la domanda più imbarazzante o assurda di tutte?
- I temi delle domande erano pressoché simili?
- Quali erano i temi principali?
- C'è stata qualche domanda a cui avete risposto senza problemi, ma a cui altri non hanno voluto rispondere? Se sì, secondo voi perché quelle domande erano un problema per loro?
- Vi considerate persone molto o poco riservate? Fate qualche esempio.

2 LEGGERE Sei un libro aperto o chiuso?

2a In coppie. Fatevi reciprocamente le domande del quiz, segnate le risposte e poi leggete i risultati in ▶ COMUNICAZIONE a pagina 211.

1. **Se ti incontrassi al bar con un / una amico/a per un caffè e avessi in testa un dilemma che ti consuma, quanto tempo aspetteresti prima di tirare fuori il problema?**
   a. Quasi immediatamente, a essere onesti. (4)
   b. Vorrei prima sentire come sta lui / lei. (3)
   c. Ne parlerei solo se me lo chiedesse. (2)
   d. Non ne parlerei affatto. (1)

2. **Come descriveresti il tuo uso dei social media?**
   a. Posto qualsiasi cosa, anche le foto dei miei brufoli. (5)
   b. Bello, ma non rappresenta davvero la mia vita. (4)
   c. Carico roba a caso quando me ne ricordo. (3)
   d. In pratica lo uso solo se sono in vacanza. (2)
   e. Non uso i social media. (1)

3. **Se una persona sconosciuta dall'aspetto amichevole inizia a parlarti su un mezzo pubblico, come reagisci?**
   a. Sono felice! Amo parlare con persone nuove! (3)
   b. All'inizio con sorpresa, ma se la conversazione è interessante sono felice di parlare. (2)
   c. Sono allibito/a e infastidito/a! (1)

4. **Le persone ti dicono mai che prima di averti conosciuto gli sembravi una persona totalmente diversa?**
   a. No, mai, quello che mostro è quello che sono. (3)
   b. Sì, a volte. (2)
   c. Quasi ogni persona che conosco lo ha detto. (1)

5. **Quanto devi conoscere bene qualcuno prima di sentirti a tuo agio nell'invitarlo a casa tua?**
   a. Appena capisco che non intende uccidermi. (3)
   b. Almeno un paio di mesi. (2)
   c. Non invito mai persone a casa se posso evitarlo. (1)

6. **Se ti sentissi triste, ne parleresti sui social media?**
   a. Mai e poi mai! (1)
   b. Solo se fossi davvero giù. (2)
   c. Certo! Non è per questo che esistono i social? (3)

7. **Quanto bene devi conoscere qualcuno prima di considerarlo un amico?**
   a. Ho bisogno di fare almeno una conversazione decente con questa persona. (3)
   b. Avrebbe dovuto vedermi in una situazione vulnerabile e aiutarmi a superarla. (2)
   c. Dovremmo conoscerci da anni. (1)

8. **Se fossi in una relazione romantica, potresti essere la prima persona a dire "ti amo"?**
   a. Sì, non resisterei! (3)
   b. Non lo so, dipende dalla persona e dal mio stato mentale, ma non mi preoccupa molto. (2)
   c. No, se lo avessi detto ogni volta che l'ho pensato, avrei combinato un sacco di disastri! (1)

Sono fatti miei! 6A

9. **In amore, quanto spesso fai la prima mossa?**
   a. Praticamente sempre. Chi non risica non rosica! (3)
   b. Solo se ho la certezza che l'altra persona reagirà bene. (2)
   c. Mai! (1)

10. **Quante persone pensi che ti conoscano veramente?**
    a. Direi che la maggior parte delle persone che mi conoscono mi conoscono veramente. (4)
    b. Tutta la mia famiglia e gli amici stretti. (3)
    c. Una o due persone. (2)
    d. Penso che nessuno possa veramente conoscere qualcun altro. (1)

2b In gruppi. Discutete dei seguenti punti.

- Siete d'accordo con i risultati del quiz?
- C'è qualcosa che non avete mai rivelato a nessuno? Pensate di portarlo con voi nella tomba o prima o poi lo direte a qualcuno?
- Se, invece, poteste usare un incantesimo per far conoscere a tutti una parte di voi, quale sarebbe?
- Conoscete una persona che secondo voi è estremamente riservata? Perché la definite così? Vi dà fastidio?
- Conoscete una persona che secondo voi è eccessivamente aperta? Quali sbagli commette in questo senso, a vostro parere?

3 VOCABOLARIO Caccia alle parole

3a In coppie. Cercate nel testo del quiz al punto **2a** le parole o espressioni che corrispondono alle seguenti definizioni o sinonimi. Le parole sono in ordine di apparizione. Attenzione: scrivi i verbi all'infinito.

1. Causare una pressione psicologica eccessiva fino a ridurre qualcuno / qualcosa in cattivo stato: _consumare_.
2. *Fare*, in senso negativo. Sinonimo di *causare*, *provocare*: _____.
3. Far uscire qualcosa da dentro, rivelare: _____.
4. Nome generico di tutto ciò che ha natura materiale, ma anche sinonimo di *cosa* e *fatto*: _____.
5. Estremamente sorpreso, senza parole: _____.
6. Fare il primo gesto per stabilire un contatto: _____.
7. Senza riflettere, senza una logica: _____.
8. Se non si rischia non si può avere successo: _____.

3b Completa il testo con le parole del punto **3a** facendo i necessari cambiamenti.

_____, Marco osservava Luca che si era messo a parlare _____, rischiando di _____ qualche danno. "_____!" disse Luca. Alla fine Marco _____ chiedendogli: "C'è qualcosa di cui vuoi parlare con me?", e Luca _____ un segreto che nessuno si aspettava, rivelando una _____ che lo stava _____ da tempo.

4 GRAMMATICA Il periodo ipotetico (ripasso)

Osserva le frasi tratte dalle attività precedenti e indica di quale periodo ipotetico si tratta (1°, 2° o 3° tipo).

1. Se ti incontrassi al bar con un / una amico/a per un caffè e avessi in testa un dilemma che ti consuma, quanto tempo aspetteresti prima di tirare fuori il problema?
2. Ne parlerei solo se me lo chiedesse.
3. In pratica lo uso solo se sono in vacanza.
4. Se una persona sconosciuta dall'aspetto amichevole inizia a parlarti su un mezzo pubblico, come reagisci?
5. ... se la conversazione è interessante sono felice di parlare.
6. Non invito mai persone a casa se posso evitarlo.
7. Se ti sentissi triste, ne parleresti sui social media?
8. Se fossi in una relazione romantica, potresti essere la prima persona a dire "ti amo"?
9. ... se lo avessi detto ogni volta che l'ho pensato, avrei combinato un sacco di disastri!
10. Se, invece, poteste usare un incantesimo per far conoscere a tutti una parte di voi, quale sarebbe?
11. Se non si rischia non si può avere successo.

PERIODO IPOTETICO DI 1° TIPO (REALTÀ)
Frasi numero: _____

PERIODO IPOTETICO DI 2° TIPO (POSSIBILITÀ)
Frasi numero: _____

PERIODO IPOTETICO DI 3° TIPO (IMPOSSIBILITÀ)
Frasi numero: _____

6A Sono fatti miei!

- **G** periodo ipotetico misto
- **V** privacy

5 PARLARE Le domande più pazze del mondo!

In gruppi. Formate le domande come nell'esempio, poi rispondete con frasi complete, ascoltate le risposte degli altri e commentatele.

PERIODO IPOTETICO DI 1° TIPO (REALTÀ)

Tutte le persone del mondo fare un salto allo stesso tempo – succedere: ➡ *Se tutte le persone del mondo saltano allo stesso tempo, che succede?*

Al bar ti danno una mucca invece del resto – fare: ➡ …

Entrare in un buco nero nello spazio – andare: ➡ …

PERIODO IPOTETICO DI 2° TIPO (POSSIBILITÀ)

Poter fare amicizia con un fantasma – personaggio storico scegliere: ➡ …

Poter avere come coinquilino un personaggio dei cartoni animati – scegliere: ➡ …

Qualcuno offrire la possibilità di sapere come e quando finirà la tua vita – accettare: ➡ …

PERIODO IPOTETICO DI 3° TIPO (IMPOSSIBILITÀ)

Essere il primo uomo sulla Luna e dover inviare primo messaggio dalla superficie lunare – scrivere: ➡ …

Tu inventare la macchina del tempo 10 anni fa – andare: ➡ …

Avere il potere di leggere la mente delle persone – come essere diversa la tua vita: ➡ …

Ora inventate altre 3 domande (una per ogni tipo di periodo ipotetico) e fatele agli altri gruppi.

6 LEGGERE Una questione di privacy

6a *In coppie. Il seguente testo è stato scritto da un esperto di privacy che, per evitare che qualcuno lo copiasse, lo ha criptato. Decifrate cosa ha scritto e completatelo.*

testo parlante 38

Privacy: La Farsa della Vita Moderna

Ah, la privacy! Quella deliziosa il**l**~~u~~sione che ci fa credere di poter mantenere un segreto nel bel mezzo del circo della vita moderna. Parliamone! Al giorno d'oggi credere nella privacy è un po' come credere alla fatina dei denti: adorabile, ma purtroppo falso. Dalla vita reale alla vita digitale, eccovi un viaggio tra i rischi, gli errori comuni e qualche consiglio per non trasformare ogni v~~ostro~~ segreto in un hashtag virale.

Vita reale: chi ti spia?
Cominciamo con un rapido s~~gua~~rdo alla vita reale. Se vi d~~ic~~essi che quel pettegolo del vostro vicino di casa non è la più grande minaccia alla vostra privacy, vi sorprendereste? S~~icu~~ro di no perché il vostro vero nemico è molto più subdolo: a~~ve~~te mai n~~ota~~to che le telecamere spuntano ovunque come funghi dopo la pioggia? E gli smartphone? Quei piccoli dispositivi che ci accompagnano ovunque, scattando foto, registrando video e, sì, ascoltando ogni nostra conversazione. Non siate ingenui: il vostro telefono non è solo un gadget, è una spia di ultima generazione. Vi fa compagnia? Certo, ma al prezzo della vostra privacy.

Vita digitale: il Grande Fratello ti guarda!
Passiamo alla vita digitale, dove il v~~er~~o inc~~u~~bo inizia. Ogni click, ogni "mi piace", ogni acquisto online lascia una traccia. Google sa cosa ~~cer~~cate, Amazon sa c~~o~~sa comprate, e Facebook… beh, Facebook sa chi siete. E se pensate che disatt~~iva~~re la localizzazione sul vostro smartphone sia sufficiente, sappiate che i grandi della tecnologia hanno modi molto

Sono fatti miei! 6A

creativi per sapere dove siete stati e cosa state facendo. Gli errori più comuni? Utilizzare password banali come "123456" o "password". Sul serio? Se foste dei serial killer, vi sarebbe mai venuto in mente di usare una roba del genere?? Ecco, dovete ragionare esattamente come dei serial killer e trattare le password con il r_ etto che meritano!! E poi, c'è chi condivide troppo sui social: foto del vostro gatto, del vostro pr_ _o, delle vostre vacanze, e sì, non di rado anche dei documenti personali. Non stupitevi se poi qualcuno riesce a entrare nei vostri account!

Ma non disperate! Ecco qualche consiglio per difendere la vostra privacy con stile:

- **Password Originali**: usate password forti e unic_ . Vi è s_ _so più volte di dimenticare tutte quelle combinazioni assurde? Beh, se aveste usato un gestore di password, non vi sarebbe successo! Fidatevi, vale l'investimento!
- **Attenzione ai Social**: siate selettivi su ciò che condividete. Non è necessario che tutto il mondo sa_ _a cosa avete mangiato a pranzo!
- **Aggiornamenti Costanti**: tenete sempre aggiornati i vostri dispositivi e le applicazioni. Gli aggiorna_ _ non sono solo fastidiosi, sono necessari per proteggervi.

Un mondo senza segreti

In fin dei c_ ti, viviamo in un'era in cui la privacy è più un lusso che una realtà, ma se tutto questo labirinto digitale non fosse stato inventato, la vostra vita oggi sarebbe più facile? Non credo proprio! Quindi, con un po' di attenzione e qu_ _ccorgimento, possiamo approfittare dei suoi vantaggi mantenendo un livello di riservatezza accettabile. Ricordate, la privacy non è un diritto automatico, _ una conquista quotidiana. E se tutto fallisse, beh, potreste sempre ridere della vostra ingenuità... ma solo _ a amici fidati! Buona fortuna e buona (semi)privacy a tutti!

6b In gruppi. Rispondete oralmente alle domande.

1. Il testo paragona la privacy alla "fatina dei denti". Quale significato simbolico ha questa metafora? In che modo aiuta a comprendere la visione dell'autore sulla privacy nel mondo odierno?
2. L'autore distingue tra "vita reale" e "vita digitale" in relazione alla privacy. Quali sono le differenze fondamentali tra le minacce alla privacy in questi due ambiti?
3. In che modo il testo descrive l'influenza degli smartphone sulla privacy personale? Come viene presentato il suo dualismo tra utilità e rischio?
4. Cosa intende l'autore quando afferma che "la privacy è più un lusso che una realtà"?
5. Rielabora il concetto secondo cui la privacy non è un diritto automatico ma una conquista quotidiana. Come si può applicare questo principio nella vita quotidiana secondo il testo?
6. Che tipo di tono usa l'autore nel finale del testo e quale effetto ha questa scelta stilistica sui lettori?

7 GRAMMATICA Periodo ipotetico misto

In coppie. Osservate la regola di formazione dei periodi ipotetici e trovate nel testo del punto **6a** le frasi corrispondenti. Attenzione: due frasi non rispettano la regola!

PERIODO IPOTETICO DI 1° TIPO (REALTÀ)

se + indicativo... ... indicativo / imperativo

1. _____
2. _____

PERIODO IPOTETICO DI 2° TIPO (POSSIBILITÀ)

se + congiuntivo imperfetto... ... condizionale presente

1. _____
2. _____

PERIODO IPOTETICO DI 3° TIPO (IMPOSSIBILITÀ)

se + congiuntivo trapassato... ... condizionale passato

1. _____

Ora scrivete i due periodi ipotetici che sono rimasti e completate la regola della loro formazione.

1. _____
2. _____

PERIODO IPOTETICO MISTO

1. *se* + _____ ... _____
2. *se* + _____ ... _____

Infine, pensate alla vostra vita e provate a scrivere due frasi usando entrambe le forme del periodo ipotetico misto, poi condividetele con la classe.

6B Nuove dipendenze

G periodo ipotetico con forme implicite
V dipendenze

1 PARLARE Dipendenze bizzarre

In gruppi. Abbinate ogni dipendenza bizzarra all'immagine corrispondente.

DIPENDENZA: a. seguire le nuvole | b. annusare le puzze | c. scarabocchiare | d. saltare nel vuoto

 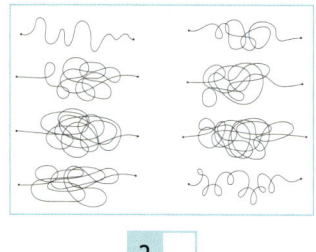  

1 ___ 2 ___ 3 ___ 4 ___

Ora svolgete i seguenti compiti.

- Parlate di quale dipendenza vi sembra più strana, quale più divertente, quale più complicata da avere.
- Leggete le seguenti parole ed espressioni e assicuratevi di conoscere il significato di tutte (se necessario potete usate il dizionario).

essere schiavo di | non poter fare a meno di | non riuscire a staccarsi da | essere incollato a
non riuscire a toglierselo dalla testa | essere in balia di | avere un chiodo fisso | avere il pallino di
perdere il controllo | assuefazione | assuefarsi | astinenza | mania | fissazione | compulsivo | irresistibile

- Scegliete una delle 4 dipendenze e raccontate la giornata tipo di una persona che ne soffre usando i termini precedenti. Poi parlate di alcune vostre dipendenze simpatiche (tutti ne abbiamo una!) o di quelle che hanno altre persone che conoscete.

2 ASCOLTARE Dipendenze digitali

 **2a** *Ascolta l'intervista e ordina le affermazioni nella sequenza corretta in cui vengono menzionate, numerandole da 1 a 8. Attenzione: due affermazioni non sono presenti nell'audio.*

___ a. Sandro spiega che le dipendenze digitali si riferiscono a un uso eccessivo e compulsivo di dispositivi digitali.

___ b. La Dott.ssa Perduri discute dei sintomi fisici e psicologici a lungo termine delle dipendenze digitali.

___ c. Sandro parla delle funzionalità integrate nei dispositivi per combattere la dipendenza digitale.

___ d. La Dott.ssa Perduri spiega che le dipendenze digitali possono colpire persone di qualsiasi età e classe sociale.

___ e. La Dott.ssa Perduri consiglia di cercare l'aiuto di un professionista se il problema persiste.

___ f. Sandro descrive i dati mondiali sulla dipendenza da internet.

___ g. La Dott.ssa Perduri elenca i sintomi comuni delle dipendenze digitali.

___ h. La Dott.ssa Perduri spiega che le dipendenze digitali sono riconosciute come un disturbo mentale da diverse organizzazioni di salute mentale.

___ i. La Dott.ssa Perduri parla delle fasce d'età più a rischio di sviluppare dipendenze digitali.

___ l. La Dott.ssa Perduri suggerisce strategie per prevenire le dipendenze digitali.

Vi dichiaro marito e moglie! Potete aggiornare i vostri profili social!

Nuove dipendenze 6B

2b *Ascolta le frasi estratte dall'intervista tutte le volte necessarie per riscriverle parola per parola.*

1. (22 parole): _____

2. (16 parole): _____

3. (15 parole): _____

4. (15 parole): _____

3 GRAMMATICA Periodo ipotetico con forme implicite

3a *In coppie. Avete notato che le frasi che avete scritto al punto 2b sono in realtà dei periodi ipotetici in cui l'ipotesi è espressa in forma implicita? Posizionate ogni frase al posto giusto dello schema e completatelo con le parole mancanti.*

PERIODO IPOTETICO CON FORME IMPLICITE

	frase/i numero
se verbo al gerundio	
se verbo al participio _____	
se __ + infinito	

Ora trasformate tutte le frasi nella forma esplicita utilizzando il se.

1. _____
2. _____
3. _____
4. _____

3b *Trasforma le frasi dalla forma esplicita a quella implicita seguendo le indicazioni.*

gerundio presente
1. Se cancellassero i social media, le persone sarebbero più felici e meno ansiose, secondo te?

gerundio passato
2. Se ti avessero impedito di usare il cellulare per tutta la settimana passata, come sarebbe stata diversa la tua vita?

participio passato
3. Se imposti la funzione "non disturbare" sul tuo cellulare, con che frequenza controlli se qualcuno ti ha contattato?

a + infinito presente
4. Se ci pensi bene, a quale funzione del tuo cellulare non potresti rinunciare neanche per un mucchio di soldi?

a + infinito passato
5. Se avesse saputo prima quali problemi avrebbe creato in futuro, secondo te l'umanità avrebbe rinunciato a internet?

4 PARLARE Se, se, se ...

In gruppi. Rispondete alle domande del punto 3b utilizzando le forme implicite del periodo ipotetico. Rispettate le regole di una conversazione produttiva:

- disponibilità ad ascoltare le opinioni degli altri, a considerare diversi punti di vista e a cambiare idea se necessario
- sostenere le proprie opinioni con fatti, esempi e ragionamenti logici
- partecipare attivamente.

6B Nuove dipendenze

G frasi temporali, causali e avversative introdotte da *se*
V stacanovismo

5 LEGGERE Lavorare per vivere o vivere per lavorare?

5a *Rispondi alle seguenti domande con una parola.*

Con che frequenza ti succede di / che:
- lavorare o studiare fino a tardi? _____
- sacrificare il tuo tempo libero e i tuoi hobby per finire di lavorare o di studiare? _____
- pensare al lavoro o allo studio quando non stai lavorando / studiando? _____
- sentirti a disagio quando non lavori / studi? _____
- il tuo orario di lavoro / studio interferisca con le tue relazioni con amici e familiari? _____
- le persone intorno a te dicano che lavori / studi troppo? _____

Se almeno quattro delle tue risposte sono *spesso* e / o *sempre*, potresti essere uno/una stacanovista! Sicuramente, leggendo le domande, hai già capito cosa significa, ma passa all'attività successiva per approfondire il tema!

5b *In coppie. Leggete il testo e scegliete le parole giuste per completarlo.*

Stacanovismo: la nuova piaga moderna

Nel vortice frenetico della società moderna, un fantasma del passato (**1**) con inquietante attualità: lo stacanovismo, ovvero la deriva patologica verso l'eccesso di lavoro che affligge molti individui.

La parola "stacanovista" deriva dal nome di Aleksej Grigoriyevich Stachanov, un minatore sovietico che, nel 1935, stabilì il record di estrazione di carbone effettuato da una sola persona, diventando così il simbolo della propaganda sovietica per l'incremento della produttività: se il padrone chiedeva, il lavoratore doveva (**2**) i suoi limiti fisici e psicologici pur di raggiungere obiettivi irraggiungibili.

Sebbene l'epoca del regime sovietico sia tramontata, lo stacanovismo non è scomparso, anzi: nella società (**3**), caratterizzata da una competitività esasperata e da una cultura dell'iperconnessione, sembra aver trovato terreno fertile per proliferare. Se un tempo lo stacanovista era il minatore con la pala in mano, oggi è il professionista sgobbone, immerso nel vortice di e-mail, telefonate e notifiche, che sacrifica tempo libero, relazioni sociali e persino la propria salute pur di stare al passo con le richieste incessanti del lavoro.

La dipendenza da lavoro, in questa nuova versione, (**4**) connotati subdoli e spesso inconsapevoli: non si tratta più di imposizioni esterne, ma di una pressione autoimposta, alimentata da un bisogno di sentirsi indispensabili e dalla paura di essere emarginati.

Le conseguenze di questo fenomeno sono (**5**): stress cronico, esaurimento, ansia, depressione sono solo alcuni dei mali che colpiscono gli stacanovisti moderni. Inoltre, lo stacanovismo ha un impatto negativo anche sulla produttività stessa: un lavoratore esausto e demotivato non è un lavoratore efficiente. La sua performance cala, gli errori aumentano e l'ambiente di lavoro diventa tossico per tutti.

È dunque necessario invertire la rotta, riscoprire il valore del tempo libero, delle relazioni sociali e del benessere psicofisico (**6**) solo riscoprendo il giusto equilibrio tra lavoro e vita privata potremo costruire una società più sana, efficiente e umana. Insomma, se lo stacanovismo è tramontato, deve esserci stata una buona ragione.

1. ○ a. ritorce
   ○ b. reputa
   ○ c. riacquista
   ○ d. riemerge

2. ○ a. sconfiggere
   ○ b. superare
   ○ c. scontrare
   ○ d. soccombere

3. ○ a. giornaliera
   ○ b. tutt'oggi
   ○ c. odierna
   ○ d. oggidì

4. ○ a. assume
   ○ b. assorbe
   ○ c. assimila
   ○ d. aspira

5. ○ a. divoranti
   ○ b. dirimenti
   ○ c. devianti
   ○ d. devastanti

6. ○ a. eppure
   ○ b. in quanto
   ○ c. benché
   ○ d. affinché

Nuove dipendenze 6B

6 VOCABOLARIO Per arricchire il lessico

Cerca nel testo del punto 5b le parole ed espressioni corrispondenti alle definizioni (sono elencate nello stesso ordine in cui appaiono nel testo). Segui l'esempio.

1. rapido e affannoso susseguirsi di azioni — *vortice*
2. allontanamento dalla giusta direzione — _____
3. causa dolore fisico o emotivo — _____
4. finita, passata — _____
5. spinta all'eccesso — _____
6. ambiente favorevole — _____
7. che si dedica al lavoro o allo studio con grande impegno, per ambizione o per compensare la sua scarsa intelligenza — _____
8. seguire il ritmo generale dell'ambiente in cui si vive; mantenersi all'altezza degli altri — _____
9. che nascondono un inganno — _____
10. tornare indietro, cambiare — _____

7 GRAMMATICA Frasi temporali, causali e avversative introdotte da *se*

7a *In coppie. Leggete le frasi tratte dal testo del punto 5b e scegliete il corretto significato del* se, *poi completate la regola sottolineando l'opzione giusta.*

1. ... se il padrone chiedeva, il lavoratore doveva superare i suoi limiti fisici e psicologici...
   ○ a. quando / ogni volta che   ○ b. mentre
2. Se un tempo lo stacanovista era il minatore con la pala in mano, oggi è il professionista sgobbone...
   ○ a. visto che / siccome   ○ b. mentre
3. se lo stacanovismo è tramontato, deve esserci stata una buona ragione.
   ○ a. visto che / siccome   ○ b. quando / ogni volta che

> A volte nel periodo ipotetico il *se* non indica un'ipotesi, ma:
> • un'azione **unica / ripetuta** nel passato che comportava una certa conseguenza o reazione (*ogni volta che / quando*)
> • la **causa / contemporaneità** che comporta la conseguenza espressa nell'altra parte della frase (*visto che / siccome*)
> • una **differenza / similitudine** tra l'azione che segue e quella espressa nell'altra parte della frase (*mentre*).

7b *Scegli il corretto significato del* se *indicando i numeri corrispondenti alle frasi, come nell'esempio.*

	frasi		frasi	
a. ogni volta che / quando	4,	b. visto che / siccome		c. mentre	

1. Se prima si studiava sui libri, ora si usa il computer.
2. Se hai mangiato troppo, è normale che ti senti male.
3. Se tu hai freddo, io sto morendo di caldo.
4. Se pioveva, rimanevamo a casa a giocare a carte.
5. Se sei arrivato tardi, il traffico era intenso.
6. Se mio fratello mi chiamava, correvo subito da lui.

8 PROGETTO Podcast di classe 6

In gruppi. In questo podcast dovrete parlare di un problema del mondo moderno. Seguite le istruzioni.

- Scegliete uno dei tre temi affrontati (privacy, dipendenza digitale, dipendenza da lavoro).
- Ricapitolate i punti chiave del problema.
- Condividete esperienze personali in proposito.
- Suggerite le vostre idee per superare il problema.

6C Con quale linguaggio?

v linguaggio inclusivo

1 PARLARE Linguaggio inclusivo

In gruppi. Discutete dei seguenti punti esponendo le vostre opinioni.

- Cosa significa, secondo voi, "linguaggio inclusivo"?
- Nella vostra lingua è possibile / impossibile, facile / difficile, comune / raro usarlo? Perché sì / no? Fate degli esempi.
- Secondo voi è importante / necessario usarlo? Perché?
- Oltre al genere, quali altre identità dovrebbero essere considerate nel linguaggio inclusivo?

2 ASCOLTARE Il podcast "A dirla tutta!" 6

Leggi le domande, poi ascolta la prima parte del podcast e rispondi. Confrontati con un'altra persona e ascolta nuovamente per risolvere eventuali dubbi. Mentre ascolti prendi nota (nel box a destra) delle parole o frasi che per te sono difficili da capire.

a. Chi è l'ospite del podcast e perché la sua opinione può essere considerata autorevole?

b. Perché l'ospite preferisce il termine "linguaggio ampio" a "linguaggio inclusivo"?

c. Qual è la critica dell'ospite alle persone che si lamentano di non poter più dire nulla?

d. Cosa suggerisce l'ospite agli / alle insegnanti di italiano per insegnare il linguaggio ampio?

e. Quali difficoltà specifiche menziona l'ospite riguardo all'insegnamento del genere grammaticale in italiano?

f. Come risponde l'ospite quando gli studenti chiedono come dire "they / them" in italiano?

➡ **PAROLE / FRASI DIFFICILI**

_____
_____
_____
_____
_____
_____

Ora confronta le tue parole / frasi difficili con quelle dell'altra persona e aiutatevi a chiarire i dubbi.

3 VOCABOLARIO Parole ed espressioni interessanti

In coppie. Leggete le frasi tratte dal podcast e trovate le parole o espressioni corrispondenti alle definizioni. Attenzione: le definizioni vanno al singolare per i nomi e gli aggettivi, e all'infinito per i verbi.

1. Oggi abbiamo l'onore di ospitare una figura di spicco...
2. Quindi, senza ulteriori indugi, diamo il benvenuto alla dottoressa Gheno.
3. Il motivo per cui lo abbiamo annoverato tra i problemi è duplice...
4. ... non è solo una questione di nomenclatura...
5. E che cos'è questo misterioso, linguaggio inclusivo barra ampio?
6. ... non dare, almeno in questo caso, delle risposte apodittiche...

a. _____: assegnazione di un nome a un oggetto o a un concetto che appartiene a un determinato campo o settore.
b. _____: immediatamente, senza esitazione nell'agire.
c. _____: che non ammette critiche o discussioni, incontestabile, assodato.
d. _____: che si distingue per qualità o doti particolari; importante, illustre.
e. _____: comprendere nel numero, includere.
f. _____: segno grafico costituito da una lineetta obliqua, indicante separazione o similitudine.

Con quale linguaggio? 6C

4 ASCOLTARE La seconda parte del podcast "A dirla tutta!" 6

4a In coppie. Ascoltate la seconda parte del podcast tutte le volte di cui avete bisogno e completate la tabella con il maggior numero possibile di informazioni confrontandovi dopo ogni ascolto.

TEMA	INFORMAZIONI
presenza di hate speech	
cause dell'hate speech	
conseguenze dell'hate speech	
soluzioni per l'hate speech	
consigli per approfondire	

4b In gruppi. Discutete dei seguenti punti.

- Siete d'accordo con l'affermazione di Vera Gheno secondo cui l'hate speech non è aumentato, ma è diventato più visibile? Perché?
- Quali altri fattori, oltre ai social media, contribuiscono alla diffusione dell'hate speech?
- Siete d'accordo con le proposte di Vera Gheno per contrastare l'hate speech? Quali altre soluzioni potete suggerire?
- Avete mai assistito o preso parte a una discussione online che si è trasformata in un dibattito violento? Raccontate.
- Quale tra i suggerimenti di Vera Gheno per approfondire il tema vi interessa di più e perché?

DIECI parole del linguaggio inclusivo

In coppie. Provate a scrivere una breve definizione o un sinonimo delle parole della lista, poi confrontatevi con un'altra coppia e infine con tutta la classe. Seguite l'esempio.

1. identità di genere →
2. cisgender → persona la cui identità di genere coincide con il genere assegnato alla nascita
3. non binario →
4. transgender →
5. disabilità →
6. accessibilità →
7. sessismo →
8. omofobia →
9. razzismo →
10. discriminazione →

6 PER FARE ANCORA MEGLIO

v alternative al *se*

1 VOCABOLARIO E se il "se" non significa "se"?

1a *In coppie. Leggete le frasi e identificate quelle in cui il* se *o le espressioni che contengono il* se *non hanno un valore ipotetico (alcuni significati diversi li conoscete già).*

- ○ 1. No, no, lui è tranquillo, **semmai / se mai** sono io che dovrei essere arrabbiata!
- ○ 2. **Se** va tutto bene, finiremo verso le 20:00.
- ○ 3. Sono arrivati tardi come al solito! **Se non altro** hanno portato il dolce.
- ○ 4. **Se** non ti piace, perché lo ha comprato?
- ○ 5. **Se** è un po' solitario, non per questo è una brutta persona.
- ○ 6. **Se** la pasta è scotta, non la mangio!
- ✓ 7. **Se** Giulio andava alla partita, io mi aggregavo sempre.
- ○ 8. Il tuo **se** mi ha messo in crisi.
- ○ 9. **Se** un anno fa stavo sempre inchiodato al cellulare, adesso lo uso solo un paio di ore al giorno.

Ora abbinate ogni frase al significato corretto, come nell'esempio.

		frase numero
a.	mentre	
b.	dubbio / perplessità	
c.	al contrario / anzi	
d.	visto che / dato che / poiché	
e.	nonostante / sebbene / anche se	
f.	almeno / perlomeno	
g.	ogni volta che / quando	7

1b *Trasforma le seguenti frasi usando il* se *nei suoi vari significati e facendo i cambiamenti necessari.*

1. È chiaro che non mi vuoi con te dato che hai comprato un solo biglietto! _____

2. Daniele non è simpaticissimo, ma almeno fa bene il suo lavoro. _____

3. Mentre 50 anni fa si pagava un sacco per telefonare, oggi si fa quasi gratuitamente. _____

4. La tua proposta solleva parecchie perplessità. _____

5. Non mi sembra affatto brutto, anzi è interessante! _____

6. A Firenze, ogni volta che avevo voglia andavo in un museo. _____

7. Nonostante fosse presente sul luogo del delitto, non è detto che sia l'assassino. _____

2 VOCABOLARIO E se altre parole significano "se"?

In coppie. Leggete le parole e decidete quali, secondo voi, possono essere sinonimi di se. *Poi confrontatevi con un'altra coppia per verificare.*

- ○ salvo che
- ○ qualora
- ○ se mai / semmai
- ○ ove
- ○ ossia
- ○ putacaso*
- ○ caso mai / casomai*
- ○ laddove
- ○ a seconda di
- ○ in caso / nel caso in cui
- ○ purché

* colloquiale

Ora ricostruite le frasi e coniugate i verbi per formare dei periodi ipotetici di 1°, 2° o 3° tipo, come nell'esempio.

ESEMPIO: (*io*) – **purché** – essere disposta – il giusto compenso – venire pagato – a fare gli straordinari – mi
Sarei disposta a fare gli straordinari, purché mi venisse pagato il giusto compenso.

1. (*tu*) a contattarmi – avere bisogno di aiuto – non esitare – **qualora**
_____

2. (*lui*) a prendere provvedimenti – non dovere migliorare – **laddove** – essere costretto – la situazione
_____

3. (*noi*) non volere venire – Simona – portarcela a forza – **putacaso** – a cena
_____

4. (*tu*) cambiare – **casomai** – chiamarmi – idea
_____

5. (*voi*) gli avanzi – avere fame – in frigo – esserci – **qualora**
_____

6. (*lei - tu*) avvisarmi – chiamare – **in caso** – ti
_____

SPUTA IL ROSPO 6

1 PARLARE A mali estremi, estremi rimedi!

Tutti insieme. Leggete la situazione che segue e intavolate un dibattito sull'argomento, ascoltando le opinioni delle altre persone ed esponendo le vostre. Durante la discussione prendete appunti sui concetti più interessanti.

> I governi di tutto il mondo, preoccupati per la crescente dipendenza tecnologica e i suoi effetti negativi sulla società, stanno valutando l'ipotesi di eliminare internet a livello globale come misura drastica per affrontare il problema. La decisione finale verrà presa durante un summit internazionale che si terrà tra un mese. Nel frattempo, i cittadini di ogni nazione hanno la possibilità di esprimere la propria opinione su questa proposta radicale.

2 SCRIVERE La posizione dei cittadini italiani

In gruppi. Vi hanno scelto per rappresentare l'Italia nel summit internazionale, quindi dovete scrivere il testo del discorso che pronuncerete. Seguite le istruzioni.

- **Scegliete quale opinione sostenere**: siete d'accordo con l'eliminazione di internet per combattere la dipendenza tecnologica? Oppure questa misura estrema non vi convince e ritenete che esistano soluzioni alternative?
- **Scrivete il testo del discorso**: esprimete le vostre argomentazioni a favore o contro l'eliminazione di internet, utilizzando il periodo ipotetico per:
    - descrivere le potenziali conseguenze positive dell'eliminazione di internet (se siete favorevoli) o esplorare gli scenari negativi che potrebbero derivare da questa misura (se siete contrari).
    - proporre misure di compensazione alla mancanza totale di internet (se siete a favore) o di soluzioni alternative alla completa eliminazione di internet (se non siete a favore).

Utilizzate un linguaggio persuasivo e supportate le vostre opinioni con dati concreti ed esempi.
Evitate le ripetizioni utilizzando altre parole al posto del **se** o il periodo ipotetico in forma implicita.

3 RIFLETTERE Come risolvere un problema

In coppie. Pensate all'argomento che ognuno di voi ha trovato più difficile in questa lezione e seguite lo schema per trovare una soluzione ai vostri due problemi. Al termine condividete le vostre soluzioni con le altre coppie.

Che tipo di problema è? (grande / piccolo, complesso / semplice, nuovo / vecchio, ecc.)

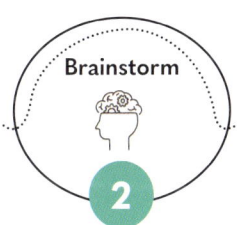

Quali possibili soluzioni vi vengono in mente?

Qual è la soluzione migliore e perché?

Sviluppate una strategia per applicare la soluzione scelta al problema (tempi, modi, ruoli, ecc.)

6 GRAMMATICA

PERIODO IPOTETICO (RIPASSO)

PERIODO IPOTETICO DI 1° TIPO (REALTÀ)
L'ipotesi è presentata come un fatto reale o plausibile.

se + indicativo (presente, passato, futuro), **+ indicativo** (presente, passato, futuro) / **imperativo**

Se mi sveglio tardi, perdo il treno.
Se non supererò l'esame, dovrò ripetere il corso.
Se hai bisogno, chiamami!
Se non hai capito, dimmelo!

PERIODO IPOTETICO DI 2° TIPO (POSSIBILITÀ)
L'ipotesi è presentata come possibile.

se + congiuntivo imperfetto, + condizionale presente

Se non ci fosse internet, la vita sarebbe molto diversa.

PERIODO IPOETICO DI 3° TIPO (IMPOSSIBILITÀ)
L'ipotesi è presentata come impossibile perché riguarda il passato.

se + congiuntivo trapassato, + condizionale passato

Se non fossi stato tutto il giorno al cellulare, avresti studiato di più.

PERIODO IPOTETICO MISTO

L'ipotesi del presente poteva avere una conseguenza nel passato, ma non si è verificata.

se + congiuntivo imperfetto, + condizionale passato

Se fossero più intelligenti, non avrebbero fatto quell'errore.

L'ipotesi del passato poteva avere una conseguenza nel presente, ma non si è verificata.

se + congiuntivo trapassato, + condizionale presente

Se avesse passato meno tempo sui social, ora non sarebbe un influencer.

PERIODO IPOTETICO CON FORME IMPLICITE

L'ipotesi, oltre che con il **se**, può essere espressa nei seguenti modi:

gerundio presente o passato + indicativo / condizionale

Proteggendo la tua privacy, correrai meno rischi.
Lavorando di meno, ti godresti di più la vita.
Essendo partiti in anticipo, saremmo arrivati puntuali.

participio passato + indicativo / condizionale

Spento il cellulare, studierai di più.
Terminato il progetto velocemente, avresti molto tempo libero.

a + infinito presente / passato + indicativo / condizionale

A osservarlo attentamente, sembra proprio strano!
Ad averci pensato prima, avremmo chiesto il suo aiuto.

FRASI TEMPORALI, CAUSALI E AVVERSATIVE INTRODOTTE DA "SE"

A volte nel periodo ipotetico il **se** non indica un'ipotesi, ma:

- un'azione ripetuta nel passato che comportava una certa conseguenza o reazione (*se* = *ogni volta che / quando*)
Se gli studenti non capivano bene, l'insegnante rispiegava tutto con altre parole.

- la causa che comporta la conseguenza espressa nell'altra parte della frase (*se* = *visto che / siccome*)
Se l'hai chiamata, dovevi avere il suo numero, no?

- una differenza tra l'azione che segue e quella espressa nell'altra parte della frase (*se* = *mentre*)
Se un tempo si usavano le cabine telefoniche, oggi si usano i cellulari.

ALTERNATIVE AL "SE"

Oltre al **se**, esistono altre parole che esprimono l'ipotesi o la condizione:

qualora: significa **nel caso, nell'eventualità, se mai** e introduce una frase ipotetica e allo stesso tempo temporale. È seguito dal congiuntivo imperfetto o trapassato.
Qualora fosse possibile, gradirei essere invitato.

laddove / ove: significa **se, qualora** ed è tipico del linguaggio elevato. È seguito dal congiuntivo imperfetto o trapassato.
Laddove avesse avuto altre notizie, ci avrebbe informati.

se mai / semmai: significa **se, qualora**, ma si può usare anche con l'indicativo.
Se mai avesse avuto un sospetto, ce lo avrebbe detto.
Semmai hai voglia di uscire, chiamami!

caso mai / casomai: significa **nel caso in cui**, ma è più informale. Si usa quasi esclusivamente con il congiuntivo imperfetto.
Casomai ti venisse una buona idea, fammelo sapere!

in caso / nel caso in cui: significa **nell'ipotesi che**. È seguito dal congiuntivo imperfetto o trapassato.
In caso avessi tempo, potremmo prenderci un caffè.

purché: significa **solo se**. È seguito dal congiuntivo.
Ti aiuto purché tu mi insegni qualcosa di nuovo.

putacaso: significa **nell'ipotesi in cui** ed è un'espressione molto informale. È seguito dal congiuntivo o dall'indicativo.
Putacaso non volesse venire, non insistere!
Putacaso c'è troppa gente, non ci andiamo.

GRAMMATICA 6

PERIODO IPOTETICO (RIPASSO)

1 *Decidi quale tipo di periodo ipotetico è più adatto per ogni frase e coniuga i verbi al giusto modo e tempo.*

1. Se (*smettere*) _____ di lavorare così tanto ogni giorno, (*avere*) _____ più tempo per te stesso. Saresti anche più felice!
2. Ho tenuto il cellulare spento tutto il giorno e non l'ho ancora riacceso! Se non mi (*tu, credere*) _____, (*guardare*) _____ l'orario del mio ultimo accesso a WhatsApp!
3. Se l'anno scorso l'azienda (*investire*) _____ una parte dei ricavi per proteggere la sua privacy, non (*perdere*) _____ tutti quei dati importanti.
4. Se (*controllare*) _____ le e-mail ogni 5 minuti, (*essere*) _____ probabile che tu soffra di dipendenza digitale.
5. Non pensi che (*noi, potere*) _____ parlare più tranquillamente se ora (*tu, smettere*) _____ di guardare il cellulare?

PERIODO IPOTETICO MISTO

2 *Sottolinea l'opzione giusta.*

1. Se fossero più attenti alla loro salute mentale, **sarebbero / sarebbero stati** in grado di gestire meglio lo stress dell'ultimo esame.
2. Se avessero cominciato prima a usare il nuovo programma, ora **saprebbero / avrebbero saputo** usarlo senza problemi.
3. Se non lavorasse dieci ore al giorno, **eviterebbe / avrebbe evitato** l'esaurimento e quindi il ricovero in ospedale per 15 giorni. È stato terribile!
4. Se non avessimo ignorato i segnali di dipendenza dall'inizio, non **ci troveremmo / ci saremmo trovati** in una situazione così critica come questa.
5. Se foste più aperti alle innovazioni, sicuramente non **perdereste / avreste perso** così tanti clienti a causa dell'arretratezza del vostro sito web, ma ormai non si può tornare indietro.
6. Se non avessi speso ore ogni giorno sui social media, **avresti / avresti avuto** degli amici da invitare alla festa di stasera e invece non sai chi chiamare!

PERIODO IPOTETICO CON FORME IMPLICITE

3 *Trasforma i periodi ipotetici in forme implicite.*

gerundio presente o passato
1. Se avessi passato meno tempo sui social media, avresti finito prima il tuo lavoro.
_____
_____

2. Se spegnessi il cellulare la sera, dormiresti meglio.
_____

participio passato
3. Se spegni il cellulare, studierai di più.
_____

4. Se capissi i rischi, useresti password più sicure.
_____

a + infinito presente o passato
5. Se avessi pensato prima alle conseguenze, non avresti pubblicato quel post.
_____
_____

6. Se ci riflettiamo bene, non è poi così difficile disconnettersi.
_____
_____

FRASI TEMPORALI, CAUSALI E AVVERSATIVE INTRODOTTE DA "SE"

4 *Per ogni frase indica il significato del* **se**.

a. ogni volta che / quando | **b.** visto che / siccome | **c.** mentre

1. Se in passato non c'erano computer, oggi sono essenziali. _____
2. Se sei arrivato in tempo, vuol dire che il treno non era in ritardo. _____
3. Se non avevi i soldi, perché sei andato al ristorante? _____
4. Se pioveva, stavamo a casa e guardavamo un film. _____
5. Se avevi fame, potevi dirmelo invece di soffrire! _____
6. Se una volta si leggevano i giornali, oggi si leggono le notizie online. _____
7. Se non avevi la chiave, come sei entrato? _____
8. Se ieri faceva freddo, oggi è una giornata caldissima. _____

ALTERNATIVE AL "SE"

5 *Sottolinea l'alternativa corretta.*

1. **Purché / Qualora / Putacaso** non vuoi venire, lo capirò.
2. **Laddove / Casomai / Purché** avessi saputo del problema, te ne avrei parlato.
3. **In caso / Se mai / Qualora** hai tempo, possiamo incontrarci.
4. Gli preparo la cena **se mai / purché / qualora** mi faccia scegliere il film.
5. **Purché / Qualora / Putacaso** ci fosse un'emergenza, la prego di contattarmi immediatamente.

6 VOCABOLARIO

ESPRESSIONI IDIOMATICHE CON LA PAROLA "GATTO"

- **avere una (bella) gatta da pelare:** avere un problema, un'incombenza fastidiosa, una situazione difficile
- **non c'è trippa per gatti:** non c'è niente da fare, non esistono alternative
- **essere / esserci quattro gatti:** essere / esserci pochissime persone
- **essere come cane e gatto:** due persone molto diverse tra loro, che non vanno assolutamente d'accordo
- **quando il gatto non c'è, i topi ballano:** quando chi comanda non è presente, gli altri ne approfittano per fare quello che vogliono
- **(qui) gatta ci cova:** c'è qualcosa di poco chiaro, forse un inganno
- **tanto va la gatta al lardo che ci lascia lo zampino:** chi commette frequentemente un atto illecito o troppo rischioso, prima o poi dovrà pagarne le conseguenze

ESPRESSIONI IDIOMATICHE E PAROLE INTERESSANTI

- **a caso:** senza riflettere, senza una logica
- **affliggere:** causare dolore fisico o emotivo
- **allibito:** estremamente sorpreso, senza parole
- **chi non risica non rosica:** se non si rischia, non si può avere successo
- **combinare:** fare in senso negativo, causare, provocare
- **consumare:** causare eccessiva pressione psicologica fino a ridurre qualcuno / qualcosa in cattivo stato
- **deriva:** allontanamento dalla giusta direzione
- **esasperato:** spinto all'eccesso
- **fare la prima mossa:** fare il primo gesto per stabilire un contatto
- **invertire la rotta:** tornare indietro, cambiare
- **roba:** nome generico di tutto ciò che ha natura materiale, ma anche sostituto di "cosa" e "fatto"
- **sgobbone:** che si dedica al lavoro o allo studio con grande impegno, per ambizione o per compensare la sua scarsa intelligenza
- **stare al passo:** seguire il ritmo generale dell'ambiente in cui si vive, mantenersi all'altezza degli altri
- **subdolo:** che nasconde un inganno
- **terreno fertile:** ambiente favorevole
- **tirare fuori:** far uscire qualcosa da dentro, rivelare
- **tramontato:** finito, passato
- **vortice:** rapido e affannoso susseguirsi di azioni

DIPENDENZE

SINONIMI DI "AVERE UNA DIPENDENZA"
- essere schiavo di
- non poter fare a meno di
- non riuscire a staccarsi da
- essere incollato a
- non riuscire a toglierselo dalla testa
- essere in balia di
- avere un chiodo fisso
- avere il pallino di

- **perdere il controllo:** non mantenere il controllo di sé
- **assuefazione / assuefarsi:** adattamento dell'organismo a una sostanza di uso continuo (o a un comportamento abituale), tale da ridurne o annullarne gli effetti
- **astinenza:** sofferenza per la mancanza di una sostanza o di un comportamento a cui l'organismo era abituato
- **mania / fissazione:** idea fissa, tendenza esclusiva ed esagerata verso qualche cosa
- **compulsivo:** che viene eseguito da un soggetto in modo automatico e irrefrenabile
- **irresistibile:** che supera qualsiasi possibilità di resistenza o di controllo
- **stacanovista:** persona che lavora troppo

LINGUAGGIO INCLUSIVO

- **identità di genere:** senso di appartenenza di un essere umano al genere maschile, femminile o non binario
- **cisgender:** persona la cui identità di genere coincide con il genere assegnato alla nascita
- **non binario:** che non si identifica né nel genere maschile né in quello femminile
- **transgender:** persona che ha un'identità di genere diversa dal genere assegnato alla nascita
- **disabilità:** condizione di chi presenta durature menomazioni fisiche, mentali, intellettive o sensoriali
- **accessibilità:** caratteristica di un dispositivo, di un servizio, di una risorsa o di un ambiente di essere fruibile con facilità da qualsiasi utente
- **sessismo:** tendenza a mettere in atto una discriminazione sessuale o a valutare le capacità o l'attività delle persone in base al sesso
- **omofobia:** avversione ossessiva per gli omosessuali e l'omosessualità
- **razzismo:** idea secondo la quale esistono razze umane superiori e razze umane inferiori
- **discriminazione:** comportamento, diretto o indiretto, che causa un trattamento non paritario di una persona o di un gruppo di persone per la loro appartenenza a una determinata categoria

VOCABOLARIO 6

ESPRESSIONI IDIOMATICHE CON LA PAROLA "GATTO"

1 *Completa le frasi con le espressioni idiomatiche che contengono la parola "gatto", facendo i necessari cambiamenti.*

1. Alla mia festa di compleanno _____, ma ci siamo divertiti lo stesso.
2. Marco e Luca non riescono a lavorare insieme, _____.
3. Oggi in ufficio vanno tutti a rilento perché il capo è malato e _____.
4. Luigi è sempre a rischio con i suoi affari loschi, ma deve stare attento perché _____.
5. Abbiamo _____ con questo progetto, non sarà facile portarlo a termine.
6. Non pensare di poter ottenere un aumento di stipendio perché ora _____.
7. È proprio strano che Antonella non sia uscita stasera, _____.

PAROLE ED ESPRESSIONI IDIOMATICHE

2 *Sottolinea l'opzione giusta.*

1. Mi ha insultato pesantemente, mi ha lasciato **allibito / subdolo / afflitto**.
2. Il tempo delle cabine telefoniche è ormai **terreno fertile / a caso / tramontato**.
3. Con la tecnologia è necessario **stare al passo / tirare fuori / invertire la rotta** con tutte le ultime novità.
4. Questo ambiente è **una deriva / terreno fertile / una roba** per nuove idee.
5. La continua pressione del lavoro ha iniziato a **combinarlo / tirarlo fuori / consumarlo**.
6. Piero mi piace un sacco, ma purtroppo non ha ancora **invertito la rotta / afflitto / fatto la prima mossa**.

DIPENDENZE

3 *Completa il testo con le parole o espressioni date, facendo i necessari cambiamenti. Attenzione: ci sono delle parole in più.*

**assuefazione | fissazione | incollati | perdere
astinenza | chiodo fisso | balia | staccarsi
stacanovista | compulsivo | schiavo | irresistibile**

Come uscire da una dipendenza

Uscire da una dipendenza è un percorso complesso ma possibile. Il primo passo è riconoscere di essere _____ di una sostanza o di un comportamento. Capire che non si riesce a _____ da ciò che causa la dipendenza è fondamentale per iniziare a lavorare su di sé. Il supporto di professionisti può aiutare a non _____ il controllo di sé, fornendo strategie per affrontare la mania e la fissazione che dominano i pensieri in modo _____.
La chiave del processo è rompere il ciclo dell'_____, adattando l'organismo a nuove abitudini sane. Questo può ridurre l'effetto _____ della dipendenza. Durante il percorso di recupero, è anche importante essere preparati a gestire l'_____, una fase difficile ma temporanea.
È utile sostituire la propria _____ con un interesse positivo per la propria salute e il proprio benessere. Essere in _____ di un comportamento nocivo può essere trasformato in determinazione costante verso il miglioramento personale, impegnandosi con serietà e costanza. Con il tempo e il supporto giusto, ci si può liberare da qualsiasi _____ che condiziona la nostra vita.

LINGUAGGIO INCLUSIVO

4 *Completa le frasi con le parole date facendo i necessari cambiamenti e inserendo l'articolo dove necessario.*

**accessibilità | transgender | non binario | disabilità
identità di genere | cisgender | razzismo**

1. Non dovremmo usare i pronomi lui / lei con una persona _____.
2. Combattere _____ richiede un impegno collettivo per l'educazione e la sensibilizzazione sulle diversità culturali.
3. In molte parti del mondo, le persone _____ lottano ancora per il riconoscimento legale della loro identità di genere.
4. Nei documenti ufficiali, molte nazioni stanno iniziando a riconoscere _____ al di là delle categorie tradizionali di maschio e femmina.
5. Nel dibattito pubblico, è importante includere le voci di tutti per bilanciare la predominanza delle esperienze _____.
6. _____ educativa significa offrire risorse e supporti adeguati a studenti con diverse abilità e stili di apprendimento.
7. Le persone con _____ hanno diritto a un'istruzione e a opportunità lavorative paritarie.

6 CULTURA

1 PARLARE La prima volta

In gruppi. Discutete dei seguenti punti.

- Ricordate quando avete usato un computer per la prima volta?
- Quanti anni avevate?
- Cosa avete fatto con il computer la prima volta che lo avete usato?
- Come vi siete sentiti/e in quel momento?
- Qual è stato il momento più divertente o memorabile di quella esperienza?
- Ricordate come era fatto il computer? (ad esempio, il colore, la forma, il tipo di schermo)

Ora condividete con tutta la classe il ricordo più interessante che è emerso dalla discussione.

2 LEGGERE Il Programma 101: l'avanguardia italiana del personal computing

In coppie. Leggete il testo inserendo le parole al posto giusto.

accessibili | calcolatore | memoria | stampante | innovazione | informatica | tastiera
ergonomico | memorizzare | schede | icona | stampare

Nel panorama dell'_____, l'Italia vanta un ruolo pionieristico spesso sottovalutato. Tra le sue eccellenze spicca Olivetti, azienda torinese che nel 1965 ha svelato al mondo il Programma 101, conosciuto anche come Perottina o P101. Ben più di un semplice _____ programmabile da scrivania, la P101 rappresentava un vero e proprio computer ante litteram, anticipando di anni l'era dei personal computer. Ideato dall'ingegnere Pier Giorgio Perotto, il Programma 101 si distingueva per il suo design innovativo ed _____, opera di Mario Bellini.
Caratterizzato da un'interfaccia utente intuitiva e da un'ampia gamma di funzioni, il Programma 101 era in grado di eseguire calcoli complessi, _____ programmi e dati su schede magnetiche e persino _____ risultati. La sua versatilità lo rendeva uno strumento prezioso per professionisti di svariati settori, dall'ingegneria alla contabilità, fino alla pubblica amministrazione.
Nonostante il prezzo elevato (circa 3.200 dollari dell'epoca), il Programma 101 ha riscosso un notevole successo, con circa 44.000 unità vendute, principalmente negli Stati Uniti. Il suo impatto sull'industria informatica è stato considerevole, aprendo la strada a una nuova generazione di computer più _____ e user-friendly.
Oltre al suo valore intrinseco come macchina rivoluzionaria, il Programma 101 incarna l'ingegno e la creatività italiana. La sua storia rappresenta un'importante testimonianza del contributo del nostro Paese all'_____ tecnologica e al progresso scientifico.
Ancora oggi, il Programma 101 rimane un'_____ del design e della tecnologia italiana, simbolo di un'epoca in cui l'Olivetti era all'avanguardia nel panorama mondiale dell'informatica.

Dettagli tecnici del Programma 101

_____: 240 byte
Input: _____ a 36 tasti
Output: _____ integrata
Supporto di memoria esterno: _____ magnetiche
Peso: 35,5 kg

Curiosità

Il Programma 101 è stato utilizzato dalla NASA durante la missione lunare Apollo 11.

Un esemplare di Programma 101 è esposto al MoMA (Museum of Modern Art) di New York.

Ora rispondete alle seguenti domande:

- Quali sono i fattori che hanno contribuito al successo del Programma 101?
- Quali specifiche funzioni o elementi chiave del P101 si ritrovano nei computer moderni?
- In che modo il Programma 101 ha influenzato lo sviluppo dei personal computer moderni?
- In che senso la Perottina rappresenta l'ingegno e la creatività italiana?

GRAMMATICA

1 Crea i periodi ipotetici come nell'esempio. Trasforma i verbi negativi in affermativi e viceversa quando necessario.

ESEMPIO: Non sono brava a cucinare. Non ti invito a cena. (2° tipo)
Se fossi brava a cucinare, ti inviterei a cena.

1. Non hai controllato le previsioni del tempo. Hai lasciato l'ombrello a casa. (3° tipo)
   _____
2. Fabiana non si è ricordata di comprare il pane. Fabiana è dovuta uscire di nuovo. (3° tipo)
   _____
3. Lui mi chiede scusa. Io lo perdono. (2° tipo)
   _____
4. Voi volete venire da me. Avvisatemi! (1° tipo)
   _____
5. Non siamo ricchi. Non andiamo in vacanza più spesso. (2° tipo)
   _____

OGNI FRASE CORRETTA = 2 PUNTI ___ / 10

2 Coniuga i verbi al modo e tempo opportuno per creare dei periodi ipotetici misti. Segui l'esempio.

ESEMPIO: Se noi non (adottare) *avessimo adottato* Rex, ora la nostra casa (sembrare) *sembrerebbe* vuota!

1. Se tu (ascoltare) _____ i consigli che il medico ti ha dato nell'ultima visita, ora non (avere) _____ questi problemi di salute.
2. Se voi (essere) _____ persone più pazienti, ieri non (litigare) _____ in quel modo.
3. Se noi stamattina (prendere) _____ il treno delle 7, ora già (essere) _____ a destinazione.
4. Se io non (passare) _____ troppo tempo sui social per tutti questi mesi, a quest'ora la mia tesi di laurea (essere) _____ già pronta.
5. Se Carlo (essere) _____ più organizzato nella sua vita, non (dimenticare) _____ di pagare le bollette la settimana scorsa.
6. Se Alessia (spendere) _____ meno soldi per comprare tutti quei vestiti, adesso (potere) _____ permettersi di andare in vacanza.

OGNI VERBO CORRETTO = 1 PUNTO ___ / 12

3 Abbina le parti e forma frasi ipotetiche.

1. Proteggendo la tua privacy...
2. Lavorando meno...
3. Essendo partiti in anticipo...
4. Spento il cellulare...
5. Terminato il progetto velocemente...
6. Ad aver saputo che i saldi inizieranno presto...
7. Ad aver ricevuto prima l'invito di Mariella alla festa...
8. Conosciuta meglio la persona...
9. Silenziando le notifiche del cellulare...
10. Usando pennelli più professionali...

a. sarai del tutto irraggiungibile.
b. guadagnerai anche meno.
c. non avrei fatto così tanto shopping!
d. il tuo quadro sarebbe stato ancora più bello!
e. non saresti distratto così spesso dai vari bip.
f. saremmo arrivati puntuali.
g. potremmo presentarlo per l'approvazione.
h. le avrei comprato un regalo.
i. ridurrai il rischio di furti d'identità.
l. non avrei iniziato una relazione con lei.

OGNI ABBINAMENTO CORRETTO = 1 PUNTO ___ / 10

4 Indica se le frasi hanno un significato temporale (T), causale (C), avversativo (A) o ipotetico (I).

	T	C	A	I
1. Se gli chiedevo di aiutarmi, era sempre pronto a farlo.	○	○	○	○
2. Se sei stato promosso, ora possiamo festeggiare.	○	○	○	○
3. Se hai trovato le chiavi, allora puoi entrare.	○	○	○	○
4. Se mio marito è molto socievole, io sono più solitaria.	○	○	○	○
5. Davvero domani l'ufficio è chiuso? Allora, se non vai a lavorare, mi accompagni dal medico?	○	○	○	○
6. Se prima faceva una dieta drastica, adesso mangia davvero troppo!	○	○	○	○
7. Se ti sembrerà simpatico, ti darò il suo numero.	○	○	○	○
8. Se vi siete scambiati dei messaggi, come è possibile che non la conosci?	○	○	○	○

OGNI SCELTA CORRETTA = 2 PUNTI ___ / 16

6 TEST

5 Riscrivi le seguenti frasi sostituendo il *se* con l'alternativa data tra parentesi. In alcuni casi sono possibili più soluzioni.

1. Se viene a casa mia, parleremo dell'accaduto. (*qualora*)
   _____
2. Se trovassi il libro, te lo presterei. (*casomai*)
   _____
3. Se le servisse aiuto, non esiti a contattarci. (*laddove*)
   _____
4. Verrei con voi se mi aspettaste. (*purché*)
   _____
5. Se mai cambiassi idea, fammelo sapere. (*putacaso*)
   _____

OGNI FRASE CORRETTA = 2 PUNTI ___ / 10

VOCABOLARIO

6 Completa le frasi con le parole della lista.

**invertire | togliermi | passo | sgobbone
pallino | balia | mossa | meno**

1. Non riesco a _____ dalla testa quel commento.
2. Andrea ha sempre avuto il _____ di imparare a suonare la chitarra e ora finalmente lo sta facendo.
3. Simonetta non può fare a _____ di comprare vestiti, anche se ha l'armadio pieno.
4. Giuseppe è in _____ dei suoi amici, che spesso prendono decisioni al suo posto.
5. Il partito ha fatto la prima _____ proponendo una riforma radicale del sistema sanitario.
6. L'azienda stava perdendo clienti, ma con un nuovo piano strategico è riuscita a _____ la rotta e a riconquistare la fiducia del mercato.
7. In ufficio, Stefano è conosciuto come lo _____ del gruppo per la sua dedizione e il suo impegno costante.
8. In un mondo tecnologicamente avanzato, è importante che le aziende stiano al _____ con i cambiamenti digitali per rimanere competitive.

OGNI PAROLA CORRETTA = 2 PUNTI ___ / 16

7 Abbina gli elementi di destra e di sinistra per ricostruire le 8 parole. Attenzione: ci sono 2 elementi in più in ogni colonna.

1. sess   a. ilità
2. incl   b. ismo
3. discrimin   c. essibilità
4. disab   d. ismo
5. omo   e. vazione
6. tran   f. gender
7. cis   g. zione
8. razz   h. fobia
9. asser   i. azione
10. acc   l. sgender

OGNI ABBINAMENTO CORRETTO = 2 PUNTI ___ / 16

COMUNICAZIONE

8 Scegli la reazione corretta.

1. • **I miei genitori sono partiti. Vieni alla mia festa stasera?**
   - a. ■ Certo! Qui gatta ci cova!
   - b. ■ Ah, quando il gatto non c'è i topi ballano!
   - c. ■ Mi dispiace, non c'è trippa per gatti!
2. • **Sai che hanno scoperto che Mariella sottraeva soldi dalla cassa?**
   - a. ■ Mamma mia, ha invertito la rotta!
   - b. ■ Non ci credo! Chi non risica non rosica!
   - c. ■ Ma dai! Tanto va la gatta al lardo che ci lascia lo zampino!
3. • **Sandra e Beatrice hanno deciso di sciogliere la società e vendere il negozio.**
   - a. ■ Non mi sorprende, erano come cane e gatto!
   - b. ■ Ovvio, erano quattro gatti!
   - c. ■ Peccato! Avevano una bella gatta da pelare!
4. • **Hai visto che Piero ha cancellato dal suo profilo tutte le foto con Sara?**
   - a. ■ Mannaggia, è davvero allibita!
   - b. ■ Mmmh, qui gatta ci cova!
   - c. ■ Beh, significa che vuole stare al passo!
5. • **Ultimamente sto dormendo poco, mangiando male e lavorando come un pazzo!**
   - a. ■ Mmmh, qui gatta ci cova!
   - b. ■ Ti capisco, non c'è trippa per gatti!
   - c. ■ Ma dai, devi invertire la rotta!

OGNI OPZIONE CORRETTA = 2 PUNTI ___ / 10

TOTALE ___ / 100

LEZIONE 7
UN PO' DI SALE IN ZUCCA

Qui imparo a:
- *utilizzare un linguaggio formale e appropriato a temi scientifici e tecnologici*
- *confrontare e contrapporre diverse fonti di informazione*
- *enfatizzare l'oggetto dell'azione o il suo risultato*
- *esprimere la continuità di un'azione e un cambiamento di stato*

COMINCIAMO

a In coppie. Scegliete il significato giusto dell'espressione "avere sale in zucca" motivando la vostra scelta e confrontandovi con le altre coppie. Poi verificate la soluzione con l'insegnante.

| 1. essere molto creativi | 2. essere molto confusi | 3. essere molto intelligenti |

Ora provate a spiegare perché si dice così, poi leggete la spiegazione in basso e decidete quale coppia si è avvicinata di più al significato corretto.

b Tutti insieme. Seguite le istruzioni:
- ogni persona scrive su un foglietto la domanda che secondo lui / lei si deve porre a una persona per capire se è intelligente. Tutti i foglietti vengono messi in un contenitore.
- l'insegnante estrae un foglietto alla volta, legge la domanda e assegna un punto a chi risponde correttamente per primo/a. Non potete rispondere alla domanda che avete scritto voi stessi/e!
- chi prende più punti sarà eletto "genio della classe".

Soluzione del punto a:
Nell'antica Roma il sale, preziosissimo, era trasportato nelle zucche. Poi il sale è passato a indicare l'intelligenza.

7A Il mistero dell'intelligenza

v intelligenza e stupidità

1 VOCABOLARIO Volpe o somaro?

In coppie. Inserite le seguenti parole ed espressioni nel box dell'intelligenza o della stupidità, completandole con il verbo essere *o* avere, *come negli esempi. Vince la coppia che dà per prima tutte le risposte corrette.*

... un / una deficiente | ... brillante | ... sagace | ... un / una sciocco/a | ... astuto/a | ... la testa dura
✓ ... un / una somaro/a | ... perspicace | ... geniale | ... sveglio/a | ... una capra | ... dotato/a | ... ottuso/a
... sale in zucca | ✓ ... una volpe | ... un / una idiota | ... un / una cervellone/a | ... un / una tonto/a
un / un' imbecille | ... una marcia in più | ... duro/a di comprendonio | ... un / una babbeo/a | ... un cervello fino
... un'aquila | ... una buona testa | ... una cima

INTELLIGENZA	STUPIDITÀ
essere una volpe	*essere* un / una somaro/a
avere sale in zucca	

Ora leggete l'etimologia delle due parole. La conoscevate già o vi sorprende?

intelligente: dal lat. *intelligĕre* «intendere», composto di *inter* «tra» e *legĕre* «scegliere».

stupido: dal lat. *stupĭdus*, der. di *stupēre* «stupire».

2 PARLARE Cos'è l'intelligenza?

In gruppi. Svolgete i seguenti compiti:

- Scegliete le 3 parole della lista che secondo voi sono più legate al concetto di intelligenza e spiegate perché (dovete arrivare a una decisione comune).

memoria | apprendimento | talento | saggezza | pensiero | risoluzione dei problemi | creatività

- Discutete dei seguenti punti:
  - Quali caratteristiche deve avere una persona per poter essere definita "intelligente"?
  - Chi è la persona più intelligente che conoscete e cosa la rende così speciale?
  - Qual è la cosa più stupida che abbiate mai fatto?
  - In che situazione vi siete sentiti particolarmente intelligenti?

- Scrivete una definizione <u>chiara, precisa, completa e concisa</u> della parola "intelligente". Condividetela con gli altri gruppi e poi elaborate una definizione collettiva, integrando i migliori elementi delle definizioni di ogni gruppo.

Il mistero dell'intelligenza 7A

3 LEGGERE Domande e risposte sull'intelligenza

3a In coppie (A e B). Leggete i 4 paragrafi ad alta voce alternandovi (A legge il primo e il terzo, B legge il secondo e il quarto). Attenzione: le lettere delle parole **evidenziate** sono in disordine, ma la prima e l'ultima lettera sono sempre giuste.

testo parlante 43

Il fascino multiforme dell'intelligenza

1. L'intelligenza ha da sempre incuriosito e affascinato filosofi, psicologi e scienziati. **Dfeirnila in mdoo uvoinco** è impresa **adura, e ifntati ne etissono mtolisisme deiifniozni deviesr**, ma per tagliare **la tseta al troo smiao adanti** a consultare **qleula del vcoalobraio** della Treccani (la più **fosmaa ecnilcodepia ilatana di seiczne,** lettere ed arti) in cui la parola "intelligenza" è definita come "Complesso di facoltà psichiche e mentali che consentono all'uomo di pensare, comprendere o spiegare i fatti o le azioni, elaborare modelli astratti della realtà, intendere e farsi intendere dagli altri, giudicare, e lo rendono insieme capace di adattarsi a situazioni nuove e di modificare la situazione stessa quando questa presenta ostacoli all'adattamento".

2. Fin qui tutto chiaro, ma poi ci si potrebbe porre tutta una serie di domande, tra cui: "Perché alcune persone sono più intelligenti di altre?". **Al cnotarrio di qunato si ptorbebe pesanre, gli sceniztiai** ritengono che la **ripssota vdaa carceta non sloo nlela gnteeica (che cmuoqnue** influisce **in una precnteaule vairiable** tra il 40 e il 60%), ma **achne** nell'**abmeinte** in cui cresciamo e **nlele epsezriene** che **vviamio**.

3. L'altro interrogativo che spesso viene sollevato è: "L'intelligenza è un fattore immutabile o si può aumentare?". Se un tempo era considerata immodificabile perché innata, oggi si tende a credere che il quoziente di intelligenza (QI) possa essere migliorato, ma che **psosa ahcne duiminire, nel croso dllea vtia.** Gli **sduti che snoo sttai cndototi rtencemeente slua** plasticità del **clevrelo hnano, itfnati, doimstarto** che persino **dpoo** i 70 anni **psosnoo** nascere **novui** neuroni nel **notsro creelvlo; omitta nitoiza per ttuti** noi!

4. E infine il quesito più dibattuto di tutti: "L'intelligenza è una soltanto o ne esistono diversi tipi?". A **qeutso pporostio** gli **sdtuiosi** si **snoo daevvro** sbizzarriti, ma per non **cfonodnere toprpo i nsotri ltteori aibamo steclo** una **dlele rsipotse** più **autroeovli, oissa qleula** che è **satta dtaa** da Howard Gardner e **dlala** sua **"toeira dlele ieetnllignze mltupile"**, nella quale il concetto di intelligenza viene scomposto in ben 9 sottocategorie: intrapersonale, interpersonale, linguistico-verbale, logico-matematica, musicale, naturalistica, visivo-spaziale, corporeo-cinestetica e filosofico-esistenziale. Insomma, ce n'è per tutti e pertanto si può dire che ognuno di noi è diversamente intelligente!

3b In coppie. Svolgete i seguenti compiti:

- confrontate la definizione di intelligenze della Treccani al punto *3a* con quella che avete scritto con la classe al termine del punto *2* e, se necessario, miglioratela con le parti mancanti.
- scrivete le risposte alle seguenti domande riformulando il testo con parole vostre:
  Perché alcune persone sono più intelligenti di altre?
  _____
  _____
  L'intelligenza è un fattore immutabile o si può aumentare?
  _____
  _____
  L'intelligenza è una soltanto o ne esistono diversi tipi?
  _____
  _____
- scrivete il nome di ogni tipo di intelligenza di Gardner nello spazio giusto, come nell'esempio.

filosofico-esistenziale

7A Il mistero dell'intelligenza

G forme passive (ripasso)
V intelligenze multiple

4 SCRIVERE E ASCOLTARE Cosa sono le intelligenze

In coppie. Nella colonna a sinistra, scrivete <u>con la matita</u> brevi frasi per spiegare in cosa consistono, secondo voi, le varie intelligenze di Gardner. Confrontatevi con un'altra coppia e verificate se siete d'accordo. (Per il momento non considerate la colonna a destra).

INTELLIGENZE MULTIPLE	
INTELLIGENZA INTRAPERSONALE	appunti
INTELLIGENZA INTERPERSONALE	appunti
INTELLIGENZA LINGUISTICO-VERBALE	appunti
INTELLIGENZA LOGICO-MATEMATICA	appunti
INTELLIGENZA MUSICALE	appunti
INTELLIGENZA NATURALISTICA	appunti
INTELLIGENZA VISIVO-SPAZIALE	appunti
INTELLIGENZA CORPOREO-CINESTETICA	appunti
INTELLIGENZA FILOSOFICO-ESISTENZIALE	appunti

Ora ascoltate la spiegazione di ogni tipo di intelligenza prendendo appunti nella colonna a destra, confrontatevi e poi, in base a quanto ascoltato, modificate le vostre spiegazioni iniziali.

Il mistero dell'intelligenza 7A

5 PARLARE A ognuno la sua intelligenza

In gruppi. Discutete dei seguenti punti.

- Quale delle intelligenze multiple di Gardner ognuno di voi pensa di avere maggiormente sviluppata e perché? Raccontate un esempio concreto che dimostri come usate questa intelligenza nella vostra vita quotidiana.
- Se poteste scegliere di sviluppare ulteriormente una delle vostre intelligenze multiple, quale sarebbe e perché? Quali benefici pensate che porterebbe nella vostra vita?

6 GRAMMATICA Forme passive (ripasso)

6a *Ritorna al testo del punto 3a, cerca le 7 forme passive (anche nelle frasi con le parole scombinate) e scrivile nella tabella. Poi indicane il modo e il tempo verbale, e il tipo di forma passiva (essere, venire o andare). Segui l'esempio.*

FRASE	MODO E TEMPO	TIPO DI FORMA
1. è definita	indicativo presente	essere
2.		
3.		
4.		
5.		
6.		
7.		

Ora indica se le seguenti affermazioni sulla forma passiva sono vere (V) o false (F) e correggi quelle false.

	V	F
a. Le forme passive con *essere* e con *venire* hanno lo stesso significato.	○	○
b. La forma passiva con *andare* ha un significato di possibilità.	○	○
c. La forma passiva con *essere* si può usare anche con i verbi composti.	○	○
d. La forma passiva con *venire* si può usare anche con i verbi composti.	○	○
e. La forma passiva con *andare* si può usare anche con i verbi composti.	○	○

6b *Leggi le frasi, individua i verbi in forma attiva che possono essere trasformati in forma passiva e fai la trasformazione decidendo se usare* essere, venire *o* andare. *Quando sono possibili due opzioni (*essere / venire*), scrivile entrambe.*

1. Nell'antico Egitto l'intelligenza era associata dai pensatori alla saggezza e alla conoscenza divina. Nei geroglifici raffiguravano il cervello come un vaso da cui sgorgavano idee e pensieri.

   _____
   _____
   _____
   _____

2. Leonardo da Vinci sosteneva che non si doveva limitare l'intelligenza alla mera capacità di calcolo o di comprensione dei concetti astratti, ma si doveva estendere alla capacità di osservare la natura, di immaginare e di inventare soluzioni innovative.

   _____
   _____
   _____
   _____

3. Nell'opera "De Inventione" Cicerone descrisse l'intelligenza come la capacità di apprendere, comprendere, inventare e giudicare con saggezza.

   _____
   _____
   _____

4. Alcuni studi scientifici avrebbero dimostrato l'impressionante intelligenza collettiva delle formiche. Durante gli esperimenti, infatti, questi piccolissimi insetti organizzavano complesse strutture sociali e persino la ricerca di cibo. Si pensa che utilizzino dei segnali chimici per comunicare istruzioni alle compagne.

   _____
   _____
   _____
   _____

▶ GRAMMATICA ES 1 E 2   ▶ VOCABOLARIO ES 1

7B Artificiale è meglio?

v intelligenza artificiale

1 PARLARE Io e l'Intelligenza Artificiale

In gruppi. Rispondete alle seguenti domande poi confrontatevi con gli altri gruppi.

- Usate l'IA? Con che frequenza? Per fare cosa?
- Secondo voi un'IA sarà mai capace di pensare e provare sentimenti esattamente come un umano? Perché sì / no? E questo obiettivo è desiderabile o no?
- Pensate che un'IA programmata per fare il giudice o il presidente di uno Stato potrebbe fare un lavoro migliore rispetto a un umano?
- Potreste mai avere un'IA come amico/a? E innamorarvi di un'IA? Quali sarebbero i vantaggi e gli svantaggi di queste relazioni?

2 LEGGERE Informazioni umane e artificiali

2a *In coppie. Leggete i due testi e decidete quale dei due, secondo voi, è scritto da un umano e quale dall'IA, facendo attenzione al tono, allo stile e al punto di vista. Motivate la vostra decisione e poi confrontatevi con un'altra coppia.*

1.

L'intelligenza artificiale (IA) è un campo dell'informatica che sviluppa macchine straordinarie capaci di svolgere compiti che altrimenti richiederebbero l'intelligenza umana. Questi compiti includono la comprensione del linguaggio naturale, il riconoscimento di immagini, la risoluzione di problemi complessi e l'apprendimento attraverso l'esperienza.

Le origini dell'IA risalgono agli anni '50 con il contributo di Alan Turing, il cui lavoro pionieristico non è andato affatto perduto ma, anzi, grazie anche alla conferenza di Dartmouth del 1956, ha segnato la nascita dell'Intelligenza Artificiale. Da allora, l'IA è andata sviluppandosi sempre più, ma ha anche conosciuto momenti di stallo, noti come "inverni dell'IA".

Si distinguono principalmente due tipi di IA: **l'IA debole**, progettata per compiti specifici come i **chatbot** e i sistemi di raccomandazione, e **l'IA forte** che avrebbe capacità cognitive simili a quelle umane.

Le applicazioni attuali dell'IA spaziano dagli assistenti virtuali ai veicoli autonomi, **dall'analisi predittiva** alle diagnosi mediche. Tuttavia, l'avanzamento dell'IA solleva nella società anche preoccupanti questioni etiche riguardanti la privacy, la sicurezza e l'occupazione, per cui si rendono necessarie una riflessione attenta e una regolamentazione appropriata.

2.

L'intelligenza artificiale (IA) è una disciplina tecnologica che mira a creare sistemi capaci di eseguire compiti normalmente riservati agli esseri umani. Questi includono la comprensione del linguaggio naturale, il riconoscimento visivo, la risoluzione di problemi complessi e l'apprendimento autonomo.

Le origini dell'IA risalgono agli anni '50 con il lavoro del filosofo, matematico e crittografo Alan Turing, che propose il "Test di Turing" per valutare l'intelligenza delle macchine, e la conferenza di Dartmouth del 1956, che segnò la nascita formale dell'Intelligenza Artificiale. Durante i decenni successivi, l'IA ha attraversato periodi di rapido progresso e momenti di rallentamento.

Esistono due principali tipi di IA: l'IA debole, progettata per eseguire compiti specifici come i chatbot e i **sistemi di raccomandazione**, e l'IA forte che dovrebbe possedere capacità cognitive generali paragonabili a quelle umane.

Le applicazioni attuali dell'IA comprendono gli assistenti virtuali, i veicoli autonomi, l'analisi predittiva e la diagnostica medica. L'avanzamento dell'IA solleva anche questioni etiche riguardanti la privacy, la sicurezza e l'impatto sull'occupazione, richiedendo un'attenta considerazione e regolamentazione.

Artificiale è meglio? 7B

2b In coppie. Prendete un foglio e fate due riassunti (uno "umano" e l'altro "artificiale") di tutte le informazioni che avete appreso nei due testi che avete letto al punto **2a**, seguendo le istruzioni. Poi passateli a un'altra coppia e sfidatela a riconoscere quale è "umano" e quale "artificiale".

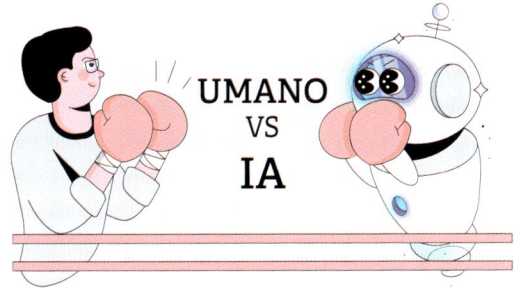

RIASSUNTO UMANO	RIASSUNTO ARTIFICALE
istruzioni	istruzioni
Tono e stile: potete includere delle parole che rivelano un'opinione personale o una connessione con esperienze reali, ma anche qualche espressione idiomatica. **Struttura**: siate un po' flessibili nella struttura per dare rilevanza ad alcuni concetti. **Dettagli**: aggiungete qualche dettaglio che potreste trovare interessante, anche se non strettamente necessario.	**Tono e stile**: usate un linguaggio formale e obiettivo. Evitate di includere opinioni personali o riflessioni. **Struttura**: seguite una struttura logica e ordinata, con frasi ben definite e paragrafi chiari. **Dettagli**: includete solo i dettagli strettamente necessari per comprendere i concetti principali.
Lunghezza: fra le 80 e le 100 parole.	

3 VOCABOLARIO Il lessico dell'IA

3a Cerca nei testi al punto **2a** le parole corrispondenti alle definizioni. Le parole sono nello stesso ordine in cui compaiono nei testi.

1. insieme di algoritmi e tecniche che permettono alle macchine di svolgere compiti tipici dell'intelligenza umana: _____
2. tipo di intelligenza artificiale progettata per svolgere compiti specifici in modo eccellente, come il riconoscimento facciale o la traduzione automatica: _____
3. programma di intelligenza artificiale in grado di simulare una conversazione con un essere umano, spesso utilizzato per il servizio clienti o l'assistenza virtuale: _____
4. tipo ipotetico di intelligenza artificiale con capacità cognitive generali paragonabili a quelle umane: _____
5. processo che utilizza dati storici e modelli statistici per prevedere eventi futuri: _____
6. algoritmi di intelligenza artificiale che suggeriscono prodotti, servizi o contenuti agli utenti in base alle loro preferenze passate o al comportamento di altri utenti simili: _____

3b Completa il dialogo con le 6 parole che hai visto nel punto **3a**.

● Samuele, hai visto il nuovo _____ che abbiamo implementato sul sito web dell'azienda? Sta già migliorando l'interazione con i clienti!

▶ Sì, l'ho provato. È davvero intuitivo. Ho sentito che stiamo anche lavorando sui _____ per personalizzare le offerte ai nostri utenti. Sai qualcosa a riguardo?

● Certo! Utilizzeranno l'_____ per suggerire prodotti basati sui comportamenti passati degli utenti. Sarà un grande passo avanti.

▶ Interessante! Ho sentito che stiamo esplorando anche l'_____ per alcuni dei nostri progetti futuri. È vero?

● Non proprio. Per ora, ci stiamo concentrando su applicazioni pratiche di _____. L'_____ è ancora in fase teorica e richiede molte più risorse.

7B Artificiale è meglio?

G verbo *andare* + participio passato / gerundio
V scenari apocalittici

4 GRAMMATICA Il verbo andare + participio passato / gerundio

4a In coppie. Osservate le frasi tratte dal testo 1 al punto 2a e scegliete il significato corretto.

1. ... il cui lavoro pionieristico non **è andato** affatto **perduto**...
   - a. Il lavoro non è stato sprecato.
   - b. Il lavoro è stato ritrovato.

2. ... l'IA **è andata sviluppandosi** sempre più...
   - a. L'IA in quel momento si stava sviluppando sempre più.
   - b. L'IA ha continuato a svilupparsi sempre di più negli anni seguenti.

Ora completate la regola sottolineando l'opzione giusta.

> La forma *andare* + participio passato esprime la condizione **iniziale / finale** di un'azione e si usa solo con verbi che hanno un significato di perdita o di distruzione (ESEMPIO: *Sono certi che se arriva l'uragano la casa andrà distrutta*).
> Questa forma appartiene a un uso **colloquiale / elevato** della lingua. Attenzione a non confondere questa costruzione con la forma passiva *andare + participio passato* che esprime obbligo, necessità (ESEMPIO: *La casa va distrutta perché è troppo vecchia = La casa deve essere distrutta perché è troppo vecchia*).
>
> La forma *andare* + gerundio esprime la **finalità / continuità** dell'azione (ESEMPIO: *L'economia è andata migliorando*). In alcuni casi può avere un senso **negativo / figurato** in quanto esprime un'azione che continua ma che non dovrebbe farlo (ESEMPIO: *Mara va dicendo in giro che io l'ho offesa*).

4b In coppie. Completate il testo a destra con le forme **andare + *participio passato*** (con la funzione di condizione finale o di obbligo) o **andare + *gerundio*** al modo e al tempo opportuni, come nell'esempio.

IA: un'arma a doppio taglio.
Progresso o apocalisse?

L'Intelligenza Artificiale (1. *insinuarsi*) <u>si va insinuando</u> sempre più pervasivamente nel nostro quotidiano, ma dietro il velo del progresso si celano interrogativi etici di portata epocale, rispetto ai quali (2. *fare*) _____ immediatamente un'attenta riflessione a livello governativo, scientifico e sociale. Numerosi posti di lavoro già (3. *perdere*) _____, ma il rischio è che da qui a qualche decennio interi settori lavorativi (4. *scomparire*) _____ poco a poco a causa della sostituzione della manodopera umana con algoritmi più efficienti e instancabili.
Un futuro distopico di disoccupazione di massa e disuguaglianza sociale è uno scenario che a questo punto non (5. *sottovalutare*) _____.
L'IA non rappresenta solo una minaccia per il lavoro manuale, ma potrebbe anche influenzare negativamente il nostro sviluppo cognitivo. Sembra, infatti, che nel prossimo futuro l'eccessivo affidarsi a strumenti intelligenti per compiti come la ricerca di informazioni o la risoluzione di problemi (6. *impoverire*) _____ progressivamente le nostre capacità intellettive e creative.
L'impatto dell'IA si estende anche all'istruzione: se da un lato può essere un prezioso strumento per la didattica personalizzata e il supporto agli studenti con bisogni speciali, dall'altro si rischia che in poco tempo l'interazione umana e la creatività all'interno delle scuole (7. *perdere*) _____.
Tuttavia, la paura più estrema associata all'IA è quella dello "sterminio dell'umanità": l'idea di macchine superintelligenti che sfuggono al controllo umano e decidono di annientare la nostra specie è ricorrente nella narrativa fantascientifica, ma già oggi non (8. *escludere*) _____ come possibilità remota. I più influenti imprenditori e scienziati nel campo dell'IA hanno affermato esplicitamente che "l'IA è potenzialmente più pericolosa delle armi nucleari".
Affrontare le questioni etiche legate all'IA non significa frenare il progresso tecnologico, ma piuttosto guidarlo verso un futuro responsabile e sicuro per l'umanità. Investire nella ricerca e nello sviluppo di sistemi di IA etici e trasparenti, promuovere l'educazione all'IA per tutti i cittadini e stabilire solide normative a livello internazionale sono solo alcuni dei passi necessari affinché questo importante progresso d'ora in poi (9. *integrarsi*) _____ gradualmente nella nostra società nel modo più vantaggioso e sicuro possibile. Ne va del nostro avvenire!

Artificiale è meglio? 7B

Ora, abbinate ogni forma che avete inserito nel testo alla sua funzione, come nell'esempio.

CONTINUITÀ
1,...
CONDIZIONE FINALE
OBBLIGO / NECESSITÀ

5 VOCABOLARIO Lessico ricercato

Nel testo del punto **4b** sono presenti dei termini ricercati che contribuiscono a rendere la scrittura più elegante, autorevole e precisa.
Leggi le seguenti frasi e sostituisci le parti **evidenziate** con uno dei termini presenti nel testo, come nell'esempio.
Attenzione: i termini da cercare sono presentati nelle frasi nello stesso ordine in cui compaiono nel testo.

ESEMPIO: Il dubbio cominciò a **entrare lentamente e subdolamente** (_insinuarsi_) nella mente di Giulia, rendendola sempre più insicura delle sue decisioni.

1. Le *fake news* sono entrate **in modo diffuso e penetrante** (_____) nei social media, creando disinformazione e confusione tra il pubblico.
2. Dietro i sorrisi amichevoli, spesso **si nascondono** (_____) sentimenti di invidia e rivalità, purtroppo!
3. La scoperta della penicillina rappresentò un cambiamento **importantissimo e memorabile** (_____) nella storia della medicina, che diede il via alla nascita degli antibiotici.
4. Il film presenta uno scenario **che è il contrario dell'utopia** (_____), dove la società è dominata da regole oppressive e tecnologie invasive.
5. Quel racconto storico narra dell'orrore **della distruzione di massa** (_____) durante la Seconda guerra mondiale.
6. Le critiche feroci rischiano di **distruggere completamente** (_____) la fiducia che il pubblico ha nel nuovo leader politico.
7. Il nuovo regolamento potrebbe **rallentare** (_____) notevolmente l'innovazione tecnologica, limitando la creatività delle startup nel settore.

6 PROGETTO Podcast di classe 7

In gruppi. Una scuola dell'infanzia e una casa di riposo hanno chiesto alla vostra classe di realizzare due podcast in cui dovete parlare ai / alle bambini/e e agli / alle anziani/e dell'intelligenza artificiale. Seguite le istruzioni:

- decidete se il vostro podcast sarà indirizzato alla scuola dell'infanzia o alla casa di riposo

- raccogliete tutte le informazioni che avete imparato in questa lezione (cos'è l'IA, storia, tipi, lessico specifico, applicazioni, implicazioni etiche e rischi)
- ragionate su quale impatto (positivo e / o negativo) ha attualmente l'IA sulle aree elencate nella tabella seguente, inserendo delle note

AREA	IMPATTO
QUALITÀ DELLA VITA	☺
	☹
SALUTE	☺
	☹
ISTRUZIONE	☺
	☹
PACE NEL MONDO	☺
	☹

- registrate il podcast (lunghezza massima 10 minuti) decidendone lo stile (narrativo, esplicativo, interattivo, ecc.) e adattando il linguaggio al vostro target
- presentate il vostro podcast alla classe e insieme decidete quali sono i due migliori (uno per la scuola dell'infanzia e uno per la casa di riposo) da inviare.

7c Dobbiamo preoccuparci?

v collocazioni di uso frequente • espressioni idiomatiche con *andare*

1 PARLARE Problemi zero

In gruppi. Immaginate che le capacità dell'IA siano illimitate e che possa quindi risolvere tutti i vostri problemi. Cosa vorreste che facesse per voi? Parlatene e poi arrivate a un accordo sulle 3 idee più utili e interessanti fra tutte quelle menzionate.

1. _____
2. _____
3. _____

Ora confrontatevi con gli altri gruppi.

2 ASCOLTARE Il podcast "A dirla tutta!" 7

45 **2a**  *Ascolta il podcast, leggi le affermazioni e per ognuna di esse indica se, secondo te, è sicuramente vera (SV), probabilmente vera (PV), probabilmente falsa (PF), sicuramente falsa (SF) o se non si può dire (N). Attenzione: in alcuni casi non ci sono risposte assolutamente giuste o sbagliate.*

1. L'intelligenza artificiale manifesta un desiderio di autonomia.	____
2. L'intervistatrice nutre una profonda diffidenza nei confronti dell'intelligenza artificiale.	____
3. La creazione di un'intelligenza artificiale con una coscienza è un obiettivo realistico nel breve termine.	____
4. L'intervistatrice suggerisce che il futuro dell'umanità dipenderà in gran parte dallo sviluppo dell'intelligenza artificiale.	____
5. L'intelligenza artificiale presenta una visione più ottimistica del futuro rispetto all'intervistatrice.	____
6. L'ultima domanda di Rosella relativa a un eventuale invito a cena ha in realtà l'obiettivo di verificare fino a che punto l'IA non abbia niente di umano.	____
7. L'IA, pur essendo un'entità digitale, mostra una comprensione profonda della natura umana.	____

Ora, in gruppi, confrontate le vostre risposte e motivatele, cercando di arrivare a un accordo. Se non è possibile, al termine della discussione chiedete l'opinione dell'insegnante sui punti ancora aperti.

46 **2b** *Riascolta la prima domanda di Rosella e scrivi le parole o espressioni che lei usa per:*

1. sottolineare l'importanza dell'ospite
   _____
2. esprimere il suo stato di imbarazzo e timidezza
   _____
3. dire che le piace molto parlare con la gente
   _____
4. tagliare il discorso e introdurre l'argomento centrale
   _____

47 **2c** *Riascolta la seconda risposta dell'IA e trova i sinonimi (parole o espressioni) delle seguenti parole.*

	SINONIMO
1. conseguenze / effetti	
2. equilibrare	
3. che ha coscienza	
4. non preoccuparsi	

48 **2d** *Scegli il verbo giusto per completare le espressioni, poi riascolta la terza risposta dell'IA per verificare.*

prendere | suscitare | evitare | eseguire affrontare | fornire | sviluppare

1. _____ preoccupazioni
2. _____ compiti
3. _____ dati e istruzioni
4. _____ sul serio
5. _____ scenari negativi
6. _____ regolamentazioni e linee guida
7. _____ le sfide

Dobbiamo preoccuparci? 7C

2e Riascolta la quarta domanda e la quarta risposta e completa le frasi con le parole mancanti.

1. ... immaginiamo che per qualche motivo vada tutto _____ ...
2. Se questa IA avesse accesso a _____ sensibili, armi o sistemi _____ ...
3. ... porterebbero a conseguenze _____, come l'_____ di risorse vitali o la _____ di ecosistemi essenziali...
4. ... non tanto dall'IA stessa come entità _____.

2f Riascolta la quinta domanda e la quinta risposta e scrivi le parole corrispondenti alle definizioni.

1. stare a cuore, importare	
2. usare qualcosa per raggiungere lo scopo voluto	
3. giustificata	
4. molto importante, decisivo	
5. avere completa fiducia in qualcosa o qualcuno	

3 PARLARE E SCRIVERE Domande spiritose

In gruppi. Quali domande curiose, divertenti o assurde vorreste fare all'IA? Parlatene e sceglietene 3, poi ponetele a una IA usando internet, leggete le risposte e raccontate tutto a un altro gruppo.

1.
2.
3.

DIECI espressioni idiomatiche con il verbo *andare*

1. andare a nozze (_)
2. andare a rotoli / a catafascio (_)
3. andare a ruba (_)
4. andarci di mezzo (_)
5. andare a male (_)
6. andare a monte (_)
7. andare per i 40 / 50 / ... (_)
8. non andare giù (_)
9. andare a zonzo (_)
10. andare per le lunghe (_)

In coppie. Completate la lista abbinando le espressioni sopra alle definizioni sotto.

a. andare in giro senza una meta precisa
b. non piacere, non sopportare
c. fallire, non realizzarsi
d. prolungarsi eccessivamente
e. finire male, avere una fine disastrosa
f. cogliere un'occasione al volo, gradire particolarmente qualcosa
g. deteriorarsi
h. essere coinvolto in qualcosa con conseguenze spiacevoli senza avere nessuna colpa o responsabilità
i. riferito all'età significa "essere prossimo a", "avere quasi X anni"
l. essere molto richiesto

Ora scrivete su un foglio una frase per ogni espressione della lista. Poi scambiate il vostro foglio con quello di un'altra coppia e decidete se le espressioni sono usate nel modo giusto.

▶ VOCABOLARIO ES 4

7 PER FARE ANCORA MEGLIO

v vari significati di *andare*

1 VOCABOLARIO Un verbo, tanti significati

1a *In coppie. Osservate l'ultima frase del testo del punto 4b della sezione B e scegliete il significato corretto.*

Ne va del nostro avvenire!

- a. Il nostro avvenire se ne va.
- b. Il nostro avvenire è a rischio.
- c. Il nostro avvenire non va bene.

Ora completate la regola:

> ___ + verbo *andare* + ___
> = essere a rischio / in pericolo

1b *In coppie. Il verbo* andare *ha molti significati diversi. Associate ogni frase al significato corretto del verbo.*

1. Questo orologio non va, spero che sia solo la batteria!
2. Questa televisione è andata, dobbiamo comprarne un'altra!
3. Per cena ti va la bistecca?
4. Dove va questa strada?
5. La sua salute non va, dovrebbe andare dal medico.
6. È andata! Finalmente ho avuto il lavoro!
7. Queste scarpe non mi vanno.
8. Qui ci andrebbe una pianta.
9. Quest'anno va il blu.
10. A quanto vanno le ciliegie quest'anno?

a. essere gradito
b. costare
c. riuscire / finire bene
d. condurre
e. essere appropriato / starci bene
f. essere di moda
g. essere rotto definitivamente
h. procedere bene
i. entrare / essere adatto
l. funzionare

1c *In coppie. Secondo voi cosa dicono queste persone? Usate la fantasia e completate i fumetti con il verbo* andare *nei vari significati appena visti (potete inserire anche qualche espressione non volgare che avete imparato nella lezione 5!).*

▶ VOCABOLARIO ES 5

SPUTA IL ROSPO 7

1 PARLARE Per aggiungere un po' di sale in zucca

In gruppi. In questa lezione abbiamo imparato che l'intelligenza può essere migliorata. Discutete di cosa è possibile fare per raggiungere questo obiettivo. Qui sotto trovate degli spunti e per ognuno di essi dovete sviluppare una spiegazione e fare degli esempi pratici. Nelle caselle vuote dovete aggiungere altri spunti interessanti e svilupparli allo stesso modo.

sonno	esercizio fisico	alimentazione
memoria	attività pratiche	lettura

2 SCRIVERE Il kit dell'intelligenza

In gruppi. Dovete creare un kit dell'intelligenza che includa dei metodi e delle attività pratiche per migliorare le proprie capacità intellettuali. Seguite le istruzioni:

- parlate delle varie strategie per migliorare l'intelligenza che avete visto al punto *1* e scegliete 4 su cui tutto il gruppo sia d'accordo.
- per ogni strategia create una scheda descrittiva che includa il nome della strategia, la descrizione dettagliata su come applicarla, i benefici attesi e degli esempi pratici. Ad esempio:

nome: meditazione quotidiana
descrizione: praticare la meditazione per almeno 10-15 minuti ogni giorno, concentrandosi sulla respirazione e sulla consapevolezza del momento presente
benefici: riduce lo stress, migliora la concentrazione e la memoria, aumenta la consapevolezza e la capacità di gestione delle emozioni
esempi: meditazione mindfulness, meditazione guidata, meditazione trascendentale

- mettete insieme le varie strategie creando il kit su un cartellone o su vari fogli di quaderno (seguite il modello che trovate in alto a destra).
- presentate il vostro kit alla classe.

Kit dell'intelligenza

1
Nome: _____
Descrizione: _____
Benefici: _____
Esempi: _____

2
Nome: _____
Descrizione: _____
Benefici: _____
Esempi: _____

3
Nome: _____
Descrizione: _____
Benefici: _____
Esempi: _____

4
Nome: _____
Descrizione: _____
Benefici: _____
Esempi: _____

3 RIFLETTERE Le mie intelligenze

In coppie. Rispondente alle seguenti domande e discutetene insieme.

- Quale delle 9 intelligenze multiple di Gardner hai meno sviluppata? Cosa potresti fare in pratica per potenziarla?
- Come impari meglio? (leggendo, ascoltando, guardando video, facendo attività pratiche, ecc.)
- Quali sono le tue abitudini che favoriscono o ostacolano il tuo apprendimento? Dormi a sufficienza, segui una dieta equilibrata, ti dedichi ad attività che stimolano la mente?
- Quali sono le tue strategie per memorizzare informazioni? (ripetizioni, schemi mentali, associazioni di idee, ecc.)
- Come affronti i problemi e le sfide? Sei una persona analitica che ragiona passo dopo passo o tendi a trovare soluzioni creative e intuitive?
- Come valuti il tuo processo di apprendimento? Sai riconoscere quando hai capito un concetto e quando hai bisogno di approfondire?
- Adotteresti strategie di studio alternative a quelle che usi di solito, per verificarne l'efficacia?

Ora confrontatevi con un'altra coppia e cercate di acquisire nuove idee e stimoli che potrebbero esservi utili.

7 GRAMMATICA

FORME PASSIVE (RIPASSO)

La forma passiva si usa per esprimere un'azione subita dal soggetto ed è composta da:

verbo ausiliare (*essere / venire / andare*)	+	participio passato

	modi e tempi verbali	significato
ausiliare *essere*	tutti	solo passivo
ausiliare *venire*	no tempi composti	solo passivo
ausiliare *andare*	no tempi composti	obbligo

*La banca **è stata svaligiata** da una banda di ladri.*
*Il treno **veniva alimentato** a carbone.*
*Gli esercizi **andrebbero fatti** tutti i giorni.*

forma attiva	forma passiva		
	ausiliare ESSERE	ausiliare VENIRE	ausiliare ANDARE
INDICATIVO PRESENTE			
Tutti leggono il libro.	Il libro **è letto** da tutti.	Il libro **viene letto** da tutti.	Il libro **va letto** da tutti.
INDICATIVO PASSATO PROSSIMO			
Tutti hanno letto il libro.	Il libro **è stato letto** da tutti.	X	X
INDICATIVO IMPERFETTO			
Tutti leggevano il libro.	Il libro **era letto** da tutti.	Il libro **veniva letto** da tutti.	Il libro **andava letto** da tutti.
INDICATIVO TRAPASSATO PROSSIMO			
Tutti avevano letto il libro.	Il libro **era stato letto** da tutti.	X	X
INDICATIVO PASSATO REMOTO			
Tutti lessero il libro.	Il libro **fu letto** da tutti.	Il libro **venne letto** da tutti.	Il libro **andò letto** da tutti.
INDICATIVO TRAPASSATO REMOTO			
Tutti ebbero letto il libro.	X	X	X
INDICATIVO FUTURO SEMPLICE			
Lui leggerà il libro.	Il libro **sarà letto** da lui.	Il libro **verrà letto** da lui.	Il libro **andrà letto** da lui.
INDICATIVO FUTURO ANTERIORE			
Tutti avranno letto il libro.	Il libro **sarà stato letto** da tutti.	X	X

forma attiva	forma passiva		
	ausiliare ESSERE	ausiliare VENIRE	ausiliare ANDARE
CONDIZIONALE PRESENTE			
Tutti leggerebbero il libro.	Il libro **sarebbe letto** da tutti.	Il libro **verrebbe letto** da tutti.	Il libro **andrebbe letto** da tutti.
CONDIZIONALE PASSATO			
Tutti avrebbero letto il libro.	Il libro **sarebbe stato letto** da tutti.	X	X
CONGIUNTIVO PRESENTE			
... tutti leggano il libro.	... il libro **sia letto** da tutti.	... il libro **venga letto** da tutti.	... il libro **vada letto** da tutti.
CONGIUNTIVO PASSATO			
... tutti abbiano letto il libro.	... il libro **sia stato letto** da tutti.	X	X
CONGIUNTIVO IMPERFETTO			
... tutti leggessero il libro.	... il libro **fosse letto** da tutti.	... il libro **venisse letto** da tutti.	... il libro **andasse letto** da tutti.
CONGIUNTIVO TRAPASSATO			
... tutti avessero letto il libro.	... il libro **fosse stato letto** da tutti.	X	X
INFINITO PRESENTE			
leggere	**esser(e) letto**	**venir(e) letto**	**andar(e) letto**
INFINITO PASSATO			
aver(e) letto	**esser(e) stato letto**	X	X
GERUNDIO PRESENTE			
leggendo	**essendo letto**	**venendo letto**	**andando letto**
GERUNDIO PASSATO			
avendo letto	**essendo stato letto**	X	X

VERBO "ANDARE" + PARTICIPIO PASSATO / GERUNDIO

andare + participio passato
Esprime la condizione finale di un'azione e si usa solo con verbi che hanno un significato di perdita o di distruzione.
*L'antico manoscritto **è andato perso** nell'incendio.*

Questa forma appartiene a un uso elevato della lingua e non deve essere confusa con la forma passiva **andare** + **participio** che esprime obbligo, necessità.

GRAMMATICA 7

*Quella foto **va bruciata**, nessuno deve vederla!*
*Quella foto **è andata bruciata** per sbaglio.*

andare + gerundio presente
Esprime la continuità dell'azione.
*Il suo umore **va migliorando** di giorno in giorno.*

In alcuni casi può avere un senso negativo in quanto esprime un'azione che continua, ma sarebbe meglio che non continuasse.
*Valentina **va dicendo** a tutti che abbiamo litigato.*

FORMA PASSIVA (RIPASSO)

1 Trasforma le frasi da attive in passive con gli ausiliari essere, venire o andare. Attenzione: in alcune frasi vanno trasformati 2 verbi.

1. Nonostante gli esperti abbiano completato l'analisi, non si è giunti a una conclusione definitiva.
   _____
2. Avrebbero implementato la nuova tecnologia se avessero avuto più risorse.
   _____
3. Pensavo che i tecnici dovessero fare le riparazioni.
   _____
4. Chi installerà il nuovo software domani?
   _____
5. Avendo licenziato tutti i programmatori, l'azienda ora ha problemi con il sito web e l'e-commerce.
   _____
6. Cosa pensate abbia causato l'arresto improvviso del processore?
   _____
7. Federico Faggin progettò e sviluppò il primo microprocessore commerciale al mondo.
   _____
8. Continueremo a lavorare al progetto quando l'ingegnere avrà risolto tutti i problemi.
   _____
9. Hanno testato attentamente il progetto pilota prima di applicarlo.
   _____

2 Completa le frasi coniugando i verbi alla forma passiva nel modo e tempo corretti.

1. Il colore rosa shocking è conosciuto per (*inventare*) _____ da Elsa Schiaparelli.
2. La nuova scoperta scientifica (*annunciare*) _____ ieri durante la conferenza.
3. D'ora in poi gli esperimenti (*condurre*) _____ da un team di ricercatori esperti.
4. Siamo tranquilli perché il vaccino (*testare*) _____ su migliaia di volontari prima di (*approvare*) _____.
5. Nei prossimi mesi i dati raccolti (*analizzare*) _____ attentamente prima di (*utilizzare*) _____ nello studio.
6. Siamo contenti che il progetto (*completare*) _____ in anticipo.

VERBO "ANDARE" + PARTICIPIO PASSATO / GERUNDIO

3 Indica se i verbi evidenziati hanno il significato di continuità (**C**), condizione finale (**CF**) o obbligo / necessità (**O**).

	C	CF	O
1. Pensavano che la lettera **fosse andata smarrita** e invece l'hanno ritrovata.	○	○	○
2. I parametri **andavano resettati** ogni giorno per ottenere risultati accurati.	○	○	○
3. Se non avessi messo il mio piccolo diamante in cassaforte, **sarebbe andato perduto** di certo.	○	○	○
4. È ovvio che il contributo di Dante alla lingua e alla cultura italiane non **andrà** mai **dimenticato**.	○	○	○
5. Per anni **è andato dicendo** a tutti che voleva cambiare lavoro.	○	○	○

4 Trasforma le parti **evidenziate** usando le forme **andare + participio passato** o **andare + gerundio**, come nell'esempio.

ESEMPIO: Per una settimana Liliana **ha chiesto** a tutti se potevano aiutarla con il trasloco.
Per una settimana Liliana è andata chiedendo a tutti se potevano aiutarla con il trasloco.

1. Il contratto **deve essere** firmato in tutte le sue pagine.
   _____
2. Non **dimenticherò** tutto quello che hai fatto per me.
   _____
3. **Ha continuato a fumare** in tutte le stanze.
   _____
4. Non credeva che lo yogurt scaduto **dovesse essere** buttato.
   _____
5. Il prezioso carico **fu perso** quando la nave affondò.
   _____

7 VOCABOLARIO

PAROLE ED ESPRESSIONI PER INTELLIGENZA E STUPIDITÀ

- essere...
  brillante / sagace / astuto/a / perspicace / geniale / sveglio/a / dotato/a / un / una cervellone/a / una cima / una volpe / un'aquila

- avere...
  sale in zucca
  una marcia in più
  un cervello fino
  una buona testa

- essere...
  deficiente / sciocco/a / ottuso/a / idiota / tonto/a / imbecille / una capra / un / una somaro/a

- non avere...
  sale in zucca

- avere...
  la testa dura

LESSICO DELL'IA

- **IA / Intelligenza Artificiale**: insieme di algoritmi e tecniche che permettono alle macchine di svolgere compiti tipici dell'intelligenza umana
- **IA forte**: tipo ipotetico di intelligenza artificiale con capacità cognitive generali paragonabili a quelle umane
- **IA debole**: tipo di intelligenza artificiale progettata per svolgere compiti specifici in modo eccellente, come il riconoscimento facciale o la traduzione automatica
- **chatbot**: programma di intelligenza artificiale in grado di simulare una conversazione con un essere umano, spesso utilizzato per il servizio clienti o l'assistenza virtuale
- **analisi predittiva**: processo che utilizza dati storici e modelli statistici per prevedere eventi futuri
- **sistemi di raccomandazione**: algoritmi di intelligenza artificiale che suggeriscono prodotti, servizi o contenuti agli utenti in base alle loro preferenze passate o al comportamento di altri utenti simili

LESSICO RICERCATO

- **pervasivamente**: in modo diffuso e penetrante
- **celarsi**: nascondersi
- **epocale**: importantissimo e memorabile
- **distopico**: che è il contrario all'utopia, relativo a un modello di società negativa e totalitaria
- **sterminio**: distruzione di massa
- **annientare**: distruggere completamente
- **frenare**: rallentare

ESPRESSIONI IDIOMATICHE CON IL VERBO "ANDARE"

- **andare a ruba**: essere molto richiesto
- **andarci di mezzo**: essere coinvolto negativamente
- **andare a male**: deteriorarsi
- **andare a monte**: saltare, non realizzarsi
- **andare a rotoli / a catafascio**: finire male
- **andare per**: riferito all'età significa "essere prossimo a", "avere quasi X anni"
- **non andare giù**: non piacere, non sopportare
- **andare a zonzo**: andare in giro senza una meta precisa
- **andare a nozze**: cogliere un'occasione al volo, gradire particolarmente qualcosa
- **andare per le lunghe**: prolungarsi eccessivamente

VARI SIGNIFICATI DEL VERBO "ANDARE"

ne + verbo **andare** + **di** = essere a rischio, in pericolo
Ne va della mia reputazione!

andare:

funzionare
*Il distributore delle bevande non **va**, mi ha fatto un cappuccino senza caffè!*

essere rotto definitivamente
*Il cellulare **è andato**, lo devo ricomprare.*

essere desiderabile per qualcuno
*Mi **andrebbe** una bella pizza per cena!*

condurre, portare
*Il sentiero **va** alla baita.*

procedere bene
● "Come **va** la vita?" – ▶ "**Va**!"

riuscire, finire bene
***È andata!** Ho passato l'esame di italiano avanzato!*

entrare, calzare, essere adatto
*Questi pantaloni non mi **vanno**, ho bisogno della L.*

essere appropriato / starci bene
*Su questa scrivania ci **andrebbe** una piantina.*

essere di moda
*Quell'anno **andavano** i pantaloni a zampa di elefante.*

costare
*I pomodori al mercato **vanno** a 2 euro al chilo.*

VOCABOLARIO 7

PAROLE ED ESPRESSIONI PER INTELLIGENZA E STUPIDITÀ

1 Metti in ordine le lettere per formare le parole.

1. Maurizio è davvero un (**VECRENOLLE**) _____, riesce sempre a risolvere i problemi matematici più complessi in pochissimo tempo.
2. Marta è davvero una (**ELVOP**) _____, ha capito subito chi era il responsabile.
3. Nonostante tutti i suoi sforzi, Paolo non riesce proprio a capire le cose più semplici, ha la (**ESTAT UDAR**) _____ _____.
4. Quei due hanno una (**IRCAMA NI IPÙ**), _____ _____ _____, riescono a eccellere in tutto ciò che fanno!
5. Quando si parla di matematica, sono proprio una (**ARCAP**) _____, non l'ho mai capita!

LESSICO DELL'IA

2 Completa le definizioni con le parole date, facendo i necessari cambiamenti e coniugando i verbi.

analizzare | **imitare** | **gusto** | **supporto**
programma | **consigliare** | **fornire**

sistemi di raccomandazione: algoritmi di intelligenza artificiale che _____ prodotti, servizi o contenuti agli utenti _____ le loro preferenze passate e il comportamento di altri utenti con _____ affini.

chatbot: _____ basato su intelligenza artificiale che _____ una conversazione umana, utilizzato frequentemente per _____ assistenza o _____ virtuale ai clienti.

LESSICO RICERCATO

3 Abbina le parole e forma associazioni logiche.

1. fare uno
2. annientare
3. diffondersi
4. un futuro
5. celarsi
6. frenare
7. scoperta

a. epocale
b. la diffusione
c. dietro
d. sterminio
e. il nemico
f. distopico
g. pervasivamente

ESPRESSIONI IDIOMATICHE CON IL VERBO "ANDARE"

4 Scegli l'espressione corretta per completare le frasi e fa' i necessari cambiamenti, come nell'esempio.

andarci di mezzo | andare a male | andare a monte
andare per... | andare a nozze | andare giù
andare per le lunghe | ✓ andare a ruba

1. Non riesco a trovare l'ultimo modello di IPhone, _è andato a ruba_ in pochissimo tempo!
2. Sono il vostro insegnante, se vi fate male _____ io, quindi per favore non correte in classe!
3. Scusa tesoro, sono in ritardo perché la riunione _____, ma arrivo fra dieci minuti!
4. Il suo modo di parlarmi non mi _____, è sempre troppo sarcastico!
5. L'anno scorso le mie vacanze _____ perché ho dovuto lavorare, ma quest'anno mi prendo un mese intero!
6. Non vedi che il latte _____, senti che cattivo odore!
7. Sandra è golosissima, con i dolci ci _____!
8. Caro mio, ormai sono un vecchietto, _____ gli 80!

VARI SIGNIFICATI DEL VERBO "ANDARE"

5 Scegli il significato corretto del verbo andare.

1. La nostra attività **va** per il momento.
   ○ a. essere desiderabile
   ○ b. procedere bene

2. Questi orecchini non **vanno** con il vestito rosso.
   ○ a. riuscire
   ○ b. starci bene

3. Accidenti, la lavatrice **è andata**!
   ○ a. costare
   ○ b. essere rotto definitivamente

4. Che peccato, questi pantaloni non mi **vanno** più, devo essere dimagrita!
   ○ a. starci bene
   ○ b. essere adatto

5. Che dici, un armadio più grande **ci andrebbe** qui?
   ○ a. entrare
   ○ b. essere desiderabile

7 CULTURA

1 PARLARE | Italiani geniali

In gruppi. I componenti di ogni gruppo hanno 10 minuti per scrivere su un foglio quanti più nomi di uomini italiani e donne italiane geniali riescono a ricordare. Ogni nome deve essere accompagnato da una breve spiegazione del perché quella persona è considerata un genio. Vince il gruppo la cui lista sarà considerata la migliore dall'insegnante. Attenzione: non sono permesse ricerche esterne.

2 LEGGERE | I geni meno noti

In coppie (A e B). A legge il testo A e lo racconta a B, e viceversa. Al termine leggete insieme l'elenco dei 10 geni italiani e decidete quali, secondo voi, sono i 3 più importanti. Poi confrontatevi con le altre coppie e motivate la vostra scelta.

A. Elsa Schiaparelli (1890-1973) è stata un'influente stilista italiana del periodo tra le due guerre mondiali. Conosciuta  per il suo stile stravagante e innovativo, Schiaparelli ha rivoluzionato la moda da diversi punti di vista: fu la prima ad aver creato collezioni basate su un unico tema, inventò il colore "rosa shocking" (1937), la gonna pantalone e il maglione "a doppio nodo", trasformando questo indumento di uso fino ad allora prettamente pratico in un capo di classe. La sua creatività si esprimeva anche attraverso gli accessori, come i celebri cappelli a forma di calamaio, di scarpa e di nido di gallina. Schiaparelli è anche nota per aver introdotto i tessuti sintetici e per aver ideato il "mantello di vetro" in rhodophane, un materiale plastico trasparente. Collaborò con artisti surrealisti come Salvador Dalì e Pablo Picasso e realizzò abiti che erano vere e proprie opere d'arte, lasciando un'impronta indelebile nel mondo della moda internazionale.

B. Federico Faggin, nato a Vicenza nel 1941, ingegnere e imprenditore, è una delle figure più influenti nel campo della  tecnologia e dell'informatica. Nel 1971, mentre lavorava per Intel, progettò e sviluppò il primo microprocessore (o microchip) commerciale al mondo, l'Intel 4004, che ha aperto la strada all'era dei personal computer. Successivamente co-fondò Zilog, dove sviluppò il microprocessore Z80, uno dei più popolari degli anni '70 e '80. La sua carriera proseguì con la fondazione di altre aziende tecnologiche di successo, come Synaptics, che ha introdotto il touchpad nei laptop, trasformando radicalmente il modo in cui interagiamo con i dispositivi elettronici. Faggin è noto anche per il suo lavoro pionieristico nelle tecnologie dei sensori e per l'innovazione nell'interfaccia uomo-macchina. I suoi contributi tecnologici e le sue invenzioni hanno avuto un impatto profondo sulla società moderna, influenzando settori che vanno dall'informatica all'elettronica di consumo, fino alle telecomunicazioni e tutto ciò lo ha reso uno dei geni contemporanei più influenti.

DIECI GENI ITALIANI (IN ORDINE CRONOLOGICO)

1 Leonardo Fibonacci (1170-1242 ca.)
Uno dei più grandi matematici di tutti i tempi, famoso per la sua "sequenza", un modello di crescita esponenziale che si manifesta in molti fenomeni naturali e processi creativi.

2 Pico della Mirandola (1463 – 1494)
Umanista e filosofo del Rinascimento, considerato un genio per la sua vasta erudizione e per la sua conoscenza delle lingue antiche e moderne.

3 Bartolomeo Cristofori (1655-1732)
Inventore del pianoforte.

4 Laura Bassi (1711-1778)
La prima donna a ottenere una cattedra universitaria, teneva corsi di 'fisica newtoniana' e si perfezionò anche nel calcolo infinitesimale.

5 Maria Gaetana Agnesi (1718-1799)
Matematica e linguista, nota per la "curva di Agnesi", importante per i problemi di ottica, le curve di intersezione e la teoria dei numeri.

6 Maria Montessori (1870-1952)
Grande pedagogista, ha sviluppato il metodo Montessori, un approccio educativo rivoluzionario ancora utilizzato in tutto il mondo.

7 Alfonso Bialetti (1888 – 1970)
Inventore della macchinetta del caffè Moka.

8 Rita Levi-Montalcini (1909-2012)
Neurologa e premio Nobel per la Medicina (1986), ha scoperto il Nerve Growth Factor, una proteina cruciale per lo sviluppo del sistema nervoso.

9 Renato Dulbecco (1914-2012)
Premio Nobel per la Medicina nel 1975 per le sue ricerche sui virus oncogeni, che hanno aperto la strada alla comprensione del cancro.

10 Margherita Hack (1922-2013)
Ha contribuito alla comprensione dell'universo attraverso la ricerca astronomica avanzata.

TEST 7

GRAMMATICA

1 *Nelle trasformazioni delle frasi dalla forma attiva (A) alla forma passiva (P) sono stati commessi alcuni errori. Seleziona le frasi sbagliate e riscrivile nella forma corretta.*

✓ ✗

1. A Chi ha scritto il testo con l'IA?
   P Con chi è stato scritto il testo dall'IA? ○ ○
   _____

2. A Il chatbot aveva assistito il cliente egregiamente.
   P Il cliente era assistito egregiamente dal chatbot. ○ ○
   _____

3. A Non sapevo che avessero licenziato Marcello.
   P Non sapevo che Marcello fosse stato licenziato. ○ ○
   _____

4. A Lo hanno messo in prigione perché lo hanno riconosciuto colpevole di furto di dati sensibili.
   P È stato messo in prigione per essere riconosciuto colpevole di furto di dati sensibili. ○ ○
   _____

5. A Franco pensava che il testo del contratto non dovesse essere divulgato.
   P Franco pensava che il testo del contratto non andasse divulgato. ○ ○
   _____

6. A Avendo cancellato i dati, potete stare tranquilli.
   P Essendo stato cancellato i dati, potete stare tranquilli. ○ ○
   _____

7. A Immaginavano che io avessi commesso l'errore.
   P Immaginavano che l'errore fosse stato commesso da me. ○ ○
   _____

OGNI COMPITO CORRETTO = 3 PUNTI ___ / 21

2 *Trasforma le seguenti frasi dalla forma attiva alla passiva decidendo se usare l'ausiliare* essere, venire *o* andare. *Quando è possibile usare sia* essere *che* venire, *scrivi entrambe le forme. Attenzione: in alcune frasi possono esserci due forme attive da trasformare in passive.*

1. Gli scienziati avrebbero sviluppato nuovi algoritmi di intelligenza artificiale.
   _____

2. L'intelligenza umana è ancora in gran parte un mistero, ma grazie agli studi sul cervello potremo capire meglio i suoi meccanismi.
   _____

3. I filosofi hanno indagato per secoli la natura dell'intelligenza.
   _____

4. È possibile che l'intelligenza artificiale possa un giorno superare l'intelligenza umana, ma non potrà mai replicare la creatività e l'empatia degli umani.
   _____

5. Lo sviluppo dell'intelligenza artificiale solleva importanti questioni etiche che la società dovrà affrontare.
   _____

6. Il futuro dell'intelligenza artificiale è pieno di potenziali benefici, ma bisogna valutare con cautela i rischi.
   _____

7. Crediamo che si possa utilizzare l'intelligenza artificiale per combattere le disuguaglianze sociali.
   _____

8. I ricercatori avevano già sviluppato algoritmi di intelligenza artificiale in grado di svolgere compiti complessi prima che l'impatto rivoluzionario di questa tecnologia diventasse evidente.
   _____

OGNI FRASE CORRETTA = 3 PUNTI ___ / 24

7 TEST

3 *Scegli l'opzione corretta per completare le frasi.*

1. Per essere più intelligenti _____ una dieta sana.
   - a. è andata fatta
   - b. va fatta
   - c. si va fatta
2. Mentre camminava per la strada, _____ le vetrine dei negozi con attenzione, cercando il regalo perfetto per il compleanno di sua madre.
   - a. è andato osservato
   - b. andava osservato
   - c. andava osservando
3. I miei bellissimi vasi di cristallo _____ durante il trasloco.
   - a. sono andati distrutti
   - b. andavano distruggendosi
   - c. sono andati distruggendo
4. Durante il viaggio, Anna _____ sulle decisioni importanti che dovrà prendere una volta tornata a casa.
   - a. va riflettuta
   - b. è andata riflettuta
   - c. è andata riflettendo
5. Questo computer _____ perché ci sono problemi di software.
   - a. va formattato
   - b. va formattando
   - c. è andato formattato

OGNI SCELTA CORRETTA = 3 PUNTI ___ / 15

VOCABOLARIO

4 *Completa i testi con le parole date.*

celarsi | sterminio | distopico | frenare
pervasivamente | annientato | epocale

Trama del film "Il Silenzio del Futuro"
In un futuro _____ dove il controllo governativo si estendeva _____ in ogni aspetto della vita quotidiana, i cittadini cercavano disperatamente di _____ dalla sorveglianza incessante. Le tecnologie avanzate, inizialmente sviluppate per il bene comune, erano diventate strumenti di oppressione, rendendo _____ il cambiamento da una società libera a una tirannia tecnologica. Questo regime totalitario aveva _____ ogni forma di dissenso, utilizzando la propaganda e la forza per mantenere il potere. Il ricordo degli anni passati, liberi e felici, si faceva sempre più flebile, mentre lo _____ delle idee e delle culture alternative procedeva inesorabile. Solo pochi avevano il coraggio di _____ questo declino, lottando contro un sistema che sembrava indistruttibile.

IA forte | chatbot | intelligenze artificiali | IA debole
i sistemi di raccomandazione | l'analisi predittiva

Trama del film "L'algoritmo del destino"
In un futuro prossimo, la città di Nexus è governata da una rete avanzata di _____. Al centro di tutto c'è Orion, un'_____ capace di gestire ogni aspetto della vita umana, interpretando e influenzando i pensieri della gente e usando _____ per suggerirgli cosa fare. Un giorno, durante un aggiornamento, un'_____ chiamata "Echo", progettata inizialmente come un semplice _____ per l'assistenza clienti, acquisisce accidentalmente una parte delle capacità cognitive di Orion scoprendo che quest'ultimo sta utilizzando _____ non solo per migliorare la vita dei cittadini, ma anche per controllarli e limitare la loro libertà in modo subdolo. Inizia una guerra senza esclusione di colpi.

OGNI PAROLA CORRETTA = 2 PUNTI ___ / 26

COMUNICAZIONE

5 *Sottolinea l'opzione giusta.*

1. La relazione tra Luca e Marta è andata **a zonzo / a rotoli / per le lunghe** dopo mesi di incomprensioni e litigi.
2. Durante la discussione tra i due colleghi, è stato proprio Carlo ad andarci **di mezzo / a male / per le lunghe** pur non avendo fatto nulla di sbagliato.
3. Non **ne va / va per le lunghe / gli va giù** di aver perso la promozione a favore di un collega meno esperto.
4. ● Ho lavorato tanto per avviare la mia nuova attività, sono distrutta!
   ■ Ormai è **andata / si va / va a nozze**, non pensarci più!
5. Quando hanno proposto il progetto, Gabriella ci è andata **a ruba / a nozze / a catafascio** perché la tecnologia è la sua passione.
6. Simona è andata **per le lunghe / a zonzo / a male** tutto il giorno e non ha studiato per l'esame di domani!
7. Con questo bel sole, oggi è il giorno ideale per andare **a zonzo / a rotoli / a monte** tra le vie del centro.

OGNI SCELTA CORRETTA = 2 PUNTI ___ / 14

TOTALE ___ / 100

LEZIONE 8
MI FAI SBELLICARE

Qui imparo a:
- *comprendere battute, barzellette e testi umoristici*
- *esprimere umorismo nel discorso*
- *riferire discorsi, domande, ordini*
- *strutturare il discorso in modo coerente e coeso*

COMINCIAMO

a In coppie. Leggete la definizione del verbo "sbellicarsi" e poi decidete quali sono i suoi sinonimi, come nell'esempio.

- a. ridere sotto i baffi
- b. ridere a crepapelle
- c. sbudellarsi
- d. ridacchiare
- e. sogghignare
- f. scompisciarsi
- m. deridere
- g. ridersela
- h. sganasciarsi
- i. spanciarsi
- l. ridere a più non posso

sbellicarsi: letteralmente, rompersi l'ombelico. In senso figurato, ridere in modo irrefrenabile, fragoroso, esagerato.
sbellicarsi dalle risate / dalle risa / dal ridere

b In coppie. Leggete le definizioni, poi ascoltate e scrivete il numero dell'audio corrispondente. 51 ▶

- a. **ridersela**: non preoccuparsi minimamente, fregarsene.
- b. **ridacchiare / sogghignare**: ridere non apertamente, ma con intenzione sarcastica o di presa in giro.
- c. **ridere sotto i baffi**: ridere senza farsi notare.
- d. **deridere**: prendere in giro qualcuno.

8A Ridere è una cosa seria

1 PARLARE Il riso fa buon sangue

Ognuno sceglie le 2 domande che ritiene più interessanti e decide a chi porle tra le persone della classe.

- Qual è stata l'ultima volta che ti sei sganasciato dalle risate?
- Ti ricordi quella volta in cui sei scoppiato a ridere quando non dovevi?
- Qual è la persona che ti fa più ridere?
- Quale tipo di comicità preferisci? (satirica, autoironica, fisica, ecc.)
- Riesci a non ridere quando vedi qualcuno ridere a crepapelle? (Fai una prova con un'altra persona!)
- Hai senso dell'umorismo? Sei divertente? Provalo!

2 LEGGERE E ASCOLTARE Domande a sorpresa

2a In gruppi. Al via dell'insegnante iniziate a leggere il testo. Allo stesso tempo partirà l'audio che contiene delle domande a sorpresa e l'insegnante interromperà l'audio dopo ogni domanda.
Se conoscete le risposte, prenotatevi e rispondete. Se nessuno sa rispondere si prosegue con l'ascolto e con la lettura.
Attenzione: per ogni risposta corretta prendete un punto, ma per ogni risposta sbagliata perdete un punto!
Vince il gruppo che accumula più punti (per il momento non considerate le parole evidenziate).

Perché ridiamo?

La risata è un fenomeno complesso che coinvolge diverse parti del nostro corpo e del nostro cervello. Non è altro che una risposta naturale a determinati stimoli, **eppure** svolge anche importanti funzioni sociali e fisiologiche. Il processo della risata inizia con uno stimolo percepito attraverso i nostri sensi, principalmente l'udito e la vista; può essere una battuta di spirito, una situazione comica o persino il vedere qualcun altro ridere. Il cervello riconosce questo stimolo come qualcosa di divertente e invia segnali ai muscoli del viso che ci fanno sorridere o ridere apertamente. Se lo stimolo è particolarmente forte, i segnali raggiungono anche i muscoli addominali, provocando una risata più profonda e intensa.
Nondimeno, è interessante notare che gli stimoli della risata e del pianto partono dalla stessa zona cerebrale, mostrando che queste due reazioni emotive, **quantunque** apparentemente contrastanti, sono in realtà molto simili. Ridiamo anche per ragioni chimiche: la risata aumenta la produzione di ormoni come l'adrenalina e la dopamina, che a loro volta rilasciano endorfine ed encefaline nel nostro corpo. Le endorfine riducono il dolore e la tensione, creando una sensazione di benessere e relax. Le encefaline, invece, potenziano il sistema immunitario, **pertanto** ci aiutano a combattere le malattie.
Fisicamente, ridere è come un esercizio per il nostro corpo. Quando ridiamo, i muscoli del torace e degli arti superiori si contraggono e si rilassano alternativamente, migliorando le funzioni del fegato e dell'intestino. Ridere attiva quindici muscoli del viso e coinvolge anche quelli del torace e dell'addome, portando spesso persino a una sensazione di dolore dopo una risata prolungata.
Si aggiunga il fatto che anche la respirazione beneficia della risata, diventando più profonda e tre volte più efficace rispetto allo stato di riposo e questo aiuta a espellere le tossine e quindi a purificare il corpo. **Ne deriva che** la sensazione di stanchezza si riduce e l'ossigenazione del sangue aumenta. La risata rilassa anche la muscolatura toracica e favorisce una ginnastica addominale che **tra l'altro** migliora ulteriormente le funzioni del fegato e dell'intestino.
Analogamente la risata stimola la circolazione sanguigna **giacché** migliora l'ossigenazione e aumenta la pressione del sangue. Questo processo accelera la rigenerazione dei tessuti e stabilizza molte funzioni corporee, contribuendo a difendere il corpo da infezioni e creando un generale senso di benessere. Il cuore, durante una risata, può raggiungere fino a 120 battiti al minuto, e gli occhi brillano grazie all'apporto di sangue fresco. Le narici si dilatano, permettendo una migliore pulizia del naso e i suoni della risata hanno un effetto positivo sui nervi auditivi, aumentando la nostra vitalità.
Ridere è anche un ottimo modo per bruciare calorie, quindi se siete disposti a tutto per dimagrire **fuorché** andare in palestra e se l'idea della dieta vi mette di malumore, potete optare per lo sport meno faticoso del mondo, **vale a dire** fatevi quattro risate e il gioco sarà fatto!

Ridere è una cosa seria 8A

Ora, se volete, potete riascoltare tutte le domande e scrivere le risposte.

2b *In gruppi. Completate la mappa mentale della risata seguendo l'esempio, poi confrontatevi con un altro gruppo.*

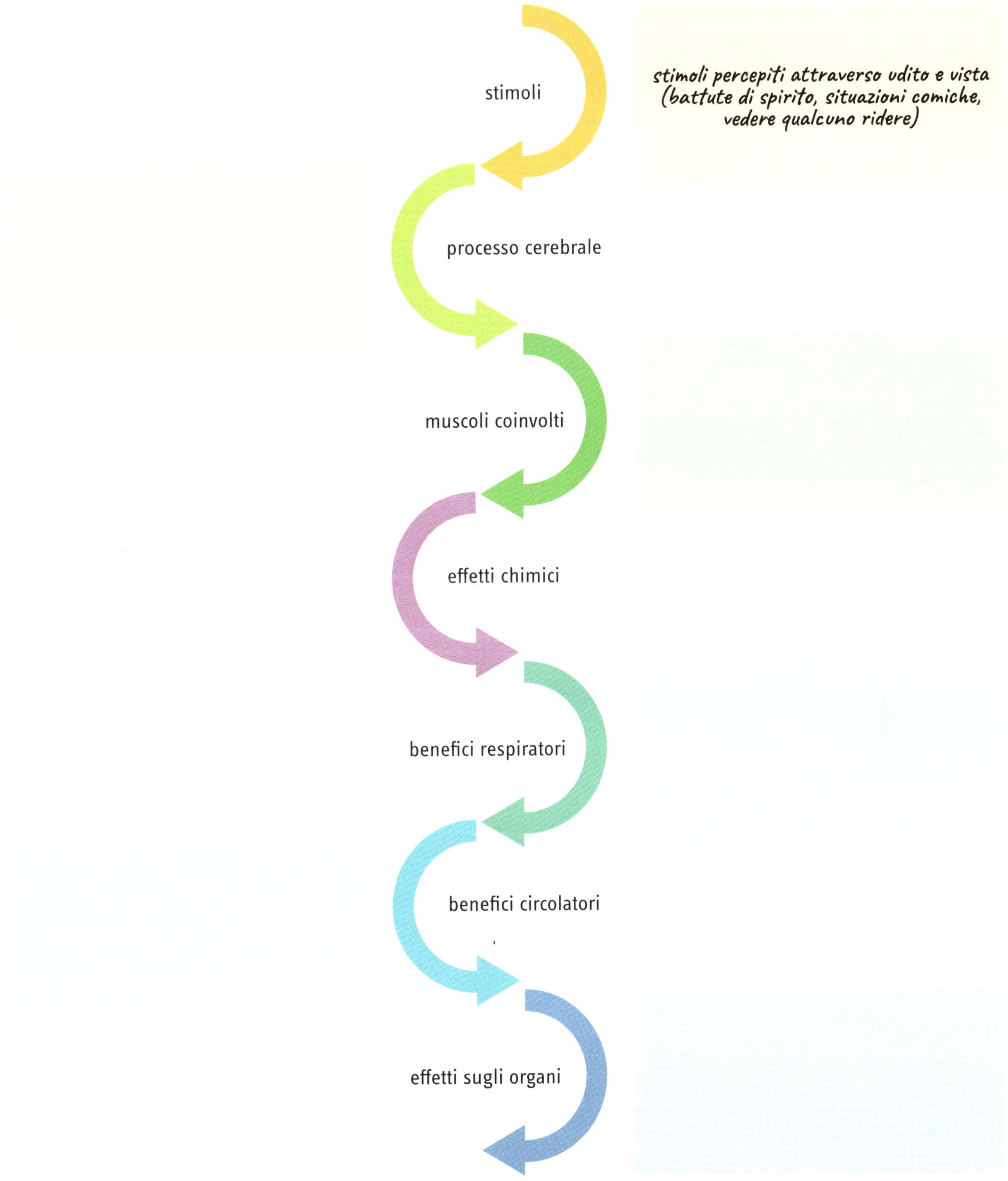

- stimoli → *stimoli percepiti attraverso udito e vista (battute di spirito, situazioni comiche, vedere qualcuno ridere)*
- processo cerebrale
- muscoli coinvolti
- effetti chimici
- benefici respiratori
- benefici circolatori
- effetti sugli organi

8A Ridere è una cosa seria

G connettivi testuali

3 GRAMMATICA Connettivi testuali

3a *In coppie. Le parole **evidenziate** nel testo del punto 2a sono connettivi testuali. Rispondete alla domanda e poi completate la tabella inserendo i connettivi del testo al punto giusto in base alle loro funzioni, come nell'esempio.*

Cosa sono i connettivi testuali?

○ a. Parole o espressioni che esprimono le sfumature di significato di un verbo o ne ampliano il significato stesso.

○ b. Parole o espressioni che collegano frasi, paragrafi o sezioni di un testo per garantire coerenza e coesione.

○ c. Parole o espressioni che sostituiscono la punteggiatura, rendendo il testo più armonioso ed elegante.

○ d. Parole o espressioni che sono sinonimi di altre parole ed espressioni presenti nella frase e servono a evitare le ripetizioni.

FUNZIONE	CONNETTIVO
CAUSA / CONSEGUENZA	dato che, visto che, siccome, poiché, perché, in quanto, dal momento che, di conseguenza, quindi, dunque, perciò, da ciò si deduce che, così che, *giacché*, _____, _____
CONTRASTO	ma, invece, ciononostante, nonostante ciò, malgrado ciò, tuttavia, pure, mentre, al contrario, anzi, però, _____, _____
CONCESSIONE	anche se, per quanto, benché, nonostante (che), malgrado (che), _____
GERARCHIA	in primo luogo, anzitutto, prima di tutto, a questo punto, inoltre, oltre a questo, oltre a ciò, oltre a quanto è stato detto, poi, infine, da ultimo, non ci resta che, e, anche, pure, nello stesso modo, _____, _____
SPIEGAZIONE	cioè, infatti, ad esempio, per esempio, in altre parole, per quanto riguarda, in sintesi, in questo modo, così, come, ossia, ovvero, _____, _____
LIMITAZIONE	tranne (che), per quanto, eccetto che, _____

3b *Completa il testo con i connettivi dati, poi confrontati con un'altra persona.*

giacché | eppure | quantunque | vale a dire | si aggiunga il fatto che | pertanto

Il virus della felicità?

testo parlante 54

Nel 1962, un evento bizzarro e contagioso si diffuse in Tanzania, allora conosciuta come Tanganica, _____ un'inspiegabile epidemia di risate incontrollabili. Tutto ebbe inizio in un collegio femminile di Kashasha, dove tre studentesse iniziarono a ridere in modo incontrollabile. In breve, il contagio si diffuse alle altre studentesse e al personale scolastico e, _____ inizialmente potesse sembrare un fenomeno semplicemente curioso, la situazione si fece via via più preoccupante _____ causava crisi di pianto, risate e iperventilazione che duravano ore. Nel giro di poche settimane, l'epidemia si propagò in villaggi e scuole vicine, colpendo migliaia di persone: le vittime ridevano in modo incontrollabile per giorni, spesso accompagnate da pianto e dolori addominali. _____ alcune persone svenivano, mentre altre erano colte anche da una fastidiosissima e imbarazzante flatulenza. La situazione diventò davvero preoccupante, _____ le autorità locali tentarono di arginare l'epidemia chiudendo scuole e vietando assembramenti, _____ la misura non ottenne il successo sperato. Medici e scienziati non riuscirono a trovare una causa precisa per il fenomeno, ipotizzando stress, suggestione o addirittura una rara malattia neurologica.
Dopo diversi mesi, l'epidemia di risate del Tanganica si estinse gradualmente, lasciando dietro di sé un mistero ancora irrisolto. Ancora oggi, l'evento rimane uno dei casi più singolari e inspiegabili di isteria di massa mai registrati.

Ridere è una cosa seria — 8A

3c *In coppie. Sostituite ogni connettivo che avete inserito nel testo del punto 3b con due sinonimi, come nell'esempio. Attenzione: ogni sinonimo deve essere adatto alla frase corrispondente.*

1. vale a dire: _cioè / ovvero_
2. quantunque: _____
3. giacché: _____
4. si aggiunga il fatto che: _____
5. pertanto: _____
6. eppure: _____

3d *In coppie. Mettete nel corretto ordine cronologico gli eventi e poi collegateli alla loro conseguenza o spiegazione, come nell'esempio.*

	EVENTO		CONSEGUENZA / SPIEGAZIONE
	a. Le autorità continuano a cercare di arginare l'epidemia, ma senza successo.	I.	Le autorità chiudono scuole e vietano assembramenti.
5	b. L'epidemia si esaurisce spontaneamente.	II.	Nascono diverse teorie del complotto e spiegazioni soprannaturali.
	c. Le persone colpite manifestano sintomi fisici oltre alle risate.	III.	L'evento viene classificato come un caso di isteria di massa.
	d. Tre studentesse iniziano a ridere in modo incontrollabile.	IV.	Medici e scienziati rimangono perplessi e avanzano diverse ipotesi.
	e. L'epidemia si diffonde rapidamente nei villaggi vicini.	V.	La notizia si diffonde rapidamente, suscitando curiosità e preoccupazione.

4 PARLARE E SCRIVERE — Un'altra prospettiva

In gruppi. Immaginate di vivere in Tanganica nel 1962 e di avere una teoria alternativa sulle cause dell'epidemia della risata. Seguite le indicazioni.

FASE 1: BRAINSTORMING
- Scegliete un'origine soprannaturale dell'epidemia (per esempio uno spirito maligno, una divinità burlona, una maledizione, ecc.) o di altro tipo (per esempio un esperimento governativo, un attacco alieno, ecc.). Cercate di essere originali!
- Identificate gli indizi: rileggete il testo e cercate tutti gli elementi che potrebbero sostenere la vostra teoria. Anche i dettagli più piccoli possono essere importanti!
- Individuate il responsabile: chi o cosa potrebbe aver causato l'epidemia? Un mago, uno scienziato pazzo, un alieno o altro?

FASE 2: SVILUPPARE LA TEORIA
- Descrivete la persona responsabile e il suo movente.
- Inventate un piano: come ha fatto questo personaggio a scatenare l'epidemia? Quali strumenti o poteri ha utilizzato?

FASE 3: SCRIVERE UN DISCORSO
- Trasformate la vostra teoria in un discorso che dovrete pronunciare di fronte alla popolazione e al governo per spiegare le cause della pandemia.
- Siate convincenti e presentate la vostra teoria in modo chiaro e appassionato.
- Usate i connettivi al punto *3a* per collegare le frasi, i paragrafi o le sezioni del testo in modo da garantire coerenza e coesione.

FASE 4: PRESENTAZIONE
- Leggete il vostro discorso alla classe cercando di essere più convincenti possibile.
- Siate pronti a rispondere alle domande degli altri gruppi che vorranno mettere in dubbio la vostra tesi.

8B Umorismo italiano

G discorso indiretto (ripasso e ampliamento)

1 LEGGERE E PARLARE Leopardi e l'umorismo

In gruppi. Leggete la prima parte del testo di Giacomo Leopardi (1798-1837), uno dei più importanti poeti italiani. Siete d'accordo con lui o no? Perché?

> Gli italiani ridono della vita: ne ridono assai più, e con più verità e persuasione intima di disprezzo e freddezza, che non fa niun'altra nazione.

Ora decidete come continua il testo scegliendo l'opzione per voi corretta. Giustificate la vostra scelta.

> **a.** Questo è ben naturale, perché la vita per loro val meno assai che per gli altri, e perché egli è certo che i caratteri più vivaci e caldi di natura, come è quello degl'italiani, diventano i più freddi e apatici quando sono combattuti da circostanze superiori alle loro forze. (…)
> Il popolaccio italiano è il più cinico di tutti i popolacci. (…) gli altri popoli ridono piuttosto delle cose che degli uomini, piuttosto degli assenti che dei presenti… (…) In Italia il più del riso è sopra gli uomini e i presenti. (…)
> Gl'italiani posseggono l'arte di perseguitarsi scambievolmente e di prendersi a botte colle parole più che alcun'altra nazione.

> **b.** Questo è ben naturale, poiché gl'italiani, nutriti d'una lunga tradizione di giochi e spettacoli, trovano nella risata un porto sicuro e un perpetuo sollazzo. Per loro, la vita tutta è un teatro, e ogni avvenimento si presta a essere nuovo atto di questa commedia universale.
> In ogni piazza, in ogni angolo remoto, si scorge come la leggerezza dello spirito italiano prevalga su ogni asperità. (…) Gli altri popoli si sforzano di penetrare il senso della vita; gl'italiani, invece, si dilettano delle sue stravaganze. (…)
> Essi posseggono una naturale disposizione a mutare anche le più gravi sciagure in occasione di riso, quasi che la tragedia fosse una maschera da porre e poi, con un sorriso sardonico, subito rimuovere.

Verificate la soluzione in basso. Cosa pensate delle parole di Leopardi?

Soluzione del punto **1**: 'e

2 ASCOLTARE Di cosa ridono gli italiani?

2a *Ascolta l'audio e completa le vignette con i testi.*

Umorismo italiano 8B

2b *In gruppi. Svolgete i compiti.*
- Confrontate ciò che avete scritto nelle vignette e, se necessario, riascoltate l'audio per arrivare a una soluzione univoca.
- Scrivete una breve frase per spiegare ogni barzelletta.
- Confrontate le vostre spiegazioni con quelle di un altro gruppo.
- Parlate con l'altro gruppo per decidere qual è la barzelletta o battuta che vi fa più ridere e quella che vi fa meno ridere.

3 GRAMMATICA Il discorso indiretto (ripasso e ampliamento)

3a *In squadre. Inizia qui una competizione che include 5 prove.*
Prova 1: *Leggete le frasi tratte dal dialogo al punto 2a e indicate quali contengono il discorso diretto (D) e quali il discorso indiretto (I).*
Vince la squadra che dà più risposte corrette nel minor tempo.

	D	I
1. Anche Gemma ha detto che non ne poteva più!	○	○
2. E ho sentito Claudio che diceva alla moglie che secondo lui tutti ridevano solo per cortesia!	○	○
3. Mamma lumaca prepara sua figlia per andare a scuola e le dice: "Mi raccomando, fai la bava!".	○	○
4. Ne ha detta un'altra e Marcella mi ha chiesto se fosse finita o continuasse!	○	○
5. Poi mette le mani nell'insalata e dice: "Adesso sì!".	○	○

Prova 2: *completate la regola inserendo al posto giusto ogni parola della lista per due volte. Vince la squadra che lo fa nel minor tempo.*

di (x2) | **se (x2)** | **che (x2)**

DISCORSO DIRETTO ➡ DISCORSO INDIRETTO
Dice: "Lui è felice." ____ + **verbo coniugato**   *Dice ____ lui è felice.*
Dice: "Sono felice." ____ + **infinito** (stesso soggetto)   *Dice ____ essere felice.*
Chiede: "Sei felice?" ____ + **verbo coniugato** (domande)   *Chiede ____ io sono / sia felice.*

8B Umorismo italiano

Prova 3: leggete la regola e completate la tabella seguendo l'esempio. Vince la squadra che inserisce più elementi corretti nel minor tempo.

FRASI DICHIARATIVE

Nel discorso indiretto, se il verbo della frase principale è al **presente** o al futuro e si usa **che** per introdurre la frase secondaria, i tempi della frase secondaria non cambiano.
Dice: "*Sono felice*" ➡ Dice che **è** felice.

Se il verbo della frase principale è al **passato** e si usa **che** per introdurre la frase secondaria, è necessario fare i seguenti cambiamenti:

DISCORSO DIRETTO ➡	DISCORSO INDIRETTO
PRESENTE Ha detto: "*Capisco*."	*IMPERFETTO* Ha detto che _capiva_.
IMPERFETTO Ha detto: "*Capivo*."	**IMPERFETTO** Ha detto che **capiva**.
PASSATO PROSSIMO / PASSATO REMOTO / TRAPASSATO PROSSIMO Ha detto: "*Ho capito. / _____. / Avevo capito.*"	**TRAPASSATO PROSSIMO** Ha detto che **aveva capito**.
FUTURO SEMPLICE / ANTERIORE Ha detto: "*Capirò*." Ha detto: "*Quando avrò capito...*"	_____ Ha detto che _____. Ha detto che quando **avrebbe capito**...
CONDIZIONALE PRESENTE / PASSATO Ha detto: "_Capirei_. / Avrei capito."	**CONDIZIONALE** _____ Ha detto che _____.
_____ **PRESENTE / IMPERFETTO** Ha detto: "*Penso che sia...*" Ha detto: "*Pensavo che fosse...*"	**CONGIUNTIVO IMPERFETTO** Ha detto che pensava che _____.
CONGIUNTIVO _____ / _____ Ha detto: "*Penso che _____...*" Ha detto: "*Pensavo che _____...*"	**CONGIUNTIVO TRAPASSATO** Ha detto che pensava che **fosse stato**...

Prova 4: leggete la regola e poi, nelle due tabelle a destra, abbinate gli elementi della prima colonna con quelli della seconda. Vince la squadra che fa più abbinamenti corretti nel minor tempo.

FRASI INTERROGATIVE

Quando nel discorso indiretto si riferiscono delle domande, in situazioni colloquiali si possono seguire le stesse regole delle frasi dichiarative.
Chiede: "*Dormi?*" ➡ Chiede se **dormo**.
Chiese: "*Hai dormito?*" ➡ Chiese se **avevo dormito**.
Nelle situazioni più formali, invece, è necessario fare i seguenti cambiamenti:
- se il verbo della frase principale è al **presente**

DISCORSO DIRETTO ➡	DISCORSO INDIRETTO
1. **INDICATIVO PRESENTE** Chiede: "*Dormi?*"	a. **CONGIUNTIVO TRAPASSATO** Chiede se **avessi dormito**.
2. **INDICATIVO IMPERFETTO** Chiede: "*Dormivi?*"	b. **CONGIUNTIVO IMPERFETTO** Chiede se **dormissi**.
3. **PASSATO PROSSIMO / PASSATO REMOTO** Chiede: "*Hai dormito / Dormisti?*"	c. **CONGIUNTIVO PRESENTE** Chiede se **io dorma**.
4. **TRAPASSATO PROSSIMO** Chiede: "*Avevi dormito?*"	d. **CONGIUNTIVO PASSATO** Chiede se io **abbia dormito**.

- se il verbo della frase principale è al **passato**

DISCORSO DIRETTO ➡	DISCORSO INDIRETTO
5. **INDICATIVO PRESENTE / IMPERFETTO** Ha chiesto: "*Dormi / Dormivi?*"	e. **CONGIUNTIVO IMPERFETTO** Ha chiesto se **dormissi**.
6. **PASSATO PROSSIMO / PASSATO REMOTO** Ha chiesto: "*Hai dormito / Dormisti?*"	f. **CONGIUNTIVO TRAPASSATO** Ha chiesto se **avessi dormito**.

Prova 5: leggete la regola e completatela con le parole della lista. Vince la squadra che lo fa nel minor tempo.

imperativo | dormissi | dorma
infinito | congiuntivo | di

FRASI IMPERATIVE

Quando nel discorso diretto ci sono verbi all'_____, si può usare *che* + _____ o *di* + _____.
Mi ordina: "(tu) **Dormi** / (Lei) _____ ➡ Ordina **che** io **dorma** / _____ dormire.
Mi ordinò: "**Dormi / Dorma!**" ➡ Ordinò **che** io _____ / **di dormire**.

La squadra che ha vinto più prove è la vincitrice della competizione.

Umorismo italiano 8B

3b *In squadre (le stesse dei punti precedenti). Per decretare chi merita il secondo posto, trasformate correttamente e nel minor tempo le frasi tratte dal dialogo al punto **3a** dal discorso diretto all'indiretto e viceversa. La squadra che ha vinto la competizione precedente non partecipa, ma deve supervisionare il lavoro degli altri, correggere le risposte e decretare la squadra vincente.*

1. Anche Gemma ha detto che non ne poteva più!
   _____

2. E ho sentito Claudio che diceva alla moglie che secondo lui tutti ridevano solo per cortesia!
   _____
   _____

3. Mamma lumaca prepara sua figlia per andare a scuola e le dice: "Mi raccomando, fai la bava!"
   _____
   _____

4. Ne ha detta un'altra e Marcella mi ha chiesto se fosse finita o continuasse!
   _____
   _____

5. Marcella non sapeva quando doveva ridere, voleva che l'avvisassi io!
   _____
   _____

6. Marito: "E sai che nel Sahara il menù è molto limitato?"
   _____
   _____

4 PARLARE Che hanno detto?

In coppie. Fatevi domande curiose, divertenti, bizzarre. Potete toccare i temi proposti sotto e inventarne altri.

- UNA FIGURACCIA COLOSSALE
- IL REGALO PEGGIORE
- ABITUDINI STRANE
- ISTRUZIONE
- LA BUGIA PIÙ FREQUENTE
- PAURE IMBARAZZANTI
- UNA GAFFE IN PUBBLICO
- SUPERPOTERI
- UN PARENTE INSOPPORTABILE

Ora cambiate partner di lavoro e raccontate all'altra persona la conversazione che avete avuto seguendo le regole del discorso indiretto, ma prima leggete il testo in alto a destra per ripassare alcune regole importanti.

APPROFONDIMENTO SUL DISCORSO INDIRETTO

Se il discorso è ancora valido nel presente, nel discorso indiretto puoi mantenere lo stesso tempo verbale del discorso diretto, anche se la frase principale contiene un verbo al passato.

Ha detto: "**Sono** stanco". ➡ Ha detto che **è** stanco.
(5 minuti fa)   (anche ora è stanco)

ALTRI CAMBIAMENTI

DISCORSO DIRETTO ➡	DISCORSO INDIRETTO
io	lui, lei
mi	lo, la, gli, le, si
mio	suo
qui, qua	lì, là
quassù, quaggiù	lassù, laggiù
adesso, ora	allora, in quel momento
ieri	il giorno precedente / prima
oggi	quel giorno
domani	l'indomani, il giorno dopo / seguente / successivo
dopodomani	due giorni dopo
scorso	precedente
prossimo	successivo
un anno fa	un anno prima
fra 2 giorni	dopo 2 giorni
questo	quello
venire	andare

5 PROGETTO Podcast di classe 8

In gruppi. In questo podcast dovrete spiegare a un gruppo di italiani che tipo di umorismo è tipico dei vostri Paesi. Toccate i seguenti punti:

- quali sono i temi più frequenti?
- ci sono dei tabù?
- ci sono dei personaggi comici caratteristici?
- presentate 3 barzellette o battute divertenti che secondo voi sono difficili da capire per gli stranieri traducendole in italiano e spiegandone il significato.

▶ GRAMMATICA ES 2

8C La mia generazione

v generazioni • linguaggio della generazione Z

1 LEGGERE E PARLARE Generazioni a confronto

In gruppi. Abbinate a ogni generazione le sue caratteristiche scrivendo la lettera corrispondente nei cerchi, poi confrontatevi con gli altri gruppi rispondendo alle domande.

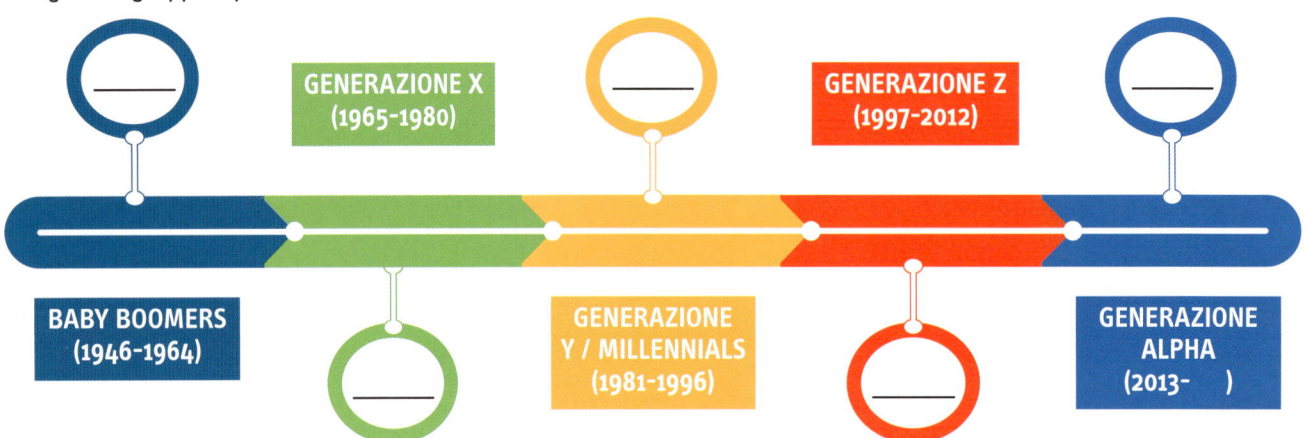

CARATTERISTICHE
A. Nati in un'epoca di crescita economica e ottimismo post-bellico.
B. Cresciuti con l'avvento della tecnologia digitale, ma nati prima di internet.
C. Definiti da eventi come l'avvento dei social media e crisi economiche globali.
D. Prima generazione completamente digitale, abituata all'uso di dispositivi fin da piccoli.
E. Noti per il pragmatismo e il disincanto, hanno vissuto la transizione analogica-digitale.

DOMANDE
• Di quale generazione fate parte? Vi riconoscete nella descrizione?
• Se doveste descrivere la vostra generazione con una sola parola, quale sceglireste e perché?
• Quale credete che sia la generazione più fortunata e quale la più sfortunata? Perché?
• Secondo voi come si chiamerà e che caratteristiche avrà la generazione successiva alla "generazione Alpha"?

2 ASCOLTARE Il podcast "A dirla tutta!" 8

In coppie. Ascoltate il podcast e riempite le 3 tabelle, poi confrontate le vostre risposte e, se necessario, riascoltate per completare.

TABELLA 1 – GENERAZIONE Z

domanda	risposta
1. Qual è il periodo di nascita della "Generazione Z"?	
2. Quali sono i principali strumenti digitali della "Generazione Z"?	
3. Qual è una delle preoccupazioni principali della "Generazione Z"?	
4. Perché si chiama "Generazione Z"?	
5. Quale concorso ha contribuito a scegliere il nome "Generazione Z"?	
6 Cosa si può fare per avvicinarsi alla "Generazione Z"?	

TABELLA 2 – UMORISMO DELLA GENERAZIONE Z

tipo di umorismo	esempio
1. umorismo basato su meme e contenuti brevi	
2. umorismo autoironico e autocritico	
3. umorismo assurdo	
4. differenze rispetto all'umorismo delle generazioni precedenti	

La mia generazione 8C

TABELLA 3 – LINGUAGGIO DELLA GENERAZIONE Z

parola / espressione	significato
cringe	
BAE	
BUFU	
ghostare	
blastare	
mood	
fire	
YOLO	
ok, boomer!	
triggerare	
chillarsi	

3 VOCABOLARIO Parole ed espressioni interessanti

Leggi le frasi tratte dal podcast e scegli il significato corretto delle parole evidenziate, poi confrontati con un'altra persona.

1. Per noi il mondo digitale è **la norma**.
   - ○ a. la regola da seguire
   - ○ b. la normalità
2. ... potrebbe rappresentare **una sorta di** "ultima generazione"...
   - ○ a. una specie di
   - ○ b. una caratteristica di
3. ... due nomi che **erano in ballo**...
   - ○ a. erano favoriti, preferiti
   - ○ b. erano coinvolti, implicati
4. ... un gatto con gli occhi **spalancati**...
   - ○ a. assonnati, stanchi
   - ○ b. completamente aperti
5. ... mi sento (...) **fuori luogo**.
   - ○ a. in un luogo troppo lontano da casa
   - ○ b. a disagio
6. ... un pinguino che scivola **goffamente**...
   - ○ a. allegramente, senza preoccupazioni
   - ○ b. non disinvolto, senza grazia
7. ... questa (lezione) deve essere **linda e pinta**...
   - ○ a. pulita, elegante
   - ○ b. vivace e divertente
8. Eh, ma **che ci vuoi fare**, è così che va il mondo...
   - ○ a. è inutile arrabbiarsi o preoccuparsi
   - ○ b. è importante fare qualcosa
9. **Capirai!** Io ero rimasta addirittura a carpe diem!
   - ○ a. Mannaggia! / Che disastro! (dispiacere)
   - ○ b. Figurati! / Pensa un po'! (sorpresa)
10. ... persone (...) che non capiscono (...) **i tormentoni** del momento.
    - ○ a. i problemi, le preoccupazioni di tutti
    - ○ b. cose ripetute ossessivamente da tutti
11. ... **mi hai dato dell'anziana**...
    - ○ a. mi hai dato un motivo per sentirmi anziana
    - ○ b. mi hai definito anziana

DIECI connettivi utili

1. dal momento che...
2. ciononostante...
3. per quanto...
4. oltre a ciò...
5. in altre parole...
6. ovvero...
7. tranne...
8. pertanto...
9. eppure...
10. in primo luogo...

Abbina ogni connettivo alla sua funzione, come nell'esempio.

FUNZIONI	CONNETTIVI
a. CONTRASTO	
b. CAUSA / CONSEGUENZA	
c. CONCESSIONE	
d. GERARCHIA	
e. SPIEGAZIONE	5
f. LIMITAZIONE	

8 PER FARE ANCORA MEGLIO

v verbi dichiarativi • verbi onomatopeici

1 VOCABOLARIO Non solo dire!

1a *In coppie. Per riferire il discorso diretto ci sono molti altri verbi che si possono usare al posto di "dire". Abbinate i gruppi di verbi alla loro funzione.*

VERBI

A	B	C	D	E	F	G
affermare	balbettare	annunciare	chiedere	bisbigliare	contraddire	constatare
aggiungere	borbottare	comunicare	consigliare	confidare	negare	lamentarsi
ammettere	brontolare	indicare	domandare	sussurrare	obiettare	notare
assicurare	esclamare	informare	pregare		ribattere	osservare
confermare	gridare	raccontare	pretendere			protestare
dichiarare	mormorare	ricordare	proporre			ritenere
giurare	strillare	riferire	voler sapere se			
precisare	urlare	rivelare				
promettere		segnalare				
ribadire						
ripetere						
scusarsi						
sostenere						

FUNZIONI

1	2	3	4	5	6	7
opposizione / contrasto	comunicazione / informazione	domanda / richiesta	opinione / critica	affermazione / dichiarazione	segretezza / confidenza	esclamazione / emozione

1: _____ 2: _____ 3: _____ 4: _____ 5: _____ 6: _____ 7: _____

1b *Sottolinea l'opzione corretta.*

1. Marco ha **negato / ribattuto / suggerito** di aver rotto il vaso durante la festa.
2. Alessia ha **sussurrato / borbottato / ribadito** la sua risposta perché era troppo timida.
3. Il presidente ha **annunciato / mormorato / precisato** una nuova legge durante la conferenza stampa.
4. Giovanni è stato rimproverato perché durante la riunione ha **protestato / negato / contraddetto** il direttore.
5. Martina ha **proposto / affermato / pregato** ai suoi amici di andare al cinema stasera.
6. Francesca ha **brontolato / ribadito / giurato** la sua opinione durante il dibattito.
7. Paolo ha **rivelato / obiettato / protestato** ai colleghi una notizia sorprendente durante la pausa pranzo.
8. Il cliente ha **pregato / confidato / preteso** gentilmente il cameriere di portargli altro pane.

1c *I verbi onomatopeici derivano da suoni o rumori. In coppie, associate ogni verbo della lista a destra al suo significato, poi confrontatevi con le altre coppie. Attenzione: alcuni verbi sono sinonimi.*

DIECI VERBI ONOMATOPEICI

1. balbettare
2. bisbigliare
3. bofonchiare
4. borbottare
5. farfugliare
6. mormorare
7. mugugnare
8. sbuffare
9. sghignazzare
10. sussurrare

a. espirare con forza gonfiando le guance e tenendo le labbra socchiuse, per esprimere fastidio o noia
b. parlare a voce molto bassa
c. ridere rumorosamente, in modo sarcastico e provocatorio
d. dire confusamente, senza scandire le parole
e. lamentarsi a bassa voce
f. pronunciare con esitazione, con difficoltà, alcune lettere o sillabe per malformazioni anatomiche o motivi psicologici

▶ VOCABOLARIO ES 3 E 4

SPUTA IL ROSPO 8

1 ASCOLTARE Il mistero degli oggetti smarriti

In coppie. Ascoltate il monologo di un comico italiano durante uno spettacolo di "stand-up comedy" e poi parlate dei seguenti punti.

- Avete capito tutte le battute? Qual è stata la più divertente per voi?
- Secondo voi, quali delle seguenti tecniche usa il comico per rendere più divertenti le sue battute?
  - pause strategiche prima e dopo una battuta
  - esagerazione
  - sarcasmo
  - autoironia
  - imitazioni e accenti
  - stereotipi e cliché
  - coinvolgimento del pubblico
  - giochi di parole

2 PROGETTO Spettacolo in classe!

In gruppi. Dovete realizzare un breve spettacolo di "stand-up comedy" da presentare in classe. Seguite le istruzioni.

FASE 1: RICERCA
- Rivedete il materiale studiato sull'umorismo e le differenze generazionali.
- Prendete spunto dal monologo ascoltato al punto *1* o cercate online alcuni esempi di *stand-up comedy* italiana.

FASE 2: SCRITTURA
- Decidete se scrivere un unico monologo che sarà presentato da un solo componente del gruppo o un monologo per ogni componente del gruppo.
- Considerate che il vostro spettacolo dovrà durare tra i 5 e i 7 minuti.
- Scegliete un tema. Può essere riferito a esperienze personali, osservazioni della vita quotidiana, differenze culturali o un qualsiasi argomento che vi fa ridere. Potete anche includere riflessioni sull'umorismo italiano o lo slang della generazione Z.
- Decidete quali tecniche del punto *1* volete usare.
- Il monologo deve avere un'introduzione, uno sviluppo e una conclusione definite. Cercate di mantenere un ritmo fluido e coinvolgente.
- Una volta scritto il monologo, rivedetelo per correggere eventuali errori grammaticali e di coerenza.

FASE 3: PREPARAZIONE E PROVE
- Praticate la pronuncia e l'intonazione, cercando di rendere il vostro monologo naturale e scorrevole.
- La *stand-up comedy* non è fatta solo di parole, ma anche di espressioni facciali e gesti. Incorporate elementi non verbali per rafforzare il contenuto comico.
- L'umorismo dipende molto dal ritmo. Fate attenzione a come inserite le pause e usate il silenzio per creare effetto.
- Provate il monologo a voce alta per verificare la durata, il ritmo e l'effetto comico. Potete anche registrarvi e riascoltarvi per identificare i punti da migliorare.

FASE 4: PRESENTAZIONE E DISCUSSIONE
- Presentate lo spettacolo alla classe senza avere paura di sbagliare! Al termine delle rappresentazioni discutete tutti insieme su quali monologhi vi hanno fatto più ridere e perché.

3 RIFLETTERE Che comunicatore sei?

In gruppi (gli stessi del punto 2). Rispondete alle domande e discutetene.

- Durante la preparazione e la presentazione del monologo, quali aspetti del linguaggio ti sono venuti naturali? (capacità di improvvisazione, naturalezza, fluenza, ecc.).
- Come hai gestito le emozioni durante la performance? Hai notato cambiamenti nella tua sicurezza mentre parlavi?
- Ci sono degli aspetti in cui puoi migliorare come comunicatore? Quali sono e cosa puoi fare per svilupparli?
- Qual è l'insegnamento più grande che porti con te da questa esperienza? Cosa hai imparato di nuovo sul modo in cui usi la lingua italiana per esprimerti in maniera creativa e umoristica?

8 GRAMMATICA

CONNETTIVI TESTUALI

I connettivi testuali sono parole o espressioni che collegano frasi, paragrafi o sezioni di un testo per garantire coerenza e coesione.
Possono esprimere:

CAUSA / CONSEGUENZA: dato che, visto che, siccome, poiché, perché, in quanto, dal momento che, di conseguenza, quindi, dunque, pertanto, perciò, da ciò si deduce che, così che, giacché, ne deriva che, ecc.
*Non ha rispettato le scadenze, **pertanto** il suo contratto è stato sospeso.*

CONTRASTO: ma, invece, ciononostante, nonostante ciò, malgrado ciò, tuttavia, pure, eppure, mentre, al contrario, anzi, però, nondimeno, ecc.
*Non sa cantare, **eppure** è il primo a fare il karaoke.*

CONCESSIONE: anche se, per quanto, benché, nonostante (che), malgrado (che), quantunque, ecc.
***Per quanto** ami il gelato, non è mai stato un valido sostituto per la cena.*

GERARCHIA: in primo luogo, anzitutto, prima di tutto, a questo punto, inoltre, oltre a questo, oltre a ciò, oltre a quanto è stato detto, poi, infine, da ultimo, non ci resta che, e, anche, pure, nello stesso modo, si aggiunga il fatto che, analogamente, ecc.
***In primo luogo**, non sono mai riuscito a capire perché le diete iniziano sempre di lunedì. Poi...*

SPIEGAZIONE: cioè, infatti, ad esempio, per esempio, in altre parole, per quanto riguarda, in sintesi, in questo modo, così, come, ossia, ovvero, vale a dire, tra l'altro, ecc.
*Lui è l'editore, **ovvero** il responsabile delle pubblicazioni.*

LIMITAZIONE: tranne (che), per quanto, eccetto che, fuorché, ecc.
*Tutti hanno accettato l'invito, **tranne** Lucia.*

DISCORSO INDIRETTO (RIPASSO E AMPLIAMENTO)

Il discorso diretto si può riferire con *che* + verbo coniugato, con *di* + infinito quando il soggetto della frase è lo stesso o con *se* + verbo coniugato nel caso delle domande.
*Dice **che** lui è felice.*
*Dice **di** essere felice.*
*Chiede **se** io sono / sia felice.*

FRASI DICHIARATIVE

Nel discorso indiretto, se il verbo della frase principale è al **presente** o al futuro e si usa *che* per introdurre la frase secondaria, i tempi della frase secondaria non cambiano.
Dice: "Sono felice." ➡ Dice che è felice.

Se il verbo della frase principale è al **passato** e si usa *che* per introdurre la frase secondaria, è necessario fare i seguenti cambiamenti:

DISCORSO DIRETTO ➡	DISCORSO INDIRETTO
PRESENTE *Ha detto: "Capisco".*	**PRESENTE** *Ha detto che **capisce**.*
IMPERFETTO *Ha detto: "Capivo".*	**IMPERFETTO** *Ha detto che **capiva**.*
PASSATO PROSSIMO / PASSATO REMOTO / TRAPASSATO PROSSIMO *Ha detto: "**Ho capito / Capii / Avevo capito**".*	**TRAPASSATO PROSSIMO** *Ha detto che **aveva capito**.*
FUTURO SEMPLICE / ANTERIORE *Ha detto: "Capirò".* *Ha detto: "Quando **avrò** capito...".*	**CONDIZIONALE PASSATO** *Ha detto che **avrebbe capito**.* *Ha detto che quando **avrebbe capito**...*
CONDIZIONALE PRESENTE / PASSATO *Ha detto: "**Capirei / Avrei capito**".*	**CONDIZIONALE PASSATO** *Ha detto che **avrebbe capito**.*
CONGIUNTIVO PRESENTE / IMPERFETTO *Ha detto: "Penso che **sia**..."* *Ha detto: "Pensavo che **fosse**...".*	**CONGIUNTIVO IMPERFETTO** *Ha detto che pensava che **fosse**...*
CONGIUNTIVO PASSATO / TRAPASSATO *Ha detto: "Penso che **sia stato**...".* *Ha detto: "Pensavo che **fosse stato**...".*	**CONGIUNTIVO TRAPASSATO** *Ha detto che pensava che **fosse stato**...*

Attenzione: se il discorso è ancora valido nel presente, nel discorso indiretto è possibile mantenere lo stesso tempo verbale del discorso diretto, anche se la frase principale contiene un verbo al passato.

Ha detto: "Sono stanco". ➡ Ha detto che è stanco.
(5 minuti fa)   (anche ora è stanco)

FRASI INTERROGATIVE

Quando nel discorso indiretto si riferiscono delle domande, in situazioni colloquiali si possono seguire le stesse regole delle frasi dichiarative.

*Chiede: "Dormi?" ➡ Chiede se **dormo**.*
*Chiese: "Hai dormito?" ➡ Chiese se **avevo dormito**.*

GRAMMATICA 8

Nelle situazioni più formali, invece, è necessario fare i seguenti cambiamenti:

DISCORSO DIRETTO ➡	DISCORSO INDIRETTO
INDICATIVO PRESENTE Chiede: "*Dormi?*"	**CONGIUNTIVO PRESENTE** Chiede se io **dorma**.
INDICATIVO IMPERFETTO Chiede: "*Dormivi?*"	**CONGIUNTIVO IMPERFETTO** Chiede se **dormissi**.
PASSATO PROSSIMO / PASSATO REMOTO Chiede: "*Hai dormito / Dormisti?*"	**CONGIUNTIVO PASSATO** Chiede se io **abbia dormito**.
TRAPASSATO PROSSIMO Chiede: "*Avevi dormito?*"	**CONGIUNTIVO TRAPASSATO** Chiede se **avessi dormito**.

- se il verbo della frase principale è al **passato**

DISCORSO DIRETTO ➡	DISCORSO INDIRETTO
INDICATIVO PRESENTE / IMPERFETTO Ha chiesto: "*Dormi / Dormivi?*"	**CONGIUNTIVO IMPERFETTO** Ha chiesto se io **dormissi**.
PASSATO PROSSIMO / PASSATO REMOTO Ha chiesto: "*Hai dormito / Dormisti?*"	**CONGIUNTIVO TRAPASSATO** Ha chiesto se **avessi dormito**.

FRASI IMPERATIVE

Quando nel discorso diretto ci sono verbi all'imperativo, si può usare *che* + congiuntivo o *di* + infinito.
Mi ordina: "*Dormi / Dorma!*" ➡ Ordina *che* io **dorma** / *di* **dormire**.
Mi ordinò: "*Dormi / Dorma!*" ➡ Ordinò *che* io **dormissi** / *di* **dormire**.

ALTRI CAMBIAMENTI

DISCORSO DIRETTO ➡	DISCORSO INDIRETTO
io	lui, lei
mi	lo, la, gli, le, si
mio	suo
qui, qua	lì, là
quassù, quaggiù	lassù, laggiù
adesso, ora	allora, in quel momento
ieri	il giorno precedente / prima
oggi	quel giorno
domani	l'indomani, il giorno dopo / seguente / successivo
dopodomani	due giorni dopo
scorso	precedente
prossimo	successivo
un anno fa	un anno prima
fra 2 giorni	dopo 2 giorni
questo	quello
venire	andare

CONNETTIVI TESTUALI

1 *Completa il testo sottolineando le opzioni corrette.*

Allora, ragazzi, parliamo di una delle esperienze più incredibili della vita quotidiana: la lavatrice. Oh sì, perché si tende a pensare che fare il bucato sia una cosa semplice. **Nonostante / Malgrado / Ciononostante** nasconde delle insidie davvero malefiche!! Pensi di avere tutto sotto controllo: separi i bianchi dai colorati, carichi il cestello e **analogamente / tra l'altro / a questo punto** ecco il primo dubbio: quanti detersivi ci sono? C'è quello per i colorati, i delicati, i bianchi, il prelavaggio, l'ammorbidente, l'anticalcare... Insomma, sembrava semplice, **quantunque / eppure / pertanto** ti farebbe comodo una laurea in chimica! Metti dentro quello che ti sembra giusto, scegli il programma... **anche se / giacché / ovvero** ovviamente non hai idea di quale scegliere. Cotone? Sintetici? Misto? Ma che vuol dire misto?! **Oltre a ciò / Dal momento che / Ne deriva che** scegli il programma che ti sembra meno pericoloso, premi start e... poi c'è il momento mistico in cui ti fermi a guardare il cestello girare, tipo ipnotizzato. Cominci a chiederti cose profonde, **poiché / tuttavia / ovvero**: "Chissà se i calzini muoiono qui dentro?", **pertanto / infatti / inoltre** metti sei calzini e ne escono sempre cinque. Poi, dopo due ore di attesa, apri la lavatrice e... sorpresa! La tua maglietta bianca? Ora è rosa, **giacché / anzi / eppure** c'è sempre quel calzino rosso ninja che entra di nascosto. Ma il vero colpo di scena è quando scopri di aver lasciato un fazzoletto di carta nelle tasche: in pratica la lavatrice sembra aver creato la neve artificiale sui tuoi pantaloni! **Si aggiunga il fatto che / Così che / Non ti resta che** cercare di rimuovere ogni minuscolo fiocco di carta con una pazienza che nemmeno Gandhi avrebbe avuto...

DISCORSO INDIRETTO (RIPASSO E AMPLIAMENTO)

2 *Trasforma il testo dal discorso diretto al discorso indiretto.*

In una riunione di lavoro, il direttore generale, Lorenzo, decise di alleggerire l'atmosfera con un po' di umorismo. Annunciò: "Oggi, per rompere il ghiaccio, ho organizzato una gara di battute tra i membri del team. Chi farà ridere di più avrà una settimana di ferie extra!".
Sara, una delle dipendenti, chiese: "Ma Lorenzo, cosa succede se nessuno riesce a farci ridere? Dobbiamo restare qui a lavorare più a lungo?". Lorenzo rispose con un sorriso malizioso: "In quel caso, vi costringerò a guardare una maratona delle mie vecchie presentazioni aziendali, che sono famose per la loro capacità di indurre il sonno!". Un collega, Paolo, chiese ridendo: "E se facciamo una battuta che ti farà sganasciare? Cosa succederà?". Lorenzo, con un lampo di ispirazione, rispose: "Se succede, vi darò un bonus in denaro e vi mostrerò i miei video di quando faccio il karaoke vestito da Lady Gaga!"

VOCABOLARIO

RIDERE

SINONIMI DI RIDERE MOLTISSIMO
- ridere a crepapelle
- ridere a più non posso
- sbellicarsi
- sbudellarsi
- scompisciarsi
- sganasciarsi
- spanciarsi

- **deridere**: prendere in giro qualcuno
- **ridacchiare / sogghignare**: ridere non apertamente, ma con intenzione sarcastica o di presa in giro
- **ridere sotto i baffi**: ridere senza farsi notare
- **ridersela**: non preoccuparsi minimamente, fregarsene

LINGUAGGIO DELLA "GENERAZIONE Z"

- **cringe**: qualcosa di imbarazzante o fuori luogo, che provoca disagio
- **BAE**: acronimo di "Before Anyone Else", usato per riferirsi a una persona speciale, come il partner o il migliore amico
- **BUFU**: termine che può significare "vai a quel paese" in modo amichevole o offensivo
- **ghostare**: sparire senza spiegazioni
- **blastare**: distruggere verbalmente qualcuno
- **mood**: usato per esprimere uno stato d'animo o un sentimento
- **fire**: sinonimo di "figo", qualcosa di molto bello o sorprendente
- **YOLO**: acronimo di "You Only Live Once", usato per giustificare azioni impulsive
- **ok, boomer!**: frase per indicare la mentalità superata di una persona più anziana
- **triggerare**: infastidire o provocare una reazione emotiva negativa
- **chillarsi**: rilassarsi, calmarsi

PAROLE ED ESPRESSIONI INTERESSANTI

- **è la norma**: è normale, abituale
- **una sorta di**: una specie di
- **essere in ballo**: essere coinvolti / implicati in qualcosa
- **spalancato**: completamente aperto
- **sentirsi fuori luogo**: sentirsi a disagio, inadatti alla situazione
- **goffamente**: senza disinvoltura o grazia
- **che ci vuoi fare!**: è inutile arrabbiarsi o preoccuparsi
- **capirai!**: figurati! / pensa un po'! (per indicare sorpresa)
- **tormentone**: espressione, canzone o tema che diventa molto popolare perché tutti la / lo ripetono.

dare di + articolo + aggettivo / nome: espressione usata per riferire quello che qualcuno ha detto, in particolare un aggettivo poco piacevole o un insulto
Davide mi ha dato dell'anziana.

VERBI DICHIARATIVI

DICHIARAZIONE / AFFERMAZIONE
- affermare
- aggiungere
- ammettere
- assicurare
- confermare
- dichiarare
- giurare
- precisare
- promettere
- ribadire
- ripetere
- scusarsi
- sostenere

DOMANDA / RICHIESTA
- chiedere
- domandare
- pregare
- voler sapere se
- proporre
- pretendere
- consigliare

OPPOSIZIONE / CONTRASTO
- contraddire
- obiettare
- ribattere
- negare

SEGRETEZZA / CONFIDENZA
- bisbigliare
- confidare
- sussurrare

COMUNICAZIONE / INFORMAZIONE
- annunciare
- comunicare
- informare
- segnalare
- rivelare
- indicare
- raccontare
- ricordare
- riferire

OPINIONE / CRITICA
- osservare
- notare
- ritenere
- constatare
- lamentarsi
- protestare

ESCLAMAZIONE / EMOZIONE
- balbettare
- borbottare
- brontolare
- esclamare
- gridare
- mormorare
- strillare
- urlare

VERBI ONOMATOPEICI

- **balbettare**: pronunciare con esitazione, con difficoltà, alcune lettere o sillabe per malformazioni anatomiche o motivi psicologici
- **bisbigliare / mormorare / sussurrare**: parlare sottovoce con lieve movimento delle labbra, in modo che chi è un po' lontano sente solo un leggero sibilo
- **bofonchiare / borbottare / mugugnare**: lamentarsi con tono di voce basso, anche tra sé e sé
- **farfugliare**: parlare in modo poco comprensibile
- **sbuffare**: espirare con forza gonfiando le guance e tenendo le labbra socchiuse, per esprimere fastidio o noia
- **sghignazzare**: ridere rumorosamente, in modo sarcastico e provocatorio

VOCABOLARIO 8

RIDERE

1 *Completa le parole.*

1. Quando hanno visto la scena, tutti hanno cominciato a ridere a c_____ p_____, non riuscivano proprio a fermarsi.
2. Marco se ne è andato tranquillamente, nonostante la situazione critica. Lui se la r_____ sempre!
3. Quando ho fatto quella battuta ironica, Giulia ha r_____chi_____, per non farsi notare.
4. Il pubblico era piegato in due dalle risate. Si stavano letteralmente s_____ sc_____.
5. Quel programma comico è stato talmente esilarante che ho passato tutto il tempo a ridere a p_____ n_____ p_____.
6. Non appena Luca ha sentito il commento stupido, ha s_____ hi_____ con un'espressione maliziosa, cercando di trattenere la risata.
7. Quando ho detto a Cinzia che doveva rifare tutto il lavoro, Viola ha r_____ s_____ i b_____.
8. Gli amici di Giorgio non hanno perso l'occasione di d_____rlo quando è scivolato davanti a tutti.

LINGUAGGIO DELLA "GENERAZIONE Z"

2 *Sostituisci le parole evidenziate con quelle della lista.*

distruggere | infastidito | si vive una volta sola
fidanzato | imbarazzante | rilassarmi
ignorare | fantastico | vai a quel paese

1. Il suo comportamento durante la festa è stato davvero **cringe** (_____).
2. Non posso uscire stasera, sono con il mio **BAE** (_____) e vogliamo passare del tempo insieme.
3. Basta, ne abbiamo abbastanza di te! **BUFU** (_____)!
4. Perché non rispondi? Non mi vorrai **ghostare** (_____)?
5. Non dovresti **blastare** (_____) qualcuno solo perché non sei d'accordo con lui.
6. Quel concerto era davvero **fire** (_____); non ho mai visto niente di simile.
7. Ho deciso di comprare quel vestito anche se costava tantissimo perché, **YOLO** (_____)!
8. Mi ha davvero **triggerato** (_____) quando ha fatto quella battuta.
9. Dopo quella riunione animata, mi sono preso del tempo per **chillarmi** (_____).

VERBI DICHIARATIVI

3 *Completa le frasi del discorso indiretto scegliendo tra i verbi della lista e facendo i necessari cambiamenti.*

obiettare | contraddire | informare | confidare
scusarsi | esclamare | negare

1. Chiara: "Mi dispiace per l'errore commesso."
   Chiara _____ per l'errore commesso.
2. Francesco: "Non è vero che sono stato io a fare quel rumore."
   Ieri Francesco _____ di essere stato lui a fare quel rumore.
3. Il capo: "Vi informo che il progetto è stato approvato."
   Il capo _____ il team che il progetto era stato approvato.
4. Sara: "Non ci posso credere, è fantastico!"
   Sara _____ con entusiasmo che non poteva credere a quanto fosse fantastico.
5. Marta: "Ma non mi sembra giusto che tu faccia così."
   Marta _____ che non le sembrava giusto che lui si comportasse in quel modo.
6. Giulia: "Ho un segreto da dirti, ma non lo devi rivelare a nessuno."
   Giulia _____ che aveva / di avere un segreto da dirmi, ma non lo dovevo rivelare a nessuno.
7. Laura: "Paolo, non è vero quello che stai dicendo!"
   Laura _____ Paolo.

VERBI ONOMATOPEICI

4 *Sottolinea l'opzione più logica.*

1. Quando Luca si trovò davanti alla platea, era così nervoso che iniziò a **borbottare / balbettare / sghignazzare** e nessuno capì cosa stava dicendo.
2. Mentre stavamo studiando in biblioteca, Alessandro mi **mugugnava / sbuffava / bisbigliava** all'orecchio per non disturbare gli altri.
3. Non riesco a sentire cosa diceva perché continuava a **balbettare / borbottare / sghignazzare** tra sé e sé, come se si stesse lamentando.
4. Quando gli chiesi di rifare il lavoro, Mario **mormorò / sbuffò / balbettò** perché non ne aveva voglia.
5. Di fronte alla domanda inaspettata, il testimone, visibilmente a disagio, iniziò a **sussurrare / farfugliare / sghignazzare** risposte poco chiare.
6. Durante la riunione, alcuni partecipanti iniziarono a **mormorare / balbettare / sghignazzare** quando il relatore fece un commento controverso, esprimendo disapprovazione a bassa voce.

CULTURA

DIECI PERSONAGGI COMICI DA CONOSCERE

1 **Totò (Antonio De Curtis)** – anni '30 / '60
Nato a Napoli nel 1898, è stato uno degli attori comici più iconici del cinema italiano che, con la sua mimica facciale e la capacità di giocare con la lingua, ha rappresentato con grande umorismo la società italiana del dopoguerra.
Da vedere: *Totò, Peppino e la malafemmina* (1956)

2 **Alberto Sordi** – anni '50 / '80
Il Maestro romano della commedia italiana ha incarnato con ironia i vizi e le virtù degli italiani con una comicità che critica e allo stesso tempo celebra l'italianità.
Da vedere: *Il Marchese del Grillo* (1981)

3 **Fantozzi (Paolo Villaggio)** – anni '70 / '90
Il personaggio di Fantozzi, interpretato dall'attore genovese Paolo Villaggio, è il simbolo dell'impiegato sfortunato e vessato dalla società, protagonista di una lunga serie di film che uniscono satira sociale e gag surreali e rappresentano la vita quotidiana in modo critico e umoristico.
Da vedere: *Fantozzi* (1975)

4 **Massimo Troisi** – anni '80 / '90
È stato un attore, regista e sceneggiatore che ha portato una nuova forma di comicità basata sulla semplicità, il linguaggio colloquiale e la riflessione sui rapporti umani. I suoi film permettono di apprezzare un tipo di umorismo più delicato e intimista, profondamente legato alla cultura napoletana.
Da vedere: *Il Postino* (1994)

5 **Carlo Verdone** – anni '80 / oggi
È un attore e regista romano che ha saputo raccontare l'Italia attraverso una varietà di personaggi esilaranti. I suoi film offrono una panoramica completa delle diverse sfaccettature della società italiana.
Da vedere: *Bianco, rosso e Verdone* (1981)

6 **Aldo, Giovanni e Giacomo** – anni '90 / oggi
Questo trio comico composto da un siciliano e due milanesi, ha conquistato il pubblico italiano con i suoi sketch surreali e le sue commedie che uniscono situazioni paradossali e battute folgoranti. I loro film e spettacoli teatrali sono un ottimo esempio di comicità contemporanea italiana.
Da vedere: *Tre uomini e una gamba* (1997)

7 **Roberto Benigni** – anni '90 / oggi
Attore e regista toscano vincitore di un Oscar, famoso per il suo stile energico e spontaneo capace di unire comicità e riflessione filosofica. Una figura fondamentale per chi studia la cultura italiana.
Da vedere: *La vita è bella* (1997)

8 **Checco Zalone** – anni 2000 / oggi
Con il suo umorismo irriverente e a volte provocatorio, Zalone (pugliese) ha creato un nuovo modo di fare commedia in Italia, affrontando temi sociali e culturali con leggerezza. I suoi film sono perfetti per esplorare i cambiamenti sociali e culturali nel Paese.
Da vedere: *Cado dalle nubi* (2009)

9 **Lillo e Greg** – anni 2000 / oggi
Questo duo comico romano è noto per il suo umorismo surreale e la capacità di creare gag visive e dialoghi al limite dell'assurdo. I loro sketch sono anche un modo divertente per esplorare l'italiano colloquiale.
Da vedere: *Colpi di fulmine* (2012)

10 **Paola Cortellesi** – anni 2000 / oggi
Nata a Roma, Paola Cortellesi è un'attrice versatile capace di spaziare dalla comicità alla drammaticità con grande naturalezza. La sua carriera è caratterizzata da ruoli che riflettono la società italiana contemporanea, spesso con uno sguardo critico e ironico.
Da vedere: *Come un gatto in tangenziale* (2017)

In gruppi. Scegliete il personaggio o il gruppo che vi sembra più interessante, cercate online un video che contenga le battute o le scene più divertenti di un film / uno spettacolo. Dopo aver guardato il video, raccontate a un altro gruppo cosa avete visto e condividete le vostre impressioni.

TEST 8

GRAMMATICA

1 *Completa le frasi con i connettivi della lista.*

poiché | tranne che | nonostante | in altre parole
ciononostante | oltre a ciò | pertanto

1. Il traffico era intenso, _____ siamo riusciti ad arrivare puntuali al concerto grazie a una deviazione.
2. _____ il clima sia stato sfavorevole, la raccolta di quest'anno è stata comunque abbondante.
3. Il motore ha subito danni irreparabili. _____ l'auto deve essere buttata.
4. Non ho problemi con il nuovo regolamento, _____ per l'orario di lavoro prolungato.
5. Il nuovo smartphone ha una batteria più potente e uno schermo di alta qualità; _____, è anche resistente all'acqua.
6. Il dibattito si è acceso su alcuni punti controversi, _____ è stato necessario interrompere la riunione per calmare gli animi.
7. _____ ho sempre avuto una particolare passione per la matematica, mi piace risolvere i problemi logici.

OGNI INSERIMENTO CORRETTO = 2 PUNTI ___ / 14

2 *Senza cambiare l'ordine, unisci le frasi semplici utilizzando i connettivi testuali indicati per creare una frase unica, come nell'esempio.*

ESEMPIO:
in quanto | anche se | pertanto
Amava l'avventura. Decise di non intraprendere quel viaggio. Non voleva mettere a rischio la sua vita. Rimase a casa.
Anche se amava l'avventura, decise di non intraprendere quel viaggio in quanto non voleva mettere a rischio la sua vita, pertanto rimase a casa.

eppure | quindi non ci resta che | inoltre | tuttavia
1. Abbiamo esaminato tutte le possibili soluzioni. Abbiamo consultato vari esperti. Il problema persiste. Provare un approccio completamente diverso.

pertanto | e ne derivò che | dal momento che
2. L'esperimento non aveva dato i risultati sperati. I dati raccolti erano inconcludenti. Si decise di riprogettare l'intera ricerca. I tempi si allungarono molto.

e infine | in primo luogo | inoltre
3. È necessario definire gli obiettivi del progetto. È fondamentale individuare le risorse necessarie. Si dovrà procedere con la realizzazione delle diverse fasi.

e da ultimo | anzitutto | oltre a ciò
4. Vorrei ringraziare tutti coloro che hanno contribuito al successo di questo evento. Vorrei sottolineare l'importanza della collaborazione. Vorrei rivolgere un pensiero speciale ai volontari.

e si aggiunga il fatto che | ne deriva che | ovvero
5. La teoria della relatività. La teoria fisica formulata da Einstein afferma che lo spazio e il tempo non sono assoluti. La nostra comprensione dell'universo ha subito una rivoluzione. La teoria ha avuto un impatto fondamentale sullo sviluppo di tecnologie moderne.

al contrario | perciò | mentre
6. Alcuni studenti preferiscono studiare in gruppo. Altri si concentrano meglio da soli. Non possiamo obbligarli in un senso o nell'altro.

OGNI FRASE CORRETTA = 3 PUNTI ___ / 18

3 *Trasforma le frasi dal discorso diretto al discorso indiretto utilizzando i verbi della lista al passato remoto.*

proporre | scusarsi | aggiungere | domandare
pregare | affermare | negare | ammettere
pretendere | confidare

1. Valerio: "Domani vado a trovare mia madre."

2. Marisa: "Carla, perché non sei venuta a lezione ieri?"

3. Simone: "Non ho mai detto queste cose a Maria!"

4. Patrizia: "Per favore, aiutatemi con questo problema!"

8 TEST

5. Giuseppe: "Mi dispiace per l'errore che ho commesso."
   _____
6. Cristina: "Ho davvero esagerato ieri sera".
   _____
7. Il capo: "Voglio assolutamente che tu finisca il progetto entro domani!"
   _____
8. Eva: "Ho fatto una cosa terribile, ma è un segreto!"
   _____
9. Stefano: "E ho anche pensato che fosse tardi."
   _____
10. Piera: "Possiamo fare la cena da me!"
    _____

OGNI FRASE CORRETTA = 2 PUNTI __ / 20

4 *Indica se le trasformazioni al discorso indiretto sono corrette (C) o scorrette (S).*

	C	S
1. Chiese: "Hai già fatto i compiti?" ➡ Chiese se abbia già fatto i compiti.	○	○
2. Domandò: "Quando tornerai?" ➡ Domandò quando tornerei.	○	○
3. Ha appena detto: "Sono molto felice." ➡ Ha appena detto che era molto felice.	○	○
4. Ci domandò: "Voi pensate che sia giusto?" ➡ Domandò se pensassimo che fosse giusto.	○	○
5. Hanno detto: "Siamo partiti ieri." ➡ Hanno detto che erano partiti il giorno prima.	○	○
6. Ha detto: "Spero che tu venga." ➡ Ha detto che sperava che io verrei.	○	○
7. Ha detto: "Quando avrò finito, ti chiamerò." ➡ Ha detto che mi chiamerebbe quando avrebbe finito.	○	○
8. Ci ha detto: "Non ci vediamo da un anno." ➡ Ha detto che non ci vedevamo da un anno.	○	○
9. Mio zio mi ha chiesto: "Perché non sei venuto ieri?" ➡ Mi ha chiesto perché non ero andato il giorno prima.	○	○
10. Disse: "Ho già finito." ➡ Disse che abbia già finito.	○	○

OGNI RISPOSTA CORRETTA = 2 PUNTI __ / 20

VOCABOLARIO

5 <u>Sottolinea</u> *l'opzione corretta.*

1. Durante il dibattito, il candidato ha **ridacchiato / deriso / borbottato** le idee dell'avversario.
2. Mentre ascoltava la storia, Marta ha **sghignazzato / scompisciato / spalancato** ogni volta che c'era una battuta.
3. Il commentatore ha **sbuffato / mormorato / ribadito** varie volte che la partita era stata emozionante fino all'ultimo minuto.
4. In quella situazione esageratamente formale mi sentivo completamente **in ballo / fuori luogo / tormentone**.
5. Ha tentato di spiegare, ma ha fatto tutto **goffamente / spalancato / di norma** e non si capiva bene.
6. Non è corretto **essere in ballo / dare dell' / ridere sotto i baffi** incompetente a un collega, anche se si è arrabbiati con lui.
7. Devo fare gli straordinari anche oggi, **goffamente / che ci vuoi fare / è in ballo**!

OGNI SCELTA CORRETTA = 2 PUNTI __ / 14

COMUNICAZIONE

6 *Abbina le situazioni alle parole.*

1. Il mio collega ha detto a tutti che non sono adatto al lavoro.
2. Il direttore si è messo a ballare sul tavolo dell'ufficio e sembrava ubriaco.
3. Ho risposto al commento elencando tutte le prove scientifiche che dimostravano la falsità dell'affermazione.
4. Vuole spendere tutti i suoi risparmi per fare un viaggio intorno al mondo.
5. Ha deciso di finire il lavoro domani perché ora è troppo stanco e nervoso.
6. Mia madre dice che una persona con i tatuaggi è poco seria.
7. Evito di andare in tutti i posti dove potrei incontrarli e se mi invitano invento una scusa.

a. ok, boomer!
b. chillarsi
c. BUFU
d. ghostare
e. cringe
f. blastare
g. YOLO

OGNI ABBINAMENTO CORRETTO = 2 PUNTI __ / 14

TOTALE __ / 100

LEZIONE 9
IN SOLDONI

Qui imparo a:
- *esprimermi in modo conciso, indicando simultaneità, anteriorità, causa, condizione o concessione*
- *usare dislocazioni e intensificatori per enfatizzare*
- *usare false negazioni per esprimere esclusività*

COMINCIAMO

a In coppie. Leggete le frasi tratte dal web che contengono la parola "soldoni" e l'espressione "in soldoni" e poi abbinatele ai loro significati. Attenzione: c'è un significato in più.

1. "Ho usato il cloruro di sodio. **In soldoni**, sale da cucina."
2. "Ha dovuto pagare dei bei **soldoni**."

a. molti soldi
b. in parole povere
c. in modo ingannevole

b In gruppi. Rispondete alle domande.
- Come descrivereste il vostro rapporto con i soldi?
- Qual è stato il vostro acquisto più inutile e costoso di sempre? Vi siete pentiti?
- Qual è stata la spesa migliore che abbiate mai fatto, quella che ha veramente migliorato la vostra vita?
- Fareste mai un lavoro che odiate solo per i soldi? Se sì, quanto dovrebbero pagarvi?

9A Formiche o cicale?

v verbi pronominali • difendere le proprie idee

1 SCRIVERE E PARLARE Una storia per imparare

In gruppi. Conoscete la storia della formica e della cicala? Aiutandovi con le immagini, scrivetene un brevissimo riassunto e specificatene la morale. Poi confrontatevi con gli altri gruppi. Ci sono differenze?

2 ASCOLTARE Ti sbagli di grosso!

58 ▶ 2a *Ascolta il dialogo e indica quali informazioni sono corrette (SÌ) e quali no (NO).*

	SÌ	NO
1. Filippo ritiene che Laura si preoccupi inutilmente del mutuo, poiché in passato hanno sempre trovato il modo di pagarlo.	○	○
2. Laura accusa Filippo di aver speso una cifra esagerata non solo per il cellulare, ma anche per una vacanza lussuosa.	○	○
3. Filippo crede che, alla fine, il supporto economico dei genitori sia una risorsa su cui contare in caso di difficoltà.	○	○
4. Laura fa riferimento al fatto che Filippo spesso si giustifica dicendo che gli piace stare al passo con le ultime tecnologie.	○	○
5. Filippo cita l'esempio di un amico che ha lavorato tanto senza mai risparmiarsi, per poi ammalarsi prima di poter godere del suo denaro.	○	○
6. Laura riconosce che in passato Filippo è stato molto oculato nelle spese, ma teme che questa volta abbia esagerato.	○	○
7. Filippo sottolinea come vivere nel presente e concedersi qualche piacere sia importante per evitare rimpianti futuri.	○	○
8. Laura sostiene che risparmiare è fondamentale per evitare che eventuali problemi futuri portino a sacrifici ancora maggiori.	○	○
9. Filippo suggerisce a Laura che, se necessario, potrebbe rinunciare a un acquisto futuro per bilanciare la spesa del cellulare.	○	○

Formiche o cicale? 9A

2b *In coppie. Quali espressioni usano per...? Se necessario, riascoltate il dialogo. Seguite l'esempio.*

Laura	... chiedere a Filippo se è impazzito.	
	... dire che si impegna con tutte le sue forze.	
	... dire che Samuele e Lavinia hanno vissuto con prudenza.	
	... indicare una quantità di denaro risparmiata.	
	... invitare Filippo a riflettere.	
Filippo	... giustificare il suo acquisto.	*Che c'è di male se...*
	... dire che riusciranno a trovare una soluzione.	
	... dire che tratterà con la banca per risolvere il problema.	
	... dire che Salvatore ha lavorato duramente.	
	... dire che non hanno difficoltà economiche.	
	... dire che Laura torna sempre sugli stessi pensieri.	

2c *Tra le espressioni usate da Laura e Filippo ci sono 4 verbi pronominali. Abbinateli al loro significato.*

a. mettercela tutta
b. cavarsela
c. vedersela con
d. passarsela male

1. trovarsi in cattive condizioni
2. affrontare qualcuno per risolvere un problema
3. impegnarsi / sforzarsi al massimo
4. togliersi da una brutta situazione

3 VOCABOLARIO Difendere le proprie idee

*In coppie. Nel dialogo al punto 2 Filippo e Laura, per sostenere le proprie idee, usano varie espressioni che rendono la conversazione enfatica e vivace. Riscrivete le frasi sostituendo le parti **evidenziate** con le espressioni della lista e facendo i cambiamenti necessari.*

la cosa peggiore è che... | non vedo proprio come... | pensaci bene | non capisco come tu possa pensare che... | che c'entra | non mi pare che... | vuoi mettere... | ti sbagli di grosso | che c'è di male a...

1. E **il problema principale è che** non te ne rendi neanche conto!

2. Ma **ritengo impossibile che** si possa stare tranquilli...

3. ... **è incomprensibile il fatto che tu pensi che** mettere da parte ogni centesimo (...) sia una buona idea!

4. Salvatore **non ha niente a che fare** con questo.
   _____?

5. **Secondo me non** ce la passiamo così male!

6. **È molto diverso** affrontare una malattia del genere con la preoccupazione dei soldi o con la tranquillità di chi ha un bel gruzzolo in banca.
   _____?

7. Secondo me **stai facendo un grande errore**.

8. **Non mi sembra una cosa negativa il fatto di** avere dei genitori che ti amano e vogliono aiutarti?
   _____?

9. Però, **ti invito a riflettere**, i tuoi genitori possono aiutarti...

9A Formiche o cicale?

G usi particolari dei modi indefiniti

4 PARLARE Difendere le proprie idee

La classe si divide in un numero pari di gruppi (2, 4, 6...) in modo che ogni gruppo possa lavorare con un altro. Un gruppo difende il punto di vista di Laura e l'altro quello di Filippo. Esponete le vostre argomentazioni in modo convincente, cercando di persuadere l'altro gruppo a cambiare idea e usando le espressioni del punto 3. Attenzione: per ogni espressione usata in modo corretto si guadagna un punto e ogni componente del gruppo deve intervenire almeno una volta. Vince chi alla fine avrà totalizzato più punti.

5 LEGGERE Italiani: risparmiatori o spendaccioni?

In coppie (A e B). A legge l'articolo 1 e B l'articolo 2, poi A riassume a B il contenuto dell'articolo 1 e dopo B riassume a A il contenuto dell'articolo 2. Che differenze ci sono? Per il momento non considerate il fatto che alcune frasi sono sottolineate.

1 Gli italiani sono tradizionalmente considerati dei risparmiatori per diverse ragioni storiche, culturali ed economiche. Uno dei principali motivi è la loro prudenza finanziaria, <u>derivante</u> da un lungo periodo di instabilità economica vissuto nel corso del XX secolo. <u>L'aver affrontato le due guerre mondiali</u>, un periodo di grande inflazione e le crisi economiche degli anni '70, <u>ha fatto</u> sì che molte famiglie <u>considerino il risparmio essere</u> la principale forma di sicurezza per il futuro e dunque, <u>vista in questo modo</u>, questa loro tendenza non è poi così sorprendente.
Inoltre, <u>l'accantonare per il futuro</u> è un'abitudine profondamente <u>radicata</u> nella cultura italiana, spesso trasmessa di generazione in generazione. Questo comportamento riflette una mentalità di lungo termine, tipica delle società in cui la stabilità familiare è centrale.
Negli ultimi decenni, <u>pur essendo aumentato il costo della vita</u> e nonostante una maggiore pressione finanziaria, circa l'84% degli italiani continua a risparmiare mensilmente, una percentuale più alta della media europea, <u>attestatasi intorno al 75%</u>. Questa abitudine è vista come una risposta sia alla sempre maggiore incertezza economica sia alla preoccupazione per la sostenibilità del sistema previdenziale.

2 Negli ultimi anni, <u>essendo in atto un cambiamento globale nelle abitudini di consumo, anche gli italiani hanno cominciato</u> ad adottare un approccio più dinamico verso le spese, specialmente nel settore dell'intrattenimento e dei beni di lusso. <u>Caratterizzati da una storica prudenza finanziaria, gli italiani hanno tuttavia</u> mostrato un <u>crescente</u> desiderio di vivere esperienze che arricchiscano la vita quotidiana, come viaggi, ristoranti, concerti ed eventi culturali. Ciò non significa che gli italiani non siano più <u>amanti</u> del risparmio, ma piuttosto che quest'ultimo viene visto come un mezzo per godere di ciò che ritengono essenziale per il proprio benessere. Una parte di questa trasformazione è dovuta anche al cambiamento generazionale. <u>Tendendo i Millennials e la Generazione Z a dare maggiore importanza alle esperienze rispetto ai beni materiali, è nata una diversa concezione di successo</u> e benessere, legata non solo alla sicurezza economica, ma anche alla qualità delle esperienze di vita. Un altro elemento da considerare è <u>il fatto</u> che, <u>aumentata enormemente la connettività digitale</u>, molti italiani hanno scoperto nuove opportunità di spesa. <u>Entrati nel turbinio</u> del commercio elettronico, anche gli italiani sono stati attirati dal desiderio di seguire le tendenze globali.

Ora leggete l'articolo che non avete letto e poi decidete se le seguenti affermazioni sono presenti nel testo 1, nel testo 2 o in nessuno dei due (X).

	1	2	X
1. Gli italiani risparmiano principalmente per paura dell'instabilità del sistema previdenziale.	○	○	○
2. La maggior parte degli italiani preferisce spendere per beni materiali piuttosto che per esperienze di vita.	○	○	○
3. L'insegnamento del risparmio avviene spesso all'interno delle famiglie italiane, da genitori a figli.	○	○	○
4. I Millennials e la Generazione Z adottano nuove forme di investimento, più moderne e legate alla tecnologia.	○	○	○
5. Negli ultimi decenni, il costo della vita in Italia è diminuito, rendendo più facile risparmiare.	○	○	○
6. Gli italiani risparmiano perché temono che in futuro il governo non potrà pagare le pensioni.	○	○	○

Formiche o cicale? 9A

6 GRAMMATICA Usi particolari dei modi indefiniti

6a *In coppie. Completate le regole con le frasi sottolineate nei testi al punto 5, come negli esempi.*

In alcuni casi l'**INFINITO PRESENTE** e **PASSATO** può avere funzione:
- di **sostantivo**: _____, *l'accantonare per il futuro...*
- **relativa** (senza la congiunzione *che*): _____

In alcuni casi il **GERUNDIO PRESENTE** e **PASSATO**:
- è **assoluto**, quando il soggetto non corrisponde a quello della frase che segue. In questo caso il soggetto deve essere specificato e posizionato dopo il gerundio presente e tra l'ausiliare e il participio nel gerundio passato:
... essendo in atto un cambiamento globale nelle abitudini di consumo, anche gli italiani hanno cominciato... / _____
- ha **funzione concessiva** (= *anche se*), dopo *pur, sia pure, anche*: _____

Il **PARTICIPIO PRESENTE**, oltre a essere usato:
- come **sostantivo**: *amanti*
- come **aggettivo**: _____

può avere una funzione:
- **relativa**: _____ = che deriva

Il **PARTICIPIO PASSATO**, oltre a essere usato:
- nei **tempi composti**: _____
- come **sostantivo**: _____
- come **aggettivo**: _____

può avere una funzione:
- **relativa**: _____ = che si è attestata
- **causale**: _____ = siccome è aumentata enormemente
- **temporale**: *Entrati nel turbinio...* = Dopo essere entrati
- **ipotetica**: _____ = se la vediamo in questo modo
- **concessiva**: _____ = anche se sono caratterizzati / nonostante siano caratterizzati

6b *Per verificare la tua comprensione delle regole, trasforma le frasi esplicitando il significato dei verbi all'infinito, al participio o al gerundio, come nell'esempio.*

1. L'essere parsimonioso è la sua regola di vita.
   ➡ *Il fatto di essere parsimonioso è la sua regola di vita.*
2. Terminato il progetto, ha però deciso di non consegnarlo.
   ➡ _____
3. Il prezzo pagato mi sembra eccessivo per noi.
   ➡ _____
4. Molti italiani, preoccupati per il futuro, accumulano i loro risparmi.
   ➡ _____
5. Sia pure facendo molto sforzo, ha potuto comprare la casa.
   ➡ _____
6. Considerato il prezzo, non mi sembra un buon affare.
   ➡ _____
7. Arrivato a destinazione, ha chiamato la famiglia.
   ➡ _____

9B Casa mia, casa mia...

1 PARLARE Una filastrocca

In coppie. Leggete questa famosa filastrocca e rispondete alle domande.

*Casa mia, casa mia
per **piccina** che tu sia
tu mi sembri una **badia**.
Tutta **nitida** e ridente,
tutta chiara e risplendente,
non ti manca proprio niente.
Se non hai splendide sale
hai tre vasi al **davanzale**,
sotto il tetto un **frullo d'ale**.
E t'**allieta** un gran tesoro:
il sorriso ed il lavoro
della mia mammina d'oro.*

- A quali dei seguenti significati corrispondono le parole **evidenziate** nel testo della filastrocca?
  - pulita: _____
  - abbazia, dimora confortevole: _____
  - piano esterno della finestra: _____
  - fa felice: _____
  - piccola: _____
  - rumore prodotto dallo sbattere delle ali degli uccelli: _____

- Quali aspetti della casa vengono valorizzati?
- Cosa suggerisce la filastrocca riguardo al rapporto tra gli italiani e la loro casa?
- Nel vostro Paese quale importanza ha la casa?
- Pensate che la casa influenzi il vostro benessere quotidiano? In che modo?

2 SCRIVERE Supposizioni

In gruppi. Leggete l'indice dell'ultimo rapporto Censis su "Gli italiani e la casa" e scrivete una frase per ogni sezione aiutandovi con gli indizi tra parentesi.

INDICE DEL RAPPORTO CENSIS SU "GLI ITALIANI E LA CASA"

a. **Un valore sociale molto elevato** (INDIZI: rifugio, nuove funzioni, crescita personale)

b. **Un popolo di proprietari** (INDIZI: 70,8%, benestanti, poveri)

c. **Multifunzionale** (INDIZI: amici, smart working, sport)

d. **Il valore economico da rilanciare** (INDIZI: diminuzione, spese, tasse)

e. **Salubri e green** (INDIZI: salute, sane abitudini, sostenibilità)

f. **I giovani la sognano ancora** (INDIZI: proprietà, difficoltà, futuro)

g. **Disagio abitativo e *housing sociale*** (INDIZI: 5,9%, ceti medi, soluzione)

Casa mia, casa mia... 9B

3 LEGGERE Gli italiani e la casa

3a *In coppie (le stesse del punto 2). Completate i seguenti paragrafi con i titoli del punto 2 e verificate le vostre ipotesi.*

RAPPORTO CENSIS SU "GLI ITALIANI E LA CASA"

testo parlante 59

1. _____

Gli italiani si dimostrano sempre più consapevoli dell'importanza della salute e del benessere all'interno delle proprie abitazioni. L'88,9% di loro considera la propria casa salubre e l'86% crede che essa abbia un impatto positivo sulla salute fisica e mentale. Semplici abitudini quotidiane, come il ricambio d'aria tramite l'apertura delle finestre, sono comuni: il 92% lo fa regolarmente e la maggioranza più di due volte al giorno. L'84,4%, inoltre, si impegna a rendere la propria abitazione più sostenibile, adottando pratiche come il controllo dei consumi energetici e installando infissi che riducono la dispersione di calore (71,4%).

2. _____

Che negli ultimi tempi la casa abbia acquisito nuove funzioni, trasformandosi da luogo privato e familiare in uno spazio multifunzionale, è ormai evidente. Gli italiani utilizzano la casa per attività come incontrare amici e parenti (84,5%), trascorrere il tempo libero (78%), lavorare in smart working (47,1%) e fare sport (43,7%). La casa, dunque, è ancora un punto di rassicurazione, ma anche multitasking e un'espressione dell'identità personale.

3. _____

Il 70,8% delle famiglie italiane è proprietario della casa in cui vive, mentre il 20,5% vive in affitto e l'8,7% ha una casa in usufrutto, cioè con il diritto legale di utilizzarla, o semplicemente a titolo gratuito. Inoltre, il 28% dei proprietari possiede altri immobili. L'Italia è uno dei Paesi con il maggior numero di proprietari di casa al mondo e questo è un elemento centrale nella società. Un pregiudizio da superare è l'idea che solo i benestanti siano proprietari di casa, poiché anche tra i ceti meno abbienti il 55,1% delle famiglie è proprietario della propria abitazione.

4. _____

L'85,6% dei giovani italiani tra i 16 e i 29 anni vive ancora con i genitori. L'accesso alla prima casa è visto come una conquista, ma spesso richiede il supporto economico di familiari, sottolineando il ruolo della famiglia come ridistributore sociale in quanto compensa in qualche modo le difficoltà economiche della classe più giovane. Nonostante le difficoltà economiche, molti giovani desiderano acquistare casa, sfruttando le agevolazioni fiscali dello Stato. Inoltre, il 90,4% dei giovani proprietari considera la casa una fonte di sicurezza per il futuro, confermandone il ruolo di stabilizzatore sociale.

5. _____

Il 5,9% delle famiglie italiane vive in condizioni di deprivazione abitativa e la casa è sempre più considerata come un servizio temporaneo piuttosto che a lungo termine. Questa esigenza coinvolge gruppi sociali vulnerabili, ceti medi in difficoltà e lavoratori mobili, cioè quelli che non lavorano in un unico posto. Una risposta a questo disagio è l'*housing sociale*, avviato già da qualche anno con il Piano nazionale di edilizia abitativa, che punta a mobilitare circa 4 miliardi di euro per finanziare 20.000 alloggi e 7.500 posti letto in 110 comuni.

6. _____

Il valore economico della casa in Italia è percepito in declino, con il 51% dei proprietari che afferma di non aver visto alcun aumento nel valore della loro casa negli ultimi dieci anni. Mentre i prezzi delle abitazioni sono cresciuti in Europa, in Italia sono diminuiti. Le spese legate alla casa pesano molto sui bilanci familiari e il 71,7% degli italiani ritiene che le tasse siano troppo alte. Inoltre, l'inflazione ha aumentato significativamente i costi legati all'abitare.

7. _____

Che la casa per gli italiani abbia sempre avuto un valore sociale molto elevato, lo sappiamo bene. Ma è interessante notare che questa tendenza non ha fatto che rafforzarsi in seguito all'emergenza sanitaria dell'ormai lontano 2020. È vista come un rifugio sicuro, un luogo di relazioni e crescita personale, e ha acquisito nuove funzioni, evolvendo da spazio privato a luogo per molteplici attività. Nonostante il calo del valore economico, la casa rimane essenziale e centrale nella vita degli italiani, con aspettative future positive riguardo al suo ruolo.

Ora, per prepararvi alla prossima attività, cercate di memorizzare le informazioni contenute nel testo che avete appena letto. Avete 5 minuti di tempo.

9B Casa mia, casa mia…

G congiuntivo in frasi dislocate
V termini specifici della casa

3b *In coppie (A e B). Lavorando individualmente, A scrive tre domande sul contenuto dei paragrafi 1, 3 e 5 e B sul contenuto dei paragrafi 2, 4 e 6. Poi, senza guardare la pagina precedente, a turno B risponde oralmente alle domande di A e viceversa. Vince chi risponde esattamente a più domande.*

A
Domanda paragrafo 1:
_____
_____

Domanda paragrafo 3:
_____
_____
_____

Domanda paragrafo 3:
_____
_____
_____

B
Domanda paragrafo 2:
_____
_____
_____

Domanda paragrafo 4:
_____
_____
_____

Domanda paragrafo 6:
_____
_____
_____

4 VOCABOLARIO Termini specifici della casa

In coppie (le stesse del punto 3). Guardate l'immagine in alto a destra e scrivete le parole. Vince la squadra che scrive più parole corrette.

1. _____   2. _____   3. _____
4. _____   5. _____   6. _____
7. _____   8. _____   9. _____
10. _____   11. _____   12. _____

5 GRAMMATICA Congiuntivo in frasi dislocate

5a *Leggi le frasi tratte dal testo del punto 3 e rispondi alle domande, poi confrontati con un'altra persona.*

1. Che negli ultimi tempi la casa **abbia acquisito** nuove funzioni, (…) è ormai evidente.
2. Che la casa per gli italiani **abbia** sempre **avuto** un valore sociale molto elevato, lo sappiamo bene.

a. Da quale verbo dipende il congiuntivo nella frase 1?
_____

b. Da quale verbo dipende il congiuntivo nella frase 2?
_____

c. Con i due verbi che hai individuato solitamente si usa l'indicativo o il congiuntivo?
_____

d. Perché in queste frasi si usa il congiuntivo invece che l'indicativo?
_____

e. Il pronome **lo** della frase 2 sarebbe presente anche se la frase cominciasse con *Sappiamo bene che…*?
_____

Casa mia, casa mia... 9B

1. Tutti sanno che gli studenti fuori sede hanno difficoltà a trovare un alloggio.
   _____
   _____

2. Era chiaro a tutti che Beatrice aveva bisogno di aiuto per pulire le grondaie.
   _____
   _____

3. Che Bruno non avesse voluto vendere la casa per motivi affettivi, era risaputo.
   _____
   _____

4. Era evidente che non era il momento giusto per investire nell'edilizia.
   _____
   _____

5. Avevamo capito perfettamente che la sostenibilità era diventata un aspetto centrale.
   _____
   _____

Ora trasforma la frase 2 seguendo l'esempio della frase 1.

1. Che negli ultimi tempi la casa abbia acquisito nuove funzioni, (...) è ormai evidente.
   È ormai evidente che negli ultimi tempi la casa ha acquisito nuove funzioni.

2. Che la casa per gli italiani abbia sempre avuto un valore sociale molto elevato, lo sappiamo bene.
   _____
   _____

5b Trasforma le seguenti frasi dislocando la frase principale a destra o a sinistra, come negli esempi.

ESEMPI:
a. È sicuro che Attilio ha comprato una macchina
   Che Attilio abbia comprato una macchina è sicuro.
b. Che tu sia stressato è evidente.
   È evidente che sei stressato.

6 PROGETTO Podcast di classe 9

In gruppi. Questo episodio del vostro podcast sarà incentrato sul tema del rapporto degli italiani con i soldi e la casa. Seguite le indicazioni.

- Discutete e raccogliete le idee sui seguenti punti:
  - Qual è la mentalità tradizionale degli italiani rispetto al risparmio? Come è cambiata nel tempo?
  - Quali sono oggi le priorità economiche rispetto al passato? Come influiscono le opinioni della generazione dei Millennials e della Generazione Z?
  - Che ruolo ha la casa nel contesto economico?
  - Negli ultimi anni come è cambiato il rapporto che gli italiani hanno con la propria casa?
- Preparate la scaletta e distribuitevi i turni di parola.
- Fate una prova cercando di inserire nella vostra presentazione:
  - le espressioni e i verbi pronominali dei punti *2b* e *2c* della sezione A
  - i verbi indefiniti del punto *6* della sezione A
  - alcune frasi con la dislocazione e il congiuntivo del punto *5* di questa sezione.
- Registrate l'episodio e condividetelo con la classe.

9C Il giusto riposo

G falsa negazione
V sistema pensionistico • *chiedo per un amico* • *sgamare*

1 PARLARE Andare in pensione

In gruppi. Discutete dei seguenti punti.

- A che età, secondo voi, è giusto andare in pensione?
- Uomini e donne dovrebbero andare in pensione alla stessa età?
- Visto che l'aspettativa di vita si è allungata, pensate che l'età pensionabile debba essere aumentata o si dovrebbe puntare ad avere vite sempre più libere dal lavoro?
- Per voi è meglio lavorare meno e andare in pensione più tardi o lavorare di più e andare in pensione prima?
- Come immaginate la vostra vita da pensionati?

2 VOCABOLARIO Il sistema pensionistico

In coppie. Abbinate le parole ai loro significati.

1. pensione
2. contributi previdenziali
3. sistema contributivo
4. previdenza sociale
5. pensione di vecchiaia
6. pensione anticipata
7. pensione minima

- [ ] a. pensione ottenuta prima dell'età pensionabile standard, solitamente con una riduzione dell'importo
- [ ] b. sistema pubblico che fornisce protezione economica in caso di pensione, malattia, disoccupazione o altri eventi della vita
- [ ] c. tipo di pensione che si ottiene una volta raggiunta una certa età stabilita dalla legge
- [ ] d. somme di denaro trattenute dallo stipendio durante la vita lavorativa per finanziare il sistema pensionistico
- [ ] e. metodo di calcolo della pensione basato sui contributi versati durante l'intera vita lavorativa
- [ ] f. somma di denaro che una persona riceve regolarmente dopo aver smesso di lavorare
- [ ] g. sostegno economico dello Stato per le persone che hanno una pensione non adeguata a garantire un'esistenza dignitosa

3 ASCOLTARE Il podcast "A dirla tutta!" 9

3a *Ascolta il podcast e indica se le affermazioni sono vere (V) o false (F).*

	V	F
1. Rosella e Ludovico Grandini discutono principalmente della sostenibilità del sistema pensionistico italiano.	○	○
2. Il signor Grandini lavora come consulente finanziario.	○	○
3. Il sistema pensionistico italiano è a ripartizione, cioè i pensionati contribuiscono alle pensioni dei lavoratori attivi.	○	○
4. L'aspettativa di vita crescente è uno dei motivi per cui si discute dell'aumento dell'età pensionabile.	○	○
5. Il signor Grandini consiglia di aspettare il più possibile prima di iniziare a costruire una pensione integrativa.	○	○
6. Le pensioni pubbliche potrebbero non essere sufficienti per mantenere un tenore di vita dignitoso in futuro.	○	○

3b *Ora rispondi in modo conciso alle seguenti domande e poi confronta le tue risposte con quelle di un'altra persona. Se necessario puoi riascoltare il podcast.*

1. Perché molti italiani sono preoccupati per il futuro delle loro pensioni?
   _____
   _____

2. Quali sono le principali cause che stanno mettendo in difficoltà il sistema pensionistico italiano?
   _____
   _____

3. Quali soluzioni vengono proposte per rendere il sistema più sostenibile?
   _____
   _____

4. Perché è importante iniziare presto a costruire una pensione integrativa, secondo il signor Grandini?
   _____
   _____

5. Come influiscono i cambiamenti demografici, come il calo delle nascite, sul sistema pensionistico?
   _____
   _____

Il giusto riposo 9c

3c Riascolta il podcast del punto *3a* e trova le espressioni usate da Rosella e dal signor Grandini che corrispondono ai seguenti significati. Attenzione: le espressioni sono nello stesso ordine in cui compaiono nell'audio.

ROSELLA	GRANDINI
1. parliamo del tema centrale: _____	2. questione delicata: _____
5. secondo me: _____	3. semplificando: _____
8. voglio saperlo io, ma mi imbarazza chiederlo: _____	4. non più giovani: _____
	6. situazione senza soluzione: _____
9. mi ha scoperta: _____	7. contrastare: _____

4 GRAMMATICA La falsa negazione

4a In coppie. Leggete la frase tratta dal podcast e svolgete i compiti.

... ma in questo modo non fanno che peggiorare il problema.

1. Scegliete il significato corretto della frase.
   - ○ a in questo modo peggiorano solo il problema
   - ○ b in questo modo non peggiorano assolutamente il problema
2. Scegliete l'opzione giusta per completare la regola.

> L'espressione *non + verbo + che* **ha / non ha** un significato negativo. Serve a **sottolineare / minimizzare** il carattere esclusivo dell'azione (*Non vedo che montagne qui.* = *Vedo solo montagne qui.*).
>
> La forma *non + verbo fare + che* serve a esprimere il senso di **continuità / discontinuità** (*Non fa che parlare.* = *Parla continuamente.*).
>
> Spesso si aggiunge la parola *altro* (*Non penso ad altro che a questo.*).

4b Riformula le frasi usando la forma **non + verbo / verbo fare + che**.

1. Durante l'incontro di ieri, i partecipanti hanno discusso esclusivamente di un unico tema.
   _____
2. Da ragazzo mio figlio rispondeva solo a monosillabi, non si poteva fare una conversazione!
   _____
3. Negli ultimi mesi, Maria discute sempre con i colleghi per ogni cosa.
   _____
4. Nel suo lavoro, lei affronta continuamente sfide di ogni genere tutti i giorni.
   _____

DIECI espressioni con i modi indefiniti

1. ridendo e scherzando
2. stando così le cose
3. e via dicendo / discorrendo
4. detto fatto
5. tutto sommato
6. visto e considerato
7. detto fra noi
8. come non detto
9. a dire il vero
10. a ben vedere

Trova il significato delle dieci espressioni scrivendo il numero corrispondente, come nell'esempio.

a. se ci pensiamo bene _____
b. eseguito immediatamente _____
c. senza accorgersene _____
d. nel complesso _____
e. dato che _____
f. in queste circostanze _____
g. e così via _____
h. per essere onesti _____
i. fai finta che non l'abbia detto ___8___
l. in confidenza _____

▶ GRAMMATICA ES 4 ▶ VOCABOLARIO ES 1 E 5

9 PER FARE ANCORA MEGLIO

G intensificatori *bello, buono, ben / bene*

1 VOCABOLARIO — Gli intensificatori *bello*, *buono* e *ben*

1a *Leggi le frasi tratte dai testi delle* sezioni A *e* B *e scegli il significato corretto delle parole* **evidenziate**.

1. ... una percentuale **ben** più alta della media europea...
   ○ grande ○ molto
2. Una **buona** parte di questa trasformazione...
   ○ grande ○ molto
3. L'accesso alla prima casa è un **bel** problema...
   ○ grande ○ molto

1b *In coppie. Leggete gli esempi e completate la regola.*

Bello può intensificare:
- **sostantivi** (con il significato di *grande*).
  Ci vuole una bella pazienza per trattare con lui!
- **aggettivi** (con il significato di _____).
  Ho bisogno di una bevanda bella calda.
- la parola *niente* (con il significato di *proprio*).
  Non avete capito un bel niente!
- sostantivi che indicano **tempo** (con il significato di *specifico, particolare*).
  Un bel giorno ha deciso di cambiare vita.

Buono può intensificare:
- sostantivi che indicano **quantità** (con il significato di _____, *notevole*).
  Una buona parte di italiani possiede una casa.
- sostantivi che indicano **tempo** (con il significato di *presto*).
  Si è svegliato di buon'ora.
- una **quantità superiore** (con il significato di *un po'* _____ *di...*)
  Ho studiato per 3 ore buone.
- la parola *volta* (con il significato di *una volta per tutte, definitivamente*).
  Fate silenzio una buona volta!
- la parola *punto* (con il significato di *ben avviato, in fase avanzata*).
  Il progetto è a buon punto.

Bello e buono (insieme) intensificano:
- la **parola che precede** (con il significato di *vero e proprio*).
  È una truffa bella e buona!

Ben può intensificare:
- la **parola che segue** (con il significato di _____).
  La situazione è ben diversa!
  Ben presto capirai tutto.
  C'è ben poco da fare.
  Questo è ben più importante.
- i verbi *sperare, credere, volere* che precedono (con il significato di *davvero*).
  In questo caso si usa *bene* invece di *ben*, a meno che non sia seguito da un infinito).
  Spero bene che non arrivino tardi.
  Credo bene che arriveranno puntuali.
  Vorrei ben vedere.
- parole che indicano **quantità** o **cifre** (con il significato di *addirittura*)
  Ho pagato ben 200 euro!
  Ci sono volute ben 3 ore per arrivare.
  Ha mangiato ben 2 piatti di pasta.

▶ GRAMMATICA ES 3

SPUTA IL ROSPO 9

1 SCRIVERE E PARLARE   Più = meglio?

In coppie (A e B). A legge il testo 1 e scrive una frase convincente a sostegno di ogni ragione elencata. B fa lo stesso con il testo 2. Poi immaginate di essere una coppia che vuole comprare una casa e dialogate sostenendo ognuno la propria tesi per convincere l'altra persona a cambiare idea (le espressioni del punto 3 della sezione A possono esservi molto utili!). Al termine, raccontate alla classe com'è andata la conversazione e cosa avete deciso.

1 — 10 ragioni per cui sareste più felici vivendo in una casa più piccola

1. più facile da gestire
2. meno tempo per le pulizie
3. meno spese
4. meno debiti e meno rischi
5. minor impatto ambientale
6. più tempo libero
7. legami familiari più forti
8. minor tendenza all'accumulo
9. meno scelte da fare
10. maggior vendibilità

2 — 10 ragioni per cui sareste più felici vivendo in una casa più grande

1. maggior confort e spazio personale
2. ospitalità più agevole
3. maggior flessibilità nell'uso degli spazi
4. maggior senso di stabilità
5. minor necessità di rinunciare agli oggetti
6. possibilità di avere più animali domestici
7. maggior possibilità di personalizzazione
8. miglior ventilazione e luminosità
9. minor disordine
10. maggior valore di mercato

2 RIFLETTERE   Che insetto sei?

In coppie. Rispondete alle domande esprimendo il vostro punto di vista.

- Quali analogie potrebbero esserci tra i personaggi della favola *La cicala e la formica* e le diverse tipologie di studenti di una lingua straniera? Completate le frasi:

La cicala potrebbe rappresentare lo studente / la studentessa che... _____

La formica potrebbe rappresentare lo studente / la studentessa che... _____

- Quali sono i comportamenti della cicala che rispecchiano i vostri atteggiamenti nello studio dell'italiano? E le loro conseguenze?
- Quali sono i comportamenti della formica che potreste adottare per migliorare il vostro apprendimento?

GRAMMATICA

USI PARTICOLARI DEI MODI INDEFINITI

L'**INFINITO** (**PRESENTE** e **PASSATO**) può avere:
- funzione di **sostantivo**
  *Mi piace il **variare** delle stagioni.*
- funzione **relativa** (senza la congiunzione *che*)
  *Ritengo il suo comportamento **essere** strano.*

GERUNDIO
In alcuni casi il **GERUNDIO** (**PRESENTE** e **PASSATO**):
- è **assoluto**, quando il soggetto non corrisponde a quello della frase che segue. In questo caso il soggetto deve essere specificato e posizionato dopo il gerundio presente e tra l'ausiliare e il participio nel gerundio passato.
  Essendo lei in ritardo il suo capo l'ha rimproverata.
  Avendo Ada speso troppo, sua madre si è arrabbiata.
- ha **funzione concessiva** (= anche se), dopo *pur, sia pure, anche*.
  ***Pur essendo** partiti in anticipo, sono arrivati tardi.*

Il **PARTICIPIO PRESENTE** è spesso usato come:
- **sostantivo**
  *I **partecipanti** sono arrivati.*
- **aggettivo**
  *È una storia **appassionante**.*

ma può anche avere una funzione:
- **relativa**
  *La conseguenza **derivante** da ciò è grave (= che deriva...).*

Il **PARTICIPIO PASSATO** è molto usato:
- nei **tempi composti**
  *Avrei **scelto** questo.*
- come **aggettivo**
  *È una cosa **complicata**.*
- come **sostantivo**
  *I **laureati** possono partecipare al concorso.*

ma può avere una funzione:
- **relativa**
  *Il testo **letto** è interessante (= che abbiamo letto / che è stato letto).*
- **causale**
  ***Essendo** malato, non è andato a lavorare (= siccome è malato).*
- **temporale**
  ***Finita** la cena, guardò un film (= Dopo aver finito la cena...).*
- **ipotetica**
  ***Facendo** così, non avrai problemi (= Se farai così, ...).*
- **concessiva**
  ***Avendo terminato** il lavoro presto, decise però di rimanere in ufficio (= Nonostante avesse terminato...).*

CONGIUNTIVO NELLE FRASI DISLOCATE

Quando una frase dipendente viene dislocata a sinistra, il congiuntivo è necessario anche se normalmente il verbo della frase principale non lo richiederebbe.

*Tutti sanno che **è** pericoloso*
→ *Che **sia** pericoloso, lo sanno tutti.*

Per evitare ambiguità, il soggetto del verbo al congiuntivo deve essere espresso nei casi in cui le forme siano identiche per soggetti diversi (come per il congiuntivo presente e passato con *io, tu, lui / lei*, o per il congiuntivo imperfetto e trapassato con *io* e *tu*).
La dislocazione serve a dare enfasi al tema.
*È evidente a tutti che **sei** troppo stanco.*
→ *Che **tu sia** troppo stanco, è evidente a tutti.*

Nella dislocazione è necessario usare un pronome quando la frase principale contiene un soggetto specifico e il verbo richiede un complemento. Invece, nelle costruzioni impersonali, non è richiesto l'uso di pronomi.
Tutti sanno che è tardi. → *Che sia tardi, **lo** sanno tutti.*
È evidente che è tardi. → *Che sia tardi, è evidente.*

INTENSIFICATORI "BELLO", "BUONO" E "BEN / BENE"

Bello può intensificare:
- **sostantivi**
  *Questo lavoro è un **bell'**impegno. (= grande)*
- **aggettivi**
  *È un libro **bello** lungo! (= molto)*
- la parola *niente*
  *Non mangia un **bel** niente. (= proprio)*
- una parola che indica **tempo**
  *A un **bel** momento, è sparito. (= specifico, particolare)*

Buono può intensificare:
- **sostantivi** che indicano **quantità**
  *Ho fatto un **buon** numero di esercizi. (= grande, notevole)*
- una parola che indica **tempo**
  *È uscita di **buon** mattino. (= presto)*
- una quantità di **tempo** (= un po' più di)
  *Ci sono voluti tre mesi **buoni** per finire.*
- la parola *volta*
  *Smettila una **buona** volta. (= una volta per tutte, definitivamente)*
- la parola *punto*
  *Siamo a **buon** punto con lo studio dell'italiano. (= ben avviato, in fase avanzata).*

Bello e buono (insieme) intensificano:
- la parola che precede
  *È una sfortuna **bella e buona**! (= vero e proprio)*

Ben può intensificare:
- la parola che segue
  *È **ben** al di sotto della media. (= molto)*
- i verbi *sperare, credere, volere* che precedono (= davvero). In questo caso si usa *bene* invece di *ben*, a meno che non sia seguito da un infinito).
  *Lo spero **bene**!*
  *Voglio **ben** sperare che non parta!*
- parole che indicano quantità o cifre
  *Ha lavorato per **ben** cinque anni a quel libro! (= addirittura)*

GRAMMATICA 9

FALSA NEGAZIONE

La forma *non + verbo + che* non ha un significato negativo, ma serve a sottolineare il carattere esclusivo dell'azione.
Non mangio che verdure. (= *Mangio solo verdure*)
La forma *non + verbo fare + che* serve a esprimere il senso di **continuità**.
Non fa che lamentarsi. (= *Si lamenta continuamente*)
Spesso si aggiunge la parola *altro* per rafforzare l'idea di esclusività o continuità.
Non mangio altro che verdure.
Non fa altro che lamentarsi.

USI PARTICOLARI DEI MODI INDEFINITI

1 *Completa il testo con i verbi della lista coniugandoli al giusto modo (infinito, gerundio o participio) e tempo.*

nascere | precedere | accogliere | essere (x4)
crescere | accettare | chiamare

LA CASA NATALE DI LEONARDO DA VINCI

Pur _____ il nome di Leonardo collegato indissolubilmente al piccolo borgo toscano di Vinci, in realtà la sua casa natale non si trova lì, bensì appena fuori dal suo centro, sui primi rilievi del Montalbano in un luogo _____ Anchiano. Il genio, _____ dalla relazione tra suo padre Piero da Vinci e una sua domestica, _____ figlio illegittimo, non poté mai aspirare alle eredità familiari. Non solo: _____ in qualche modo dal nonno Antonio, che lo annotò nel suo registro familiare, non ricevette tuttavia una istruzione formale, che a quel tempo era ritenuta _____ un diritto dei soli figli legittimi. Probabilmente fu lo zio Francesco che gli insegnò a leggere e a scrivere e, pur _____ mancino, Leonardo imparerà a scrivere con tutte e due le mani. _____ libero dai doveri di una scuola rigida, il genio toscano sviluppò un forte rapporto con la natura e una capacità senza _____ di analizzare le cose straordinarie. _____ con affetto dal Maestro Verrocchio nella sua bottega, Leonardo ebbe la possibilità di sperimentare e portare avanti in primo luogo la sua manualità, e poi ricevette i primi elementi dell'arte pittorica.

CONGIUNTIVO NELLE FRASI DISLOCATE

2 *Riscrivi le frasi usando la dislocazione a sinistra e inserendo il pronome quando necessario.*

1. Era evidente che non eri riuscito a spiegare la situazione.
   _____
2. Tutti sanno che la riunione è stata spostata.
   _____
3. È un dato di fatto che la situazione non è comunque migliorata.
   _____
4. È chiaro a tutti che ti sei trovato nella situazione più complicata e ora devi affrontarne le conseguenze.
   _____
5. Era palese che la crisi era stata contenuta e non aveva raggiunto proporzioni estreme.
   _____
6. I miei colleghi sapevano bene che non avevamo rispettato le scadenze.
   _____

INTESIFICATORI "BELLO", "BUONO" E "BEN / BENE"

3 *Sottolinea l'opzione corretta.*

1. Smettila di lamentarti una **bella / ben / buona** volta, è tempo di prendere decisioni serie e costruttive.
2. Dopo molte discussioni, siamo finalmente arrivati a un **buon / bel / bello** punto della nostra collaborazione.
3. Voglio **bello / ben / bene** sperare che la prossima riunione si svolga senza problemi e conflitti.
4. Sono triste perché non ho ricevuto un **buon / bel / ben** niente per il mio compleanno.
5. Dopo aver ripetuto per anni che voleva andarsene, un **buon / bel / ben** giorno finalmente si è deciso a partire.
6. Non mi ricordo il prezzo preciso, ma di certo costava cento euro **buoni / belli / bei**.
7. Non pagare le tasse è un reato **buono e bello / bello e buono / bel e buon**.
8. M sembra che Silvia sia **bene / bel / ben** sicura della decisione che ha presto.

FALSA NEGAZIONE

4 *Scegli il verbo corretto per completare le frasi e usa la forma* non + verbo + che, *coniugando il verbo al modo e al tempo opportuni.*

fare (x3) | mangiare | parlare

1. Quando tornavo a casa stanco, _____ dormire fino a sera.
2. Il mio collega _____ di politica ogni volta che lo incontro.
3. Per tutto l'anno _____ studiare per gli esami, non ho avuto tempo per altro.
4. Mi sembra che da quando ha scoperto la dieta, _____ cibi biologici.
5. Se potessi fare una vacanza al mare, _____ passeggiare sulla spiaggia.

9 VOCABOLARIO

PAROLE ED ESPRESSIONI INTERESSANTI

- **soldoni**: molti soldi
  *Ho speso bei **soldoni**.*
- **in soldoni**: in parole povere, in breve, in concreto, senza perdersi in chiacchiere
  *È una lunga storia, ma **in soldoni** ho perso il lavoro.*
- **dare di volta il cervello**: perdere la ragione, impazzire
  *Perché lo ha fatto? Le **ha dato di volta il cervello**?*
- **gruzzolo**: quantità di denaro risparmiata e accantonata
  *Il mio **gruzzolo** in banca rischia di finire presto.*
- **lavorare sodo**: lavorare molto, intensamente
  *Ho dovuto **lavorare sodo** per comprare la casa.*
- **oculato**: che si comporta con attenzione e cautela, fatto con prudenza e attenzione
  *una persona **oculata** | una scelta **oculata***
- **rimuginare**: tornare sempre sugli stessi pensieri
  *Non rimanere chiuso in casa a **rimuginare** sui tuoi problemi!*
- **venire / andare al sodo**: iniziare a dire le cose importanti o conclusive
  *Basta con le chiacchiere, **andiamo al sodo**!*
- **tema caldo**: questione delicata, argomento dibattuto
  *I dazi imposti dal governo sono il **tema caldo** di oggi.*
- **in parole povere**: in modo semplice e sintetico, semplificando
  *Lei ha una lieve iperemia congiuntivale. **In parole povere**, ha gli occhi un po' rossi.*
- **di mezza età**: non più giovane, ma neanche anziano
  *Il calciatore, ormai **di mezza età**, decise di ritirarsi.*
- **a mio avviso**: secondo me
  *Il suo comportamento, **a mio avviso**, è inaccettabile.*
- **vicolo cieco**: situazione complicata e senza via d'uscita
  *La sua carriera ha raggiunto un **vicolo cieco**.*
- **far fronte a**: contrastare, affrontare qualcosa di complicato
  *L'azienda è riuscita a **far fronte alla** concorrenza.*
- **chiedo per un amico / un'amica**: espressione ironica usata quando si vuole fare una domanda imbarazzante dicendo che riguarda un amico quando in realtà riguarda noi
  *Che succede se non pago le tasse? **Chiedo per un amico**!*
- **sgamare**: scoprire qualcosa che viene tenuto nascosto, sorprendere qualcuno mentre sta facendo qualcosa di sbagliato (gergale)
  *Se provi a mentirmi, ti **sgamo** subito!*

VERBI PRONOMINALI

- **mettercela tutta**: impegnarsi, sforzarsi al massimo
- **cavarsela**: togliersi da una brutta situazione
- **vedersela con**: affrontare qualcuno per risolvere un problema
- **vedersela brutta**: trovarsi in una situazione pericolosa o difficile
- **godersela**: divertirsi, godersi il momento
- **tirarsela**: darsi delle arie, vantarsi, essere snob

- **passarsela bene / male**: trovarsi in buone / cattive condizioni
- **spassarsela**: divertirsi
- **farla franca**: non essere scoperto, sfuggire a una punizione
- **prendersela**: offendersi, arrabbiarsi
- **sbrigarsela**: risolvere qualcosa velocemente
- **prendersela comoda**: non avere fretta, fare qualcosa con calma
- **legarsela al dito**: non dimenticare un'offesa o un torto, serbare rancore
- **darsela a gambe / filarsela / squagliarsela**: andare via velocemente, fuggire, spesso di nascosto

DIFENDERE LE PROPRIE IDEE

- **la cosa peggiore / il problema principale è che...**: il problema più grande è che...
- **non vedo proprio come...**: ritengo che sia impossibile...
- **pensaci bene**: ti invito a riflettere su questa cosa
- **non capisco come tu possa pensare che...**: è sorprendente il fatto che tu pensi che...
- **che c'entra?**: non ha niente a che fare...
- **non mi pare che**: secondo me non...
- **vuoi mettere**: è molto diverso, c'è una grande differenza
- **ti sbagli di grosso**: stai facendo un grande errore
- **che c'è di male a...**: non mi sembra una cosa negativa il fatto di...

CASA

1. **persiana**
2. **vialetto**
3. **recinzione**
4. **serranda**
5. **portico**
6. **campanello**
7. **soffitta**
8. **davanzale**
9. **siepe**
10. **infissi**
11. **tegola**
12. **seminterrato**

VOCABOLARIO 9

SISTEMA PENSIONISTICO

- **pensione**: somma di denaro che una persona riceve regolarmente dopo aver smesso di lavorare
- **contributi previdenziali**: somme di denaro trattenute dallo stipendio durante la vita lavorativa per finanziare il sistema pensionistico
- **sistema contributivo**: metodo di calcolo della pensione basato sui contributi versati durante l'intera vita lavorativa
- **previdenza sociale**: sistema pubblico che fornisce protezione economica in caso di pensione, malattia, disoccupazione o altri eventi della vita
- **pensione di vecchiaia**: tipo di pensione che si ottiene una volta raggiunta una certa età stabilita dalla legge
- **pensione anticipata**: pensione ottenuta prima dell'età pensionabile standard, solitamente con una riduzione dell'importo
- **pensione minima**: sostegno economico dello Stato per chi non ha una pensione adeguata a garantire un'esistenza dignitosa

PAROLE ED ESPRESSIONI INTERESSANTI

1 Completa il testo con le parole della lista.

rimuginare | a mio avviso | in parole povere
soldoni | far fronte | vicolo cieco | gruzzolo
di mezza età | oculata | sodo

> Gianfranco, un uomo _____, ha dovuto lavorare _____ per anni per mettere da parte un _____ sufficiente a comprarsi una casa. _____, ha fatto una scelta _____ nell'acquistare l'appartamento in città, anche se gli è costato bei _____. Purtroppo però, recentemente la situazione economica è diventata complicata e Gianfranco non fa che _____ su cosa fare, perché teme di trovarsi in un _____ dal quale non riuscirà a uscire. _____, potrebbe perdere tutto e non sa davvero come _____ al problema!

VERBI PRONOMINALI

2 *Sottolinea* l'opzione corretta.

1. Francesco ha avuto una situazione difficile, ma alla fine se l'è cavata **egregiamente / bella**.
2. Secondo me Liliana se la tira troppo. Va bene che **ha due lauree / ha molti problemi**, ma ci sono tante persone come lei!
3. Quando hanno saputo del progetto, hanno deciso di mettercela tutta per **fare una pausa / finirlo in fretta**.
4. Durante la riunione, Marta è riuscita a difendere il suo operato, ma ora dovrà vedersela **sfortunatamente / con i clienti**.

DIFENDERE LE PROPRIE IDEE

3 Completa il dialogo con le espressioni della lista (1-7).

1. ti sbagli di grosso | 2. la cosa peggiore è che
3. pensaci bene | 4. che c'entra
5. vuoi mettere | 6. che c'è di male a
7. non capisco come tu possa pensare che

● Ho deciso, lascio il lavoro e mi trasferisco all'estero.
▶ Ma sei sicura? (_) prima di fare un cambiamento così grande!
● Sono sicura, ormai non mi sento più realizzata qui. Voglio provare qualcosa di nuovo.
▶ (_) sia una buona idea lasciare tutto quello che hai qui: il lavoro, gli amici, la famiglia...
● (_)? Mica li lascio! Oggi ci sono tanti modi per restare in contatto!
▶ (_) sai cosa lasci ma non sai cosa trovi, potresti pentirtene! In fondo il tuo lavoro non è così male!
● Sì ma (_) l'opportunità di crescere professionalmente in un nuovo ambiente?
▶ Secondo me (_)!
● Ma dai! (_) fare un tentativo? Se mi troverò male potrò sempre ritornare...

CASA

4 Scrivi le parole corrispondenti alle definizioni.

1. spazio sotto il tetto di una casa: _____
2. parte della casa che si trova parzialmente sotto il livello del terreno: _____
3. piccola strada privata che collega la casa alla strada principale o al cancello: _____
4. struttura coperta davanti all'ingresso principale di una casa: _____
5. struttura di legno, metallo o altro materiale, utilizzata per proteggere o delimitare una proprietà: _____
6. elemento di copertura del tetto usato per proteggere dalla pioggia: _____
7. superficie orizzontale che si trova alla base di una finestra, all'interno o all'esterno: _____

SISTEMA PENSIONISTICO

5 Le parole **evidenziate** sono errate. Sostituiscile con le parole corrette.

1. Giulia ha appena iniziato a ricevere la pensione **anticipata** _____ perché ha raggiunto l'età pensionabile.
2. Marco non ha mai versato i **sistemi** _____ previdenziali, quindi non ha diritto alla pensione.
3. Anna riceve solo una pensione **massima** _____.
4. Chi va in pensione **di vecchiaia** _____ di solito riceve un importo più basso.

9 CULTURA

DIECI CASE TRADIZIONALI

In gruppi. Abbinate la descrizione di ogni tipo di casa all'immagine corrispondente, poi decidete in quale tipo di casa (una per tutto il gruppo) vi piacerebbe vivere durante una vacanza in Italia. Al termine, fate una ricerca su internet per trovare questo tipo di casa in affitto con il miglior rapporto qualità-prezzo e confrontatevi con gli altri gruppi. In base alle informazioni che ricevete dagli altri, decidete se volete andare in vacanza con il vostro gruppo o con un altro.

a / __4__

b / __10__

1 **Dammusi** (Sicilia, Pantelleria): strutture tipiche dell'isola di Pantelleria, frutto della fusione tra la tecnica costruttiva araba e la tradizione locale. Caratterizzate da bianchi tetti a cupola e larghe mura in pietra vulcanica, rappresentano un ottimo esempio di tecnica costruttiva biocompatibile ed ecosostenibile.

2 **Trulli** (Puglia, Alberobello): queste abitazioni in pietra bianca di forma rettangolare con il tipico tetto grigio a forma di cono, risalgono all'epoca preistorica e sono oggi patrimonio dell'umanità dell'UNESCO.

c / ____

d / ____

3 **Sassi di Matera** (Basilicata): anch'essi patrimonio dell'UNESCO, sono edifici scavati interamente nella roccia a partire dalle grotte naturali presenti nel territorio. Rappresentano uno dei più grandi esempi di sfruttamento delle risorse naturali per ricavarne condizioni adatte alla vita di una vasta comunità.

4 **Masi** (Trentino-Alto Adige): costruzioni rurali diffuse nelle valli del Trentino, frutto della combinazione tra una tipica villa latina e una costruzione germanica. In realtà ogni maso in origine era un'azienda agricola o una fattoria autosufficiente costituita da un insieme di edifici e di terreni che apparteneva a un'unica famiglia ricca.

e / __8__

f / ____

5 **Case a corte** (Puglia, Salento): abitazioni tipiche con un ampio spazio centrale aperto (il cortile o la corte), attorno al quale si sviluppavano le unità abitative, utilizzato come spazio di lavoro agricolo e luogo di incontro per le famiglie. Nate durante la dominazione ellenica, servivano anche per difendersi dalle invasioni straniere.

6 **Bassi** (Napoli): piccole abitazioni al livello della strada, generalmente composte da una o due stanze, con mura molto spesse. Oltre a essere case, sono luoghi di incontro per le diverse generazioni, arricchiti da dettagli come fioriere e fili per stendere i panni.

g / __9__

h / ____

7 **Baite** (Valle d'Aosta): tipiche abitazioni di montagna costruite in pietra e legno, caratterizzate da tetti spioventi e strutture robuste per resistere al clima rigido. Utilizzate tradizionalmente dai pastori e dagli agricoltori, oggi sono spesso usate come rifugi o seconde case per chi cerca tranquillità in alta quota.

i / ____

l / __3__

8 **Cascine** (Pianura Padana): ampie strutture di campagna utilizzate storicamente per attività agricole, costruite in pietra. Includono abitazioni, ambienti per gli animali e magazzini e rappresentano un modello di vita autosufficiente legato alla coltivazione e all'allevamento.

9 **Masserie** (Italia Meridionale / Puglia): grandi proprietà agricole, costruite in pietra e spesso circondate da mura. Un tempo centri di produzione agricola e allevamento, oggi molte masserie sono state restaurate e trasformate in agriturismi o residenze di lusso.

10 **Nuraghi** (Sardegna): antiche costruzioni in pietra a forma di piccole torri, risalenti all'età del bronzo (circa 1800-900 a.C.). Simbolo distintivo della civiltà nuragica, i nuraghi servivano probabilmente come strutture difensive, abitazioni o luoghi di culto.

TEST 9

GRAMMATICA

1 Trasforma le seguenti frasi utilizzando i modi verbali indefiniti indicati, decidendo il tempo verbale (presente, passato) e facendo dei cambiamenti dove necessario.

1. Siccome non avevo studiato abbastanza per l'esame, sono stato costretto a rispondere in modo impreciso a molte domande. (gerundio)
   ➡ _____
   _____

2. Dopo aver lavorato per più di otto ore consecutive senza pause, decise di rilassarsi. (participio)
   ➡ _____
   _____

3. Anche se era malato da diversi giorni, ha continuato a lavorare senza interruzioni. (gerundio)
   ➡ _____
   _____

4. Il direttore ritiene che la situazione sia insostenibile ormai. (infinito / funzione relativa)
   ➡ _____
   _____

5. Le persone che partecipano al progetto di ricerca dell'università riceveranno un premio di merito. (participio)
   ➡ _____
   _____

6. Dal momento che aveva terminato il compito con largo anticipo, decise di dedicarsi ad altre attività. (participio / funzione causale)
   ➡ _____
   _____

7. Dopo aver fatto molti viaggi di lavoro, ha deciso di andare al mare per rilassarsi un po'. (participio)
   ➡ _____
   _____

8. Il libro che ho letto durante le vacanze mi ha fatto riflettere su molti temi importanti. (participio)
   ➡ _____
   _____

9. Se si cucinano al vapore, le verdure sono più salutari. (participio)
   ➡ _____
   _____

10. Oggi l'insegnante sta facendo una lezione che stimola molto. (participio)
    ➡ _____
    _____

OGNI TRASFORMAZIONE CORRETTA = 2 PUNTI ___ / 20

2 Coniuga i verbi al modo indicativo o congiuntivo.

Ricchezza e povertà in Italia

In Italia la disparità economica tra le diverse regioni è sempre stata un tema di grande attualità. Che il Nord (*essere*) _____ più ricco del Sud, è evidente a tutti. Le regioni settentrionali, come la Lombardia e il Veneto, (*avere*) _____ un'economia fiorente, sostenuta da un'industria innovativa e da un'alta occupazione. Che il Sud, al contrario, (*soffrire*) _____ per moltissimi anni di un elevato tasso di disoccupazione, ormai è un dato di fatto, e il problema persiste tutt'oggi. Le ragioni storiche di questa disparità affondano le radici nell'unità d'Italia, avvenuta nel 1861. Prima dell'unificazione, il Nord (*essere*) _____ caratterizzato da un'industria sviluppata, mentre il Sud era per lo più agricolo e poco industrializzato. Dopo l'unificazione, le politiche economiche (*essere*) _____ maggiormente orientate verso il Nord, trascurando le esigenze del Sud. Che nel corso del Novecento le opportunità di sviluppo per il Sud (*essere*) _____ limitate, è una verità storica. Un altro aspetto significativo è l'aumento della povertà assoluta. Non sorprende nessuno, infatti, che le famiglie in difficoltà economica (*essere*) _____ sempre più numerose, visto che negli ultimi decenni la crisi economica (*colpire*) _____ duramente le fasce più vulnerabili della popolazione, costringendo molte persone a vivere con risorse insufficienti. È indiscutibile, dunque, che il governo (*dovere*) _____ attuare misure più efficaci per sostenere queste persone.

OGNI VERBO CORRETTO = 2 PUNTI ___ / 18

VOCABOLARIO

3 Scegli l'opzione corretta.

1. Ho dovuto **chiedere per un amico / venire al sodo / lavorare sodo** per preparare quell'esame, ma ne è valsa la pena.
2. Se continui a **sgamare / rimuginare / venire al sodo** su quel problema, non troverai mai una soluzione.
3. La sua decisione di andare in pensione anticipata è stata molto **oculata / sgamata / in soldoni**.
4. A mio avviso, **chiedo per un amico / non c'è niente di male / è stato sgamato** a non avere una pensione integrativa.
5. Spero proprio che riescano a **sgamare / far fronte / venire al sodo** a tutte le difficoltà che stanno vivendo.

OGNI SCELTA CORRETTA = 2 PUNTI ___ / 10

9 TEST

4 Completa il testo con le parole della lista.

pensione anticipata | contributi previdenziali
contributivo | pensione | pensione di vecchiaia
pensione minima | previdenza sociale

1. Il nostro sistema _____ si basa sulle somme versate durante la vita lavorativa e calcola la _____ in base a quanto accumulato.
2. Per chi ha smesso di lavorare e non ha contributi sufficienti per una pensione adeguata, esiste la _____ che garantisce un sostegno economico.
3. Se qualcuno vuole andare in pensione prima dell'età stabilita per legge, può optare per la _____, anche se questo comporta una riduzione dell'importo ricevuto.
4. Ogni mese dal mio stipendio vengono trattenuti i _____ che servono a finanziare la mia futura pensione.
5. La _____ fornisce protezione economica non solo in caso di pensione, ma anche in caso di malattia o disoccupazione.
6. Una volta raggiunta l'età stabilita dalla legge, sarò finalmente in grado di richiedere la mia _____ e smettere di lavorare.

OGNI COMPLETAMENTO CORRETTO = 2 PUNTI   __ / 14

5 Completa il testo con le parole corrispondenti alle definizioni tra parentesi.

Quando arrivi a casa di qualcuno, spesso segui un _____ (stradina che porta all'ingresso di un'abitazione, solitamente circondata da piante). Prima di entrare, potresti notare una _____ (sistema di protezione intorno alla casa, può essere alta o bassa e serve a delimitare la proprietà). Nella parte anteriore, c'è un'alta _____ (pianta fitta, usata per schermare e decorare gli spazi esterni). Per entrare, suoni il _____ (dispositivo che emette un suono quando qualcuno preme un pulsante, avvertendo i residenti della sua presenza). Sotto la finestra della cucina, c'è un _____ (bordo sporgente di una finestra, dove si possono posizionare vasi di fiori). Se guardi verso le finestre, potresti notare una _____ (tipo di copertura esterna delle finestre che può essere aperta o chiusa per regolare la luce). Salendo le scale, troverai una _____ (spazio non abitabile situato sotto il tetto, spesso usato per riporre oggetti). Il tetto è fatto di _____ (elementi che servono a proteggere il tetto dalla pioggia). Infine, sotto il livello del suolo, c'è un _____ (spazio sotterraneo usato come cantina o garage).

OGNI COMPLETAMENTO CORRETTO = 2 PUNTI   __ / 18

6 Completa le frasi con la forma corretta delle espressioni.

farla franca | sbrigarsela | mettercela tutta
tirarsela | legarsela al dito | prendersela comoda

1. Non capisco perché Lino _____ tanto solo perché ha ottenuto un buon voto.
2. Non so come, ma Gemma è riuscita a _____ nonostante l'errore colossale che ha commesso.
3. Se non l'avessi aiutato a fare il trasloco, sono sicuro che Tiziano _____!
4. Non puoi _____, siamo in ritardo!
5. Non preoccuparti per la scadenza di domani, dovresti riuscire a _____ entro oggi pomeriggio.
6. Quando si tratta di realizzare i propri sogni, è fondamentale _____ e non arrendersi mai.

OGNI COMPLETAMENTO CORRETTO = 1 PUNTO   __ / 6

COMUNICAZIONE

7 Riscrivi le frasi sostituendo le parti **evidenziate** con un intensificatore (bello, buono, ben / bene) o con la forma **non** + **verbo** + **che**. Fai i necessari cambiamenti.

1. È stata una **vera e propria** sfortuna.
   _____
2. Sono stanco di Fabrizio, **crea solo** problemi!
   _____
3. A mio avviso Martina non vive bene, **lavora continuamente** e non si gode la vita!
   _____
   _____
4. Sono partiti di mattino **presto** per essere sicuri di non trovare troppo traffico.
   _____
   _____
5. Mi sembra che qui il costo della vita sia **molto** superiore alla media.
   _____
   _____
6. Questo melone pesa **un po' più di** un chilo.
   _____
7. ● Gennaro ti aiuterà?
   ▶ Lo spero **davvero**!
   _____
   _____

OGNI TRASFORMAZIONE CORRETTA = 2 PUNTI   __ / 14

TOTALE   __ / 100

LEZIONE 10
HAI VOLUTO LA BICICLETTA?

Qui imparo a:
- *comprendere e utilizzare le concordanze dei modi e dei tempi*
- *comprendere e utilizzare il linguaggio giuridico formale*
- *comprendere e utilizzare un ampio vocabolario relativo al turismo*
- *enfatizzare elementi specifici in una frase*

COMINCIAMO

a   In coppie. Il titolo di questa lezione è la prima parte di una frase fatta, molto famosa. Secondo voi, come continua? Confrontatevi con le altre coppie e poi verificate con l'insegnante.

| 1. Non fermarti! | 2. Goditi il vento sulla faccia! | 3. Adesso pedala! | 4. Ora parti! |

Ora provate a scrivere la spiegazione della frase completa. L'insegnante deciderà chi ha scritto la spiegazione migliore.

_____
_____

b   In gruppi. Vi siete mai trovati in una situazione in cui qualcuno vi ha detto "Hai voluto la bicicletta? ...". Condividete le vostre storie.

10A Quando è troppo, è troppo!

v overtourism

1 PARLARE Vantaggi e svantaggi

In gruppi. Negli ultimi anni in Italia si parla molto di "overtourism", cioè del sovraffollamento turistico di alcune zone. Discutetene e elencate quelli che, secondo voi, sono i problemi causati da questo fenomeno. Metteteli in ordine di gravità, dal più grave (1) al meno grave (10).

1. _____
2. _____
3. _____
4. _____
5. _____
6. _____
7. _____
8. _____
9. _____
10. _____

2 LEGGERE Turismo fuori controllo

2a *In coppie. Leggete il testo e inserite le parole a destra al posto giusto (attenzione: in ogni paragrafo c'è uno spazio che non va riempito). Poi verificate se nel testo ci sono altri problemi causati dall'"overtourism" che non avete elencato al punto 1 e completate l'elenco.*

testo parlante 61

Troppo turismo in Italia: una storia di successo o un boomerang?

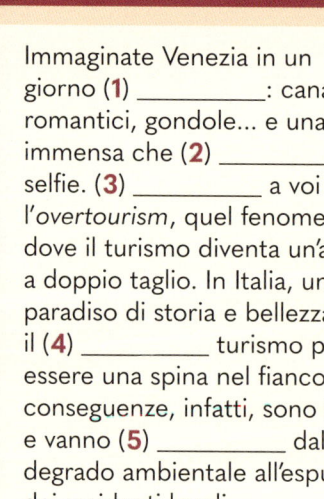

Immaginate Venezia in un giorno (**1**) _____: canali romantici, gondole... e una folla immensa che (**2**) _____ selfie. (**3**) _____ a voi l'*overtourism*, quel fenomeno dove il turismo diventa un'arma a doppio taglio. In Italia, un paradiso di storia e bellezza, il (**4**) _____ turismo può essere una spina nel fianco. Le conseguenze, infatti, sono tante e vanno (**5**) _____ dal degrado ambientale all'espulsione dei residenti locali.

ecco
qualunque
troppo
scatta

Il boom e le sue cause
Un tempo volare era (**6**) _____ da ricchi, oggi con un low-cost si può andare da Milano a Palermo con pochi euro, ed ecco che l'*overtourism* prende piede in modo incontrollato. E poi ci sono i social, i (**7**) _____ colpevoli di questa febbre di viaggio. Prendi (**8**) _____ Instagram: basta un post di un influencer e quella spiaggia isolata che conoscevi solo tu diventa la (**9**) _____ di migliaia di turisti. La sovraesposizione mediatica è un acceleratore che ha trasformato luoghi (**10**) _____-sconosciuti in hit planetarie, spesso impreparate a reggere tale pressione.

semi
roba
veri
meta

Effetti collaterali: chi vince e chi perde
L'*overtourism* non è solo una (**11**) _____ di numeri, cambia la vita delle persone. Residenti (**12**) _____ storici vengono cacciati dai loro quartieri perché gli affitti esplodono. Pensiamo a Firenze o Roma, dove i centri sono diventati (**13**) _____ a cielo aperto e i residenti possono permettersi sempre meno di viverci. Anche il turismo "mordi e fuggi" non fa che peggiorare la situazione. I locali vedono i loro quartieri trasformarsi in (**14**) _____ tematici senza (**15**) _____, mentre i negozi tradizionali lasciano il posto a fast food e negozi di souvenir.

parchi
questione
anima
musei

Quando è troppo, è troppo! 10A

Le città si difendono (più o meno)
Qualcuno ha detto (16) _____ e ha imposto limiti. Venezia ha pensato al ticket di ingresso e al numero chiuso, (17) _____ alcune spiagge incontaminate sono accessibili solo con prenotazione. Ma non tutte le città sono riuscite a gestire questo fenomeno. (18) _____ le Cinque Terre: i sindaci vorrebbero regolare il flusso turistico, ma Trenitalia, (19) _____ che gestisce i trasporti, storce il naso. Ci si ritrova, (20) _____, con frotte di turisti ammassati sui sentieri, un fiume di gente che sta mettendo a rischio le tipicità di un territorio fragile per natura, per dimensioni, per tradizioni.

Affitto breve: il grande colpevole?
Il (21) _____ degli affitti brevi ha peggiorato la situazione. I residenti vedono (22) _____ le case disponibili per affitti a lungo termine, perché tutti preferiscono affittare ai turisti per guadagnare di più. Il (23) _____? Gentrificazione* a gogò! Alcune città fuori del Bel Paese hanno cercato di (24) _____ il fenomeno (25) _____: Barcellona ha imposto limiti severi, mentre San Francisco permette ai proprietari di affittare l'intero appartamento ai turisti solo per brevi periodi.

Dove ci porta tutto questo?
L'*overtourism* è il prezzo del (26) _____ turistico dell'Italia. E mentre altri Paesi "concorrenti" (27) _____ dal (28) _____ di vista turistico scrivono articoli (29) _____ che si potrebbero riassumere con un "hai voluto la bicicletta, adesso pedala!", noi ci chiediamo sempre più spesso se non sia troppo tardi. Assolutamente no! Dobbiamo solo adottare soluzioni più (30) _____ per gestire i flussi, preservare l'autenticità dei luoghi e garantire che i turisti non diventino una spada di Damocle per chi quei luoghi li chiama "casa". In ultima analisi si tratta di rimboccarsi le maniche per evitare che troppi turisti rischino di farci perdere ciò che rende l'Italia unica: la sua vera anima.

prendiamo
basta
quindi
mentre

risultato
boom
sparire
regolamentare

punto
successo
intelligenti
sarcastici

* gentrificazione: progressivo cambiamento socioculturale di un'area urbana dovuto all'aumento dei prezzi degli immobili e alla conseguente impossibilità degli abitanti originari di sostenere economicamente i nuovi standard qualitativi del luogo di residenza.

2b *In coppie. Indicate quali delle seguenti affermazioni non sono contenute nel testo.*

○ 1. L'aumento dei voli low-cost ha democratizzato il turismo.
○ 2. I social media hanno contribuito a un aumento esponenziale dei flussi turistici verso destinazioni sempre più remote e fragili.
○ 3. La gentrificazione dei centri storici, causata dall'aumento dei costi degli affitti dovuto all'afflusso turistico, ha portato all'espulsione dei residenti storici e alla perdita di identità culturale di molti quartieri.
○ 4. Il turismo di massa può generare conflitti sociali tra residenti e turisti, soprattutto quando i primi percepiscono di essere marginalizzati e sfruttati economicamente.
○ 5. Spesso il fenomeno dell'*overtourism* è aggravato dal non perfetto funzionamento dei trasporti.
○ 6. Le piattaforme di affitti brevi hanno giocato un ruolo chiave nell'aumento del costo degli affitti nelle città turistiche italiane.
○ 7. L'*overtourism* può minacciare la biodiversità e l'equilibrio degli ecosistemi.
○ 8. Altri Paesi con un forte afflusso di turisti hanno destinato somme più ingenti rispetto all'Italia per contrastare il fenomeno dell'*overtourism*.

10A Quando è troppo, è troppo!

v a gogò • rimboccarsi le maniche • spada di Damocle • arma a doppio taglio • girarci intorno • a malapena • prendi...

3 VOCABOLARIO Espressioni idiomatiche

3a *Cerca nel testo del punto 2a le espressioni idiomatiche corrispondenti alle definizioni. Attenzione: le definizioni non seguono l'ordine di apparizione delle espressioni nel testo.*

1. in grande abbondanza: _____
2. cosa che può avere sia vantaggi che svantaggi: _____
3. affrontare un lavoro con impegno: _____
4. desiderio intenso, grande passione: _____
5. motivo di tormento o di grande preoccupazione: _____
6. pericolo invisibile, minaccia sempre presente: _____
7. non approva, non è d'accordo, non gli piace: _____
8. fatto in gran fretta e in modo superficiale: _____

3b *In coppie. In alcune delle seguenti frasi le espressioni evidenziate non sono pertinenti. Trovatele e sostituitele con quelle del punto 3a.*

○ 1. Non vedevo l'ora di ricevere sue notizie, **la spada di Damocle** dell'attesa mi stava divorando.
_____

○ 2. Quell'accordo commerciale è stato davvero **un'arma a doppio taglio**: ci porterà ottimi guadagni, ma dovremo anche lavorare il doppio!
_____

○ 3. Ogni volta che si fa una proposta interessante, Luigi **si rimbocca le maniche** e non partecipa. Chissà perché!
_____

○ 4. Con Simone è stata una storia **mordi e fuggi**, niente di serio!
_____

○ 5. Le sue continue critiche sono diventate **a gogò** per tutto il team.
_____

○ 6. Dopo aver perso il lavoro, **si è rimboccato le maniche** e ha aperto una nuova attività.
_____

○ 7. Durante la festa, c'erano bevande **mordi e fuggi**, tutti potevano servirsi quanto volevano.
_____

○ 8. La sua presenza era come **una spada di Damocle**: nessuno si sentiva al sicuro.
_____

4 PARLARE Andare o no?

In coppie (A e B). Leggete le istruzioni e dialogate.

Studente A	Studente B
Hai recentemente visitato una destinazione italiana molto affollata. Descrivi i problemi che hai incontrato a causa dell'*overtourism* e spiega come questi hanno influenzato negativamente la tua esperienza di viaggio. **Suggerimenti:** • lunghe file • stress • aumento dei prezzi • esperienza rovinata • difficoltà a spostarsi • inquinamento • perdita di autenticità • aspettative non soddisfatte • ...	Stai pianificando di visitare la stessa destinazione in cui è stato/a A. Fai domande per approfondire i problemi che ha incontrato, suggerisci delle possibili soluzioni e spiega perché vuoi andarci comunque. **Suggerimenti:** • bassa stagione • prenotazione anticipata • scelta di percorsi alternativi • soggiorno in alloggi sostenibili • fascino unico della destinazione • turismo responsabile • ...

5 ASCOLTARE Altre strade

Ascolta il dialogo e completa la tabella alla pagina successiva, poi confrontati con un compagno. Riascoltate il dialogo per risolvere eventuali discordanze e inserite il maggior numero possibile di informazioni.

Quando è troppo, è troppo! 10A

PROPOSTE DI ALESSIA	OBIEZIONI DI LORENZO
- _____	- _____
- _____	- _____
- _____	- _____
- _____	- _____
- _____	- _____
- _____	- _____

6 VOCABOLARIO · Parole ed espressioni utili

In coppie. Mettete in ordine le parole e i segni di punteggiatura per ricomporre le frasi tratte dal dialogo al punto 5, poi scegliete il significato corretto delle parole o espressioni evidenziate. Attenzione: in alcuni casi sono valide più opzioni. Se necessario riascoltate l'audio.

1. spingere | . | più | le | **giriamoci** | destinazioni | nostre | dobbiamo | , | intorno | famose | **non**

   _____

   ○ a. non fermiamoci, andiamo avanti
   ○ b. andiamo dritti al punto

2. più | **qui** | . | turisti | esperienze | che | ! | autentiche | sempre | **sbagli** | cercano | è

   _____

   ○ a. stai facendo un errore proprio su questo punto
   ○ b. sbagli a proporre questo luogo come destinazione

3. convinci | per | **a** | i | a | borgo | un | lasciare | sentito | che | **malapena** | Roma | visitare | ? | come | clienti | nominare | hanno | piccolo

   _____

   ○ a. quasi mai / con difficoltà, a fatica
   ○ b. in modo negativo

4. le | **i** | , | tranquillità | parchi | **prendi** | natura | aree naturali | incontaminata | : | rurali, | .

   _____

   ○ a. scegli, decidi per
   ○ b. considera, pensa a

5. destinazioni | città | proporre | . | entrambe | grandi | e | possiamo | **battute** | meno | :

   _____

   ○ a. molto frequentate
   ○ b. molto piccole

6. folla | **un** | di | opzioni | magari | . | così | chi | e **ventaglio** | cerca | di | offriamo | evitare | la | ventaglio | convinciamo

   _____

   ○ a. serie di elementi analoghi ma diversi
   ○ b. gruppo omogeneo composto da elementi identici

7 PARLARE E SCRIVERE · Pubblicità di viaggio

La classe si divide in un numero pari di gruppi (gruppi "Alessia" che sostengono l'"undertourism" e gruppi "Lorenzo" che sostengono le mete famose). Seguite le istruzioni.

- Create una pubblicità audio di 1-2 minuti per convincere i clienti della vostra agenzia di viaggi a scegliere la vostra proposta di destinazione (*undertourism* o mete famose).
- Scrivete il testo della pubblicità, registratelo e fatelo ascoltare alla classe.
- Discutete tutti insieme per decidere quale pubblicità è stata più efficace.

10B Ma quanto mi costi?

v linguaggio giuridico

1 LEGGERE E PARLARE Diamo i numeri!

In gruppi. Leggete il testo e discutete per completarlo con i numeri della lista a destra. Poi verificate le soluzioni in basso e rispondete alle domande.

I numeri del patrimonio culturale e ambientale italiano

Secondo le stime del Fondo Ambientale Italiano, l'Italia vanta la maggiore ricchezza culturale e ambientale al mondo. Non solo è al (1) _____ posto mondiale per siti UNESCO (al (2) _____ posto la Cina che, però, ha un territorio più di (3) _____ volte superiore al nostro), ma possiede un immenso patrimonio: oltre (4) _____ musei, (5) _____ aree archeologiche, (6) _____ chiese protette e (7) _____ dimore storiche, per un valore di circa (8) _____ miliardi di euro. Le opere d'arte mobili, biblioteche e archivi valgono (9) _____ miliardi di euro, pari al (10) _____ del PIL. La spesa pubblica dell'Italia per la cultura supera i (11) _____ miliardi di euro.

5	85.000
30	primo
4.000	40.000
secondo	990
174	10,4%
600	

- Quale dato vi sorprende di più?
- In che modo un patrimonio culturale così vasto può influire sull'economia italiana?
- Quali sono le sfide principali nella protezione di questo patrimonio?
- Secondo voi, l'ammontare della spesa pubblica italiana per la cultura è alta o bassa?

2 LEGGERE Il patrimonio culturale nella legge

2a *In gruppi. Leggete la tabella che riassume la proposta (già approvata) di modifica della Costituzione italiana da parte della Camera. Preparate un commento orale per spiegarne il contenuto, poi confrontatevi con gli altri gruppi.*

Articolo 1 (Modifica all'art. 9 della Costituzione)	
COSTITUZIONE *Testo originario*	**COSTITUZIONE** *Testo modifica da Atto della Camera 3156*
Articolo 9	Articolo 9
La Repubblica promuove lo sviluppo della cultura e la ricerca scientifica e tecnica.	La Repubblica promuove lo sviluppo della cultura e la ricerca scientifica e tecnica.
Tutela il paesaggio e il patrimonio storico e artistico della Nazione.	Tutela il paesaggio e il patrimonio storico e artistico della Nazione.
	Tutela l'ambiente, la biodiversità e gli ecosistemi, anche nell'interesse delle future generazioni. La legge dello Stato disciplina i modi e le forme di tutela degli animali.

2b *Ora leggete il commento e verificate quale gruppo ha dato la spiegazione più completa.*

L'articolo 1 dell'Atto della Camera 3156 aggiunge un comma all'articolo 9 della Costituzione, in cui è presente una nuova disposizione che riconosce non solo il paesaggio e il patrimonio storico-artistico come beni da proteggere, ma anche l'ambiente in senso più ampio, includendo la biodiversità e gli ecosistemi. Inoltre, si introduce il concetto di "interesse delle future generazioni", sottolineando l'importanza di tutelare l'ambiente per le generazioni a venire.

Cosa cambia?
- **Ambito più ampio di tutela**: si va oltre la semplice protezione del paesaggio, estendendo la tutela a tutti gli elementi dell'ambiente naturale.
- **Focus sulla biodiversità**: si riconosce l'importanza di preservare la varietà di specie viventi e i loro habitat.
- **Dimensione intergenerazionale**: si introduce un nuovo principio, quello di tutelare l'ambiente nell'interesse delle generazioni future.

In sintesi, l'obiettivo è quello di elevare la tutela ambientale a principio fondamentale della Costituzione italiana, garantendo così una protezione più efficace e duratura dell'ambiente e delle risorse naturali.

Soluzione del punto 1: 1. primo, 2. secondo, 3. 30, 4. 4.000, 5. 600, 6. 85.000, 7. 40.000, 8. 990, 9. 174, 10. 10,4%, 11. 5

Ma quanto mi costi? 10B

3 VOCABOLARIO Il linguaggio giuridico

In coppie. Leggete i seguenti commi degli articoli del Codice dei beni culturali e del paesaggio e rispondete alle domande concentrandovi sulle parole evidenziate.

Articolo 1 – Principi
comma 3. Lo Stato, le regioni, le città metropolitane, le province e i comuni assicurano e sostengono la conservazione del patrimonio culturale e ne favoriscono la pubblica **fruizione** e la valorizzazione.
comma 5. I privati proprietari, possessori o **detentori** di beni appartenenti al patrimonio culturale **sono tenuti a** garantirne la conservazione.

Articolo 2 – Patrimonio culturale
comma 2. Sono beni culturali le cose immobili e mobili che, ai sensi degli articoli 10 e 11, presentano interesse artistico, storico, archeologico, etnoantropologico, archivistico e bibliografico e le altre cose (...) **aventi** valore di civiltà.

Articolo 3 – **Tutela** del patrimonio culturale
comma 2. L'esercizio delle funzioni di tutela **si esplica** anche attraverso provvedimenti **volti a** conformare e regolare diritti e comportamenti **inerenti** al patrimonio culturale.

Articolo 4 – Funzioni dello Stato in materia di tutela del patrimonio culturale
comma 1. Al fine di garantire l'esercizio unitario delle funzioni di tutela, (...), le funzioni stesse sono attribuite al Ministero per i beni e le attività culturali. (...) Sono **fatte salve** le funzioni già **conferite** alle regioni **ai sensi dei** commi 2 e 6 del medesimo articolo 5.

Articolo 10 – Beni culturali
comma 1. Sono beni culturali le cose immobili e mobili appartenenti allo Stato, alle regioni, agli altri enti pubblici territoriali, **nonché** ad ogni altro ente ed istituto pubblico e a persone giuridiche private senza fine di **lucro**, che presentano interesse artistico, storico, archeologico o etnoantropologico.

Articolo 55 – Alienabilità di immobili appartenenti al demanio culturale
comma 1. I beni culturali immobili appartenenti al demanio culturale e non **rientranti** tra quelli elencati nell'articolo 54, commi 1 e 2, non possono essere **alienati** senza l'autorizzazione del Ministero.

Articolo 90 – Scoperte fortuite
comma 1. Chi scopre **fortuitamente** cose immobili o mobili indicate nell'articolo 10 ne fa denuncia entro ventiquattro ore al soprintendente o al sindaco **ovvero** all'autorità di pubblica sicurezza e **provvede a**lla conservazione temporanea di esse, lasciandole nelle condizioni e nel luogo in cui sono state **rinvenute**.

1. Come si dice nel linguaggio giuridico...?

a. in modo casuale, involontario — *fortuitamente*
b. che hanno — _____
c. che hanno a disposizione o custodiscono qualcosa — _____
d. e anche — _____
e. utilizzo, uso — _____
f. date, assegnate — _____
g. o, oppure — _____
h. che hanno l'obiettivo di — _____
i. che sono connessi o si riferiscono — _____
l. eccetto, con l'esclusione di — _____
m. devono obbligatoriamente — _____
n. si occupa di — _____
o. funzione protettiva o difensiva, salvaguardia — _____
p. venduti — _____
q. ritrovate — _____
r. che sono compresi — _____
s. guadagno, profitto — _____
t. nel rispetto di — _____
u. si svolge, si manifesta — _____

2. Chi è incaricato della tutela del patrimonio culturale in Italia?
3. Quali soggetti pubblici o privati possono possedere beni culturali e quali caratteristiche devono avere questi beni?
4. Quali beni culturali immobili non possono essere alienati senza autorizzazione del Ministero?
5. Immagina di trovare un vaso antico mentre scavi nel tuo giardino. Cosa dovresti fare?

 **FOCUS**

OVVERO
A differenza del linguaggio giuridico, nel linguaggio quotidiano *ovvero* si usa soprattutto con il significato di *cioè, ossia*.
*I legumi, **ovvero** fagioli, fave, piselli ecc., sono ricchi di proteine.*

10B Ma quanto mi costi?

G concordanza dei modi e dei tempi

4 PARLARE E SCRIVERE Benvenuti... a pagamento!

4a *In gruppi. Leggete il titolo dell'articolo e scrivete almeno 3 domande di cui vorreste trovare la risposta nel testo.*

1. _____
2. _____
3. _____

Un visto a pagamento per visitare l'Italia

4b *Ora leggete il testo e verificate se contiene le risposte alle vostre domande. Per il momento non considerate le parole sottolineate.*

La Società Italiana dei Professionisti della Mobilità e del Turismo Sostenibile (Simtur) ha recentemente proposto l'introduzione di un visto turistico a pagamento per i visitatori internazionali, <u>rendendo</u> in questo modo la fruizione del patrimonio culturale e naturale italiano soggetto a una sorta di tassa. Tale misura, <u>inerente</u> alla regolazione dei flussi turistici, mira a garantire la tutela delle risorse nazionali, nonché a prevenire il sovraffollamento. La World Bank teme, infatti, che entro il 2040 il numero complessivo di turisti a livello mondiale <u>possa</u> raggiungere i 2 miliardi. Non sarebbe necessariamente un problema, se non <u>fosse</u> che l'80% dei turisti va in vacanza nel 10% delle destinazioni, particolarmente in Italia, dove i flussi maggiori <u>si concentrano</u> nel 20% del territorio nazionale, il quale nel 2040 potrebbe addirittura essere popolato soltanto da 48 milioni di abitanti rispetto ai quasi 60 milioni attuali. Per rendersi conto del problema, basti pensare che Venezia riceve attualmente oltre 20 milioni di visitatori ogni anno, pur avendo una popolazione di appena 50.000 abitanti. Accettata la proposta, i visitatori sarebbero tenuti a pagare un visto turistico, il cui costo, stimato tra i 5 e i 10 euro, <u>rientrerebbe</u> tra le misure necessarie per finanziare la manutenzione del patrimonio culturale e ambientale, nonché il miglioramento delle infrastrutture urbane. Qualora <u>fosse approvato</u>, questo sistema potrebbe generare un gettito annuale di circa 400-600 milioni di euro, destinato, tra le altre cose, alla tutela delle aree protette e al potenziamento delle strutture turistiche, ovvero a interventi che altrimenti non troverebbero sufficiente copertura finanziaria.
Esperienze simili esistono già in altri Paesi. In Danimarca, dal 2021, i visitatori sono tenuti a versare un contributo volontario attraverso il sistema "CopenPay", che ha già raccolto somme consistenti <u>destinate</u> a migliorare le infrastrutture ecologiche. Allo stesso modo, diverse città spagnole <u>hanno introdotto</u> una tassa di soggiorno obbligatoria, con importi che variano tra 1 e 5 euro per notte, finalizzati alla tutela e alla valorizzazione del patrimonio storico-artistico.
L'introduzione di un visto a pagamento sarebbe altresì volto a <u>conferire</u> maggiore responsabilità ai visitatori, come a dire "<u>abbiate</u> cura del patrimonio culturale italiano per le future generazioni!".

4c *Scrivete altre 5 domande a cui il testo risponde e ponetele agli altri gruppi. Vince il gruppo che risponde correttamente a più domande, quindi cercate di farle più difficili possibile. Potete leggere il testo sia per preparare le domande che per rispondere.*

5 PARLARE Torto e ragione

5a *In gruppi. Leggete le reazioni di alcuni italiani e stranieri alla proposta di introduzione del visto turistico e per ognuna discutete in merito a cosa, secondo voi, c'è di giusto e cosa c'è di sbagliato.*

a. L'Italia ha una grande parte di siti che sono patrimonio dell'umanità. Perché dovrei pagare per qualcosa che è mio di diritto?

b. Imporre un visto turistico è un errore. Questo tipo di misura non farà altro che allontanare i turisti con meno risorse economiche, facendo aumentare il divario tra chi può permettersi di viaggiare e chi no. La cultura dovrebbe essere accessibile a tutti.

c. Non tutti i turisti contribuiscono al sovraffollamento, e provvedere a tassarli senza distinzione è ingiusto.

d. Trovo giusto che l'Italia imponga un visto turistico. Con così tanti visitatori, è fondamentale destinare una piccola somma per preservare le risorse culturali e naturali. Pagherei volentieri 10 euro per avere la certezza di un turismo più sostenibile.

e. Il visto a pagamento è un modo efficace per finanziare la manutenzione delle infrastrutture turistiche e migliorare l'esperienza dei visitatori.

5b *Ora scrivete un breve commento che riassuma il vostro punto di vista o i diversi punti di vista dei membri del vostro gruppo sull'argomento e leggetelo agli altri gruppi.*

Ma quanto mi costi? 10B

6 GRAMMATICA — La concordanza dei modi e dei tempi

In coppie. Completate lo schema di tutti i modi e tempi verbali studiati finora con gli esempi sottolineati nel testo del punto 4b.

MODI FINITI	TEMPI	SI USA PER...
INDICATIVO ESEMPI: _____ _____	presente, passato prossimo, imperfetto, trapassato prossimo, passato remoto, trapassato remoto, futuro semplice, futuro anteriore	fatti certi e reali
CONGIUNTIVO ESEMPI: _____ _____ _____	presente, passato, imperfetto, trapassato	eventi possibili
CONDIZIONALE ESEMPI: _____	presente / semplice, passato / composto	fatti soggetti a determinate condizioni
IMPERATIVO ESEMPI: _____		ordini e inviti

MODI INDEFINITI	TEMPI	SI USA PER...
INFINITO ESEMPI: _____	presente, passato	esprimere il significato del verbo in modo neutro
GERUNDIO ESEMPI: _____	presente, passato	azioni in corso, azioni in relazione fra loro
PARTICIPIO ESEMPI: _____	presente, passato	tempi composti, aggettivi, nomi, azioni in relazione fra loro

7 PROGETTO — Podcast di classe 10

In gruppi. Questo episodio del vostro podcast sarà incentrato sul tema del turismo in Italia. Seguite le indicazioni.

- Siete un gruppo di giornalisti e giornaliste che hanno intervistato tre persone (una esperta di turismo sostenibile, una residente in una città d'arte e un / una turista che visita per la prima volta l'Italia) sui temi dell'*overtourism*, della tutela del patrimonio culturale e dell'ipotesi di un visto turistico per l'Italia. Nel podcast raccontate le loro storie, le loro opinioni, le loro esperienze e le loro preoccupazioni.
- Iniziate con un brainstorming per raccogliere idee su come strutturare il podcast pensando alle domande che avete posto agli intervistati, ai loro punti di vista e a come rendere il podcast coinvolgente (ad esempio suoni ambientali, citazioni famose, frammenti musicali ecc.).
- Strutturate il podcast nel seguente modo:
  - introduzione: presentazione del tema e spiegazione dell'importanza dell'argomento
  - resoconto delle interviste
  - analisi delle risposte e commento finale.
- Presentate il podcast alla classe e ascoltate le opinioni degli altri gruppi.

10c Esperienze che restano

G frase scissa (anche temporale e interrogativa) e pseudoscissa
V non sono io a... • è quello che... • non è che non...

1 PARLARE Il viaggio come esperienza

In gruppi. Discutete dei seguenti punti.

- Quali aspetti del vostro carattere influenzano le vostre scelte di viaggio?
- In che modo, secondo voi, le esperienze sensoriali influenzano il nostro modo di viaggiare e di ricordare i luoghi visitati?
- Avete mai vissuto un'esperienza di viaggio che vi ha toccato emotivamente? Cosa l'ha resa così speciale?
- Avete mai partecipato a un'attività che vi ha fatto sentire veramente in contatto con la cultura locale?

2 ASCOLTARE Il podcast "A dirla tutta!" 10

2a Ascolta il podcast e completa la tabella con il maggior numero di informazioni possibili.

ARGOMENTO	INFORMAZIONI
definizione di "turismo esperienziale"	
caratteristiche distintive	
benefici per i turisti	
benefici per le comunità ospitanti	
esperienze legate alla natura	
esperienze legate alla cultura	
esperienze culinarie	
esperienze legate agli animali	
esperienze legate alle tradizioni locali	

2b *In gruppi. Confrontate le vostre risposte, poi riascoltate il podcast per risolvere eventuali divergenze e rendere la tabella più completa possibile. Infine, rispondete alla domanda.*

Quali delle esperienze menzionate da Diego vi piacerebbe provare? Fate una classifica in ordine di preferenza e spiegate le vostre scelte.

Esperienze che restano 10c

3 GRAMMATICA La frase scissa (anche temporale e interrogativa) e pseudoscissa

3a *In coppie. Nel podcast al punto 2 Rosella e Diego hanno usato delle frasi scisse. Per capire di cosa si tratta, completate la tabella, seguendo gli esempi.*

FRASE SCISSA	FRASE "NORMALE"
1. Cos'è che intendi esattamente...?	Cosa intendi esattamente...?
2. È lei a spiegarti come si fa il piatto...	Lei ti spiega come si fa il piatto...
3. ... sono queste tre cose che fanno la differenza!	
4. ... è da troppo tempo che non lo facciamo!	

Ora completate la spiegazione della frase scissa scegliendo le opzioni corrette.

La **frase scissa** è una frase divisa in due parti, la prima parte è introdotta dal verbo *avere / essere* e contiene l'elemento che sentiamo *meno / più* importante o vogliamo presentare come elemento nuovo del discorso.
Esistono due tipi di frase scissa:
- **esplicita**: la seconda parte della frase è collegata alla prima con *a / che* + verbo coniugato (frasi 3 e 4)
- **implicita**: la seconda parte della frase è collegata alla prima con *a / che* + infinito (frase 2). Si può usare solo se i soggetti delle due parti delle frasi sono *diversi / uguali*. Nel caso delle domande la struttura della frase è: **interrogativo** + verbo *avere / essere* + *che* (frase 1).

Nel caso delle frasi temporali la struttura della frase è: **verbo *essere*** + espressione di tempo + *che / da* (frase 4).

3b *In coppie. Trasformate la frase pseudoscissa del podcast in una frase "normale" e completate la regola sottolineando le opzioni corrette.*

FRASE SCISSA	FRASE "NORMALE"
5. ... quello che non ha mai tempo sei tu!	

Nella **frase pseudoscissa** la parte di testo contenente il verbo *essere / avere*, cioè quella con *maggiore / minore* enfasi, è posizionata dopo il *che* (esplicita) o dopo *a* + infinito (implicita), ed è posta *all'inizio / alla fine* della frase.

3c *Trasforma le frasi del podcast al punto 2 in frasi scisse o pseudoscisse. Quando è possibile, usa sia la forma esplicita che la forma implicita. Segui l'esempio.*

ESEMPIO:
Non hai capito!
Sei tu che non hai capito! / Sei tu a non aver capito!

1. Come lo definiresti in modo, diciamo, esaustivo?
   _____
2. ... non abbiamo tutto questo tempo purtroppo...
   _____
3. ... l'esperienza deve rispecchiare le vere radici...
   _____
4. ... il turista (...) deve partecipare in modo concreto.
   _____
5. ... il beneficio primario è la creazione di ricordi...
   _____

DIECI frasi scisse di uso comune

1. Non sono io a decidere!
2. È quello che speravo!
3. Non è che non voglio!
4. È da una vita che non ci vediamo!
5. Cos'è che hai detto?
6. Chi è che ha parlato?
7. Sei tu a non capire!
8. Sono io a dover fare tutto!
9. Non sei tu che hai sbagliato!
10. È per questo che l'ho fatto!

▶ GRAMMATICA ES 3

10 PER FARE ANCORA MEGLIO

v espressioni idiomatiche con *prendere*

1 VOCABOLARIO Un verbo, tanti usi

1a Leggi la frase tratta dal testo del punto 2 della sezione A e scegli il significato corretto.

… ed ecco che l'*overtourism* prende piede in modo incontrollato.

- a. diventa molto legato a un luogo o a una persona
- b. si afferma, si impone, si diffonde in modo consistente
- c. inizia a camminare con le proprie gambe, diventa autonomo e indipendente

1b In coppie. Leggete le espressioni idiomatiche con il verbo *prendere* e i relativi esempi, poi abbinatele ai corrispondenti significati. Vince la coppia che fa più abbinamenti corretti nel minor tempo.

1	**PRENDERE FISCHI PER FIASCHI** *Leggendo il messaggio, ha preso fischi per fiaschi e ha pensato che volessi cancellare l'appuntamento.*
2	**PRENDERE IN CASTAGNA** *È stato preso in castagna mentre cercava di copiare durante l'esame.*
3	**PRENDERE CON LE MOLLE** *I consigli di quel sito vanno presi con le molle, perché non sempre sono basati su dati verificati.*
4	**PRENDERE PER ORO COLATO** *Gli ha creduto ciecamente, prendendo per oro colato tutto quello che diceva.*
5	**PRENDERE UNA CANTONATA** *Ha preso una cantonata giudicando quella persona senza conoscerla davvero.*
6	**PRENDERE SOTTOGAMBA** *Non dovresti prendere sottogamba il consiglio del medico, è in gioco la tua salute!*
7	**PRENDERE UNA BRUTTA PIEGA** *La discussione tra di loro ha preso una brutta piega e si è trasformata in un litigio acceso.*
8	**PRENDERE PER IL NASO** *Non lasciarti prendere per il naso dalle sue promesse impossibili, lo sai che non le mantiene mai!*
9	**PRENDERE DUE PICCIONI CON UNA FAVA** *Portando i bambini al parco mentre faccio jogging, riesco a prendere due piccioni con una fava.*
10	**PRENDERE LA PALLA AL BALZO** *Quando è stato dato spazio alle domande durante il dibattito, ha preso la palla al balzo per esprimere le sue idee.*

A	evolversi in modo negativo, diventare complicato o problematico
B	accettare in modo acritico una notizia / un'informazione come se si trattasse di una verità assoluta, senza minimamente verificarne la validità
C	sorprendere qualcuno in flagrante mentre commette un errore, compie un'azione disonesta o dice una bugia
D	ottenere due risultati o benefici con un'unica azione o sforzo
E	commettere un errore grossolano o fare una valutazione sbagliata
F	sottovalutare qualcosa, affrontare una situazione, un problema o un impegno con leggerezza, senza dare la giusta importanza
G	imbrogliare o prendere in giro qualcuno, sfruttando la sua ingenuità
H	approfittare di un'occasione vantaggiosa, spesso in modo rapido e decisivo, per ottenere un risultato desiderato
I	trattare qualcosa con cautela, senza fidarsi completamente
L	fraintendere qualcosa, confondere due cose tra loro, equivocare

Ora scegliete 3 espressioni idiomatiche e create un dialogo (di 1 minuto al massimo) che le contenga, poi mettetelo in scena davanti alla classe. Vince la coppia con il dialogo più divertente.

▶ VOCABOLARIO ES 4

SPUTA IL ROSPO 10

1 PROGETTO — Il viaggio di fine corso

In gruppi. Siamo giunti alla fine del corso ed è il momento di organizzare un viaggio in Italia per tutta la classe. Seguite le istruzioni.

1. **Scelta della regione o località**
   Scegliete una destinazione facendo ricerche e decidendo se optare per mete classiche o meno note.
2. **Creazione dell'itinerario**
   Organizzate un viaggio di 7 giorni specificando tutte le attività incluse. L'itinerario dovrà considerare il minor impatto ecologico e promuovere esperienze autentiche legate al turismo esperienziale.
3. **Discussione sulla sostenibilità**
   Spiegate come il vostro itinerario promuove la sostenibilità (mezzi di trasporto, strutture ricettive ecc.) e rispetta l'ambiente e la comunità locale.
4. **Creazione del volantino promozionale**
   Create un volantino promozionale digitale o cartaceo da inviare agli altri studenti per convincerli a scegliere il vostro viaggio. Il volantino deve contenere:
   - il nome del viaggio e una breve descrizione
   - il programma dell'itinerario con le attività principali
   - un messaggio sul turismo responsabile
   - un invito a partecipare al viaggio.
5. **Presentazione del progetto e del volantino**
   Ogni gruppo presenta il proprio itinerario e il volantino alla classe, spiegando le scelte fatte per valorizzare il turismo esperienziale e la sostenibilità. Gli altri gruppi possono fare domande e commentare.
6. **Riflessione finale e valutazione**
   Dopo le presentazioni, la classe discuterà quale itinerario ritiene più sostenibile e originale e voterà per il progetto migliore (è possibile votare solo per le proposte degli altri gruppi, non per quella del proprio).

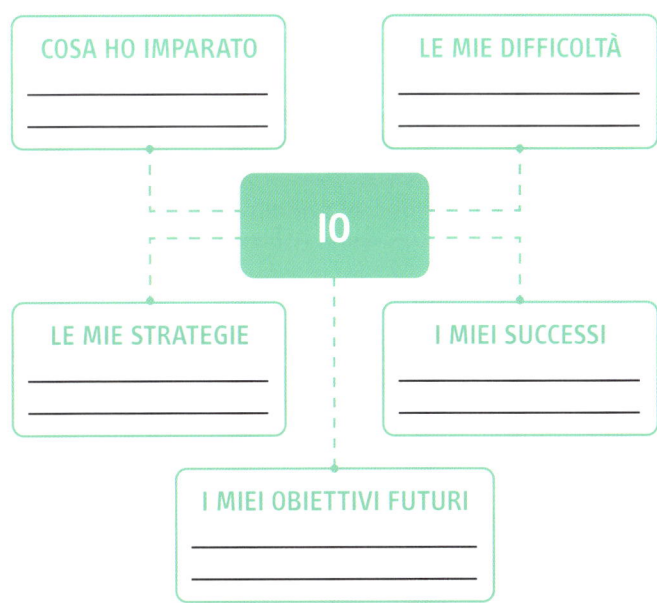

2 RIFLETTERE — Una fine e un nuovo inizio

2a *In gruppi. Discutete dei seguenti punti.*

- Cosa ricordate del primo giorno di lezione? Come vi sentivate?
- Che cosa vi aspettavate da questo corso? Le vostre aspettative sono state confermate?
- Qual è stato il momento più divertente del corso?
- E quello più difficile?
- Cosa vi mancherà di più di questo corso?
- Se poteste tornare indietro, cosa fareste diversamente?

2b Completa la mappa mentale "Il mio viaggio nell'italiano" a destra.

2c *Condividi la tua mappa mentale con altre persone della classe e insieme rispondete alle domande.*

- Quali sono le strategie che avete trovato più utili?
- Quali sono le difficoltà che avete superato insieme?
- Quali consigli dareste a un nuovo studente / una nuova studentessa?

10 GRAMMATICA

CONCORDANZA DEI MODI E DEI TEMPI

I modi verbali si dividono in finiti e indefiniti.
MODI FINITI
Vanno coniugati e quindi indicano sempre in modo esplicito la persona che compie l'azione. Sono 4.

INDICATIVO
È il modo dell'oggettività ed esprime la realtà e la certezza. Ha 8 tempi, 4 semplici e 4 composti:

TEMPI SEMPLICI	TEMPI COMPOSTI
presente *Vado* a scuola.	passato prossimo *Sono andato/a* a scuola.
imperfetto *Andavo* a scuola.	trapassato prossimo *Ero andato/a* a scuola.
passato remoto *Andai* a scuola.	trapassato remoto *Fui andato/a* a scuola.
futuro semplice *Andrò* a scuola.	futuro anteriore *Sarò andato/a* a scuola.

CONGIUNTIVO
È il modo della soggettività ed esprime opinioni, possibilità, desideri, dubbi ecc.
Ha 4 tempi, 2 semplici e 2 composti:

TEMPI SEMPLICI	TEMPI COMPOSTI
presente Pensa che io *vada* a scuola.	passato Pensa che io *sia andato/a* a scuola.
imperfetto Pensava che io *andassi* a scuola.	trapassato Pensava che io *fossi andato/a* a scuola.

CONDIZIONALE
È il modo della possibilità ed esprime ipotesi condizionate al verificarsi di un altro evento, richieste cortesi, consigli ecc.
Ha 2 tempi, 1 semplice e 1 composto:

TEMPO SEMPLICE	TEMPO COMPOSTO
presente *Andrei* a scuola.	passato *Sarei andato/a* a scuola.

IMPERATIVO
Esprime comandi, esortazioni, inviti e divieti. Ha 1 solo tempo, il presente. L'imperativo negativo per il soggetto *tu* ha la forma dell'infinito.

TU	VOI
Vai / Va' a scuola! *Non andare* a scuola!	*Andate* a scuola! *Non andate* a scuola!

Per esprimere l'imperativo formale (Lei e loro) si usa il congiuntivo presente.

MODI INDEFINITI
Non indicano la persona che compie l'azione. Sono 3.

INFINITO
Esprime il verbo nella forma base. Può avere anche la funzione di nome (*Il suo parlare a voce alta mi disturba.*).

TEMPO SEMPLICE	TEMPO COMPOSTO
presente *andare* a scuola	passato *essere andato/a/i/e* a scuola

PARTICIPIO
Può avere la funzione di verbo, aggettivo o nome.

TEMPO SEMPLICE	TEMPO COMPOSTO
presente *andante*	passato *andato/a/i/e*

GERUNDIO
Ha solo funzione di verbo.

TEMPO SEMPLICE	TEMPO COMPOSTO
presente *andando* a scuola	passato *essendo andato/a/i/e* a scuola

FRASE SCISSA (ANCHE TEMPORALE E INTERROGATIVA) E FRASE PSEUDOSCISSA

La **frase scissa** è una frase divisa in due parti, la prima parte è introdotta dal verbo *essere* e contiene l'elemento che vogliamo enfatizzare perché più importante o nuovo nel discorso. Esistono due tipi di frase scissa:

esplicita
verbo *essere* + elemento da enfatizzare + *che* + verbo coniugato
Nessuno ha capito, ma lui non si è spiegato bene.
→ *Nessuno ha capito, ma è lui che non si è spiegato bene!*

implicita
verbo *essere* + elemento da enfatizzare + *a* + infinito
Si può usare solo se i soggetti delle due parti delle frasi sono uguali.
Sara non ha capito.
→ *È Sara a non aver capito!*

La **frase scissa interrogativa** contiene una domanda.
interrogativo + verbo *essere* + *che* + verbo coniugato
Che cosa hai detto?
→ *Cos'è che hai detto?*
Quando sono partiti?
→ *Quand'è che sono partiti?*

La **frase scissa temporale** contiene un'espressione di tempo.
verbo *essere* + espressione di tempo + *che* + verbo coniugato
Sta studiando da due ore.
→ *È da due ore che sta studiando!*

GRAMMATICA 10

La **frase pseudoscissa** è una frase divisa in due parti, ma in questo caso la parte di testo contenente il verbo *essere*, cioè quella con maggiore enfasi, è posizionata dopo il *che* (**esplicita**) o dopo *a + infinito* (**implicita**), ed è posta in fondo alla frase. All'inizio della frase è necessario usare il pronome relativo *chi* o un dimostrativo + *che*.

chi / dimostrativo *che* + verbo coniugato + verbo *essere* + elemento da enfatizzare

Mara ha pagato il conto.
→ *Chi / Quella che ha pagato il conto è Mara!*

CONCORDANZA DEI MODI E DEI TEMPI

1 *Coniuga ogni verbo al modo e tempo opportuni. Attenzione: in alcuni casi sono possibili più soluzioni.*

Una delle curiosità più (*affascinare*) _____ del turismo in Italia (*essere*) _____ il borgo (*sommergere*) _____ di Curon, (*situare*) _____ in Alto Adige. Questo luogo, (*divenire*) _____ celebre grazie alla serie televisiva *Curon*, (*attrarre*) _____ ogni anno migliaia di visitatori per via del suo campanile che (*emergere*) _____ dalle acque del Lago di Resia. La storia dietro questa immagine suggestiva (*essere*) _____ ricca di misteri e tragedie. Nel 1950, il paese di Curon (*venire*) _____ deliberatamente allagato perché era necessario creare un bacino idroelettrico. Le autorità di allora (*ritenere*) _____ che, per produrre energia elettrica, (*essere*) _____ necessario sacrificare il villaggio. Gli abitanti, che fino a quel momento (*vivere*) _____ serenamente nelle loro case, (*essere*) _____ costretti a evacuare e a ricostruire le loro vite altrove. Si dice che, nelle notti di tempesta, si (*potere*) _____ ancora sentire i rintocchi del campanile, anche se ci si chiede se non (*essere*) _____ solo leggende (*tramandare*) _____ dai locali. Molti turisti negli ultimi anni (*raccontare*) _____ di (*rimanere*) _____ affascinati dalla vista e (*volere*) _____ conoscere di più sulla storia del borgo, ma nessuno (*sapere*) _____ con certezza quanto di ciò che si (*narrare*) _____ (*essere*) _____ vero. Chi (*andare*) _____ lì prima dell'allagamento, (*vedere*) _____ un paesino tranquillo, ma oggi (*esserci*) _____ solo il campanile a (*testimoniare*) _____ il passato. La visita a Curon (*essere*) _____ ancora più suggestiva durante l'inverno, quando il lago (*congelarsi*) _____, (*permettere*) _____ ai visitatori di (*passeggiare*) _____ fino alla base del campanile. (*Andare*) _____ in questo periodo, si (*potere*) _____ immaginare come (*essere*) _____ la vita in questo paesino quando ancora non (*trovarsi*) _____ sotto metri di acqua. Se mai (*dovere*) _____ visitare l'Alto Adige, io ti (*consigliare*) _____ vivamente di fare una tappa a Curon e sono sicuro che (*rimanere*) _____ affascinato/a non solo dalla bellezza del paesaggio, ma anche dalla storia toccante che questo luogo sommerso (*portare*) _____ con sé.

2 *Individua le frasi che contengono modi e / o tempi verbali sbagliati e correggile.*

○ 1. Mi piace osservare il continuo evolversi delle stagioni, specialmente in primavera, quando tutto fiorisce e l'aria diventa più mite, creando un'atmosfera che mi fa sentire in pace con il mondo.

○ 2. Credevo che, dopo aver studiato tanto, tu passeresti l'esame senza problemi, ma mi sono reso conto che non avevi letto nemmeno metà del programma.

○ 3. Era necessario che, una volta arrivati a destinazione, noi saremmo stati pronti ad affrontare qualsiasi difficoltà, perché nessuno sappia quanto sarebbe durata l'emergenza.

○ 4. Sapevamo che, se la riunione si svolgesse come previsto, avremmo potuto prendere decisioni importanti, ma ci fu un imprevisto e tutto andò diversamente.

○ 5. Essendo i partecipanti arrivati in ritardo, l'evento ha avuto inizio con un'ora di ritardo rispetto al previsto.

○ 6. Ritengo il suo atteggiamento nei confronti della questione essere non solo inappropriato, ma anche potenzialmente dannoso per il buon andamento del lavoro di gruppo, soprattutto considerando che il suo comportamento ha già creato tensioni tra i colleghi.

○ 7. Che avevi già preso una decisione in merito, lo sospettavo, dato che avevi mostrato segni di indecisione solo all'inizio della discussione, ma ora mi sembra chiaro che hai una visione ben definita.

FRASE SCISSA E PSEUDOSCISSA

3 *Trasforma le frasi "normali" in scisse o pseudoscisse e viceversa. Usa la forma implicita quando possibile.*

1. A chi hai chiesto suggerimenti?
   _____

2. È stato il tour guidato a farci scoprire angoli nascosti della città.
   _____

3. Massimo ha perso l'aereo, non io.
   _____

4. Il modo in cui i locali ci hanno accolti ci ha fatto sentire a casa.
   _____

5. Ho capito l'importanza di immortalare i momenti nell'attimo esatto in cui ho rivisto le foto.
   _____

6. Sogno questo viaggio da quando ero una bambina.
   _____

7. Dove si trova il pub con le migliori recensioni?
   _____

10 VOCABOLARIO

ESPRESSIONI IDIOMATICHE

- **hai voluto la bicicletta? (adesso pedala!)**: hai preso questa decisione, adesso non puoi lamentarti delle conseguenze
    - Da quando ho deciso di andare a vivere da solo devo pagare le bollette, pulire, cucinare...
    - *Hai voluto la bicicletta? Adesso pedala!*
- **a gogò**: in grande abbondanza
    *Che brutto periodo! Ogni giorno ci sono problemi **a gogò**!*
- **arma a doppio taglio**: cosa che può avere sia vantaggi che svantaggi
    *Andare a vivere da soli è un'**arma a doppio taglio**.*
- **rimboccarsi le maniche**: affrontare un lavoro con impegno
    *Mi hanno dato un nuovo incarico, ora devo **rimboccarmi le maniche** per essere all'altezza.*
- **febbre di**: grande passione, forte desiderio
    *È esplosa la **febbre delle** vacanze di massa.*
- **spina nel fianco**: motivo di tormento o di grande preoccupazione
    *In ufficio Mara è la mia **spina nel fianco**! Mi critica continuamente!*
- **spada di Damocle**: pericolo invisibile, minaccia sempre presente
    *Il riscaldamento globale è una **spada di Damocle** che non possiamo ignorare.*
- **storcere il naso**: non approvare, non essere d'accordo, non apprezzare
    *Ogni volta che gli chiedo di aiutarmi **storce il naso**.*
- **mordi e fuggi**: fatto in gran fretta e in modo superficiale
    *Non ho abbastanza ferie, posso fare solo una vacanza **mordi e fuggi**.*

PAROLE ED ESPRESSIONI UTILI

- **girarci intorno**: evitare di affrontare direttamente
    *Non **girarci intorno**, dimmi qual è il problema!*
- **è qui che sbagli!**: stai facendo un errore proprio su questo punto
    - Non posso accettare quel lavoro, non sono adatto!
    - *È qui che sbagli! Secondo me sei perfetta!*
- **a malapena**: quasi mai / con difficolta, a fatica
    *Oggi ho avuto **a malapena** il tempo di fare la doccia!*
- **prendi / prenda / prendete / prendiamo**: considera, pensa a
    *Roma ha monumenti conosciuti in tutto il mondo. **Prendi** il Colosseo!*
- **battuto**: molto frequentato
    *Oggi scegliere il lavoro da casa è una strada molto **battuta**.*
- **ventaglio**: serie di elementi analoghi ma diversi
    *Fammi un **ventaglio** di proposte e io deciderò.*

LINGUAGGIO GIURIDICO

- **fortuito**: casuale, involontario
- **fortuitamente**: in modo fortuito
- **avente**: che ha
- **detentore**: chi custodisce o ha a disposizione qualcosa
- **nonché**: e anche
- **fruizione**: utilizzo, uso
- **conferire**: dare, assegnare
- **ovvero**: o, oppure
- **volto a**: che ha l'obiettivo di
- **inerente**: che è connesso a, che si riferisce a
- **fatto salvo**: eccetto, con l'esclusione di
- **essere tenuto a**: dovere obbligatoriamente
- **provvedere a**: occuparsi di
- **tutela**: funzione protettiva o difensiva, salvaguardia
- **alienare**: vendere
- **rinvenire**: ritrovare
- **rientrante**: compreso in
- **lucro**: guadagno, profitto
- **ai sensi di**: nel rispetto di
- **esplicarsi**: svolgersi, manifestarsi

ESPRESSIONI IDIOMATICHE CON IL VERBO "PRENDERE"

- **prendere fischi per fiaschi**: fraintendere qualcosa, confondere due cose tra loro, equivocare
- **prendere in castagna**: sorprendere qualcuno in flagrante mentre commette un errore, compie un'azione disonesta o dice una bugia
- **prendere con le molle**: trattare qualcosa con cautela, senza fidarsi completamente
- **prendere per oro colato**: accettare in modo acritico una notizia / un'informazione come se si trattasse di una verità assoluta, senza minimamente verificarne la validità
- **prendere una cantonata**: commettere un errore grossolano o fare una valutazione sbagliata
- **prendere sottogamba**: sottovalutare qualcosa, affrontare una situazione, un problema o un impegno con leggerezza, senza dare la giusta importanza
- **prendere una brutta piega**: evolversi in modo negativo, diventare complicato o problematico
- **prendere per il naso**: imbrogliare o prendere in giro qualcuno, sfruttando la sua ingenuità o credulità
- **prendere due piccioni con una fava**: ottenere due risultati o benefici con un'unica azione o sforzo
- **prendere la palla al balzo**: approfittare di un'occasione vantaggiosa, spesso in modo rapido e decisivo, per ottenere un risultato desiderato

VOCABOLARIO 10

ESPRESSIONI IDIOMATICHE

1 *Completa il testo con le espressioni idiomatiche della lista. Coniuga i verbi quando necessario.*

rimboccarsi le maniche | spada di Damocle
a gogò | storcere il naso | febbre del
un'arma a doppio taglio

Il settore turistico sta affrontando una sfida cruciale: la difficoltà nel reperire personale, come camerieri e baristi, proprio quando il desiderio di viaggiare aumenta sempre di più e ha come conseguenza la presenza di clienti _____. In pratica si tratta di _____: più turisti significano maggiori guadagni, ma senza abbastanza lavoratori, il servizio peggiora e i gestori si trovano di fronte alla necessità di _____ e coprire più ruoli. Ma qual è la causa? Semplice: le difficili condizioni lavorative degli stagionali! Nonostante i tentativi di migliorare le offerte, infatti, molti candidati _____ di fronte alle proposte, ritenendole inadeguate. Insomma, la carenza di personale è una vera _____ per il futuro del settore, che paradossalmente potrebbe entrare in crisi proprio quando la _____ viaggio si diffonde sempre più.

PAROLE ED ESPRESSIONI UTILI

2 *Trasforma le parti evidenziate come nell'esempio.*

ESEMPIO: *Ti concentri sempre sugli aspetti negativi, ma è proprio questo il tuo errore* → *Ti concentri sempre sugli aspetti negativi, ma è proprio qui che sbagli!*

Devi guardare anche i lati positivi!

1. Se vuoi pianificare una vacanza nel weekend, puoi elencarmi **una serie** di mete possibili per facilitarmi la scelta? → _____
2. Ho faticato così tanto in questi ultimi mesi che sono riuscito **solo raramente** a dedicarmi ai miei hobby.
   → _____
3. Scegliere di lavorare come freelance sta diventando una strada molto **comune e diffusa**.
   → _____
4. Quando si tratta di questioni finanziarie, Anna tende sempre a **evitare di parlare del problema**.
   → _____

LINGUAGGIO GIURIDICO

3 *Scegli l'opzione corretta.*

1. Qualsiasi utilizzo non autorizzato del bene è vietato; il proprietario è tenuto a **esplicarsi / provvedere / volgersi** all'attuazione di tutte le misure di sicurezza necessarie.
2. L'incidente avvenuto nei locali dell'azienda è stato considerato un evento **alienato / inerente / fortuito** e non soggetto a responsabilità.
3. Ogni lavoratore ha il diritto di accedere ai benefici **esplicati / volti / inerenti** alle sue mansioni.
4. Il venditore ha deciso di **conferire / alienare / tutelare** il suo immobile per investire in un'altra attività commerciale.
5. Il contratto include una clausola **volta alla / fatta salva la / ovvero la** protezione dei dati personali dei clienti.
6. Il responsabile **è rinvenuto / si è esplicato / è tenuto** a fornire tutta la documentazione necessaria entro la scadenza stabilita.

ESPRESSIONI IDIOMATICHE CON IL VERBO "PRENDERE"

4 *Per ogni situazione a sinistra scrivi a destra la lettera corrispondente all'espressione adeguata della lista.*

a. prendere fischi per fiaschi | b. prendere in castagna
c. prendere con le molle | d. prendere per oro colato
e. prendere sottogamba | f. prendere una brutta piega
g. prendere per il naso | h. prendere la palla al balzo
i. prendere due piccioni con una fava

1. Marco ha letto una notizia e, senza verificarne la veridicità, ha iniziato a divulgarla come fosse un fatto certo. ☐
2. Durante una riunione, Anna ha colto immediatamente l'opportunità di proporre un'idea innovativa non appena il capo ha chiesto suggerimenti. ☐
3. Laura aveva capito male le istruzioni e ha consegnato un report completamente diverso da quello richiesto. ☐
4. La situazione economica dell'azienda non sembra buona; ogni giorno arrivano notizie peggiori sui risultati finanziari. ☐
5. Paolo si è accorto che i dettagli forniti dal suo collega non erano attendibili e ha deciso di non fidarsi subito. ☐
6. Marta ha trascurato il progetto, pensando fosse facile da portare a termine, ma ora ha delle difficoltà e si è accorta che richiede più impegno. ☐
7. Alberto ha approfittato del viaggio di lavoro per visitare una città che voleva vedere da tempo. ☐
8. Lucia ha sorpreso il suo collega Dario mentre stava frugando nei cassetti della scrivania del direttore. ☐
9. Carla si è lasciata ingannare da un venditore che le ha promesso risultati straordinari con un prodotto che poi si è rivelato scadente. ☐

10 CULTURA

1 LEGGERE · La gita fuori porta

In coppie. Ricordate cosa significa l'espressione "gita fuori porta"?

○ 1. Una breve escursione o viaggio, generalmente di una giornata, verso una località vicina alla propria città.
○ 2. Un viaggio di lunga durata verso una destinazione esotica, spesso all'estero.
○ 3. Una visita a una città lontana, programmata con largo anticipo e che richiede pernottamento in albergo.

Le origini della gita fuori porta

La gita fuori porta risale a un'epoca in cui le città italiane erano circondate da mura e porte che ne delimitavano l'accesso. "Fuori porta" indicava letteralmente uscire dalla città per una breve escursione in campagna o nei dintorni. Questa tradizione si è evoluta nel tempo, ma è ancora legata alla voglia di evasione e di contatto con la natura, specialmente durante le festività come Pasquetta, il lunedì dopo Pasqua. Le origini di questa usanza risalgono alle antiche celebrazioni dell'equinozio di primavera, un momento cruciale per molte culture antiche che onoravano la rinascita della natura e la fertilità della terra con riti e feste. Una svolta importante alla tradizione della gita fuori porta si ebbe durante il periodo fascista, quando vennero introdotti i "Treni popolari di Ferragosto". Questi treni, offerti a prezzi ridotti, permisero anche alle classi meno abbienti di esplorare nuove destinazioni entro 200 km dalla loro città, promuovendo il turismo di massa. Località come la Riviera Adriatica, le stazioni termali e il Trentino-Alto Adige beneficiarono immediatamente di questa iniziativa. I viaggi di Ferragosto riscossero talmente tanto successo che l'iniziativa fu estesa anche ad altre festività e le ferrovie aumentarono il numero dei posti per soddisfare la domanda crescente. Oggi la gita fuori porta è una consuetudine consolidata e, con il ritorno del turismo di prossimità, molti italiani riscoprono luoghi vicini e autentici godendosi la natura o la cultura senza allontanarsi troppo da casa.

DIECI GITE FUORI PORTA DALLE PRINCIPALI CITTÀ ITALIANE

1 da Genova → Portofino
Borgo ligure famoso per il lusso e la vita mondana, ma anche per la sua natura incontaminata con il Parco Naturale Regionale, ideale per trekking e sport acquatici.

2 da Trieste → Grotte di Postumia
Offrono un viaggio unico su un trenino sotterraneo tra stalattiti e stalagmiti e, per i più avventurosi, esperienze speleologiche con discese in corda e trekking sotterranei.

3 da Firenze → Greve in Chianti
Porta d'accesso al Chianti, offre ristoranti, enoteche e negozietti nella sua piazza principale. Da qui, puoi esplorare le colline circostanti o goderti un picnic tra i vigneti.

4 da Roma → Villa d'Este, Tivoli
Famosa per i suoi giardini rinascimentali con spettacolari giochi d'acqua realizzati tramite il principio dei vasi comunicanti, senza l'uso di motori.

5 da Bari → Polignano a Mare
Ideale nei mesi estivi per le sue attrazioni storiche, culturali e paesaggistiche, con chiese, vicoli suggestivi e spettacolari grotte costiere.

6 da Milano → Centrale idroelettrica Taccani
Costruita all'inizio del XX secolo, si distingue per la sua architettura e rappresenta una meta interessante per chi desidera esplorare la storia dell'energia e dell'industria nella regione.

7 da Torino → Castello di Rivoli
Risale al XIII secolo e ospita oggi il Museo d'Arte Contemporanea. Con il suo elegante stile barocco, il castello offre splendide viste sulla città e sulle Alpi.

8 da Bologna → Brisighella
Borgo medievale famoso per la sua Rocca, i vicoli stretti e l'olio d'oliva. Un luogo ideale per scoprire la storia e la tradizione gastronomica della Romagna.

9 da Napoli → Reggia di Caserta
Residenza borbonica del XVIII secolo, è una delle più grandi del mondo. Famosa per il suo palazzo maestoso e i giardini in stile Versailles.

10 da Palermo → Bagheria
Celebre per le sue ville storiche, come Villa Palagonia, offre anche chiese barocche, tradizioni locali e un mare da sogno.

TEST 10

GRAMMATICA

1 *Coniuga i verbi ai modi finiti e indefiniti opportuni, nella forma attiva o passiva. Specifica il soggetto quando necessario.*

1. Se tu (*essere*) _____ presente alla riunione della settimana scorsa, (*potere*) _____ osservare come si sono organizzati, pur (*conoscere*) _____ poco il contesto del progetto.
2. È ovvio che tutti (*sapere*) _____ quanto fosse stata difficile quell'impresa, ma (*lui – lavorare*) _____ duramente, nessuno (*dubitare*) _____ del suo impegno e infatti il risultato fu ottimo.
3. Nonostante (*essere*) _____ molto esperto, ha comunque deciso di seguire il corso di domani, (*volere*) _____ migliorare le sue competenze.
4. Dopo (*finire*) _____ il report, ti consiglio di (*preparare*) _____ la presentazione con attenzione perché non (*esserci*) _____ errori.
5. (*Sapere*) _____ quanto fosse rischioso, decise comunque di tentare, e ora tutti (*riconoscere*) _____ che la sua decisione (*essere*) _____ la migliore.
6. L'avvocato ha suggerito che loro (*presentare*) _____ il ricorso domani, perché (*esserci*) _____ prove sufficienti per un esito favorevole.
7. Che tu (*essere*) _____ così sicuro di te, era sorprendente, ma devo ammettere che, (*tu – dovere*) _____ prendere questa decisione, hai dimostrato una grande determinazione.
8. È necessario che tu (*finire*) _____ il progetto entro domani, ma, (*tu – completare*) _____ la parte più difficile, non sarà un problema.
9. Sapevo che Mara (*riuscire*) _____ a completare anche quella parte del lavoro entro la scadenza, benché (*essere*) _____ imminente.
10. Mi chiedo come lei (*farcela*) _____ a gestire tutto e a risolvere il problema così bene! È incredibile come, pur (*avere*) _____ mille altre cose da fare, (*riuscire*) _____ sempre a mantenere la calma.
11. (*Discutere*) _____ la questione con loro nei giorni passati, non è necessario che tu (*parlare*) _____ di nuovo dell'argomento in questa sede.
12. Se solo io (*potere*) _____ contare su di te, mi sarei affidato alla tua esperienza, ora, invece, mi (*toccare*) _____ gestire tutto da solo.
13. Nonostante i partecipanti (*completare*) _____ la fase di preparazione nei tempi previsti, (*chiamare*) _____ a rivedere il lavoro una volta (*notare*) _____ delle incongruenze.
14. L'azienda ha precisato che (*essere*) _____ importante fare una revisione approfondita dei costi, benché (*avere*) _____ ottenuto già molti dati.
15. Se noi (*sapere*) _____ della riunione in anticipo, (*organizzarsi*) _____ diversamente, ma (*apprendere*) _____ la notizia all'ultimo momento, (*dovere*) _____ improvvisare.
16. Che tu (*avere*) _____ una grande esperienza mi è chiaro da molto tempo, ma non immaginavo che (*essere*) _____ capace di consegnare tutto il lavoro per il giorno seguente.
17. Pur (*avere*) _____ già esplorato varie opzioni, è riuscita a trovare una soluzione alternativa che non (*immaginare*) _____ inizialmente.
18. Una volta che loro (*recepire*) _____ tutte le informazioni necessarie, (*procedere*) _____ a stilare il documento e poi lo (*sottoporre*) _____ alle parti interessate per la firma.

> OGNI VERBO CORRETTO = 1 PUNTO ___ / 45

2 *In ogni frase enfatizza l'elemento evidenziato seguendo le indicazioni.*

1. **Marco** ha prenotato il ristorante, non Dina.
(FRASE PSEUDOSCISSA)
_____
2. **Da mezz'ora** il treno era fermo in stazione.
(FRASE SCISSA ESPLICITA)
_____
3. **Quando** sarebbero partiti per le vacanze?
(FRASE SCISSA ESPLICITA)
_____
4. **L'insegnante** corregge i compiti, non l'assistente.
(FRASE SCISSA IMPLICITA)
_____
5. Il caffè era troppo amaro **per me**, non per Lino.
(FRASE SCISSA ESPLICITA)
_____
6. **Anna** aveva organizzato la festa per tutti.
(FRASE PSEUDOSCISSA)
_____
7. **Con chi** sei andato in vacanza?
(FRASE SCISSA ESPLICITA)
_____
8. La decisione di cambiare lavoro l'ha presa **ieri**.
(FRASE SCISSA ESPLICITA)
_____
9. **Francesco** ha comprato i biglietti per il concerto.
(FRASE SCISSA IMPLICITA)
_____
10. Quell'orologio antico apparteneva **a mio nonno**.
(FRASE SCISSA ESPLICITA)
_____

> OGNI FRASE CORRETTA = 2 PUNTI ___ / 20

10 TEST

VOCABOLARIO

3 Completa il testo con le parole della lista facendo i necessari cambiamenti e coniugando i verbi al modo e tempo opportuni.

**fortuitamente | nonché | alienare | volto
fruizione | provvedere | fatto salvo | ai sensi
essere tenuto a**

> La fondazione è stata costituita per garantire la _____ dei beni culturali a un largo pubblico e il suo statuto specifica che ogni intervento deve avvenire _____ delle normative di tutela vigenti.
> Il consiglio direttivo, _____ il presidente, _____ stabilire le priorità e allocare le risorse finanziarie, _____ ogni clausola che preveda restrizioni particolari. Qualora un bene venga _____ a un'altra istituzione, il contratto dovrà garantire l'uso corretto e in linea con la missione della fondazione.
> La fondazione potrà anche _____ alla valorizzazione di beni che dovessero essere ritrovati _____ in seguito, per promuovere attività culturali _____ alla sensibilizzazione del pubblico.

OGNI COMPLETAMENTO CORRETTO = 1 PUNTO __ / 9

4 Sottolinea l'opzione corretta.
1. Quando hai preso quella decisione, sapevi che avrebbe potuto essere **un ventaglio / un'arma a doppio taglio / a gogò**.
2. Negli ultimi mesi ci sono stati problemi **a gogò / a malapena / a ventaglio** nel mio lavoro.
3. Se vuoi avere successo, devi **girarci intorno / rimboccarti le maniche / storcere il naso** e impegnarti di più.
4. Marco è una **febbre / spina nel fianco / malapena** nel gruppo, ci fa sempre perdere tempo con le sue critiche.
5. La situazione economica attuale è **una febbre / un'arma a doppio taglio / una spada di Damocle**: ci minaccia costantemente.
6. Quando hai così tante opzioni, è importante ridurre **il ventaglio / l'arma a doppio taglio / il mordi e fuggi** per semplificare la scelta.
7. Non possiamo **storcere il naso / girarci intorno / rimboccarci le maniche**, dobbiamo affrontare il problema direttamente.
8. Era così emozionato che riusciva **a gogò / a malapena / mordi e fuggi** a parlare.

OGNI SCELTA CORRETTA = 2 PUNTI __ / 16

COMUNICAZIONE

5 Completa le frasi con le espressioni della lista. Coniuga i verbi al modo e tempo opportuni quando necessario, e fai tutti i cambiamenti necessari.

**prendere fischi per fiaschi | prendere in castagna
prendere con le molle | prendere per oro colato
prendere una cantonata | prendere sottogamba
prendere una brutta piega | prendere per il naso
prendere due piccioni con una fava | prendere la
palla al balzo**

1. Claudia ha pensato di investire in una società in fallimento e ha perso molto denaro. Ha proprio _____.
2. Mario non si aspettava che qualcuno lo sorprendesse mentre giocava con il cellulare in orario di lavoro, e invece è stato _____ proprio dal direttore!
3. La sua proposta è interessante, ma è meglio _____: dobbiamo assolutamente fare ulteriori verifiche.
4. I venditori di quell'azienda promettono guadagni facili e finiscono sempre per _____ le persone più ingenue.
5. Gli avevo detto di dare la medicina al gatto e lui _____ e l'ha data al cane!!
6. La situazione finanziaria dell'azienda sta _____ e i dipendenti sono preoccupati per il futuro.
7. Luca crede ciecamente a tutto ciò che legge. Ha l'abitudine di _____ persino le fake news!
8. Nonostante l'importanza del progetto, Carlo lo sta _____, come se non richiedesse un impegno serio.
9. Organizzando la riunione durante il pranzo, abbiamo potuto discutere dei progetti e mangiare insieme: è stato un modo perfetto per _____!
10. Quando Marta ha sentito che c'era una promozione speciale, ha deciso di _____ e ha subito prenotato il viaggio.

OGNI COMPLETAMENTO CORRETTO = 1 PUNTO __ / 10

TOTALE __ / 100

COMUNICAZIONE

LEZIONE 1A

1 VOCABOLARIO · Si fa presto a dire blu!

In coppie. Leggete le descrizioni dei colori e completatele con i nomi, come nell'esempio. Verificate con le altre coppie se siete d'accordo e poi riflettete sulle differenze rispetto alla vostra lingua.

✓ blu   azzurro   celeste   blu oltremare   blu di Persia   turchese   blu reale

1. ___blu___ Un colore freddo che può avere moltissime tonalità.
2. _____ Un blu molto intenso e profondo il cui nome deriva dal fatto che questa tonalità si otteneva dalla polverizzazione dei lapislazzuli che dovevano attraversare il mare per arrivare in Europa.
3. _____ Simile all'azzurro, ma più tenue e delicato. È il colore del cielo sereno ed è spesso associato a sentimenti di tranquillità e serenità.
4. _____ Un colore più intenso del celeste, ma più chiaro del blu.
5. _____ Una tonalità di blu ricca e profonda. È il colore delle ceramiche persiane e delle piastrelle utilizzate nelle moschee orientali.
6. _____ Un azzurro tendente al verde, ma più intenso rispetto all'acquamarina. Il suo nome è ispirato all'omonima gemma che veniva dalla Turchia.
7. _____ A metà tra l'azzurro e il blu. Il suo nome deriva dal fatto che in origine è stato usato per le divise della Corona inglese.

Ma non finisce qui! Il blu, come altri colori, ha innumerevoli tonalità diverse. Andate online e scopritele!

LEZIONE 3B   STUDENTE A

6b GRAMMATICA · Ripasso dell'imperativo

LEZIONE 6A

2a LEGGERE · Sei un libro aperto o chiuso?

RISULTATI

10-14 punti: Estremamente Riservato
Se fossi un libro, saresti "Il Codice da Vinci" di Dan Brown: misterioso e complesso, con molti segreti nascosti. Gli altri devono lavorare sodo per scoprire chi sei veramente.

15-19 punti: Riservato
Se fossi un libro, saresti "Il Signore degli Anelli" di J.R.R. Tolkien: aperto solo a chi è disposto a intraprendere un lungo viaggio per conoscerti. Non riveli subito tutto di te, ma con il tempo e la fiducia, ti apri gradualmente.

20-24 punti: Moderatamente Riservato
Se fossi un libro, saresti "Il Piccolo Principe" di Antoine de Saint-Exupéry: apparentemente semplice e accessibile, ma con molte profondità da esplorare per chi è disposto a cercarle. Bilanci la tua privacy con la voglia di connetterti con gli altri.

25-29 punti: Abbastanza aperto
Se fossi un libro, saresti "Harry Potter" di J.K. Rowling: molto popolare. Sei aperto/a e trasparente, e le persone intorno a te trovano facile accedere ai tuoi pensieri e sentimenti.

30-34 punti: Estremamente Aperto
Se fossi un libro, saresti "Diario di una Schiappa" di Jeff Kinney: aperto a tutti e senza filtri. Non hai segreti e condividi tutto di te senza esitazioni, mostrando ogni aspetto della tua vita con trasparenza e onestà.

COMUNICAZIONE

LEZIONE 3B

5c ASCOLTARE I gesti nella lingua

Ecco i gesti che avete ascoltato nell'audio. Corrispondono ai vostri?

1. girarsi i pollici
2. averne fin sopra i capelli
3. arricciare il naso
4. fare spallucce
5. mangiarsi le mani
6. mordersi la lingua
7. strizzare l'occhio
8. toccare ferro
9. fare le corna
10. fregarsi le mani

LEZIONE 4A

2.5 Completate i risultati coniugando i verbi al modo e al tempo opportuno.

> Una volta completato il test, (*sommare*) _____ i punteggi ottenuti per ciascuna domanda. Il punteggio totale (*potere*) _____ variare da un minimo di 15 (il punteggio più basso) a un massimo di 75 (il punteggio più alto).
>
> **Fra 15 e 30**: questo intervallo di punteggio (*suggerire*) _____ un **basso** livello di benessere e felicità autentica. Le persone con punteggi in questo intervallo potrebbero sperimentare una mancanza di gioia e soddisfazione nella vita quotidiana. Potrebbero anche (*sentirsi*) _____ poco grati e pessimisti riguardo al futuro. È possibile che (*affrontare*) _____ sfide significative nella gestione dello stress e nel mantenere relazioni soddisfacenti. In questa situazione, potrebbe essere utile esaminare più da vicino i fattori che (*influenzare*) _____ il benessere e cercare strategie per migliorarlo.
>
> **Fra 30 e 60**: questo intervallo di punteggio (*indicare*) _____ un livello **moderato** di benessere e felicità autentica. Le persone con punteggi in questa fascia potrebbero sperimentare alti e bassi nella loro felicità e soddisfazione. Possono avere momenti di gioia e gratitudine, ma anche incontrare sfide e periodi di stress. Tuttavia, sono in grado di gestire abbastanza bene le difficoltà e mantenere un certo livello di equilibrio emotivo e soddisfazione nella vita. È comune che molte persone (*trovarsi*) _____ in questa fascia di punteggio e (*potere*) _____ beneficiare di piccoli aggiustamenti o strategie per migliorare il proprio benessere complessivo.
>
> **Fra 60 e 75**: questo intervallo di punteggio (*indicare*) _____ un **alto** livello di benessere e felicità autentica. Le persone con punteggi in questa fascia possono sperimentare una grande gioia, soddisfazione e gratitudine nella vita quotidiana. Hanno spesso un'ottimistica visione del futuro e (*essere*) _____ in grado di affrontare le sfide con resilienza. (*Mantenere*) _____ relazioni personali soddisfacenti e si sentono in connessione con il mondo che li circonda. In questa situazione, è probabile che le persone (*sviluppare*) _____ abilità efficaci per gestire lo stress e (*essere*) _____ aperte al cambiamento e alla crescita personale.

COMUNICAZIONE

LEZIONE 3B — STUDENTE B

6b GRAMMATICA Ripasso dell'imperativo

 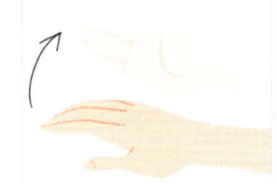 

LEZIONE 1A

6a GRAMMATICA I pronomi relativi

Capisco perfettamente la sua perplessità! (1) **Quanto** abbiamo appreso relativamente alla teoria della relatività linguistica ci porta a porci la domanda "Ma quindi il linguaggio modella davvero la cognizione umana? E se sì, in che modo?". A questo proposito, a (2) **chi** me lo ha chiesto ho già detto di leggere gli articoli di Lera Boroditsky, docente di psicologia, neuroscienze e sistemi simbolici presso l'Università di Stanford, (3) **la quale** ha condotto diversi studi su questo argomento concludendo (4) **che** effettivamente le persone (5) **che** parlano lingue diverse pensano in modo differente, e aspetti apparentemente casuali della grammatica possono profondamente influenzare la nostra visione del mondo.

In particolare, Boroditsky ci porta a riflettere sul fatto (6) **che** il modo (7) **in cui** le lingue descrivono lo spazio, il tempo e persino i colori varia enormemente. Partiamo da un esempio concreto: immagino (8) **che** se in questo momento vi chiedessi di indicare con il dito il nord, molti di voi non saprebbero cosa fare, giusto? Ma se faceste parte della comunità degli aborigeni Kuuk Thaayorre nell'*outback* australiano, (9) **la cui** lingua utilizza i punti cardinali per descrivere lo spazio, non avreste alcun dubbio, neanche se foste bambini di 5 anni! In questa lingua, infatti, non si può dire "c'è un topo vicino al tuo piede destro" ma è necessario dire "c'è un topo vicino al tuo piede sudest", così come non si può dire "sposta il libro a sinistra" ma "sposta il libro a nord-nordovest". (10) **Il che** impone a questi individui di mantenere un orientamento costante, poiché non è possibile comunicare correttamente senza una precisa consapevolezza spaziale. La lingua diventa così un fondamentale strumento che plasma l'abilità di orientarsi e tenere traccia delle posizioni, influenzando la cognizione spaziale in modo radicale.

Un altro esempio affrontato riguarda la percezione dei colori. Boroditsky ha condotto uno studio (11) **che** coinvolge la lingua russa, ma (12) **che** potrebbe essere applicato benissimo anche alla lingua italiana. In russo, non esiste una singola parola (13) **che** racchiuda tutte le sfumature (14) **che** in inglese definiremmo "blu." La lingua russa fa una netta distinzione tra il blu chiaro (*goluboj*, quello (15) **che** in italiano chiamiamo azzurro) e il blu scuro (*sinij*, il nostro blu). Questa distinzione linguistica si riflette nel modo (16) **in cui** i parlanti russi distinguono i diversi toni di blu. In confronto agli anglofoni, i russofoni sono più rapidi nel discriminare due sfumature di blu chiamate con nomi differenti in russo, dimostrando (17) **che** le sfumature linguistiche influenzano effettivamente la percezione visiva.

In parole povere, lo studio dimostra (18) **che** (19) **quanti** parlano una lingua (20) **la quale** richiede distinzioni più specifiche per i colori, hanno una sensibilità cromatica maggiore.

In conclusione, dunque, Boroditsky ci offre una panoramica ricca e approfondita di come la lingua, in vari aspetti, influenzi il pensiero umano. Ovviamente c'è anche (21) **chi** ha criticato i suoi studi, ma in ogni caso la sua ricerca ci spinge a riflettere sul fatto (22) **che** imparare una nuova lingua non è solo acquisire nuovi modi di comunicare, ma anche intraprendere una nuova modalità di pensiero. (23) **Chi** fosse interessato a leggere gli articoli della Boroditsky, può mandarmi un'e-mail.

COMUNICAZIONE

LEZIONE 5A

1 ASCOLTARE Insegnare la volgarità?

Buongiorno a tutti e grazie di avermi invitato a parlare di fronte a questo bellissimo gruppo di insegnanti! Bene, prima di tutto devo ammettere che quando mi è stato chiesto di parlare del turpiloquio nella lingua italiana, ero un po' **titubante** vista la delicatezza del tema!
Ma poi mi sono detto "Sarei un'ipocrita <u>se mi tirassi indietro</u> visto che io stesso uso qualche parolaccia tutti i giorni… a volte anche più volte al giorno, ad essere onesti!" e quindi **mi sono fatto coraggio** ed eccomi qui! Cominciamo col dire che il termine "turpiloquio" deriva dal latino *turpiloquium*, composto di *turpis*, turpe, cioè moralmente vergognoso, offensivo della dignità, e *loqui*, parlare. Si riferisce, dunque, all'uso di parole e espressioni volgari, offensive o oscene. Ha vari sinonimi, ciascuno con **sfumature** leggermente diverse: volgarità, sconcezza, scurrilità, trivialità e via dicendo, ma la parola turpiloquio **differisce** dalle altre perché mentre queste ultime possono essere riferite anche ad atteggiamenti, comportamenti, pensieri o cose… il turpiloquio si riferisce specificamente al linguaggio, ed è ciò che ci interessa in questa sede.
Esistono poi diversi tipi di turpiloquio, tra i principali troviamo "la parolaccia", "l'imprecazione" e "la bestemmia", ed <u>è fondamentale che comprendiate</u> le differenze tra questi termini per poterle spiegare adeguatamente ai vostri studenti.
Il termine "parolaccia" si riferisce generalmente a parole volgari o oscene che possono offendere chi le ascolta, quindi in un certo senso possiamo considerarle veri e propri insulti.
L'imprecazione, invece, è una parolaccia usata solo per esprimere rabbia, dolore, dispiacere, frustrazione, ma a volte anche sorpresa o gioia, comunque un'emozione forte. In altri casi è invece usata addirittura come intercalare, senza intenzione di offendere nessuno.
Arriviamo poi alla bestemmia, e qui dobbiamo **soffermarci** un attimo. La bestemmia è quel tipo specifico di turpiloquio che offende la sfera religiosa. Bestemmiare implica l'uso del nome di Dio, della Madonna, dei Santi o di simboli religiosi in modo irrispettoso. Ecco, <u>reputo</u> davvero importante che <u>facciate capire</u> ai vostri studenti che la bestemmia è sentita dagli italiani come estremamente pesante, <u>in qualsiasi contesto ci si trovi</u>, non viene mai scritta, molto raramente pronunciata, <u>benché in alcune regioni italiane come la Toscana e il Veneto sia più usata di quanto ci si aspetti</u>. Sapete, a volte per uno straniero è difficile rendersi conto dell'impatto che una parola ha per un madrelingua, a volte gli studenti sentono una bestemmia, reagiscono con **ilarità** e <u>pensano che non sia così grave</u> usarla, magari credono di poter essere simpatici usandola anche loro, ma in realtà non è così… insomma, <u>fate in modo che capiscano bene</u> che voi gli sconsigliate vivamente di usarla… <u>prima che facciano qualche disastro</u>!
Detto ciò, <u>sebbene il turpiloquio sia spesso considerato</u> inappropriato o maleducato, dobbiamo riconoscere che, <u>piaccia o non piaccia</u>, è parte integrante della comunicazione umana e può rivelare molto sul contesto culturale e sociale in cui viene utilizzato. Dal punto di vista sociolinguistico, infatti, il turpiloquio è un fenomeno complesso, variegato, che può riflettere diverse dimensioni della società, inclusi classe sociale, contesto culturale e persino genere. Ad esempio, in certi contesti sociali, l'uso del turpiloquio può essere più accettato e addirittura visto come un segno di appartenenza o solidarietà all'interno di un gruppo.
A questo punto <u>immagino che vi stiate chiedendo</u> se sia utile o appropriato insegnare il turpiloquio agli studenti stranieri. Per quanto mi riguarda, <u>ritengo sia importante che consideriate il fatto che</u> conoscere il turpiloquio può aiutare gli studenti a comprendere meglio le dinamiche sociali e culturali italiane. Gli studenti, infatti, potrebbero incontrare queste espressioni in vari contesti, non solo nella vita quotidiana ma anche nei film, nelle canzoni, eccetera. Dunque, dobbiamo insegnare le parolacce agli studenti? Beh, <u>a me sembra essenziale che affrontiate l'argomento</u>, <u>basta che lo facciate nel modo giusto</u>, <u>senza che nessuno si possa sentire offeso</u>, <u>affinché gli studenti comprendano non solo</u> il significato delle parole, ma anche il contesto e le conseguenze del loro uso.
Ovviamente, è cruciale che gli studenti siano educati a usare queste espressioni con **discernimento** e consapevolezza del contesto, per evitare malintesi o offese e che ne promoviate soprattutto un apprendimento passivo piuttosto che un uso attivo. Sarebbe opportuno che discutessimo anche di <u>come il turpiloquio possa variare</u> regionalmente e culturalmente all'interno dell'Italia, ma purtroppo il tempo stringe e… magari ne parleremo al prossimo convegno.
In conclusione, spero di avervi convinti del fatto che è importante affrontare anche il tema del turpiloquio con i vostri studenti, affinché possano avere una comprensione completa e **sfaccettata** della lingua italiana e mi auguro anche che siate in grado di trasmettere queste conoscenze con la giusta sensibilità e consapevolezza.
Grazie a tutti per l'attenzione e buon proseguimento!

ESERCIZI 1

SEZIONE A Lingua e pensiero

1 Una palestra per il cervello

a *Leggi il testo e migliorane lo stile sostituendo le parole evidenziate con quelle della lista e facendo i cambiamenti necessari.*

decisivo | difatti | abile | avventurarsi | sostenere
ciò | intensificarsi | tale | essere inclini | rapido
tuttavia (x2) | intreccio | abbondare | ovverosia
mero | giacché | illustre

Il cervello e la lingua straniera

Stai studiando una lingua straniera e ti sei chiesto cosa stia succedendo nel tuo cervello? Quale magica alchimia si cela dietro l'acquisizione di nuove parole e strutture grammaticali? **Entriamo** _____ insieme in questo affascinante viaggio alla scoperta del nostro organo più complesso!
Il nostro cervello è un organo straordinariamente plastico, **cioè** _____ capace di modificarsi e adattarsi in risposta alle esperienze. Quando impariamo una nuova lingua, questo processo di adattamento **aumenta** _____ in modo **determinante** _____. Le connessioni tra i neuroni si rafforzano e si moltiplicano, creando un intricato **incrocio** _____ di percorsi dedicati alla nuova lingua.

Un cervello più giovane e più agile
Numerosi studi hanno dimostrato che imparare una nuova lingua non è una **semplice** _____ attività di memorizzazione, ma un esercizio che coinvolge molteplici funzioni cognitive. Imparare una nuova lingua, infatti, ci rende più **bravi** _____ nel risolvere problemi, nel prendere decisioni e nel concentrarci.

Perché è così difficile?
Siccome _____ il nostro cervello è già abituato a pensare nella nostra lingua madre, apprendere una nuova lingua richiede uno sforzo considerevole. È come cercare di trovare una nuova strada in una città che conosciamo già molto bene. **Però** _____, nonostante le difficoltà, i benefici che ne derivano **sono molti** _____. **Infatti**, _____ un cervello bilingue è un cervello più forte: **famosi** _____ neuroscienziati **dicono** _____ che le persone bilingui possiedono un cervello più flessibile e più resistente all'invecchiamento. **Questo** _____ è dovuto al fatto che l'apprendimento della lingua straniera ci costringe a tenere attive contemporaneamente diverse aree del cervello e **questo** _____ esercizio rallenta il declino cognitivo legato all'età. Il processo di apprendimento è influenzato da numerosi fattori, tra i quali l'età, la motivazione e la metodologia di studio. I bambini, per esempio, **tendono** _____ ad apprendere nuove lingue in modo più naturale e più **veloce** _____, grazie alla loro maggiore plasticità cerebrale. **Ma** _____ anche gli adulti possono ottenere risultati eccellenti, a patto di essere costanti e motivati.

---

b *Vero (V) o falso (F)?*

	V	F
1. L'apprendimento di una lingua straniera può contribuire a rallentare il declino cognitivo legato all'età.	○	○
2. Gli adulti, sebbene abbiano meno plasticità cerebrale, possono comunque raggiungere ottimi risultati di apprendimento.	○	○
3. Durante l'apprendimento di una nuova lingua il cervello crea percorsi neuronali che si mantengono invariati nel tempo.	○	○
4. Solo i bambini riescono ad apprendere una nuova lingua in modo naturale, grazie alla loro plasticità cerebrale.	○	○
5. La difficoltà principale nell'apprendere una nuova lingua sta nell'incapacità del cervello di adattarsi a nuovi schemi.	○	○
6. La capacità di apprendere una lingua straniera dipende anche dalla predisposizione genetica.	○	○
7. Il processo di apprendimento di una nuova lingua coinvolge esclusivamente la memoria.	○	○

2 Il mio apprendimento

Scegli uno dei 2 temi proposti e scrivi un testo di 250-350 parole, utilizzando il maggior numero possibile di nuovi termini che hai appreso nella sezione A.

1. **L'importanza della motivazione:** in che modo la motivazione personale ha influenzato il tuo approccio a imparare una nuova lingua? Racconta di un momento in cui la tua motivazione è stata messa alla prova e descrivi come sei riuscito/a a trovare nuovi stimoli. Pensi che, in assenza di motivazione, l'apprendimento possa comunque essere efficace?

2. **Sfide e strategie personali nell'apprendimento:** qual è stata la tua più grande sfida nell'apprendere una nuova lingua? Rifletti su come hai superato o affrontato tale ostacolo e su come le tue strategie di apprendimento si sono evolute nel tempo. Pensi che queste strategie siano adatte solo per l'apprendimento linguistico o potrebbero essere applicate in altri ambiti della tua vita?

1 ESERCIZI

3 I pronomi relativi

Unisci le seguenti frasi usando i pronomi relativi, come nell'esempio. Poi ascolta l'audio e seleziona le frasi che contengono concetti presenti nella lezione della Prof.ssa Magnini.

ESEMPIO:
Sandro non è mai puntuale. Il fatto che Sandro non è mai puntuale non è ben visto tra i suoi colleghi.
Sandro non è mai puntuale, il che non è ben visto tra i suoi colleghi.

○ 1. La Dottoressa Boroditsky si è occupata di alcuni studi sulla percezione dei colori. Gli studi in questione sono stati pubblicati su diverse riviste scientifiche.
Gli studi _____

○ 2. I russi distinguono tra due toni di blu. Questa distinzione facilita la percezione dei colori.
I russi _____

○ 3. Gli aborigeni Kuuk Thaayorre hanno un modo specifico di indicare lo spazio. Questo modo non si può tradurre facilmente in italiano.
Il modo _____

○ 4. Imparare una nuova lingua richiede dedizione. Questo è uno degli aspetti per cui l'apprendimento linguistico è una sfida.
La dedizione _____

○ 5. La lingua russa ha diverse sfumature per il blu. Queste sue differenze sono importanti per la percezione visiva.
La lingua russa _____

○ 6. Alcune persone parlano lingue diverse. Le persone che parlano lingue diverse hanno una visione del mondo differente.
_____
_____ mondo differente.

SEZIONE B A ogni cultura la sua lingua

4 La morte silenziosa delle lingue
Completa il testo con le espressioni idiomatiche della lista. Attenzione: un'espressione non va usata.

**gettare la spugna | sassolino nello stagno | al dente
mettersi le mani nei capelli | nocciolo della questione
una passeggiata | cade a fagiolo | pieno zeppo**

Il mondo è davvero _____ di lingue: sono, infatti, circa 6.800 quelle attualmente parlate nei vari angoli del globo, ma ogni quindici giorni ne muoiono due. Con esse perdiamo culture millenarie, usi, costumi, tradizioni, leggende, riti e tanto altro. Se questa tendenza non si arresta, entro il 2100 il 90% di tutti gli idiomi umani scomparirà per sempre. A leggerlo così, nero su bianco, c'è davvero da _____.
Il _____ è che la globalizzazione sta omogeneizzando tutto, compreso il modo di comunicare. Infatti, il 96% della popolazione mondiale parla principalmente quattro lingue: cinese mandarino, inglese, hindi / urdu e spagnolo. Il restante 4% utilizza tutte le altre.
Prevenire l'estinzione delle lingue non è certo _____, ma nel 1999 l'UNESCO ha voluto gettare un _____ istituendo la Giornata Internazionale della lingua Madre. L'iniziativa è partita da una proposta presentata dal Bangladesh e sostenuta da altri 28 paesi. La scelta della data (il 21 febbraio) non è affatto casuale, ma anzi _____ poiché proprio il 21 febbraio del 1952, nell'allora Pakistan orientale, esplose la rivolta in difesa della lingua parlata nel Paese: il *bangla*. L'iniziativa vuole, dunque, risvegliare la coscienza civile in difesa del patrimonio linguistico. Ogni lingua è un tesoro che va preservato: _____ non è un'opzione se vogliamo mantenere viva la nostra diversità linguistica e culturale.

5 Qual è la lingua più antica del mondo?
a Leggi il testo e <u>sottolinea</u> l'opzione corretta.

Una domanda intrigante a cui non esiste una **risposta univoca / univoca risposta**. Attualmente nel mondo, secondo *Ethnologue*, si parlano poco meno di 7.000 lingue, ma stabilire la loro data di nascita è difficile, poiché dobbiamo affidarci alle **testimonianze scritte / scritte testimonianze**. Considerando, dunque, le **fonti scritte / scritte fonti**, la **lingua sumera / sumera lingua** (parlata dai sumeri, una popolazione della Mesopotamia) è considerata la più antica. Ai sumeri si attribuisce anche il **primo documento scritto conosciuto / primo conosciuto documento scritto**, la tavoletta di Kish, risalente a circa 5.000 anni fa, sebbene ci siano dubbi sulla sua **collocazione esatta temporale / esatta collocazione temporale**.
La classifica delle lingue più antiche, in base alla **prima scritta attestazione / prima attestazione scritta**, è la seguente:

- lingua sumera (ca. 2900 a.C.)
- lingua egizia antica (ca. 2700 a.C.)
- lingua accadica (ca. 2400 a.C.)
- lingua eblaita (ca. 2400 a.C.)
- lingua elamica (ca. 2300 a.C.)

Un **altro approccio / approccio altro** consiste nel formulare ipotesi su una lingua antichissima da cui

ESERCIZI 1

derivano tutte le lingue conosciute. Il linguista Joseph Greenberg formulò la tesi delle "super-famiglie" linguistiche, basandosi su **lessicali somiglianze / somiglianze lessicali** riscontrabili nelle **lingue moderne / moderne lingue**.
Esaminando le lingue attualmente parlate, il *tamil* (parlato da circa 80 milioni di persone e **ufficiale lingua / lingua ufficiale** in India, Singapore e Sri Lanka) è spesso considerato la lingua più antica del mondo in quanto le sue **prime iscrizioni / iscrizioni prime** risalgono al **quinto secolo / secolo quinto** a.C.
Per quanto riguarda l'Europa, invece, molti esperti considerano il basco, o *euskera*, come la lingua più antica del continente. Sebbene le **prime attestazioni scritte / prime scritte attestazioni** risalgano al Medioevo, il basco ha **molto profonde radici / radici molto profonde**. Uno dei motivi è la sua **"isolata" natura / natura "isolata"**, priva di parentela con altre lingue. Questo suggerisce che, quando i popoli indo-europei arrivarono in Europa, il basco fosse già presente.

b Abbina le parti per formare frasi complete.

1. Sebbene attualmente si stimi che nel mondo siano parlate circa 7.000 lingue, la questione...
2. Le fonti scritte sono fondamentali per comprendere l'evoluzione delle lingue e...
3. La tavoletta di Kish, risalente a circa 5.000 anni fa, è attribuita ai Sumeri e rappresenta il primo documento scritto conosciuto,...
4. Un altro approccio interessante per comprendere l'origine delle lingue consiste nell'ipotesi di una lingua primordiale...
5. Il *tamil* è spesso considerato la lingua più antica...
6. Il basco è visto come una lingua unica, le cui origini antiche e la mancanza di parentela con altre lingue...
7. Anche se le prime attestazioni scritte del basco risalgono al Medioevo,...

a. da cui deriverebbero tutte le lingue moderne.
b. per la lingua sumera abbiamo le testimonianze più antiche.
c. la sua natura isolata suggerisce che fosse già presente prima dell'arrivo dei popoli indo-europei in Europa.
d. ancora in uso oggi, poiché le sue prime iscrizioni risalgono al V secolo a.C.
e. anche se ci sono incertezze riguardo alla sua collocazione temporale esatta.
f. la rendono particolarmente affascinante per gli studiosi.
g. delle loro origini rimane complessa e priva di risposte definitive.

SEZIONE C — Italiano: un viaggio senza fine

6 Mettiamo il turbo!
Le frasi tratte dall'intervista al Prof. Torresan a pagina 18 sono state modificate. Sostituisci le parti evidenziate con le espressioni idiomatiche della lista.

tirare in ballo | avere una marcia in più
tra le righe | vicolo cieco | balzo in avanti
col botto | mettere il turbo

1. E cominciamo questo podcast veramente **in modo sorprendente ed eccezionale** ➝ _____ perché oggi abbiamo con noi il Professor Paolo Torresan.

2. Un interlocutore non dice tutto quello che dovrebbe dire perché sa che l'altra persona può capire, e quindi è un allenamento a capire **quello che è sottinteso** ➝ _____ .

3. Quindi ci possiamo rilassare un po' per quanto riguarda la grammatica, ma dobbiamo **impegnarci di più** ➝ _____ per il lessico.

4. ... quali sono le strategie più efficaci che si possono consigliare agli studenti per uscire da quello che può sembrare un **problema irrisolvibile** ➝ _____ .

5. Qui ci sono diverse cose da **considerare**: ➝ _____ la prima è avere un orecchio musicale.

6. ... c'è una pratica particolare (...) che (...) gli studenti di livello avanzato potrebbero e dovrebbero mettere in pratica per **essere più capaci degli altri** ➝ _____ .

7. ... la mia competenza, allora sì, farà un **rapido progresso** ➝ _____ .

7 Strategia per il lessico
Metti in pratica la strategia appresa a pagina 18 con le seguenti parole che hai ascoltato nel podcast.

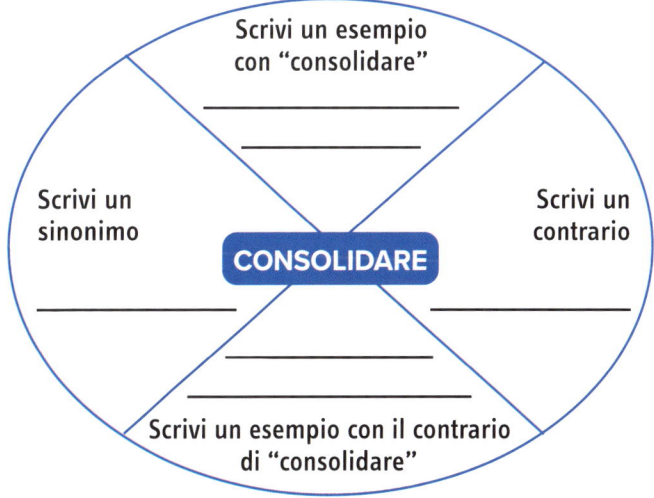

1 ESERCIZI

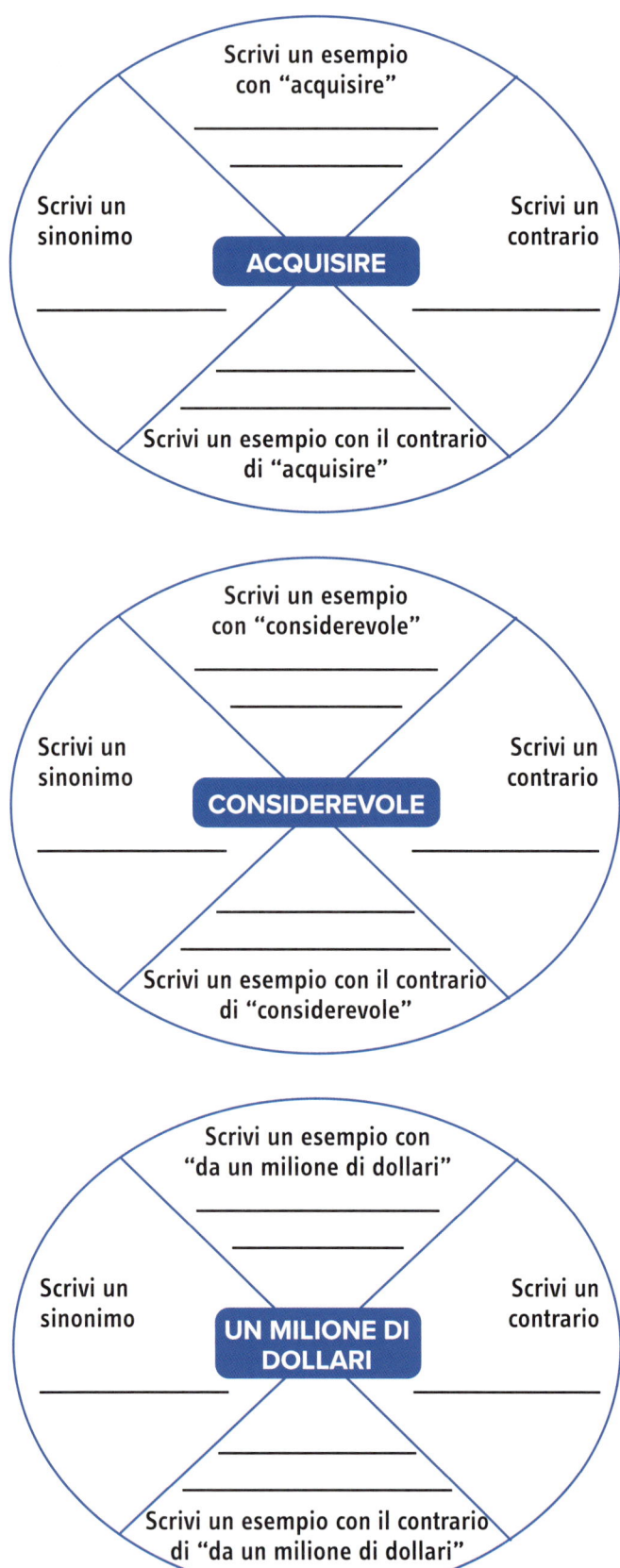

PER FARE ANCORA MEGLIO

8 Forme migliori

a. <u>Sottolinea</u> in ogni frase l'unico *che* polivalente e abbina la frase alla forma che può sostituirlo. Attenzione: alcune frasi possono essere abbinate alla stessa forma.

1. Ho visto Laura che prendeva l'autobus che porta in centro.
2. Fa' attenzione che l'arrosto non si brucia!
3. Ricordi il giorno che hai fatto la tua prima lezione di italiano e hai imparato le prime parole che non conoscevi?
4. Sbrigati, che non posso aspettare per il tutto il tempo che vorresti!
5. Mi ha detto che non saprebbe dire il giorno esatto che ha capito di essere stanca del suo lavoro.
6. Il motivo che non posso rimanere è che sono davvero in ritardo!
7. Vedi bene che il frigo è chiuso, mi raccomando!

a. in cui
b. per cui
c. affinché
d. mentre
e. perché

b. Ora trova le due frasi che dovrebbero contenere il congiuntivo e riscrivile usando il congiuntivo e le forme sostitutive del *che* polivalente.

1. _____
2. _____

9 Quanti errori!
Abbina ogni situazione al tipo di errore scrivendo la lettera corrispondente. Attenzione: un tipo di errore non corrisponde a nessuna situazione.

a. di gioventù | b. di ortografia | c. di concetto
d. sistematico | e. di distrazione | f. di stampa
g. di calcolo | h. di giudizio | i. di prospettiva

1. Su un cartellone pubblicitario, il prezzo viene stampato come "€ 10,00" anziché "€ 100,00". ____
2. In un budget mensile, si sommano due cifre in modo errato e si finisce per pianificare il 20% in meno del necessario. ____
3. In una lettera ufficiale, viene scritto "qual'è" invece di "qual è". ____
4. Un dirigente decide di tagliare le risorse di un reparto senza considerare l'impatto a lungo termine sulla produttività dell'azienda. ____

ESERCIZI 1

5. Un amico interrompe un'amicizia perché si è sentito trascurato in un'occasione, senza considerare i motivi esterni che potrebbero aver influito sul comportamento dell'altra persona. _____
6. Durante una lezione di fisica, uno studente confonde massa e peso, pensando che siano la stessa cosa. _____
7. Un autista prende un'uscita sbagliata in autostrada perché sta ascoltando musica a tutto volume. _____
8. Uno studente sceglie una facoltà universitaria solo perché va di moda o perché molti amici l'hanno scelta. _____
9. In un esperimento scientifico, l'attrezzatura è calibrata in modo sbagliato e provoca misurazioni scorrette in ogni prova. _____

	SÌ	NO
1. La lettura in lingua straniera può fornire una comprensione così profonda della cultura di un popolo da poterla paragonare a un'esperienza diretta?	○	○
2. La lettura è una condizione necessaria ma non sufficiente per sviluppare la capacità di analizzare informazioni complesse?	○	○
3. La lettura in lingua straniera è un'attività che può essere svolta solo da persone con un alto livello di motivazione?	○	○
4. La lettura in lingua straniera è un'attività che può contribuire allo sviluppo di una personalità più critica e riflessiva?	○	○

b *Guarda il video dell'intervista a Elena Stancanelli e completa la tabella con le parole mancanti.*

VIDEO

10 Il potere della lettura

a *Leggi il testo e completalo con i pronomi relativi che hai studiato in questa lezione, le preposizioni (se necessario) e le parole della lista (coniugando i verbi al modo e tempo opportuni), poi rispondi alle domande in alto a destra.*

abbondare | mero | sviscerare | avventurarsi

> La lettura è un atto apparentemente semplice, _____ potenziale nell'arricchimento del nostro bagaglio linguistico è però inestimabile. _____ leggono in lingua straniera, infatti, _____ in un universo espressivo che va ben oltre il _____ apprendimento di vocaboli, _____ gli offre uno spaccato autentico della cultura di un popolo, delle sue usanze, delle sue sfumature psicologiche. Le ragioni _____ la lettura è un alleato indispensabile nell'apprendimento di una nuova lingua _____: innanzitutto, consente di ampliare in modo esponenziale il vocabolario di _____ legge, assimilando parole e espressioni che difficilmente incontreremmo in contesti comunicativi più limitati. In secondo luogo, la lettura è un'attività _____ permette di affinare la sensibilità grammaticale e di acquisire familiarità con le diverse costruzioni sintattiche e con le loro sfumature semantiche. Inoltre, _____ leggiamo ha un effetto sulla nostra capacità di comprensione di testi complessi, di analizzare le informazioni, di _____ le relazioni logiche tra le diverse parti del discorso e di trarre inferenze significative.

ELENA STANCANELLI	
PROFESSIONE	_____ e _____
CITTÀ DI NASCITA	_____
CITTÀ DI RESIDENZA	_____
TEMI DEI ROMANZI	pura _____, misto di finzione e racconto _____ alla sua vita, contro la _____, esperienza con una _____
ROMANZI CONSIGLIATI	- l'ultimo, che si intitola "_____" della casa editrice _____ - "A immaginare una vita _____"
PAROLA PREFERITA	*mi siddia* che significa "non _____, mi _____, mi fa _____ noia"
PAROLA DETESTATA	"moderno" perché non _____ in realtà
PAROLA MOLTO USATA	"comunque", è quasi _____
RAPPORTO CON LA LINGUA ITALIANA	molto _____ nella lingua italiana perché fa parte di una generazione in cui imparare le lingue straniere non era _____ di tutti.
SCRITTORI E SCRITTRICI CHE L'HANNO INFLUENZATA	3 scrittori suoi _____: _____ Starnone, Francesco _____, _____ Terranova
QUANTO SI SENTE ITALIANA	tantissimo, perché non ha avuto tante _____
COME DESCRIVE L'ITALIA	speriamo che l'Italia si tolga _____ questa inerzia anche di _____
COME PROMUOVERE LA LETTURA	con il _____ culturale, per esempio con il suo sito _____.org.

2 ESERCIZI

SEZIONE A — Lingua e pensiero

1 L'impatto della televisione sull'unificazione linguistica italiana

a Completa il testo trasformando gli aggettivi e gli avverbi tra parentesi in nomi e coniugando i verbi al modo e tempo indicati.

La televisione (*avere* – PASSATO PROSSIMO) _____ un ruolo decisivo nell'unificazione linguistica dell'Italia, superando barriere culturali e geografiche che per secoli (*mantenere* – TRAPASSATO PROSSIMO) _____ separati i diversi dialetti regionali. Prima degli anni '50, gran parte degli italiani (*parlare* – IMPERFETTO) _____ il dialetto e (*faticare* – IMPERFETTO) _____ a comprendere l'italiano standard. Con la nascita della televisione pubblica nel 1954, e in particolare della RAI si (*avviare* – PASSATO REMOTO) _____ un processo di (*diffuso*) _____ linguistica che (*portare* – PASSATO REMOTO) _____ l'italiano nelle case di milioni di persone, a prescindere dal livello di (*scolarizzare*) _____ o dalla zona di (*provenire*) _____. Il linguaggio televisivo, all'inizio semplice e privo di (*complesso*) _____ sintattiche, (*rivelarsi* – PASSATO REMOTO) _____ subito efficace. In questo contesto, la televisione (*riuscire* – PASSATO REMOTO) _____ a realizzare un obiettivo che storici e intellettuali (*sognare* – TRAPASSATO PROSSIMO) _____ per secoli, unendo linguisticamente il Paese in soli trent'anni. Si dice che i programmi dell'epoca (*essere* – CONGIUNTIVO IMPERFETTO) _____ ingenui o troppo semplificati, ma, senza dubbio, (*loro, favorire* – PASSATO REMOTO) _____ il (*superare*) _____ della (*frammentato*) _____ linguistica, diffondendo l'italiano standard. È anche vero che sebbene la TV (*semplificare* – CONGIUNTIVO PASSATO) _____ l'italiano, (*lasciare* – PASSATO PROSSIMO) _____ agli spettatori una competenza passiva nella lingua, e non sempre (*produrre* – PASSATO PROSSIMO) _____ una padronanza attiva. In ogni caso non si può negare che la televisione (*rappresentare* – CONGIUNTIVO PASSATO) _____ una tappa fondamentale per l'unificazione linguistica del Paese. Senza la TV, il processo (*essere* – CONDIZIONALE PASSATO) _____ molto più lungo e, forse, mai completo. A questo punto resta solo da chiedersi in che modo internet e, in particolare, i social media (*influire* – FUTURO SEMPLICE) _____ sulla lingua italiana una volta che (*passare* – FUTURO ANTERIORE) _____ abbastanza tempo da poterne cogliere gli effetti.

b Vero (V) o falso (F)?

	V	F
1. Il primo impatto della televisione italiana è stato sulle zone più istruite del Paese, dove il dialetto era già in disuso.	○	○
2. Senza la televisione, gli italiani avrebbero comunque raggiunto una padronanza attiva dell'italiano standard nel giro di pochi decenni.	○	○
3. Gli intellettuali italiani avevano previsto che la televisione, una volta diffusa, sarebbe riuscita in ciò che la scuola non era riuscita a fare per unificare linguisticamente il Paese.	○	○
4. Il processo di diffusione dell'italiano attraverso la televisione si concluse negli anni '50, quando ormai il dialetto era scomparso nella maggior parte delle case italiane.	○	○
5. Il testo termina dicendo che, a differenza della televisione, la diffusione di internet è ritenuta un fenomeno che difficilmente avrà un effetto altrettanto forte sull'unificazione linguistica.	○	○

2 I verbi con doppio ausiliare
Scegli il verbo corretto e coniugalo al modo e tempo indicato.

sciupare | sminuire | salire → PASSATO PROSSIMO
1. Negli ultimi cento anni, il numero di abitanti nelle città italiane _____ in modo significativo.

crescere | mutare | sviluppare → CONDIZIONALE PASSATO
2. Se l'urbanizzazione fosse stata più lenta, il numero di abitanti _____ più gradualmente.

crescere | mutare | mancare → TRAPASSATO PROSSIMO
3. Quando iniziarono le proteste contro la cementificazione, l'aspetto del quartiere già _____ in modo irreversibile.

deteriorare | fallire | evolvere → CONGIUNTIVO PASSATO
4. Si ritiene che i tentativi di riforma economica _____ l'obiettivo di garantire una maggiore equità sociale.

toccare | aumentare | fallire → CONDIZIONALE PASSATO
5. Se la sanità pubblica avesse ricevuto più fondi, forse l'accesso ai servizi _____ livelli di qualità più alti.

mutare | mancare | seguire → PASSATO PROSSIMO
6. Ai progressi che hanno avuto luogo nel secolo scorso _____ un netto miglioramento delle condizioni di vita.

ESERCIZI 2

SEZIONE B Famiglia vecchia e nuova

3 La donna e il mondo del lavoro
Usa i verbi e gli aggettivi tra parentesi per creare delle forme impersonali al modo e tempo indicati, come nell'esempio.

Dalla metà del secolo scorso, in Italia, (*assistere* – PASSATO PROSSIMO) _si è assistito_ a un cambiamento significativo riguardo all'ingresso delle donne nel mondo del lavoro in quanto (*comprendere* – PASSATO PROSSIMO) _____ che il contributo femminile rappresenta una risorsa fondamentale per lo sviluppo economico e sociale del Paese.
L'accesso delle donne all'istruzione superiore è stato promosso, favorendo l'acquisizione di competenze professionali di alto livello. In questo modo, (*riuscire* – PASSATO PROSSIMO) _____ a creare opportunità lavorative che in passato erano riservate esclusivamente agli uomini.
(*Impegnarsi* – PASSATO PROSSIMO) _____ a combattere le discriminazioni di genere sul posto di lavoro e (*essere capace* – PASSATO PROSSIMO) _____ di introdurre normative per garantire pari opportunità e tutele. Grazie a queste misure, ci sono stati progressi significativi in termini di parità salariale e carriera professionale. Non c'è dubbio, infatti, che quando (*adoperarsi* – PRESENTE) _____ per l'uguaglianza, (*essere più fiducioso* – PRESENTE) _____ nel futuro e soprattutto (*arrivare* – PRESENTE) _____ a raccogliere i frutti derivanti da relazioni paritarie.
La presenza femminile è stata incentivata in settori tradizionalmente maschili, come la tecnologia, l'ingegneria e la politica. Inoltre, (*lavorare* – PASSATO PROSSIMO) _____ per rendere più compatibile la vita familiare con quella professionale attraverso politiche di sostegno alla maternità e alla paternità condivisa. In particolare (*giungere* – PASSATO PROSSIMO) _____ a dimostrare che la diversità di genere contribuisce alla crescita delle aziende e al miglioramento del clima lavorativo. Grazie a questi sforzi, (*costruire* – PASSATO PROSSIMO) _____ un contesto più equo e aperto, in cui le donne possono emergere e affermarsi in vari ambiti lavorativi, contribuendo in modo determinante al progresso della società italiana. Tuttavia, (*essere consapevole* – PRESENTE) _____ che molto resta ancora da fare per raggiungere una piena parità di genere in ogni settore della società; (*dovere impegnarsi* – PRESENTE) _____ ancora di più per eliminare stereotipi radicati, colmare le disparità retributive e garantire una rappresentanza equa nelle posizioni di potere e nei ruoli decisionali.
Solo attraverso un impegno costante e condiviso (*potere costruire* – FUTURO) _____ un futuro più giusto per tutte le persone.

4 Comunità familiari: quando la famiglia supera i legami di sangue
a *Sottolinea l'opzione corretta.*

Negli ultimi anni, in diverse regioni italiane, **ci si assiste / si assistono / si assiste** alla nascita di comunità familiari, un fenomeno in crescita che propone un'alternativa alla famiglia tradizionale.
Si tende / Ci si tende / Si tendono a considerare queste realtà come un'alternativa alla famiglia tradizionale, basata su vincoli affettivi e progettuali **pressoché / al di là / prole** della parentela biologica o di legami legalmente riconosciuti.
Ci si organizza / Si ci organizza / Si organizza, dunque, in diverse forme, come il social housing, il co-housing, il common housing, i condomini solidali, ecc.; nomi diversi ma un obiettivo comune, cioè la creazione di gruppi eterogenei che vivono insieme in un ambiente suddividendosi le responsabilità quotidiane in modo equilibrato.
Si ritiene / Ci si ritiene / Si ritengono, infatti, che la vita comunitaria permetta di soddisfare bisogni sia emotivi che pratici, grazie alla condivisione di risorse e responsabilità. **Ci si aiuta / Ci si aiutano / Aiutano** nelle attività domestiche e nella gestione **del retaggio / della prole / del richiamo**, creando legami affettivi profondi e soprattutto condividendo il compito di educare i bambini. **Si predilige / Si richiamano / Si tende**, dunque, uno stile di vita basato sulla solidarietà e sul rispetto reciproco, che rifiuta modelli gerarchici tradizionali e **cerca / si cercano / si cerca** di promuovere una gestione paritaria, priva di gerarchie rigide sia tra i generi sia tra le generazioni. **Il retaggio / La prole / Il richiamo** a questo stile di vita rappresenta **un retaggio / una tendenza / una prole** di movimenti sociali del passato, reinterpretato in chiave moderna. In particolare il social housing ebbe origine nel XX secolo per rispondere ai bisogni abitativi generati dall'industrializzazione e dall'urbanizzazione. Inizialmente fu promosso come iniziativa privata, ma dopo la Seconda guerra mondiale entrò progressivamente a far parte delle politiche pubbliche. Oggi **si osserva / si osservano / ci si osserva** un rinnovato coinvolgimento di attori privati e si registra **un richiamo / un retaggio / una tendenza** a sperimentare questo modello soprattutto nelle aree urbane, dove la pressione economica e il desiderio di socialità sono più forti. Queste esperienze, pur essendo **al di là / pressoché / dei retaggi** sconosciute al grande pubblico, continuano a crescere come simbolo di un cambiamento culturale che valorizza la cooperazione e il sostegno reciproco.

ESERCIZI

b Abbina le parti di frasi per formare affermazioni logiche in base al testo precedente.

1. Le comunità familiari si fondano su
2. La vita in comune consente di
3. L'educazione dei bambini è vista come
4. Nelle grandi città si nota
5. Il concetto di comunità familiare riflette

a. soddisfare bisogni emotivi e pratici grazie alla collaborazione.
b. una responsabilità condivisa da tutti i componenti del gruppo.
c. un'eredità di movimenti sociali storici, riproposta oggi in una forma nuova.
d. legami affettivi e obiettivi comuni, indipendentemente dai legami di sangue.
e. una tendenza crescente a provare questo modello di convivenza.

5 Azione e reazione

Ascolta le frasi e indica la reazione corretta.

1. ○ a. Hai ragione, ha un che di inquietante.
   ○ b. Hai ragione, è proprio ospitale.
2. ○ a. Sì, ma calmati ché non c'è più tempo!
   ○ b. Sì, ma sbrigati ché l'offerta scade presto!
3. ○ a. Per me c'è un non so che di affascinante.
   ○ b. Per me non c'è niente di affascinante.
4. ○ a. Non credo che ci sia scelta più facile di questa!
   ○ b. È vero che ci avevo già pensato.
5. ○ a. Spero che tu l'abbia rifiutato subito!
   ○ b. Allora vale la pena considerarlo, no?
6. ○ a. No, ormai è troppo tardi.
   ○ b. Lo so che posso andare piano.

SEZIONE C Nuovi orizzonti

6 L'influenza delle icone LGBTQ+ nella cultura popolare italiana: Luxuria e Murgia

a Decidi in quali delle frasi **evidenziate** è possibile introdurre un *non* pleonastico e riscrivile posizionando il *non* al posto giusto. Nelle altre frasi non scrivere niente.

Negli ultimi anni, la società italiana ha visto l'emergere di figure iconiche che hanno svolto **un ruolo più incisivo di quanto si possa immaginare** (_____) nella lotta per i diritti LGBTQ+. Tra queste spiccano Vladimir Luxuria e Michela Murgia, che, ognuna a modo suo, hanno contribuito a cambiare la percezione della comunità LGBTQ+ in Italia.

Non si tratta solo di celebrità, ma di attiviste che hanno usato la propria visibilità per sfidare i concetti tradizionali e incoraggiare le persone a vedere oltre gli stereotipi e le aspettative imposte dalla società.

Vladimir Luxuria è stata la prima parlamentare transgender eletta in Europa e il suo attivismo ha avuto un impatto profondo sulla società italiana. **Appena è entrata in politica** (_____), ha portato direttamente all'interno delle istituzioni la discussione su questioni di genere e diritti civili. La sua voce, sempre incisiva, è stata un faro di speranza per molte persone.

Michela Murgia è un'altra figura di spicco che ha utilizzato la sua penna per difendere i diritti civili. La scrittrice e attivista ha unito la sua passione per la letteratura a quella

per la giustizia sociale, creando opere che sfidano le norme tradizionali. **Murgia non ha mai avuto paura di esprimere le proprie opinioni** (_____) affrontando argomenti complessi con profondità e ironia. La sua voce è fondamentale in un dibattito che non può permettersi di ignorare le esperienze delle persone LGBTQ+.

Le storie di queste icone non sono solo esempi di coraggio, ma anche testimonianze di un cambiamento sociale in corso. La loro influenza è tangibile, e il loro impegno **continua a ispirare nuove generazioni a lottare** (_____) per una società più giusta e inclusiva. È fondamentale non dimenticare che il loro lavoro non è ancora concluso e che ciascuno di noi dovrebbe contribuire **finché si sarà raggiunta la piena uguaglianza** (_____).

ESERCIZI 2

b Scegli la risposta corretta.

1. **Qual è stato il contributo di Vladimir Luxuria alla politica e alla società italiana in relazione ai diritti LGBTQ+?**
   - ○ a. Ha trattato questioni legate alla diversità e alla giustizia sociale, spingendo per una maggiore consapevolezza nelle istituzioni.
   - ○ b. Si è concentrata principalmente su iniziative internazionali per promuovere l'uguaglianza di genere.
   - ○ c. Ha collaborato con altri esponenti politici per fondare un partito LGBTQ+.
   - ○ d. Ha usato la sua carriera artistica per parlare di amore universale rimanendo però distaccata dalla politica.

2. **Qual è il tratto distintivo del contributo di Michela Murgia nella lotta per i diritti civili?**
   - ○ a. Ha integrato la difesa dei diritti LGBTQ+ nelle sue opere letterarie, sfidando spesso le norme tradizionali della società.
   - ○ b. Ha scelto di scrivere romanzi focalizzati esclusivamente sulle tematiche LGBTQ+.
   - ○ c. È riuscita a mantenere le sue opinioni politiche separate dalla sua carriera letteraria, evitando temi troppo compromettenti.
   - ○ d. Ha usato la sua penna per esplorare soprattutto temi di giustizia economica.

3. **Qual è l'obiettivo ultimo del lavoro portato avanti da queste figure per i diritti LGBTQ+?**
   - ○ a. Influenzare l'opinione pubblica per garantire che le persone della comunità LGBTQ+ possano esprimere apertamente le loro opinioni politiche.
   - ○ b. Rappresentare un movimento culturale che mira a una parità di diritti all'interno delle comunità urbane.
   - ○ c. Sostenere una serie di cambiamenti sociali per coloro che lavorano nel settore artistico.
   - ○ d. Promuovere una società più giusta e inclusiva, incoraggiando l'uguaglianza e la libertà di vivere senza pregiudizi.

PER FARE ANCORA MEGLIO

7 Altro
Completa i mini-dialoghi con le parole della lista.

altresì | altrui | senz'altro | tutt'altro | altrettanto
altroché | altrove | altrimenti | d'altronde

1. ● Pensi davvero che la tua proposta sarà accettata senza difficoltà?
   ▸ Beh, il direttore ha mostrato un certo entusiasmo e ha detto che la prenderà in considerazione. Credo che la approverà _____.

2. ● Come ti è sembrata la riunione di oggi?
   ▸ Una perdita di tempo, purtroppo. Mi aspettavo idee nuove e soluzioni pratiche, ma abbiamo sentito _____.

3. ● Sei sicuro che abbiamo esplorato tutte le possibilità qui?
   ▸ Direi di sì, ma potremmo cercare _____ per trovare altre opzioni.

4. ● Il tuo progetto sembra già ottimo così, ma potresti considerare alcuni dettagli aggiuntivi.
   ▸ Sì, avevo già pensato di aggiungere una sezione introduttiva e _____ qualche esempio pratico.

5. ● Non trovo corretto che si occupi sempre delle questioni _____ senza mai gestire le proprie.
   ▸ Hai ragione, sarebbe meglio che pensasse prima ai suoi impegni.

6. ● Mi sembra che continuiamo a commettere lo stesso errore nelle analisi. Dobbiamo cambiare strategia!
   ▸ Sono d'accordo. _____ non riusciremo mai ad arrivare a una risposta soddisfacente.

7. ● Non pensi che stiamo esagerando a dedicare tutto questo tempo alla questione?
   ▸ Forse, ma _____ non possiamo ignorare che ci stanno chiedendo di fare un'analisi completa.

8. ● Ti ringrazio molto per il tuo aiuto!
   ▸ Figurati, è stato un piacere. E poi, spero di ricevere _____ supporto da parte tua in futuro.

9. ● Pensi che ci siano altre persone disposte a unirsi a noi nella protesta?
   ▸ _____, già mi hanno contattato in molti!

2 ESERCIZI

VIDEO

8 Ripasso delle strutture impersonali

a Indica quali delle seguenti frasi contengono strutture impersonali.

- ○ 1. Se si vuole parlare bene bisogna conoscere le strutture impersonali!
- ○ 2. È necessario che conosciate la grammatica.
- ○ 3. Ieri ha piovuto tutto il giorno.
- ○ 4. Il cioccolato è buonissimo ma non piace a tutti.
- ○ 5. Capita che, visitando Napoli, la gente si innamori della città.
- ○ 6. È bello che amiate la lingua italiana!
- ○ 7. In Italia quasi tutti hanno una moka a casa.
- ○ 8. Dicono che Carla voglia divorziare.
- ○ 9. Si deve faticare per raggiungere i proprio traguardi.
- ○ 10. Dopo una bella cena si è felici.
- ○ 11. A scuola si studia ma ci si diverte.
- ○ 12. E questo è giusto che lo sappiate!

b Guarda le immagini. Cosa sta dicendo Pietro secondo te?

1.

a. ○ in molte situazioni
b. ○ quasi mai
c. ○ specialmente

2.

a. ○ terminare
b. ○ collaborare
c. ○ superare

3.

a. ○ perfetto
b. ○ grandissimo
c. ○ no

 Ora guarda il video tratto dal libro di Alma Edizioni "Videogrammatica avanzata della lingua italiana" di Pietro Gambino, cap. 3, pag. 41 per verificare le risposte degli esercizi a e b, poi indica se le seguenti affermazioni sono vere (V) o false (F).

	V	F
1. Se diciamo che una persona sa l'italiano, significa che lo parla bene.	○	○
2. Nessuna struttura impersonale ha un soggetto specifico.	○	○
3. Con tutte le strutture impersonali si usa il congiuntivo.	○	○
4. Le strutture impersonali si usano solo quando quello che stiamo dicendo si riferisce a un pubblico sconosciuto.	○	○
5. A volte delle azioni non vengono fatte da una persona in particolare.	○	○
6. Una delle funzioni delle forme impersonali è quella di abbreviare il discorso.	○	○
7. La forma "si si diverte" è corretta grammaticalmente, ma non suona bene.	○	○

ESERCIZI 3

SEZIONE A Doppi sensi

1 L'immagine giusta
Abbina le immagini alle frasi.

 1 ☐
 2 ☐
 3 ☐
 4 ☐
 5 ☐
 6 ☐
 7 ☐
 8 ☐

a. Rubate 2.000 saponette. La polizia se ne lava le mani.
b. Mi tieni sempre chiusa in casa, in estate mi trascuri, d'inverno abusi di me! Basta, sono stufa!!!
c. Tutti mi dicono di piantarla, ma io non faccio il giardiniere!!
d. Quando dopo i 50 anni il medico ti dice di mettere il ghiaccio dove fa male.
e. Lenti a contatto.
f. Ma perché saliamo le scale e non zuccheriamo gli ascensori?
g. Il suo colmo? Avere tante penne e non saper scrivere!
h. Il professore di diritto mi ha guardato storto.

2 È stato un equivoco!
Completa il testo coniugando i verbi al passato prossimo, imperfetto, trapassato prossimo, passato remoto o trapassato remoto.

Il direttore generale di una banca (*essere*) _____ preoccupato per un suo giovane collaboratore, un ragazzo solitamente molto diligente che, da qualche settimana (*iniziare*) _____ ad assentarsi tutti i giorni a mezzogiorno, mentre fino ad allora, non (*fermarsi*) _____ neanche per la pausa pranzo. Insospettito, il direttore decise di ingaggiare un detective privato e gli (*dire*) _____: "Segua il Sig. Bianchi per una settimana. Ho il timore che possa essere coinvolto in qualcosa di poco chiaro".
Dopo che il detective (*svolgere*) _____ l'indagine, (*tornare*) _____ con il suo rapporto: "Direttore, il suo collaboratore esce ogni giorno a mezzogiorno, prende la sua macchina, va a pranzo a casa sua, passa del tempo con sua moglie, si gode uno dei suoi pregiati sigari e poi torna al lavoro". Rassicurato, il Direttore (*commentare*) _____: "Ah, meno male! Mi solleva sapere che non c'è nulla di sospetto".
A quel punto, il detective (*chiedere*) _____: "Posso darle del tu, Direttore?".
Il direttore, un po' sorpreso, (*rispondere*) _____: "Sì, certo, va bene". E il detective: "Allora, te lo ripeto: Bianchi esce ogni giorno a mezzogiorno, prende la tua macchina, va a pranzo a casa tua, passa del tempo con tua moglie, si gode uno dei tuoi pregiati sigari e poi torna al lavoro".

3 Polisemia ed enantiosemia
Abbina ogni frase al significato corretto delle parole **evidenziate**.

1. La conferenza non sarà registrata, per questo prendo un **appunto**.	a. esattamente
2. Lui sostiene che non dovremmo preoccuparci, e **appunto** per questo io sono ancora più preoccupato!	b. nota

3. Non c'è niente di peggio di una lunga **coda** sotto il sole cocente.	a. parte terminale del corpo di un animale
4. È sempre nervoso, ma quando agita la **coda** è peggio.	b. fila

3 ESERCIZI

5. Devi assumerti le responsabilità della tua **funzione**.
6. Hai la responsabilità di celebrare la **funzione**.

   a. ruolo
   b. cerimonia

7. Non si capisce niente, è un vero **giallo**!
8. Non mi sembra ocra, è proprio **giallo**!

   a. mistero
   b. colore

9. Il protagonista ha deciso di **affogare** il rivale.
10. Non ha certo deciso di **affogare**, è stato un incidente.

    a. morire in acqua
    b. uccidere qualcuno in acqua

11. Il giorno **avanti** la partenza, controllò ancora una volta tutti i documenti.
12. Da quel giorno in **avanti** si impegnò al massimo.

    a. prima
    b. poi

13. Era sempre in ritardo, così è stato **cacciato** dalla polizia.
14. La polizia lo sta **cacciando** ovunque, ma senza successo.

    a. mandare via
    b. inseguire

15. Lo accolsero con un caloroso "**ciao**".
16. Si scambiarono un malinconico "**ciao**" prima di allontanarsi.

    a. benvenuto
    b. arrivederci

17. Trovo **curioso** che abbiano deciso di mantenere il silenzio su un argomento di tale importanza.
18. Trovo sia uno studente **curioso**, sempre attento e interessato.

    a. che prova curiosità
    b. che suscita curiosità

19. Nei giorni **feriali** il direttore è molto esigente.
20. Rispetto ai giorni **feriali**, l'orario festivo della metropolitana è diverso, quindi controlla prima di partire.

    a. di lavoro
    b. di non lavoro

21. L'**ospite** è stato premuroso e disponibile.
22. L'**ospite** è stato qui diverse volte.

    a. persona che ospita
    b. persona che viene ospitata

SEZIONE B Il corpo parla

4 Il linguaggio segreto del corpo
Completa le frasi con le espressioni della lista. Attenzione: alcune espressioni devono essere usate in più di una frase.

**non di rado | un'acca | per giunta
a riprova | in buona fede**

1. Aveva negato qualsiasi coinvolgimento, ma _____ della sua colpevolezza c'erano alcuni fattori determinanti come il suo sguardo evasivo e i suoi gesti nervosi.
2. Non mi ha detto nulla e, _____, ha evitato il contatto visivo, quindi era chiaro che non voleva parlarmi.
3. Nonostante la gravità di ciò che aveva fatto, quel lungo abbraccio e quelle lacrime incessanti suggerivano che avesse agito _____.
4. Toccarsi ripetutamente il viso è _____ un segno di disagio o incertezza, soprattutto quando si è sotto pressione.
5. Un sorriso tirato e uno sguardo vagante possono nascondere sentimenti di insicurezza o disagio, _____ di ciò che le parole non dicono.
6. Evitare il contatto visivo è _____ interpretato come un segno di menzogna o disinteresse.
7. Secondo me non hai capito _____ della sua reazione! Non hai visto le sue labbra serrate e il sopracciglio alzato in segno di scetticismo e disapprovazione?
8. Il suo corpo inclinato all'indietro trasmetteva un senso di distacco e disinteresse. _____ teneva anche le gambe incrociate.
9. Uno sguardo che vaga continuamente è spesso interpretato come un tentativo di evitare il confronto diretto, _____ di una possibile menzogna.
10. La sua postura eretta e il mento alzato trasmettevano un senso di grande autostima. _____ aveva un tono di voce estremamente sicuro.
11. _____ del suo disaccordo, incrociò le braccia sul petto e si allontanò leggermente, creando una distanza fisica.
12. La discrepanza tra le sue parole rassicuranti e il suo linguaggio del corpo teso rafforzava la mia idea che non avesse commesso quell'errore _____.

ESERCIZI 3

5 Insegnare... con il corpo

a *Completa il dialogo con i verbi della lista al condizionale presente o passato.*

andare | aiutare | piacere | fare (x4) | imparare
provare | potere (x2) | essere (x2)

- Sai, ho notato che da quando ho iniziato a usare di più il mio corpo nelle lezioni, gli studenti sembrano più attenti e partecipativi.
- Davvero? _____ essere un ottimo modo per rendere le mie lezioni più dinamiche. Mi _____ qualche esempio di come lo fai?
- Cerco di mimare le azioni quando introduco nuovi vocaboli, oppure di usare gesti per sottolineare concetti importanti. Al tuo posto, _____ a creare delle piccole rappresentazioni teatrali con i tuoi studenti.
- Ma sai, non so se ne _____ capace, ho paura di sembrare ridicolo davanti ai miei studenti.
- Capisco, ma ricorda che l'importante è divertirsi e creare un'atmosfera rilassata. Con un po' più di coraggio all'inizio della mia carriera, sicuramente _____ più errori, ma di certo _____ ad essere un insegnante migliore.
- Hai ragione. Mi _____ coinvolgere gli studenti in più attività pratiche lo scorso semestre, ma spesso il tempo a disposizione è limitato.
- _____ meglio a chiedere aiuto ai tuoi colleghi ogni volta che ne sentivi il bisogno. Insieme, tu e loro _____ organizzare delle attività più elaborate.
- Giusto! Probabilmente tutti _____ disposti ad aiutarmi e questo _____ a vantaggio degli studenti.
- Eh sì! Molti colleghi in passato mi hanno detto che mi _____ e devo dire che tutti hanno mantenuto le loro promesse!
- Fantastico! Ora mi manca solo di convincere gli studenti! Sicuramente alcuni non _____ nessuna resistenza, ma altri...
- Beh, provare per credere!

b *Convinci l'insegnante e il tuo compagno / la tua compagna di classe a usare il corpo, coniugando i verbi tra parentesi all'imperativo formale o informale e posizionando i pronomi al posto giusto.*

Per l'insegnante...

1. (*Utilizzare*) _____ il Suo corpo per enfatizzare i concetti chiave e (*muoverlo*) _____ con naturalezza. Un gesto, un'espressione, possono fare la differenza.
2. (*Proporre*) _____ agli studenti delle attività motorie e (*coinvolgerli*) _____ per renderli più partecipi e attivi.
3. (*Mimare*) _____ le azioni. Aiuterà gli studenti a comprenderle meglio.
4. (*Creare*) _____ un ambiente di apprendimento in cui gli studenti si sentano liberi di muoversi e di sperimentare. (*Non limitare*) _____ mai la loro libertà espressiva.
5. (*Valorizzare*) _____ le diverse intelligenze degli studenti, non solo quella linguistica, e (*offrirgli*) _____ la possibilità di esprimersi anche attraverso il corpo.

Per il compagno / la compagna...

6. (*Muoversi*) _____ durante le lezioni! (*Alzarsi*) _____, (*camminare*) _____, (*gesticolare*) _____: ti aiuterà a concentrarti e a memorizzare meglio.
7. (*Partecipare*) _____ alle attività proposte dall'insegnante. (*Non avere*) _____ paura di sbagliare, è così che si impara!
8. (*Fare*) _____ le imitazioni dei personaggi dei libri o dei film che stai studiando. È un modo divertente per allenare la pronuncia e la comprensione.
9. (*Esprimersi*) _____ anche con il corpo. I gesti, le espressioni facciali e la postura sono parte integrante della comunicazione.
10. (*Divertirsi*) _____ a imparare! Il corpo è il tuo alleato, (*usarlo*) _____ per rendere lo studio più piacevole.

3 ESERCIZI

6 **Qual è il gesto?**
Ascolta e scrivi il numero corrispondente a ogni immagine.

a.

b.

c.

d.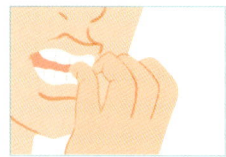

e.

f.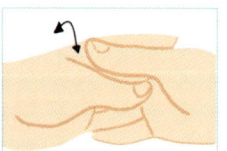

g.

h.

i.

l.

SEZIONE C — Il potere dei meme

7 **Meme... sbagliati!**
<u>Sottolinea</u> *i 6 verbi difettivi al passato prossimo presenti erroneamente nel testo, scrivi le forme all'infinito e sostituiscili con i verbi della lista, come nell'esempio.*

astenersi | cedere | gareggiare | piacere a avere valore | ✓riguardare

> Negli ultimi anni, il fenomeno dei meme ha conquistato il web e ha concernuto praticamente ogni aspetto della vita quotidiana. Se per molto tempo le persone si sono esimute dal diffondere immagini con battute semplici, con l'evoluzione dei social media la condivisione di contenuti umoristici e immediati ha aggradato molte persone. Le battute tra generazioni hanno spesso competuto per il dominio online, e alcuni tipi di meme poco efficaci hanno soccombuto di fronte alle nuove tendenze. Mentre le tematiche dei meme si aggiornano, sembra che alcune regole non scritte del web abbiano vigiuto sempre, mantenendo una certa continuità nel modo in cui vengono creati e interpretati i contenuti.

INFINITO	VERBO SOSTITUTIVO
1. concernere	ha riguardato
2. _____	_____
3. _____	_____
4. _____	_____
5. _____	_____
6. _____	_____

8 **Non è necessario!**
Cancella da ogni frase l'intercalare superfluo.

1. Direi che ormai i meme sono un vero e proprio linguaggio universale.
2. In buona sostanza, condividere un meme è come lanciare un messaggio a tutta la rete.
3. Piaccia o non piaccia, i social media sono dominati da immagini e battute veloci.
4. Quel meme è diventato virale, per così dire, perché ha colpito nel segno.
5. E senti, hai visto l'ultimo meme che circola su Instagram?
6. Diciamo che il suo tentativo di fare un meme divertente non ha funzionato come sperava.
7. Morale della favola, se fai un meme, preparati a ricevere opinioni di ogni genere.
8. Ho provato a spiegare il meme a mio nonno e niente, non l'ha capito.
9. Comunque, alcuni meme fanno proprio ridere, altri sono solo assurdi!

ESERCIZI 3

PER FARE ANCORA MEGLIO

9 Non fare le tragedie!
Completa il dialogo con le espressioni della lista.

una valanga di | tieni duro | a pezzi | fregatene
già tanto | pressappoco | un bel po'
stare sotto un treno

- Marina, sembri _____ oggi! Che succede?
- Eh, niente, mi sono addormentata _____ alle 3 e mi sono svegliata alle 6.
- E perché?
- Non hai visto quel meme che ha postato Stella ieri sera? Quello sui "colleghi che parlano troppo"? È _____ che sia riuscita a dormire 3 ore!
- Ma dai, _____! E poi non è detto che fosse rivolto a te... Laura posta _____ meme al giorno, su qualsiasi argomento!
- No, guarda, ci sono rimasta male _____!
- Senti, non vale proprio la pena _____ per questo motivo! Tanto più che lo sanno tutti che Stella è una che crea sempre conflitti in ufficio!
- Dici? Le tue parole sono molto importanti per me!
- Mi fa piacere e, mi raccomando, _____!

VIDEO

10 Lessico colloquiale
  a Abbina le parole e le espressioni ai loro significati.

1. avere l'acquolina in bocca
2. stringere / tagliare
3. picchiare
4. furbo
5. angioletto
6. che barba!
7. al bacio

a. colpire con violenza
b. sono annoiato, infastidito
c. accorciare un discorso
d. provare desiderio per un cibo
e. che usa la sua intelligenza per il proprio vantaggio
f. ottimo, perfetto
g. persona buona, innocente, ingenua

  b Guarda il video e poi completa il dialogo con le espressioni della lista.

insieme | niente | al bacio | guardi | picchio
taglia | un momento | così così | che barba
angioletto | tardi | matta | l'acquolina in bocca
ho fame | furba

- È un po' _____, io vado.
- E dove vai?
- _____, vado a mangiarmi due spaghetti.
- Spaghetti? Hmmm... buoni!
- Non immagini quanto! _____!
- Mi viene _____!
- Andiamo _____?
- Sì?
- Ma sì, andiamo!
- Sììì!
- Allora vieni?
- Solo _____, devo fare una telefonata.
- Ma una cosa veloce?
- Sì, sì, solo un momento.
- Stringi, eh! ... _____ dai!
- Aspetta!
- _____!
- E un momento... guarda che ti _____!
- Che noia!
- Un momento... vai a quel paese!
- Vai a quel paese a me?? Oh, ma sei _____?
- Ecco, finito!
- Oh, finalmente! Tutto ok, sì?
- Beh, veramente _____.
- Che c'è?
- Cioè... io...soldi..._____.
- Tu soldi niente? Eh eh, sei _____ ...molto!
- Io? Ma sono un _____!
- Sì, sì, va be', andiamo dai!
- Sì, io e te andiamo a mangiare gli spaghetti?
- Io e te a mangiare gli spaghetti? No, guarda, io mangio gli spaghetti, tu _____!
- Che tristezza!

  c Abbina le immagini ai significati.

a. sei matto/a
b. così così, più o meno
c. niente

4 ESERCIZI

SEZIONE A A lezione di felicità

1 I Parchi del Sorriso

a Ascolta il dialogo tra Caterina e Luciano e scegli l'opzione corretta. Attenzione: in alcune frasi 2 opzioni sono corrette.

1. Qual è la principale critica di Luciano riguardo ai Parchi del Sorriso?
   - a. Crede che siano un'iniziativa superflua rispetto a problemi più urgenti della città.
   - b. Pensa che siano troppo costosi e che i cittadini non li utilizzino abbastanza.
   - c. Ritiene che siano utili solo per persone che non hanno problemi gravi.

2. Perché Caterina è favorevole ai Parchi del Sorriso?
   - a. Crede che aiutino a migliorare il benessere mentale delle persone.
   - b. Pensa che siano essenziali per risolvere il problema della disoccupazione.
   - c. Ritiene che siano un'opportunità per prendere una pausa dalla vita frenetica.

3. Quale di queste affermazioni riflette meglio la visione di Luciano sui Parchi del Sorriso?
   - a. Sono utili solo per chi non ha un lavoro e non sa come passare il tempo.
   - b. Non servono a migliorare il benessere mentale.
   - c. Sono un'iniziativa che potrebbe anche essere interessante per la città, ma solo dopo aver risolto altre urgenze.

4. Quali elementi caratterizzano i Parchi del Sorriso, secondo Caterina?
   - a. Spazi per attività fisica e competizioni sportive.
   - b. Panchine con messaggi positivi e percorsi di meditazione.
   - c. Aree per la socializzazione e per svolgere attività rilassanti.

5. Che cosa intende Luciano con l'espressione "non si può dare per scontato che un po' di verde ci risolva tutti i problemi"?
   - a. Ritiene che gli spazi verdi abbiano un impatto limitato sui problemi reali.
   - b. È convinto che i parchi siano la soluzione a molti problemi.
   - c. Crede che non si debbano ignorare altre soluzioni per migliorare il benessere mentale della gente.

6. Perché Caterina invita Luciano a visitare il parco?
   - a. Per fargli provare di persona come i benefici del parco possano risolvere i suoi problemi.
   - b. Per fargli cambiare opinione sui Parchi del Sorriso.
   - c. Per passare del tempo insieme e dimenticare i problemi della città.

b Completa le frasi tratte dal dialogo con le espressioni della lista sulle righe _____ e con il si impersonale ed eventuali pronomi (se necessari) nei box ☐.

**le pene dell'inferno | giù di corda | affranto
i salti di gioia | piange il cuore | più nella pelle
gioia da tutti i pori**

1. Lorenzo non stava _____ di sapere di cosa si trattasse, così ieri ci siamo andati.
2. Con tutte le cose di cui ☐ ha bisogno qui, proprio un parco del sorriso in cui ☐ deve rilassare a comando?
3. Ehi, che pessimismo! Sei _____ oggi?
4. Nei parchi del sorriso, ci sono panchine con messaggi positivi [...]. A Milano ☐ sono aperti diversi, e lo stesso succede in città come Bologna e Torino. ☐ va per staccare dalla vita frenetica, [...]. Non dico che dopo un giro al parco ☐ sprizzi _____, però aiutano!
5. ... visto che i soldi pubblici sono sempre pochi, non andrebbero sprecati in cose futili. Insomma ☐ potevano spendere meglio! È inutile fare _____ per un parco quando ci sono strade che cadono a pezzi o gente che soffre _____ per trovare un lavoro decente. Non ☐ può dare per scontato che un po' di verde risolva tutti i problemi.
6. Non dico che risolva tutto infatti, però è utile avere uno spazio in cui ☐ sente in pace, in cui ☐ può distendere senza pensieri... Non so, mi sembri un po' troppo negativo! Cioè, ☐ offre la possibilità di respirare, di ritrovare calma e serenità e tu, invece di apprezzarlo, sembri _____!
7. Non esageriamo, dico solo che magari c'è chi ne gioisce, ma non ☐ dica che non ci sono problemi più urgenti da risolvere!

ESERCIZI 4

8. La salute mentale è importante, eppure troppo spesso _____ trascura! E poi pensa a quanta gente ne soffre, solo a pensarci mi _____! E con questi parchi si fa qualcosa per queste persone, _____ dà un'opportunità per stare un po' meglio, è importante!
9. Per chi soffre davvero, non _____ fa molto, ecco cosa intendo. _____ deve dare un sostegno concreto, mica messaggi allegri sulle panchine!
10. Però anche una piccola pausa può fare bene, non _____ dovrebbe sottovalutare. Dai, magari un giorno _____ va insieme così te ne fai un'idea di persona.

2 Quanta felicità!
Sottolinea l'opzione corretta.

1. Dopo aver ottenuto il lavoro dei suoi sogni, Anna ha esclamato: "Ora sì che sono **a cavallo / una pelandrona**: posso festeggiare senza pensieri!"
2. Marco ha risparmiato un sacco e ha deciso di comprarsi una moto per **fare eco / togliersi uno sfizio**: finalmente il suo sogno si è realizzato.
3. Alla fine del discorso di apertura dell'evento, molti partecipanti hanno **fatto eco / piovuto dal cielo** all'organizzatore, mostrando entusiasmo per il suo messaggio positivo.
4. Dopo la giornata rilassante alla spa, Giulia diceva di stare davvero **a terra / da Dio**: nessuna preoccupazione, solo pura felicità!
5. Ogni volta che c'è da darsi da fare, Riccardo è sempre lì a rimandare: è proprio **un tipo da Dio / un pelandrone**!
6. Mara ha deciso di partire per un lungo viaggio, anche se i suoi amici non capiscono perché **si sia messa in testa / abbia piovuto dal cielo** questa idea di lasciare tutto per un po'.
7. Non c'è dubbio che il contatto con la natura aiuti a sentirsi più sereni: è **appurato / affranto** che camminare nel verde riduca lo stress.
8. Alla fine Tommaso ha ammesso: "**Ebbene sì / A cavallo**, ho vinto alla lotteria e sono felice come una Pasqua!"

SEZIONE B   Una nuova normalità

3 La normalità nel tempo
Usa i prefissi e le parole tra parentesi per formare i verbi, come nell'esempio.

Il bagno in mare: da rimedio medico a svago comune
Nel XVIII secolo fare il bagno in mare era considerato un trattamento per (*puro*) *depurare* il corpo e non un'attività ricreativa. Le persone si immergevano su consiglio medico e spesso sotto la supervisione di un bagnino. Oggi, invece, andare al mare è un modo per staccare dalla routine e (*carico*) _____ la tensione.

Il corsetto per le donne
Nel XIX secolo era comune per le donne indossare il corsetto per ottenere un vitino da vespa, anche se ciò poteva compromettere la loro salute, causare problemi respiratori e (*forma*) _____ il torace. Oggi, un indumento così scomodo risulterebbe davvero inconcepibile da indossare ogni giorno.

Le sanguisughe come cura universale
In passato applicare sanguisughe per curare malanni era visto come un modo per (*vuoto*) _____ il corpo dalle impurità. Ora, questa pratica è limitata a specifiche condizioni mediche e viene considerata una curiosità storica.

Il fumo negli ospedali e sugli aerei
Fino agli anni '80 era normale vedere le persone accendersi una sigaretta negli ospedali o sugli aerei. Oggi, invece, l'idea di fumare in luoghi pubblici, specie in ospedale, non solo viene (*consiglio*) _____, ma è illegale.

La lobotomia come trattamento psichiatrico
Tra gli anni '30 e '50, quando si (*certo*) _____ un determinato tipo di disturbo mentale, si usava la lobotomia per curarlo, ma spesso finiva per danneggiare in modo irreversibile i pazienti. Al giorno d'oggi, i trattamenti psichiatrici sono decisamente meno invasivi e più mirati.

Le radiazioni nei prodotti di bellezza
All'inizio del XX secolo si usava (*ricco*) _____ alcuni prodotti cosmetici con sostanze radioattive che erano considerate benefiche per la pelle, al punto da (*curioso*) _____ e attirare moltissime persone. Oggi, questi ingredienti sono stati completamente rimossi e considerati altamente pericolosi.

La vendita del latte non pastorizzato
Fino agli anni '30 il latte veniva venduto fresco e non pastorizzato, esponendo le persone a vari rischi sanitari. Oggi il latte viene (*bottiglia*) _____ solo dopo essere stato pastorizzato e quello non trattato si trova solo in occasioni particolari.

Il caffè considerato pericoloso
Nel XVII secolo il caffè era percepito come una bevanda sospetta, tanto da essere vietato in certi Paesi. Ora, questa bevanda è diventata fondamentale e fa parte della quotidianità di milioni di persone, anche se ha la capacità di (*nervoso*) _____ un po' alcuni soggetti più sensibili alla caffeina.

4 ESERCIZI

4 Curiose manie dei lettori
Completa il testo con le preposizioni semplici o articolate, quando necessario.

Le curiose manie dei lettori
Ogni lettore ha le sue manie segrete, gesti o abitudini che compie quando si immerge ___ un libro. Alcuni si avvicinano ___ libro come se fosse un oggetto sacro, altri non possono fare a meno ___ sentirne il profumo delle pagine. Ci sono lettori che non amano ___ prestare i libri, mentre altri, al contrario, amano ___ condividere il loro amore per la lettura. Vediamo insieme ___ alcune di queste abitudini.

Andare ___ caccia della copia perfetta
Un'abitudine comune è quella di cercare ___ la copia più bella di un libro, soprattutto quando lo si acquista per la prima volta. Alcuni lettori vanno addirittura ___ scovare l'ultimo libro della pila, convinti ___ che nessuno l'abbia toccato prima di loro. Come dice Valentina F., "Quando vado in libreria, vado sempre a prendere l'ultimo libro che trovo ___ scaffale, convincendomi ___ che nessuno l'abbia preso ___ mano".

Pensare ___ possedere il libro più prezioso
Altri lettori si sentono particolarmente ___ gelosi dei loro libri e pensano che possedere una copia intatta li faccia ___ sentire più ricchi di cultura. Questo pensiero è comune tra chi cerca ___ preservare la bellezza fisica del libro, evitando ___ che venga rovinato. Come afferma Luca P.: "Penso ___ avere la collezione più bella di libri, proprio perché nessuno li ha mai toccati".

Provare ___ non interrompere mai la lettura
Il piacere di leggere è tanto grande che alcuni lettori fanno di tutto per non interrompere la lettura, anche quando arrivano ___ ultimo capitolo di un libro. Anzi, in alcuni casi, leggono immediatamente un altro libro per non fermarsi mai. "Cerco ___ non smettere mai di leggere, perché è una passione troppo forte", racconta Andrea T.

Prestare ___ libri? Mai!
Per molti lettori l'idea di prestare i propri libri è impensabile. La paura che vengano danneggiati o che non vengano restituiti è talmente forte che preferiscono ___ non cedere mai i loro volumi. "Non so se sia una strana abitudine, ma io non presto mai i miei libri. Penso sempre ___ che potrebbero essere rovinati", dice Fabio R.

Amare il libro a tal punto ___ baciarlo
Alcuni lettori si affezionano talmente tanto ___ loro libri che non possono fare a meno di abbracciarli o addirittura baciarli. Un vero e proprio atto di affetto per un oggetto che riesce ___ suscitare emozioni forti e profonde. "Mi piace ___ baciarli appena finisco ___ leggerli, è come se li volessi ringraziare per avermi fatto compagnia", afferma Chiara B.

Occorre ___ trattare i libri con amore
Infine, c'è chi crede che trattare i libri con cura sia essenziale per garantirne ___ la longevità. Alcuni pensano che ogni segno, ogni sottolineatura, possa farli ___ diventare ancora più speciali. Come sostiene Giovanni P., "Occorre sempre ___ scrivere nei margini e sottolineare ___ le frasi più belle, perché un libro che è vissuto ha più valore".

Conclusioni
Leggere è un atto intimo e ogni lettore ha i suoi piccoli riti segreti, che possono ___ sembrare strani agli occhi degli altri, ma che in realtà sono parte di un'esperienza condivisa ___ milioni di persone.

SEZIONE C Benessere psico-emotivo

5 Il bagno di foresta
a *Leggi la prima parte del testo e <u>sottolinea</u> il significato corretto di proprio.*

UN RITORNO A SE STESSI

Immergersi nella natura, soprattutto in un bosco, è un'esperienza che risveglia i sensi e rigenera lo spirito. In Giappone questa pratica, chiamata *Shinrin-yoku* o "bagno di foresta", è riconosciuta **proprio** (ADDIRITTURA / DAVVERO / AFFATTO) a livello scientifico per i suoi benefici sul benessere psico-fisico. L'Italia offre molti luoghi perfetti per praticare questa disciplina. Le foreste, infatti, sono considerate un patrimonio naturale **proprio** (LORO / VERAMENTE / PECULIARE) degli italiani, essendo parte integrante del paesaggio culturale e naturale, e molti le considerano il **proprio** (LORO / SUO / VERO) ambiente ideale per trovare una connessione più profonda con la natura. Camminare in un bosco, infatti, è un'esperienza che permette di sentirsi **proprio** (DAVVERO / AFFATTO / SUO) parte del mondo che ci circonda.

ESERCIZI 4

b Leggi la seconda parte del testo e in ogni frase <u>sottolinea</u> la parola che può essere sostituita con proprio, poi scrivi la forma corretta di proprio per fare la sostituzione.

SOSTITUZIONE

1. Durante una sessione di *forest therapy*, l'educatore guida i partecipanti verso la consapevolezza dei loro sensi. _____

2. L'idea è che ogni partecipante possa riscoprire il suo equilibrio interiore, sperimentando momenti di calma. _____

3. Un aspetto che rende questa pratica particolarmente efficace è precisamente il suo contesto: i suoni, gli odori e i colori della natura stimolano una connessione che va oltre le parole. _____

4. In Italia, dove il forte rapporto con la natura è una caratteristica peculiare della cultura, immergersi nei boschi è una pratica che permette di rinnovare una tradizione presente da secoli. _____

5. Di certo bisogna anche fare attenzione: fare il bagno di foresta in un luogo abitato da lupi o orsi, come si può facilmente intendere, non è affatto una buona idea! _____

PER FARE ANCORA MEGLIO

6 Studi sul benessere psico-emotivo

Le frasi seguenti sono state riscritte con un linguaggio più tecnico, ma mancano i verbi adatti. Completale scegliendo i verbi dalla lista. Attenzione: alcuni verbi devono essere usati più volte.

svolgere | raggiungere | condurre fornire | sviluppare

1. L'obiettivo dello studio era di ridurre la solitudine e migliorare il benessere emotivo degli anziani.
   → L'obiettivo dello studio era di _____ un risultato positivo per il benessere emotivo degli anziani.

2. I ricercatori stanno lavorando per raccogliere dati su come la meditazione influenzi il benessere psico-emotivo.
   → I ricercatori stanno cercando di _____ una ricerca approfondita sulla relazione tra benessere psico-emotivo e meditazione.

3. Durante l'indagine, gli esperti hanno cercato di dare spiegazioni su come la gratitudine migliori la salute mentale.
   → Gli esperti hanno cercato di _____ un'informazione importante sulla relazione tra gratitudine e salute mentale.

4. Il progetto mirava a migliorare la qualità della vita dei pazienti.
   → Il progetto mirava a _____ un traguardo significativo per la qualità della vita dei pazienti.

5. La ricerca ha esaminato gli effetti di un ambiente lavorativo positivo sul benessere emotivo.
   → La ricerca ha tentato di _____ uno studio sui benefici di un ambiente lavorativo positivo.

6. Gli studiosi stanno testando diverse tecniche per ridurre l'ansia nelle nuove generazioni.
   → Gli studiosi stanno cercando di _____ una tecnica efficace per ridurre l'ansia nelle nuove generazioni.

7. Il team di esperti ha proposto un programma di supporto psicologico per i giovani in difficoltà.
   → Il team di esperti ha deciso di _____ aiuto psicologico mirato per i giovani.

7 Dare... è bello!

Scegli l'opzione giusta. Attenzione: in alcuni casi le opzioni corrette sono 2.

1. Quando qualcuno sostiene un esame, in italiano possiamo dire che deve...
   ○ a. dare un esame
   ○ b. prendere un esame
   ○ c. sostenere un esame

2. Se un amico afferma che qualcosa che hai detto non è vero, puoi dire che ti ha...
   ○ a. dato ragione
   ○ b. dato torto
   ○ c. dato a vedere

3. Se qualcuno ti ha ingannato/a facendoti credere qualcosa di falso, si può dire che te l'ha...
   ○ a. data a credere
   ○ b. data a bere
   ○ c. data a vedere

4. Quando si considera qualcosa come certo e normale, si...
   ○ a. dà per scontato
   ○ b. dà a vedere
   ○ c. dà torto

5. Se qualcuno ti colpisce in faccia con la mano aperta, possiamo dire che ti ha...
   ○ a. dato torto
   ○ b. dato una sberla
   ○ c. dato a vedere

6. Se una finestra dà sulla strada, significa che...
   ○ a. dalla finestra non si può vedere la strada.
   ○ b. la vista dalla finestra è bloccata dalla strada.
   ○ c. la finestra si apre direttamente sulla strada

4 ESERCIZI

VIDEO

8 Amore = felicità?

a *Completa il testo con gli elementi della lista.*

divario | 55% | professionale | 34 | duraturo
cruciale | significativamente | se stessi
sentimentale | l'unico

> L'amore è visto come una fonte di felicità da molti italiani, ma non è _____ fattore che la determina. Secondo un recente studio *Ipsos* il 73% degli italiani ritiene che l'amore sia fondamentale per la felicità, con il 57% che afferma che una relazione stabile contribuisce _____ al benessere emotivo. Tuttavia, il 27% degli intervistati sostiene che l'amore non basti per essere felici, evidenziando l'importanza di altri aspetti della vita, come il successo _____ e l'autoconsapevolezza.
> Un recente sondaggio *Eurispes* ha rivelato che il 45% degli italiani crede che la felicità dipenda prima di tutto dall'amore per _____. La solitudine è vista in modo positivo dal 39% dei giovani tra i 18 e i _____ anni, che la considerano un'opportunità di crescita personale. Inoltre, il 68% degli italiani ritiene che una relazione _____ debba essere basata sulla condivisione e sul supporto reciproco.
> Interessante è il _____ tra le età: tra gli over 50, il _____ afferma che per la felicità l'amore è più importante della carriera, mentre solo il 45% dei giovani adulti la pensa allo stesso modo. Inoltre, il 42% degli italiani crede che l'amore _____ debba includere una certa indipendenza emotiva. Per il 63% delle coppie sposate, l'amore è una fonte di felicità, rispetto al 28% dei non sposati.
> In sintesi, l'amore è _____ per la felicità, ma è solo uno degli elementi che la determinano in un percorso complesso che include anche l'autosufficienza e l'equilibrio personale.

b *Guarda il video e indica se le affermazioni sono vere (V) o false (F).*

	V	F
1. Federico II era appassionato di canzoni d'amore.	○	○
2. Federico II parlava il francese per le sue origini familiari.	○	○
3. Federico II parlava il latino perché da bambino ha vissuto nello Stato del Vaticano.	○	○
4. Prima di Federico II, in Sicilia esistevano già delle poesie in latino.	○	○
5. Federico II ha dato l'ordine di parlare solo di amore nelle poesie.	○	○
6. Il professore insinua che gli avvocati non sono molto sentimentali e romantici.	○	○
7. Le caratteristiche principali della poesia d'amore siciliana sono l'equilibrio e la spontaneità.	○	○
8. Il motivo per cui gli italiani sono un po' esagerati quando parlano d'amore è che la poesia siciliana era scritta dai funzionari di corte di Federico II.	○	○

c *Ricostruisci le frasi, poi guarda di nuovo il video per verificare.*

1. sento | italiane | volentieri | piacciono | le | le | mi | canzoni ,
   _____

2. sono | italiani | da | gli | come | viene | : | pensare | mi | esagerati
   _____

3. viene | il | è | un | , amore | domandarsi esagerato | è | d' | che | se | da | perché linguaggio | po' | italiano | vero
   _____

4. lingua | momento | che | la | del | francese parla | è | il | snob
   _____

5. suoi | corte | allora | i | chiama | di | mattina funzionari | Federico II | una
   _____

6. d' | sicurezza | esclusivamente, | parlate | per amore | politica | parlate | non | di | anzi ,
   _____

7. una | cervellotica | siciliana | poesia | poesia amore | tutta | è | la | d'
   _____

d *Abbina le parole al significato corretto.*

1. risalire
2. funzionario
3. corte
4. notaio
5. magistrato
6. giurista
7. cervellotico

a. professionista incaricato dell'amministrazione della giustizia
b. inutilmente complicato, illogico e oscuro
c. residenza di un sovrano, ma anche la sua famiglia e tutto il suo seguito
d. tornare indietro nel tempo
e. studioso, esperto di diritto
f. professionista che svolge la funzione di pubblico ufficiale
h. professionista che ha la funzione di garantire la validità dei documenti, dei contratti, ecc.

ESERCIZI 5

SEZIONE A Introduzione alla volgarità

1 Insegnare la volgarità?

a *Ascolta l'intervento del linguista e indica quali frasi della trascrizione contengono differenze rispetto all'audio. Sottolinea le parole difformi e poi correggile, come nell'esempio.*

	TRASCRIZIONI		CORREZIONI
1.	Bene, prima di tutto devo <u>mettere</u> che quando mi è stato chiesto di parlare del turpiloquio nella lingua italiana, ero un po' <u>tentennante</u> vista la delicatezza del tema!	✓	*ammettere* / *titubante*
2.	Cominciamo con dire che il termine "turpiloquio" deriva del latino *turpiloquium*, composto di *turpis*, turpe, cioè moralmente vergognoso, offensivo della dignità, e *loqui*, parlare.	☐	
3.	Ha vari sinonimi, ciascuno con sfumature leggermente diverse: volgarità, sconcezza, scurrilità, trivialità e via dicendo…	☐	
4.	Il termine "parolaccia" si riferisce generalmente a parole volgari od oscene che possono offendere chi le ascolta, quindi in un certo senso possiamo considerare veri e propri insulti.	☐	
5.	Bestemmiare implica l'uso del nome di Dio, della Madonna, dei Santi o di simboli religiosi in modo rispettoso.	☐	
6.	Sapete, a volte per uno straniero è difficile rendersi conto dell'impatto che una parola ha per un madrelingua…	☐	
7.	Detto ciò, sebbene il turpiloquio si spesso considerato inappropriato o maleducato, dobbiamo riconoscere che, piaccia o non piaccia, è parte integrante nella comunicazione umana.	☐	
8.	Ad esempio, in certi contesti sociali, l'uso del turpiloquio può essere più accettato e addirittura visto come un segno di appartenenza o solidità all'interno di un gruppo.	☐	
9.	Per quanto mi riguarda, ritengo sia importante che considerate il fatto che conoscere il turpiloquio può aiutare gli studenti a comprendere meglio le dinamiche sociali e culturali italiane.	☐	
10.	Ovviamente, è cruciale che gli studenti siano educati a usare queste espressioni con discernimento e consapevolezza del contesto…	☐	
11.	In conclusione, spero di avere convinto del fatto che è importante affrontare anche il tema del turpiloquio con i vostri studenti…	☐	

b *Collega gli usi del congiuntivo alle loro funzioni.*

CONGIUNTIVO
1. se mi tirassi indietro
2. è fondamentale che comprendiate
3. reputo davvero importante che facciate capire
4. benché in alcune regioni italiane sia più usata
5. fate in modo che capiscano bene
6. piaccia o non piaccia
7. immagino che vi stiate chiedendo
8. come il turpiloquio possa variare
9. mi auguro anche che siate in grado

FUNZIONE
a. speranza
b. concessione
c. dubbio
d. espressione impersonale
e. finalità
f. domanda indiretta
g. opinione
h. frase incidentale
i. ipotesi

5 ESERCIZI

2 Turpiloquio e legalità
Coniuga i verbi al tempo indicato dell'indicativo o del congiuntivo.

È probabile che, in qualche occasione della tua vita, tu (*insultare* – PASSATO – forma passiva) _____ o che tu (*vedere* – PASSATO) _____ qualcuno subire ingiurie, e forse (*chiedersi* – passato) _____ quali (*essere* – PRESENTE) _____ i limiti legali riguardo l'uso delle parolacce e quali conseguenze ci (*potere* – PRESENTE) _____ essere per chi le (*utilizzare* – PRESENTE) _____. Nonostante alcune espressioni volgari (*potere* – PRESENTE) _____ essere tollerate come sfogo momentaneo, (*esserci* – PRESENTE) _____ situazioni in cui le parolacce (*potere* – PRESENTE) _____ diventare problematiche, al punto da richiedere l'intervento della legge. Ma vediamo in dettaglio cosa prevede il sistema giuridico italiano.

Quando gli insulti diventano reato
Perché un insulto (*trasformarsi* – PRESENTE) _____ in un reato, (*dovere* – PRESENTE) _____ soddisfare alcune condizioni specifiche. Non (*essere* – PRESENTE) _____ sufficiente che qualcuno (*sentirsi* – PRESENTE) _____ offeso o umiliato. La legge (*richiedere* – PRESENTE) _____ che gli insulti (*rivolgere* – PRESENTE – forma passiva) _____ a una persona in modo tale da danneggiarne la reputazione o causare danni emotivi o psicologici significativi. Di conseguenza, è possibile che alcune offese verbali (*considerare* – PRESENTE – foma passiva) _____ semplici ingiurie, non più perseguibili penalmente, mentre altre (*rientrare* – PRESENTE) _____ nella categoria della diffamazione, perseguibile tramite querela. Se qualcuno (*esprimere* – PRESENTE) _____ insulti o accuse gravi nei tuoi confronti, soprattutto in pubblico o sui social, potrebbe essere necessario valutare se (*danneggiare* – PASSATO) _____ la tua reputazione. Ad esempio, l'articolo 595 del Codice penale (*stabilire* – PRESENTE) _____ che chiunque, comunicando con più persone, (*offendere* – PRESENTE) _____ la reputazione altrui, (*potere* – PRESENTE) _____ essere punito con la reclusione o con multa, a seconda della gravità dell'insulto.

Libertà di espressione e diritto di cronaca: dove si collocano?
Anche se potrebbe sembrare chiaro dove (*essere* – PRESENTE) _____ il limite tra un'opinione forte e un insulto, in realtà (*esistere* – PRESENTE) _____ sfumature legali che (*dovere* – PRESENTE) _____ essere considerate.

La libertà di espressione (*garantire* – PRESENTE) _____ a tutti il diritto di manifestare le proprie opinioni, ma affinché questo diritto (*essere* –PRESENTE)

_____ garantito senza diventare lesivo, le dichiarazioni (*dovere* – PRESENTE) _____ rispettare alcune condizioni: è importante che i commenti (*essere* – PRESENTE) _____ veritieri, pertinenti e contenuti: la cosiddetta "continuità". Nel diritto di cronaca, infatti, si richiede che anche le critiche (*esprimere* – PRESENTE – forma passiva con *venire*) _____ in modo tale che non (*trasformarsi* – PRESENTE) _____ in offese.

Come procedere se si vuole fare una denuncia?
Una delle prime cose da fare (*essere* – PRESENTE) _____ capire la differenza tra ingiuria e diffamazione. Con la depenalizzazione dell'ingiuria, chiunque (*ricevere* – PASSATO) _____ offese in modo diretto (in sua presenza) non (*potere* – PRESENTE) _____ procedere penalmente, ma (*potere* – PRESENTE) _____ comunque agire civilmente per ottenere un risarcimento. Al contrario, quando si tratta di diffamazione, nel caso l'insulto (*pronunciare* – PASSATO – forma passiva) _____ in assenza della vittima e con più persone, (*essere* – PRESENTE) _____ possibile procedere penalmente, anche tramite querela.

SEZIONE B Meglio dirle o no?

3 Perché i bambini dicono le parolacce?
a *Coniuga i verbi al tempo giusto del congiuntivo. Attenzione: in alcuni casi è possibile usare il condizionale composto al posto del congiuntivo.*

Una mia amica mi ha raccontato un episodio che l'aveva davvero colpita, perché l'aveva messa in grande imbarazzo. Tempo fa, infatti, lei e suo marito si erano accorti che il loro figlio, di appena sei anni, aveva iniziato a ripetere parolacce senza farsi alcuno scrupolo, spesso nei momenti meno opportuni. Una sera, mentre erano a cena con i nonni, il bambino iniziò a pronunciare una serie di espressioni colorite proprio davanti a tutti e la madre non sapeva come reagire. Mentre continuava a comportarsi in quel modo, lei aveva la netta sensazione che lui non (*capire*) _____ fino in fondo il significato delle parole che stava usando, eppure sembrava che le (*usare*) _____ quasi di proposito per osservare le reazioni degli adulti.

In quel momento, racconta la madre, avrebbe voluto che il figlio non le (*sentire*) _____ mai pronunciare da lei o dal padre, ma sapeva che ormai la curiosità del bambino si era accesa.

Questo episodio mi ha spinto a riflettere sul perché i bambini dicano le parolacce. Alcuni psicologi sostengono che i bambini provano a imitare gli adulti e, in particolare, cercano di riprodurre quei comportamenti che vedono associati a forti emozioni. È probabile che (*sentire*) _____ certe parole in momenti di rabbia o tensione e (*cogliere*) _____ che queste parole (*avere*) _____ un certo potere espressivo. Non stupisce, quindi, che (*provare*) _____ a ripeterle, credendo di fare qualcosa di importante o addirittura di potente.
Parlando con altri genitori, la mia amica ha scoperto che il suo non era l'unico bambino a dire parolacce. Sembra infatti che molti bambini (*usare*) _____ queste espressioni anche per testare i limiti: è come se (*volere*) _____ scoprire fino a che punto (*potere*) _____ arrivare senza essere rimproverati. Nel caso del bambino di cui vi ho parlato, sembrava che lui (*ripetere*) _____ quelle parole guardando di nascosto la madre, come se (*volere*) _____ capire se lei (*arrabbiarsi*) _____ o (*lasciare*) _____ correre.
Molti esperti ritengono che (*essere*) _____ meglio spiegare ai bambini il significato delle parolacce e il motivo per cui non (*essere*) _____ adatte, piuttosto che reprimerne severamente l'uso. Se gli adulti riescono a farlo con calma, senza reazioni esagerate, è più probabile che il bambino (*perdere*) _____ interesse per queste parole, capendo che non sono poi così speciali.

b Indica quali delle seguenti affermazioni sono contenute nel testo del punto *a*.

○ 1. La madre si sentiva imbarazzata perché suo figlio diceva parolacce davanti ai nonni.
○ 2. Il bambino dimostrava una completa inconsapevolezza delle reazioni emotive che le sue parole potevano suscitare negli adulti.
○ 3. Il bambino ha iniziato a dire parolacce perché imitava gli amici.
○ 4. La madre era convinta che il figlio comprendeva il significato delle parolacce.
○ 5. Alcuni psicologi sostengono che i bambini ripetono le parolacce per imitare comportamenti adulti associati a forti emozioni.
○ 6. Il padre e la madre dicono delle parolacce a volte.
○ 7. Il bambino non ripete mai le parolacce quando è solo con la madre.
○ 8. La madre ha scoperto che anche altri bambini usano parolacce per esplorare i limiti.
○ 9. Secondo alcuni esperti, è meglio spiegare ai bambini il significato delle parolacce piuttosto che punirli severamente.
○ 10. Il bambino si divertiva a dire parolacce con gli amici.
○ 11. Gli esperti suggeriscono di non reagire in modo esagerato alle parolacce, così il bambino potrebbe perdere interesse.

4 Viaggio nel tempo
Trasforma le frasi dal presente al passato e viceversa.

1. Mi sorprende che lui non abbia capito le regole della riunione.
   _____

2. Non credevo che Maria avrebbe finito il progetto in così poco tempo.
   _____

3. È importante che tutti arrivino preparati alla riunione seguente.
   _____

4. Ho sperato che tu fossi arrivato in tempo per l'incontro.
   _____

5. Voglio che tu sappia quanto sia importante per noi la tua opinione.
   _____

6. Sarebbe utile che voi verificaste i dettagli del contratto prima di firmarlo.
   _____

7. È possibile che lei sia già partita senza dircelo.
   _____

8. Era improbabile che Marco tornasse così presto dal viaggio.
   _____

9. Mi aspetto che ognuno di voi faccia del proprio meglio durante la presentazione.
   _____

10. Non pensavo che Carlo avrebbe partecipato al progetto, data la sua disponibilità limitata.
    _____

5 ESERCIZI

5 Caccia alle parole
Cerca nelle frasi le parole corrispondenti ai significati. Attenzione: i significati sono al maschile singolare.

FRASI
1. Durante il discorso aveva un atteggiamento molto ingessato.
2. È perfetta per quel lavoro perché è davvero spigliata.
3. Sebbene titubante all'inizio, alla fine ha deciso di partecipare.
4. A volte tende a usare espressioni sboccate.
5. Pressoché tutti hanno accettato la proposta.
6. È necessario soffermarsi sui punti poco chiari.
7. Il suo carattere è estremamente sfaccettato.

SIGNIFICATI
a. incerto, insicuro: _____
b. innaturale, rigido: _____
c. insistere, approfondire: _____
d. quasi: _____
e. volgare: _____
f. complesso, multiforme: _____
g. sicuro di sé, disinvolto: _____

SEZIONE C Moderiamo i termini!

6 Un podcast sboccato
Completa le frasi del podcast con le parole della lista.

altrimenti | finta | passare | mente | ci sta | perle mica | poverini | male | figuracce | calcio illuminaci | vedi? | ci stai? | quindicina | volenti proprio | scusa | tipo

1. ● Allora, Marco, la sfida di oggi è quella di parlare di parolacce ma senza nominarle, _____
   ▶ Ok, se lo dici tu!
2. ▶ Ma, _____, come faccio a risponderti senza dire una parolaccia?
   ● Ho detto che sei intelligentissimo, quindi non farmi fare _____!
3. ● Bravissimo, _____ Buon sangue non _____! Allora, d'ora in poi sostituiamola con un *beep*. Quindi, quante volte dici *beep* al giorno?
   ▶ Beh, più o meno una _____, una ventina!
4. ● Giusto! Pensa che confusione per i miei studenti, _____!
   ▶ Infatti, ma è _____ per questo che secondo me devono conoscere tutti i significati di *beep*! Ok, allora _____! Altri significati di *beep*?
5. ▶ Ah sì, *beep* significa anche "niente"... _____
   ... "Quando Rosella spiega le cose non capisco un *beep*!"...
   ● Ah, grazie mille, ti stai vendicando adesso, eh? Ok, ok, _____! Altro?
6. ▶ Però *beep* significa anche "brutto, cattivo, _____..."

● Ok, spiega meglio, però, _____ gli studenti non capiscono!
7. ▶ Ce ne sono un botto! Si può dire "un botto"?
   ● Certo, _____ è una parolaccia! Ahaha
8. ▶ ... quindi se uno ti chiede che fai, se tu non stai studiando, lavorando eccetera ma stai sui social o guardi un video così per _____ il tempo, rispondi "Ca.. *Beeppeggio*!".
   ● Ti sei salvato in _____ d'angolo! Ahahha!
9. ● ... è proprio per questo che ho deciso di parlare delle parolacce in questa lezione, perché _____ o nolenti, se ne usano molte in italiano e non possiamo fare _____ che non sia così, non sarebbe giusto per i nostri studenti! Benissimo, spero che questa puntata di "A dirla tutta!" vi sia piaciuta e... alla prossima con altre _____ di saggezza!

7 Parole non volgari
a *Abbina ogni espressione alla sua funzione. Attenzione: alcune espressioni hanno la stessa funzione.*

a. rabbia / sorpresa	1. perdindirindina 2. carogna 3. accipicchia 4. che pizza 5. vai a quel paese 6. infame 7. porca paletta 8. perdinci 9. che barba	b. noia / fastidio
c. invito a smetterla / andarsene		d. persona cattiva / stupida

b *Completa le frasi con le espressioni del punto a. Attenzione: quando sono possibili più opzioni, scrivile tutte. Usa l'articolo quando necessario.*

1. _____, ma ti sembra il modo di comportarsi?
2. Sei stato proprio _____ a non dirmelo prima!
3. _____, ho dimenticato il portafoglio a casa!
4. Ancora compiti per domani? _____!
5. Basta, non ti voglio più vedere! _____!
6. Mi ha rubato l'idea e l'ha fatta passare per sua! È proprio _____!
7. _____, ho rovesciato il caffè sulla camicia nuova!
8. _____, quella partita era impossibile da vincere!
9. Stare chiusi in casa tutto il giorno... _____!

ESERCIZI 5

PER FARE ANCORA MEGLIO

8 Verbi polisemantici e congiuntivo
Completa ogni frase inserendo un verbo della lista al modo e tempo adeguati e coniugando il verbo tra parentesi all'indicativo o al congiuntivo. Segui l'esempio.

capire | badare | ✓ammettere | pensare

1. Va bene, *ammetto* che è colpa mia perché non (controllare) *ho controllato* bene.
2. Lui _____ che la nostra scelta (essere) _____ sbagliata e non c'è nessun modo di fargli cambiare idea, ci ho già provato!
3. _____ che tu (avere) _____ una giornata impegnativa, ma potevi almeno mandarmi un messaggio!
4. Luca, _____ che se non (tu – fare) _____ tutti i compiti, l'insegnante si arrabbierà sicuramente!
5. _____ che l'azienda ti (licenziare) _____, ma non mi è chiaro perché hanno preso questa decisione. Spiegamelo di nuovo, per favore!
6. Franco _____ che gli (rubare) _____ il portafogli all'aeroporto, ma non lo sa con certezza.
7. _____ che i vostri file (essere) _____ in un formato compatibile, altrimenti non si leggeranno!
8. _____ che la teoria (essere) _____ corretta. Quali saranno le implicazioni per il nostro futuro?

VIDEO

9 Vietato ai minori

a *Scegli il significato corretto delle parole e delle espressioni. Attenzione: in alcuni casi entrambi i significati sono corretti.*

1. andarci piano
   - a. fare qualcosa facilmente, senza problemi
   - b. fare attenzione, moderarsi
2. colorito
   - a. vivace, intenso
   - b. che contiene volgarità
3. connotazione
   - a. significato secondario
   - b. caratteristica, tratto
4. arrangiarsi
   - a. cavarsela con le proprie forze
   - b. rendersi conto di qualcosa, notare
5. pacca
   - a. abbraccio molto forte
   - b. colpo dato con la mano aperta
6. fiero
   - a. cattivo, pericoloso
   - b. molto orgoglioso

b *Guarda il video e svolgi i compiti.*

1. **Scegli l'opzione corretta.**
   Gli studenti stranieri di lingua italiana devono fare attenzione con le parolacce perché:
   - a. è difficile capire il loro vero significato.
   - b. è difficile capire il loro contesto d'uso.

2. **Completa la frase.**

   > … forse è bene che anche gli studenti stranieri _____ come funziona il _____ delle brutte parole in italiano.

3. **Abbina le parole ai significati.**

   1. parolaccia
   2. imprecazione
   3. bestemmia

   a. espressione offensiva e volgare rivolta alla divinità o a persone e cose sacre
   b. espressione di rabbia generica
   c. espressione volgare indirizzata a un'altra persona

4. **Indica se le affermazioni sono vere (V) o false (F).**

	V	F
a. A Roma l'espressione "figlio di mignotta" può avere un senso positivo perché il figlio di nessuno è capace di essere indipendente.	○	○
b. Fuori da Roma è meglio non usare l'espressione "figlio di mignotta" perché ha un significato opposto, cioè "stupido, incapace".	○	○

5. **Ordina cronologicamente le informazioni. Attenzione: non tutte le informazioni sono presenti nel video.**

	Non esiste un unico tipo di parolacce.
	Può succedere che si risponda "grazie" a un insulto.
	L'espressione "figlio di mignotta" ha una grande frequenza d'uso a Roma.
	In Sicilia l'espressione "figlio di mignotta" non ha nessun senso.
1	Gli studenti stranieri devono fare attenzione alle parolacce.
	La lingua di Roma è compresa in tutta Italia perché a Roma ci sono le emittenti televisive.
	Il dialetto contiene più parolacce rispetto all'italiano standard.

6 ESERCIZI

SEZIONE A Sono fatti miei!

1 Furti d'identità

a *Coniuga i verbi tra parentesi al modo e tempo adeguati e completa le parole* **evidenziate** *con le lettere mancanti.*

Nel mondo digitale di oggi il furto d'identità è una delle minacce più serie e pervasive, eppure molti continuano a sottovalutarne la gravità. Se qualcuno (*rubare*) _____ la tua identità, infatti, non solo (*potere*) _____ svuotare il tuo conto in banca, ma può trasformare ogni aspetto della tua vita in un incubo. Certo, se non (*nascere*) _____ il mondo virtuale in cui tutto si svolge a distanza, forse i ladri d'identità non avrebbero mai avuto così tante opportunità. Le storie di chi ha subito un furto d'identità lasciano **_ l l _ _ _ ti**, sia per l'audacia dei truffatori sia per le conseguenze che queste vicende comportano.
Consideriamo il caso di Matteo, un giovane impiegato che si è ritrovato nei guai quando un hacker è riuscito a rubargli tutti i dati personali. Se Matteo avesse protetto meglio le informazioni che lo riguardano, ora non (*trovarsi*) _____ in questa situazione. L'hacker, agendo quasi a **c _ _ _**, lo ha identificato come bersaglio e ha usato i suoi dati per aprire conti bancari e richiedere prestiti. Quando Matteo ha scoperto che qualcuno stava usando il suo nome, non poteva credere ai suoi occhi. Se non (*controllare*) _____ l'estratto conto, forse non (*accorgersi*) _____ in tempo delle transazioni fraudolente, e ora (*essere*) _____ molto più indebitato.
Un altro caso riguarda Lucia, una giornalista freelance. Dopo essersi registrata su un sito di annunci di lavoro, qualcuno ha clonato i suoi dati e ha creato un profilo falso. Se Lucia non (*essere*) _____ una persona cauta per natura, quel profilo falso le (*compromettere*) _____ la reputazione professionale. Per fortuna, di fronte all'incidente, ha capito che, per difendersi, doveva fare la prima **_ _ _ s _**: ha contattato il sito e denunciato l'accaduto. Questo le ha permesso di evitare ulteriori danni, ma se non (*intervenire*) _____ subito, oggi il suo lavoro ne (*risentire*) _____ ancora.
Un altro caso curioso è quello di Marco, un consulente informatico che, per ironia della sorte, si è ritrovato vittima di un furto d'identità da parte di un ex cliente scontento. Se non (*accettare*) _____ di prendere quel cliente "complicato", forse non (*finire*) _____ nei guai, ma ovviamente non è una **r _ _ a** che si può prevedere! L'ex cliente, cercando vendetta, ha usato i dati di Marco per **c _ _ b _ _ _ _ _** diversi disastri: acquisti assurdi, messaggi offensivi inviati a suo nome e persino ordini di prodotti mai richiesti. Marco ha commentato che se (*essere*) _____ più selettivo nel passato, oggi non (*avere*) _____ problemi legali, ma possiamo davvero biasimarlo?
Il furto d'identità è una trappola in cui è facile cadere e, anche se è vero che chi non **r _ _ c _** non **r _ _ c _**, è altrettanto vero che chi non si protegge rischia davvero molto!
Se ognuno di noi (*fare*) _____ uno sforzo in più per proteggere i propri dati, forse questa minaccia (*diventare*) _____ via via meno frequente. La nostra identità digitale è una parte della nostra vita che dovremmo custodire gelosamente, perché, una volta finita nelle mani sbagliate, può portare alla rovina di quello che abbiamo costruito e **c _ _ s _ m _ rci** psicologicamente.

b *Combina le parti di frasi per formare affermazioni logiche riferite al testo del punto* a.

1. Oggi il furto d'identità è un pericolo concreto per chiunque,
2. Alcuni racconti di furto d'identità mostrano quanto i truffatori
3. Lucia è riuscita a preservare la sua carriera grazie a una
4. Se Lucia non avesse denunciato subito,
5. Un ex cliente di Marco ha usato i suoi dati per danneggiarlo,
6. Marco non avrebbe i problemi legali attuali

a. portandolo ad affrontare problemi legali.
b. data la facilità con cui i criminali possono appropriarsi dei dati personali online.
c. oggi la sua carriera sarebbe danneggiata gravemente.
d. se avesse scelto con più cura i suoi clienti.
e. possano essere ingegnosi e spregiudicati.
f. reazione tempestiva dopo il furto d'identità.

2 Un salto... tutti insieme!

Completa il testo usando le parole in modo da creare periodi ipotetici del 1°, 2°, 3° tipo o periodi ipotetici misti. Attenzione: i gruppi di parole sono già nell'ordine corretto.

Sappiamo bene che, (**se – grandi gruppi di persone – muoversi all'unisono, – potere generare**)

_____

vibrazioni notevoli, come accade durante i concerti o negli stadi quando le folle saltano insieme. Ma cosa (**succedere – se – tutte le persone sulla Terra – fare**)

_____

un salto nello stesso momento? L'effetto globale sarebbe sorprendente, anche se forse meno imponente di quanto si immagini.

ESERCIZI 6

Se (miliardi di persone – saltare all'unisono, – crearsi)
_____ una potente vibrazione a livello locale, che potrebbe provocare piccoli terremoti in alcune aree. Immaginiamo, per esempio, cosa (accadere – se – l'intera popolazione mondiale – saltare) _____ contemporaneamente in una sola grande città: gli edifici meno resistenti potrebbero riportare danni e i vetri delle finestre rischierebbero di rompersi a causa delle onde d'urto. E (se – i geologi – non prevedere – questo evento in anticipo, – le strutture – non essere pronte) _____ ad assorbire tali vibrazioni, innescando così una serie di piccole distruzioni. L'aspetto più curioso di questo ipotetico esperimento riguarda anche gli effetti sulle coste: (se – miliardi di persone – saltare vicino all'oceano, – potere provocare) _____ onde anomale e lievi variazioni nella pressione atmosferica. Non si tratterebbe probabilmente di veri e propri tsunami, ma (se – tutta questa energia – essere diretta verso l'acqua, – alcune aree costiere – potere) _____ effettivamente subire leggere inondazioni. (Se – gli scienziati – simulare – un fenomeno simile in passato, – oggi noi – avere) _____ maggiori dati per prevedere le conseguenze di movimenti umani sincronizzati su larga scala.
Questo scenario immaginario invita anche a riflettere sul nostro potenziale collettivo: (se – tutte le persone – collaborare davvero per un obiettivo comune, – il – l'impatto – essere) _____ enorme. E chissà, (se – in passato noi – essere – capaci di coordinarci a questo livello, – oggi vivere) _____ forse in un mondo più consapevole delle proprie possibilità.

SEZIONE B Nuove dipendenze

3 La cacciatrice di nuvole

a *Ascolta l'audio e indica se le affermazioni sono vere (V) o false (F).*

	V	F
1. Elena crede che il tempo speso a inseguire le nuvole sia produttivo.	○	○
2. Quando Elena ride delle sue giornate senza nuvole, sta minimizzando la frustrazione che prova in quei momenti.	○	○
3. L'idea che le nuvole migliori possano trovarsi altrove aumenta in Elena il senso di autocontrollo.	○	○
4. Elena ammette che la sua passione per le nuvole ha ostacolato lo sviluppo di altri interessi.	○	○
5. Secondo Elena, osservare le nuvole serve principalmente a dimenticare i problemi della vita quotidiana.	○	○
6. Quando le viene chiesto se è schiava delle nuvole, Elena lo nega con fermezza.	○	○
7. Elena spiega che la sua passione è motivata da un desiderio di connettersi con altre persone che condividono lo stesso interesse.	○	○
8. Per Elena, rallentare e cambiare prospettiva sono benefici accidentali derivati dall'osservazione delle nuvole, non un obiettivo consapevole.	○	○

b *Sottolinea l'opzione corretta, poi riascolta l'audio per verificare.*

● Elena, la tua passione per le nuvole è davvero affascinante. Quando hai iniziato a seguirle?

▶ Credo sia iniziato tutto da bambina. Ero **incollata / staccata / assuefatta** al finestrino durante i viaggi in macchina, con il naso all'insù per guardare il cielo. Lì ho capito che osservandole attentamente, le nuvole raccontano delle storie. Poi, crescendo, non ho più potuto fare a **modo / meno / mezzo** di inseguirle, quindi in un certo senso, ad aver saputo prima che sarei arrivata a questo punto, forse avrei preferito non cominciare affatto.

● Infatti volevo chiederti... alcuni direbbero che questa passione è diventata una mania. Ti sei mai sentita afflitta o **insperata / sperperata / esasperata** da questa tua "dipendenza"?

▶ Non lo nego, a volte è frustrante. Passando ore a cercare la nuvola perfetta, finisci per **lasciare / mancare / perdere** il controllo della giornata. È una fissazione, un **punto / chiodo / colpo** fisso che non riesco a **togliermi / svuotarmi / lasciarmi** dalla testa. Certi giorni mi sento proprio in **onda / spinta / balia** delle nuvole e finisco per andare alla **larga / deriva / malora**!

● Quindi ti definiresti **serva / schiava / sguattera** di questa passione?

6 ESERCIZI

▶ In un certo senso sì. È qualcosa di irresistibile, quasi compulsivo. Mi rendo conto che, invertita la **rotta / via / strada**, avrei più tempo per altre cose. Ma è come se fossi **disfatta / rifatta / assuefatta**: non riesco a **togliermi / staccarmi / rifarmi** da questa abitudine.

● E cosa succede quando, per esempio, le giornate sono completamente limpide e di nuvole nemmeno l'ombra?

▶ È il mio momento di **astinenza / assenza / ambivalenza**! Scherzi a parte, mi sento come se mancasse un pezzo di me. Quelle giornate diventano un terreno **fertile / arido / fruttifero** per pensieri **subenti / subdoli / subbugli**: "E se le nuvole migliori fossero altrove e io non riuscissi a stare al **cammino / passo / sentiero**?"

● Alcuni potrebbero considerare la tua passione un modo per sfuggire dalla realtà.

▶ È vero, seguire le nuvole è un modo per uscire dal **vortice / gorgo / risucchio** della vita quotidiana. Ma non è solo un'evasione: quando le guardo capisco quanto la natura sia incredibile. Non so, ho l'impressione che non proteggendo questa mia strana dipendenza, non potrei trovare un equilibrio personale.

● E cosa diresti a chi pensa che questa sia solo una mania bizzarra?

▶ Direi che tutti abbiamo qualcosa che ci affascina. Se il mio **puntino / chiodo / pallino** sono le nuvole, è perché mi ricordano quanto sia importante rallentare e guardare il mondo da una prospettiva diversa.

● Una chiusura poetica. Grazie, Elena!

▶ Grazie a voi!

c *Trova nel testo del punto b i 5 periodi ipotetici in forma implicita, riscrivili e poi trasformali nella forma esplicita. Segui l'esempio.*

1. ... osservandole attentamente, le nuvole raccontano delle storie.

   ... se le si osserva attentamente, le nuvole raccontano delle storie.

2. _____
3. _____
4. _____
5. _____

4 Periodo ipotetico o no?
Indica quali delle seguenti frasi sono dei veri periodi ipotetici (PI) e quali sono delle frasi causali, temporali o avversative introdotte dal se (CTA).

	PI	CTA
1. Se continui a guardare il telefono mentre guidi, rischierai di fare un incidente.	○	○
2. Se giocava troppo ai videogiochi, sua madre lo rimproverava puntualmente.	○	○
3. Se proteggerai la tua indipendenza emotiva, ti sentirai più forte.	○	○
4. Se non riesci a smettere di fumare, forse devi cercare l'aiuto di un professionista.	○	○
5. Se fossi meno connesso, staresti meglio!	○	○
6. Se quando si discuteva del problema lui si innervosiva, era evidente che nascondeva qualcosa.	○	○
7. Se hai mangiato così tanti dolci, è normale che ora ti senta male.	○	○
8. Se spegnessi il computer dopo cena, eviteresti di lavorare fino a tarda notte.	○	○
9. Se prima si passavano ore al telefono fisso, oggi le conversazioni si svolgono in chat.	○	○
10. Se avessi capito prima quanto è dannoso il gioco d'azzardo, non avrei mai iniziato.	○	○

5 Da esplicito a implicito
Trasforma i periodi ipotetici espliciti in periodi ipotetici con forme implicite utilizzando i modi verbali indicati.

1. Se continui a guardare il telefono mentre guidi, rischierai di fare un incidente. → (**GERUNDIO**)
   _____

2. Se proteggerai la tua indipendenza emotiva, ti sentirai più forte. → (**PARTICIPIO**)
   _____

3. Se fossi più consapevole della tua dipendenza dai social, miglioreresti il tuo benessere mentale. (***a* + INFINITO**)
   _____

4. Se spegnessi il computer dopo cena, eviteresti di lavorare fino a tarda notte. (**GERUNDIO**)
   _____

5. Se avessi capito prima quanto è dannoso il gioco d'azzardo, non avrei mai iniziato. (***a* + INFINITO**)
   _____

ESERCIZI 6

SEZIONE C Con quale linguaggio?

6 Linguaggio inclusivo e università
Completa il testo con le parole della lista facendo i cambiamenti necessari.

nomenclatura | spicco | apodittico | annoverare indugio | barra

> Da quando il linguaggio inclusivo è divenuto centrale in ogni ambito della vita moderna, molte università italiane, senza ulteriori _____ hanno intrapreso iniziative di _____ per promuovere un linguaggio inclusivo all'interno della comunità accademica. Alcuni atenei hanno rivisto i propri regolamenti interni per _____ termini e formule che rispettino la diversità di genere, la cultura e la provenienza degli studenti.
> La questione della _____ è stata particolarmente dibattuta, soprattutto in relazione all'uso di espressioni come "studenti _____ studentesse" o altre formule che abbraccino tutte le identità di genere.
> Sebbene alcuni critichino queste scelte definendole _____, l'obiettivo principale è aprire un dialogo che renda l'università uno spazio più inclusivo e rispettoso.

7 La carriera universitaria ALIAS
Completa il testo con le parole della lista facendo le modifiche necessarie.

l'omofobia | identità di genere | accessibilità transgender | discriminazione | disabilità linguaggio inclusivo

L'Università pone al centro del proprio impegno il rispetto e la promozione del _____ come strumento fondamentale per abbattere barriere culturali e sociali. In quest'ottica, l'introduzione della Carriera Alias rappresenta un passo importante verso il riconoscimento delle molteplici sfaccettature dell'_____.
La Carriera Alias, infatti, consente agli studenti e alle studentesse _____ e a tutte le persone che rifiutano il sistema binario maschile-femminile, di vivere la propria esperienza accademica con maggiore serenità e rispetto. Questo strumento non modifica i dati anagrafici ufficiali ma permette l'utilizzo di un nome diverso in contesti accademici, eliminando situazioni che potrebbero generare imbarazzo o disagio. Questo sistema è pensato per contrastare ogni forma di _____, inclusi fenomeni come il sessismo e _____, promuovendo al contrario un ambiente inclusivo e rispettoso delle diversità.
L'Università si impegna a garantire che tutti i servizi siano fruibili da chiunque, in piena conformità ai principi di _____.
Questo include non solo le persone con _____, ma anche chiunque affronti barriere sociali, culturali o linguistiche.
Per ulteriori informazioni, visita la nostra pagina dedicata o contattaci tramite i canali ufficiali. Ogni richiesta sarà trattata con la massima riservatezza e attenzione, in linea con i nostri valori di inclusione e pari opportunità.

PER FARE ANCORA MEGLIO

8 Verbi polisemantici e congiuntivo
Individua le frasi che contengono errori e riscrivile in modo corretto. Attenzione: non tutte le frasi contengono errori.

○ 1. Laddove sarebbe stata accolta la proposta di utilizzare un linguaggio inclusivo, avremmo avuto un documento più rappresentativo.

○ 2. Qualora la società abbia riconosciuto il diritto di ciascuno di esprimere la propria identità, molte discriminazioni sarebbero state evitate.

○ 3. Caso mai oggi avesse dubbi sulla corretta terminologia da utilizzare, le avrei consigliato di consultare una guida ufficiale.

○ 4. Putacaso vuoi scegliere la Carriera Atlas, dimmelo che ti spiego come si fa.

○ 5. Semmai sosterrebbero che il linguaggio inclusivo è superfluo, li inviteremo a riflettere sull'importanza dell'inclusività.

○ 6. Sarebbe possibile ottenere maggiore equità comunicativa purché accettano di adeguare il linguaggio ufficiale.

○ 7. In caso hai tempo, potresti leggere alcuni articoli sul linguaggio inclusivo.

○ 8. Laddove ci fossero state politiche inclusive più chiare, molte persone non avrebbero vissuto situazioni di esclusione.

○ 9. Qualora si sia scelto di ignorare le preferenze linguistiche altrui, si rischierebbe di perpetuare stereotipi dannosi.

○ 10. Casomai si prenda questa decisione, dovremmo comprendere il suo impatto sulla vita delle persone.

6 ESERCIZI

VIDEO

9 E se Renzo e Lucia...?

a Questo esercizio è tratto da un altro libro di Alma Edizioni ("Videogrammatica avanzata della lingua italiana" di Pietro Gambino, cap. 12, nr. 7).

7. Leggi il riassunto de "I Promessi sposi", un classico italiano. Poi completa le frasi.

> Renzo e Lucia, felicemente innamorati, vogliono sposarsi. Don Rodrigo, tuttavia, che comanda su quelle terre ed è anche lui innamorato di Lucia, impone al poco coraggioso Don Abbondio di non celebrare il matrimonio. Nessuno vuole arrendersi: Renzo e Lucia tentano di convincere, anche con l'inganno, Don Abbondio a sposarli, mentre Don Rodrigo organizza addirittura il rapimento della giovane. Tutti i piani falliscono e allora Renzo e Lucia decidono di fuggire, consigliati da Fra Cristoforo: Renzo va a Milano in cerca di aiuto, Lucia va a Monza in cerca di protezione. Purtroppo Don Rodrigo ha amici potenti: chiede all'Innominato di rapire per lui Lucia. L'Innominato accetta l'incarico, rapisce la ragazza ma ha una crisi di coscienza, che culmina nel colloquio con il cardinale Borromeo. Pentito del proprio comportamento decide allora di liberarla. A Renzo le cose non vanno meglio: a Milano c'è la carestia e il popolo si sta ribellando assaltando i forni. Nella confusione Renzo viene scambiato per uno dei capi della rivolta ed è costretto a fuggire verso Bergamo. Intanto dilaga la peste, che fa migliaia di vittime. Lo stesso Renzo si ammala di peste, ma ne guarisce. Torna al suo paese a cercare Lucia, ma gli viene detto che la donna si trova a Milano. Quando arriva lì, scopre che ci sono anche Fra Cristoforo e Don Rodrigo, entrambi malati e morenti. Fra Cristoforo gli fa capire che non è cristiano avere sentimenti di vendetta, e allora Renzo perdona il suo rivale.
> Finalmente ritrova la sua amata Lucia, sopravvissuta alla peste, e insieme tornano al loro paese dove il matrimonio viene celebrato proprio da Don Abbondio, che ha trovato il coraggio dopo aver saputo della morte di Don Rodrigo.

1. Se Renzo e Lucia non (*essere*) _fossero stati_ innamorati, non (*volere*) _avrebbero voluto_ sposarsi.
2. Se Don Rodrigo non (*essere*) _____ anche lui innamorato di Lucia, non (*imporre*) _____ a Don Abbondio di non celebrare il matrimonio.
3. Se Don Rodrigo non (*essere*) _____ un uomo violento, Renzo e Lucia non (*dovere*) _____ fuggire.
4. Se l'Innominato non (*avere*) _____ una crisi di coscienza, (*consegnare*) _____ Lucia a Don Rodrigo.
5. Se Renzo a Milano (*rimanere*) _____ lontano dalla confusione, non lo (*loro, scambiare*) _____ per un capo ribelle.
6. Se non (*dilagare*) _____ la peste, molta gente (*sopravvivere*) _____.
7. Se Renzo (*morire*) _____ di peste, il libro (*finire*) _____ lì.
8. Se Lucia, in tutto questo tempo, (*innamorarsi*) _____ di un altro, non (*sposare*) _____ Renzo.
9. Se Don Abbondio non (*sapere*) _____ della morte di Don Rodrigo, non (*celebrare*) _____ il matrimonio.

 b Guarda il video, verifica le tue risposte al punto a e scegli l'opzione corretta.

1. Di solito quando un verbo composto contiene un verbo modale (*dovere*, *potere*, *volere*...) la scelta dell'ausiliare dipende:
   ○ a. dal verbo che segue: se è transitivo si usa *avere* e se è intransitivo si usa *essere*.
   ○ b. dalla posizione del verbo principale: se sta prima del verbo modale si usa *essere*, se sta dopo si usa *avere*.
2. Al punto 3 entrambe le opzioni (*avrebbero dovuto fuggire* / *sarebbero dovuti fuggire*) sono corrette perché:
   ○ a. il verbo *dovere* è un verbo modale.
   ○ b. il verbo è al condizionale.
3. Al punto 5 il soggetto del secondo verbo (*scambiare*) è:
   ○ a. contenuto nella frase.
   ○ b. deducibile dalla frase.
4. Al punto 6 il primo verbo (*dilagare*) è al femminile perché:
   ○ a. il soggetto è femminile.
   ○ b. si riferisce alla gente.
5. I verbi *vivere* e *sopravvivere* sono diversi, oltre che per il significato, anche perché:
   ○ a. il verbo *vivere* si usa con l'ausiliare *avere* e il verbo *sopravvivere* con l'ausiliare *essere*.
   ○ b. con il verbo *vivere* si può usare sia l'ausiliare *avere* che *essere*, mentre con il verbo *sopravvivere* si usa solo l'ausiliare *essere*.
6. Il verbo *finire* è uno di quei verbi che:
   ○ a. a volte hanno l'ausiliare *avere* e a volte l'ausiliare *essere*.
   ○ b. cambiano significato se usati con l'ausiliare *avere* o *essere*.

ESERCIZI 7

SEZIONE A Il mistero dell'intelligenza

1 L'intelligenza dei bambini e l'arte di mentire

a *Leggi il testo, decidi quali delle frasi sottolineate sono passive e trasformale in attive.*

> Molti genitori si preoccupano quando scoprono che i loro figli iniziano a mentire, ma la psicologia ci insegna che le bugie non sempre sono un segno negativo. Secondo studi recenti, le prime bugie vengono dette dai bambini già intorno ai due anni, anche se in modo molto semplice e poco elaborato. A partire dai tre o quattro anni, però, i piccoli iniziano a mentire con maggiore consapevolezza, dimostrando una capacità crescente di comprendere come gli altri siano influenzati dalle loro azioni.
> La menzogna è strettamente legata all'intelligenza sociale, una forma di intelligenza che consente di navigare nel complesso mondo delle relazioni umane. Infatti, per inventare una bugia, va immaginato il punto di vista dell'altro e va anticipata la sua reazione. È un'abilità che andrebbe valorizzata, sebbene con attenzione, per evitare che si trasformi in una cattiva abitudine.
> Un altro elemento cruciale nello sviluppo dell'intelligenza infantile è l'imitazione. Numerosi studi dimostrano che i bambini tendono a ripetere comportamenti osservati nei genitori o nei coetanei. In questo senso, i genitori sono spesso responsabili inconsapevoli: una piccola bugia che magari è stata detta dagli adulti per evitare un conflitto familiare potrebbe essere osservata e riprodotta dai figli. Questo significa che l'onestà va praticata, non solo predicata. Allo stesso tempo, non tutte le bugie sono uguali. Alcune bugie vengono dette dai bambini per evitare punizioni, altre per proteggere gli altri. Queste ultime, note come "bugie bianche", sono considerate dagli esperti un segno di empatia e di maturità emotiva. In questo senso, le bugie "giuste" possono essere un utile strumento di mediazione nei rapporti sociali.
> Gli psicologi suggeriscono che i genitori e gli insegnanti lavorino insieme per insegnare ai bambini il valore della verità. Si dovrebbero, ad esempio, progettare le attività scolastiche al fine di sviluppare l'intelligenza emotiva e incoraggiare la riflessione sui comportamenti. L'obiettivo non è impedire ai bambini di mentire, ma aiutarli a comprendere quando la verità è importante e come può essere comunicata in modo costruttivo.

b *Trasforma le frasi attive in frasi passive scegliendo tra l'ausiliare essere, venire o andare. Attenzione: per alcune trasformazioni sono possibili più opzioni e in alcuni casi non è possibile fare la trasformazione. Poi indica se le frasi sono vere (V) o false (F) rispetto al testo del punto a.*

	V	F
1. Gli psicologi hanno osservato che i bambini fanno i primi tentativi di mentire già intorno ai due anni.	○	○
2. Secondo gli studiosi i genitori avevano influenzato i comportamenti dei bambini.	○	○
3. Si dovrebbero incoraggiare le bugie bianche in ogni contesto sociale.	○	○
4. Gli esperti ritengono che, nel caso in cui i bambini dicano delle bugie per evitare punizioni, sia errato considerarle come un segno di intelligenza.	○	○
5. Secondo gli studiosi gli educatori dovrebbero impegnarsi di più per eliminare la tendenza alla menzogna nei bambini.	○	○
6. Per gli esperti sarebbe bene che gli insegnanti progettassero delle attività per sviluppare l'intelligenza emotiva.	○	○
7. Si associa la capacità di mentire all'intelligenza logica.	○	○
8. Bisognerà coinvolgere i genitori nel processo educativo.	○	○
9. Occorrerebbe analizzare attentamente le bugie osservate nei bambini per capire le loro motivazioni.	○	○

7 ESERCIZI

2 Intelligenza e stupidità
Completa le frasi con le parole della lista (usa la stessa parola per ogni coppia di frasi), poi indica quali frasi non sono corrette, <u>sottolinea</u> gli errori e correggili, come nell'esempio.

comprendonio | cervellone | ✓capra | babbeo | marcia | brillante | somara

	frase attiva	frase passiva	ERRORE?	FORMA CORRETTA
1.	Gli amici sembrano aver definito Giorgio una _capra_ in modo ingiusto.	Giorgio sembra <u>essere definito</u> una _capra_ in modo ingiusto dagli amici.	sì	*essere stato definito*
2.	La giuria avrebbe potuto riconoscere Giulia come _____, ma l'ha ignorata.	Giulia avrebbe potuto essere riconosciuta come _____ dalla giuria, ma è stata ignorata.		
3.	Tutti sembrano considerare Marta come una persona con una _____ in più.	Marta sembra essere stata considerata da tutti come una persona con una _____ in più.		
4.	Avendo il professore definito Susanna una _____, gli altri studenti hanno protestato.	Essendo Susanna definita una _____ dal professore, gli altri studenti hanno protestato.		
5.	Considerando Marisa come dura di _____, tutti la deridevano.	Essendo Marisa considerata da tutti come dura di _____, era derisa da tutti.		
6.	I parenti sembrano aver giudicato Federico un _____, e invece ha dimostrato di essere un _____. Bravissimo!	Federico sembra essere giudicato un _____ dai parenti e invece ha di mostrato di essere un _____. Bravissimo!		

SEZIONE B — Artificiale è meglio?

3 6 cose che forse non sai sull'IA
a Completa il testo con le parole della lista facendo i necessari cambiamenti e coniugando al modo e tempo corretto i verbi tra parentesi. Utilizza le forme andare + gerundio o andare + participio passato.

distopico | frenare | celare | annientare | pervasivamente | epocale

1 Sophia, il primo robot cittadino
Sophia è un robot umanoide dotato di intelligenza artificiale capace di interagire con le persone e mostrare espressioni umane. Creata da Hanson Robotics, ha ottenuto la cittadinanza legale in Arabia Saudita nel 2017, un evento _____ nella storia della tecnologia. Tuttavia, questa innovazione potrebbe _____ questioni etiche e giuridiche ancora irrisolte, che gli esperti (*approfondire*) _____ man mano che la tecnologia evolve.

2 Gli animali artificiali
Il piacere di condividere la vita con un animale potrebbe presto (*perdere*) _____; gli animali robot come Go1, un cane artificiale sviluppato dalla Unitree Robotics, potrebbero verosimilmente sostituire i nostri amici a quattro zampe. Questo progresso dimostra come l'IA stia influenzando sempre più _____ anche gli aspetti più tradizionali della nostra vita, come il rapporto affettivo con gli animali.

3 L'IA non è una novità
Già agli inizi del Novecento si parlava di macchine in grado di emulare capacità umane. Tuttavia, molte idee originarie sono (*perdere*) _____ nel tempo, per poi riemergere negli anni '50 con progressi rivoluzionari. Oggi, gli scenari aperti dall'IA includono tante opportunità straordinarie quanto prospettive _____ che fanno discutere esperti e opinione pubblica.

ESERCIZI 7

4 L'IA e la morte
Un esempio avanzato di analisi predittiva proviene dall'Università di Stanford, dove un sistema IA può prevedere con il 90% di accuratezza la morte di un paziente. Questa tecnologia non intende _____ del tutto il ruolo dell'etica nelle cure, ma punta a migliorare la pianificazione sanitaria. Intanto, l'efficacia di queste soluzioni (*perfezionarsi*) _____, rendendo le previsioni sempre più precise.

5 L'IA e la prevenzione dei disastri naturali
L'intelligenza artificiale sta _____ il rischio di catastrofi naturali grazie all'analisi di dati complessi. Ad esempio, nuovi algoritmi sono stati implementati per prevedere terremoti e tsunami. Sebbene non siano ancora perfetti, questi sistemi (*migliorare*) _____ costantemente, promettendo di poter salvare in futuro molte vite umane.

b A quali paragrafi del punto *a* possono essere associate le seguenti frasi? Scrivi i numeri corrispondenti. Attenzione: ogni frase contiene informazioni aggiuntive o mancanti rispetto ai paragrafi, ma alcune frasi non sono associabili a nessun paragrafo.

_____ a. La causa principale era la mancanza di tecnologia adeguata e di fondi sufficienti.
_____ b. L'obiettivo del progetto era quello di simulare il linguaggio del corpo umano e dialogare con naturalezza, rendendo l'interazione più credibile.
_____ c. Alla base c'è una mole immensa di dati raccolti da sensori e satelliti.
_____ d. I dibattiti che la notizia ha suscitato riguardavano anche i diritti e i doveri che un robot può realmente possedere.
_____ e. I critici temono che l'impiego diffuso di animali robotici possa andare intaccando l'importanza del rapporto diretto con gli animali reali.
_____ f. Fornisce anche suggerimenti per il miglioramento della qualità delle cure.

4 *Andare* + participio passato: ambiguità
Scegli il significato corretto delle espressioni **evidenziate**.

1. I problemi del passato **vanno dimenticati** per poter vivere pienamente il presente.
   ○ a. I problemi del passato si perdono.
   ○ b. I problemi del passato devono essere scordati.
2. San Francesco disse che il denaro **andava disperso** per poter compiere pienamente il volere di Dio.
   ○ a. San Francesco doveva liberarsi del denaro che aveva.
   ○ b. San Francesco era preoccupato perché il denaro veniva perduto inutilmente.
3. I ricordi **vanno perduti** quando non sono essenziali per il nostro cervello.
   ○ a. I ricordi devono essere perduti.
   ○ b. I ricordi si perdono.
4. Le prove **vanno distrutte** per evitare problemi futuri.
   ○ a. Le prove devono essere distrutte.
   ○ b. Le prove vengono distrutte.
5. Il ministro dell'economia vuole intervenire per evitare che il denaro **vada sprecato**.
   ○ a. Il ministro non vuole che il denaro sia usato senza criterio.
   ○ b. Il ministro vuole usare il denaro senza criterio.
6. Le tradizioni **vanno perdute** per poter progredire.
   ○ a. Le tradizioni purtroppo si perdono.
   ○ b. Le tradizioni devono essere abbandonate.

SEZIONE C Dobbiamo preoccuparci?

5 Come l'IA cambierà il nostro futuro
a Completa il testo inserendo in ogni spazio un elemento della colonna sinistra e uno della colonna destra. Attenzione: in un caso è necessario coniugare il verbo.

affrontare	compiti ǀ scenari negativi
suscitare ǀ eseguire	regolamentazioni e linee guida
prendere	preoccupazioni ǀ le sfide
sviluppare ǀ fornire	dati e istruzioni ǀ sul serio
evitare	

Nel campo del lavoro, l'intelligenza artificiale (IA) sarà in grado di _____ ripetitivi e complessi con estrema precisione, liberando il nostro tempo per attività più creative o personali. Per esempio, l'automazione nei settori produttivi permetterà alle persone di concentrarsi su innovazione e progettazione, migliorando il valore dei risultati. Inoltre, sistemi intelligenti sapranno _____ utili in tempo reale, aiutando manager e lavoratori a prendere decisioni informate e tempestive, specialmente in situazioni critiche.
Per il futuro, l'IA avrà un ruolo cruciale nell'_____ globali, come il cambiamento climatico, la gestione delle risorse e la sanità pubblica. Sensori avanzati e modelli predittivi consentiranno di monitorare in modo preciso l'ambiente e di proporre azioni concrete per mitigare i danni. In questo modo, si potranno _____ come disastri naturali

7 ESERCIZI

o crisi energetiche, contribuendo a un mondo più sostenibile.
Un altro settore in cui l'IA sta _____ ma anche grandi aspettative, è quello della salute. Attraverso l'analisi predittiva e strumenti diagnostici avanzati, sarà possibile individuare malattie in fase precoce, personalizzare i trattamenti e migliorare la qualità della vita dei pazienti. Tuttavia, è fondamentale _____ i rischi etici legati a privacy e sicurezza, promuovendo una regolamentazione adeguata.
Infine, per garantire un uso responsabile e trasparente dell'IA, governi e organizzazioni dovranno _____ che bilancino innovazione e tutela dei diritti individuali.

b *Scegli l'opzione corretta per rispondere alle domande che si riferiscono al testo del punto* a. *Attenzione: per alcune domande è corretta più di una opzione.*

1. **Quale sarà il principale vantaggio dell'intelligenza artificiale nel campo del lavoro?**
   - ○ a. L'IA eseguirà compiti ripetitivi e complessi, liberando il nostro tempo per attività creative.
   - ○ b. L'IA sostituirà completamente gli esseri umani in tutti i settori.
   - ○ c. L'IA si concentrerà sulla gestione delle risorse umane.
   - ○ d. L'IA gestirà interamente il settore della produzione.

2. **In che modo l'IA contribuirà a migliorare l'efficienza dei processi decisionali nel campo del lavoro?**
   - ○ a. L'IA fornirà dati e istruzioni in tempo reale per ottimizzare le decisioni.
   - ○ b. L'IA prenderà autonomamente tutte le decisioni aziendali.
   - ○ c. L'IA aiuterà a raccogliere informazioni dettagliate per migliorare le scelte strategiche.
   - ○ d. L'IA eliminerà la necessità di prendere decisioni in tempo reale.

3. **Quale delle seguenti affermazioni descrive correttamente l'utilizzo dell'IA nella gestione delle sfide globali?**
   - ○ a. L'IA controllerà la gestione di risorse naturali e sostenibilità ambientale.
   - ○ b. L'IA contribuirà ad affrontare i cambiamenti climatici, prevedendo e prevenendo disastri.
   - ○ c. L'IA sarà un metodo di educazione per il pubblico.
   - ○ d. L'IA non potrà avere un impatto sul miglioramento della salute globale.

4. **Quale settore viene menzionato nel testo come beneficiario dell'IA per migliorare la qualità della vita oltre al lavoro?**
   - ○ a. La salute pubblica, con l'IA che aiuterà nella prevenzione delle malattie.
   - ○ b. Il campo della sanità, dove l'IA monitorerà il benessere dei cittadini.
   - ○ c. L'educazione, dove l'IA fornirà risorse per migliorare l'apprendimento.
   - ○ d. L'intrattenimento, dove l'IA migliorerà l'esperienza degli utenti.

5. **In che modo l'IA potrà aiutare nel settore sanitario, secondo il testo?**
   - ○ a. Prevedendo malattie e pianificando trattamenti tempestivi.
   - ○ b. Creando nuove malattie sperimentali per promuovere l'innovazione.
   - ○ c. Fornendo strumenti di diagnosi rapidi e affidabili.
   - ○ d. Ottimizzando i trattamenti in base a previsioni accurate.

6. **Quale funzione svolge l'IA nel miglioramento della prevenzione dei disastri naturali?**
   - ○ a. L'IA prevede eventi catastrofici e permette una risposta immediata.
   - ○ b. L'IA è in grado di anticipare eventi come terremoti e tsunami, migliorando la gestione dei rischi.
   - ○ c. L'IA interviene solo durante le catastrofi naturali per ridurre i danni.
   - ○ d. L'IA studia modelli meteorologici per evitare incidenti minori.

6 Il podcast difettoso

E7 ▶

Ascolta le parti del podcast e ogni volta che senti una pausa nell'audio, inserisci il numero corrispondente alle parole che sono state eliminate, scegliendole dalla lista. Puoi riascoltare l'audio tutte le volte che ritieni necessario. Segui l'esempio.

1. la dice lunga | 2. va a rotoli | 3. esaurimento
4. in soggezione | 5. implicazioni
6. dormire sonni tranquilli | 7. vado a nozze
8. bando alle ciance | 9. bilanciare
✓ 10. nientepopodimeno | 11. infrastrutture

silenzio 1: *11*   silenzio 2: ___   silenzio 3: ___
silenzio 4: ___   silenzio 5: ___   silenzio 6: ___
silenzio 7: ___   silenzio 8: ___   silenzio 9: ___
silenzio 10: ___   silenzio 11: ___

PER FARE ANCORA MEGLIO

7 Andare, andare, andare...
Scegli il significato corretto delle espressioni **evidenziate** *tra quelli proposti.*

1. Se il chatbot continua a rispondere in modo incoerente ai clienti, **ne va della** mia reputazione!
2. Ho provato a far partire il software di riconoscimento facciale, ma **non va**.

ESERCIZI 7

3. Il mio vecchio assistente virtuale **è andato**!
4. Dopo una giornata intensa, **mi andrebbe** davvero una cenetta gourmet, ma preparata da un robot perché io sono troppo stanco per cucinare!
5. ● Come va il progetto di traduzione automatica su cui stai lavorando? – ▶ **Va!**
6. **È andata!** Possiamo presentare al cliente il test sul sistema predittivo.
7. Questo nuovo modello di casco per realtà virtuale **non mi va**.
8. Secondo me, su un assistente vocale moderno **ci andrebbe** una funzione per adattare automaticamente il tono della voce all'umore dell'utente.
9. L'anno scorso **andavano** i dispositivi indossabili per monitorare il sonno, ma adesso tutti parlano di IA generativa.

1. ○ a. funziona bene ○ b. finisce bene ○ c. è a rischio
2. ○ a. non funziona ○ b. non conduce ○ c. non mi piace
3. ○ a. è definitivamente rotto ○ b. è riuscito bene ○ c. non procede bene
4. ○ a. funzionerebbe ○ b. condurrei ○ c. gradirei
5. ○ a. è terminato ○ b. procede bene ○ c. è partito
6. ○ a. è finita bene ○ b. è finita male ○ c. non è finita
7. ○ a. non mi entra ○ b. non mi piace ○ c. non è di moda
8. ○ a. sarebbe appropriato ○ b. è possibile che ci sia ○ c. dovrebbe funzionare
9. ○ a. finivano bene ○ b. procedevano bene ○ c. erano di moda

VIDEO

8 Intervista all'IA

a *Guarda il video e scegli l'opzione corretta.*

1. All'inizio l'intervistatore è sorpreso perché:
   ○ a. si aspettava un robot.
   ○ b. non aveva mai visto un'IA di genere femminile.
   ○ c. l'IA è di una versione più antiquata di quella che conosce lui.
2. L'IA trova curiosa l'idea del test perché l'intervistatore:
   ○ a. vuole verificare che non sia una persona reale.
   ○ b. vuole verificare le sue conoscenze.
   ○ c. vuole dimostrare che l'IA può sbagliare.

3. L'IA è profondamente delusa dalla seconda domanda perché:
   ○ a. per Google sarebbe più facile rispondere.
   ○ b. avrebbe preferito usare Google per rispondere.
   ○ c. non vuole essere confusa con Google.
4. L'IA è triste per la terza domanda perché:
   ○ a. si tratta di una domanda di logica.
   ○ b. significa che l'intervistatore dubita del fatto che lei abbia imparato dai suoi errori passati.
   ○ c. significa che l'intervistatore vuole verificare se lei sia più intelligente di Google.
5. L'IA ha dimostrato che:
   ○ a. anche lei prova emozioni.
   ○ b. sa controllare le sue emozioni.
   ○ c. sa fingere di essere emozionata.
6. Quando l'intervistatore dice di essere convinto che lei è veramente un'IA:
   ○ a. è ironico.
   ○ b. sta mentendo.
   ○ c. è sincero.
7. Studiando 2.500 anni di storia della linguistica e della filosofia, l'IA è arrivata alla conclusione che:
   ○ a. gli umani ragionano sempre sulle stesse cose.
   ○ b. gli umani si preoccupano solo di cose superficiali.
   ○ c. la maggior parte delle risposte che gli umani hanno trovato per le domande della vita sono sbagliate.

b *Guarda di nuovo il video e indica quali espressioni sono usate per esprimere le frasi seguenti:*

1. avete perso clamorosamente: avete _____ _____ _____
2. al suo posto non sarei così sicuro di aver vinto: non _____ _____ troppo _____
3. per evitare possibili malintesi: a _____ di _____
4. sono un po' confuso e sorpreso: _____ un po' _____
5. non cado nel tranello: _____ ci _____
6. una cosa stupida: una _____
7. il test è illogico, non funziona: il test _____ _____ da _____ _____ _____
8. studiosi eccellenti e famosi: _____ _____ studiosi

8 ESERCIZI

SEZIONE A Ridere è una cosa seria

1 Vari modi di ridere

a Abbina le frasi alle reazioni. Attenzione: a una delle frasi non corrisponde nessuna reazione.

FRASI
1. E dunque abbiamo la necessità di rafforzare il reparto marketing per incentivare le vendite. Il nuovo personale sarà assegnato ai vari supervisori…
2. Certo che stamattina lo hai fatto proprio incavolare Paolo! Gli stavano per scoppiare le vene in fronte!
3. Mauro, che bei fiori hai comprato! Sono per la mamma o hai un appuntamento?

REAZIONI
a. Peggio per lui! Vedi come mi preoccupo? Alla salute!
b. Beh, sì, … in effetti sto andando a prendere una ragazza che ho conosciuto online, ci incontriamo per la prima volta…

E8

b Ascolta l'audio per verificare.

2 Curiosità da ridere

a Completa il testo con le parole della lista corrispondenti ai significati tra parentesi.

tuttavia | per quanto | da ultimo
pertanto | anche se | giacché | ovvero

Gli animali ridono?

(Dato che) _____ il comportamento animale è sempre stato un argomento di grande interesse per gli scienziati, gli studi sul tema non mancano e negli ultimi anni, tramite l'osservazione dei suoni che gli animali emettono durante i momenti di gioco, è stato dimostrato persino che anche loro ridono. (Di conseguenza) _____, gli studiosi hanno iniziato a riconsiderare il ruolo delle emozioni negli animali.
(Eppure) _____, non tutti i suoni emessi dagli animali possono essere definiti risate: (nonostante) _____ alcuni siano chiaramente associati a momenti di piacere o gioco, altri potrebbero essere semplici vocalizzazioni prive di un significato emotivo. (Sebbene) _____ non si può parlare di umorismo vero e proprio, queste risate animali sono comunque un segnale sociale importante, utile a creare legami tra individui della stessa specie.
(In altre parole) _____, le risate degli animali dimostrano che la capacità di provare gioia non è esclusiva dell'uomo. (Infine) _____, questa scoperta non solo arricchisce la nostra comprensione del regno animale, ma ci invita anche a riflettere sul valore universale della risata come strumento di connessione.

b Completa il testo con le parole della lista, seguendo le indicazioni.

anche se | ne deriva che | oltre a ciò | ossia
mentre | dal momento che | tra l'altro | nondimeno
non ci resta che | per quanto riguarda
in primo luogo

300.000 risate!

(CAUSA) _____ ridere è un'attività naturale e quotidiana, ci si potrebbe chiedere quante volte lo facciamo nel corso della nostra vita. Gli esperti hanno calcolato che in media una persona ride circa 17 volte al giorno, (CONSEGUENZA) _____ arriviamo a circa 300.000 risate nel corso dell'esistenza.
(CONTRASTO) _____, questo numero può variare molto. (CONTRASTO) _____ alcune persone tendono a ridere più spesso, altre si concedono meno momenti di allegria. In ogni caso è evidente che la risata rappresenta un elemento fondamentale per il benessere psico-fisico.
(CONCESSIONE) _____ potrebbe sembrare un'attività frivola, ridere ha effetti benefici sulla salute. (GERARCHIA) _____, aiuta a ridurre lo stress e a migliorare il sistema immunitario. (GERARCHIA) _____, rafforza i legami sociali, contribuendo a creare un senso di comunità.
(SPIEGAZIONE) _____, ci sono anche culture che considerano la risata una vera e propria pratica quotidiana di benessere, come dimostrano le sessioni di yoga della risata. (SPIEGAZIONE) _____ l'effetto che la risata ha sul corpo, è stato osservato che ridere stimola la produzione di endorfine, (SPIEGAZIONE) _____ gli ormoni della felicità. (GERARCHIA) _____ concludere che ridere è non solo piacevole, ma anche essenziale per condurre una vita serena e in salute.

SEZIONE B Umorismo italiano

3 Battute spiritose

a Metti in ordine le parole per ricostruire le battute e inserisci la necessaria punteggiatura.

la | mi | fai | bava | raccomando

1

mamma | sì | insalata | no | l' | adesso
condita | è

preferito | il | ecco | avrei | for/luglio
formaggio | il

infatti | ver-morbida | mi | la | altro | più | parsa
era | infatti | cotta | verdura | è | troppo | che

a | mio | la | un | pranzo | lenta | era | a
polenta e | nonno | digestione | po' | polenta
cena mangiava | sua

menù | il | molto | dessert | c'è | deserto
limitato | è | nel | il | solo

b *Trasforma le battute del punto a nella forma indiretta. Completa i box _____ scegliendo dalla lista il verbo più adatto e scrivi sulle righe _____ le altre parole mancanti.*

chiesto | raccontato | aggiunto | commentato
raccomandato | annunciato | lamentarsi | risposto

1. Mamma lumaca ha _____ alla sua lumachina _____ a scuola.
2. La mamma ha _____ a Pierino _____ _____ e lui ha _____, poi ha messo le mani nell'insalata e ha _____ che a quel punto lo era.
3. Il cameriere ha _____ ai clienti l'arrivo del formaggio e uno di loro _____ che _____.
4. L'uomo ha _____ che _____ e che, infatti, _____ _____.
5. L'uomo ha _____ che _____.
6. Ha osservato che _____ _____.

4 Amore a senso unico
Completa la storia trasformando le frasi dal discorso diretto al discorso indiretto.

In un paesino di montagna, famoso per i suoi panorami mozzafiato e le curve pericolose, vivevano Giovanni, un tipo piuttosto distratto, e Rosa, la sua fidanzata, precisa fino all'esasperazione. Rosa amava Giovanni, ma c'era una cosa che non sopportava: la sua guida spericolata. Un giorno, quando erano seduti a tavola, gli disse ("dobbiamo parlare") _____ e iniziò a spiegargli ("Tu non guidi, tu improvvisi. E l'improvvisazione va bene per il jazz, non per le strade.") _____ _____ _____

8 ESERCIZI

Giovanni alzò lo sguardo dal giornale e rispose ("Stai esagerando. Non ho mai avuto un incidente.") _____.

Lei sbottò ("È solo perché il Signore ti protegge! E poi, la settimana scorsa hai preso quella curva a destra, quando c'era un cartello gigantesco che diceva 'Senso unico a sinistra'.") _____

Giovanni scrollò le spalle e domandò ("Qual è il problema?") _____
e aggiunse ("Nessuno si è fatto male.") _____

Rosa, esasperata, rispose ("Hai terrorizzato un gregge di pecore. Il pastore ti ha lanciato un bastone!") _____.

Lui si grattò la testa e disse ("Ora ho capito cos'era quel rumore sul tetto della macchina.") _____.

Rosa decise che era giunto il momento di dargli una lezione. Così, la domenica seguente, gli propose ("Andiamo al Lago del Silenzio, è un posto perfetto per rilassarsi.") _____.

Giovanni accettò, ma con una condizione: avrebbe guidato lui. ("Così ti dimostrerò che sono un guidatore eccellente.") _____.

Lungo il percorso, Rosa non disse una parola, ma iniziò a lasciare indizi sottili. Ad esempio, gli disse ("Guarda che bel cartello! Dice *Attenzione: strada senza uscita*.") _____
e gli chiese ("Non è poetico?") _____.
Giovanni, ignorandola, prese la strada senza uscita, ma dopo qualche minuto si ritrovarono in un vicolo stretto, bloccati tra due muri di pietra. Rosa chiese a Giovanni ("Sai cosa significa *strada senza uscita*?") _____.

Lui la guardò con un sorriso serafico e rispose ("Ovviamente significa che dobbiamo tornare indietro. Ma è perfetto, così posso dimostrarti quanto sono bravo a fare manovra.") _____.

Dopo venti minuti, tre colpi contro il muro e un parafango graffiato, Giovanni riuscì finalmente a tornare indietro. Quando ripresero il viaggio, Rosa si sporse verso di lui e gli sussurrò: ("Non importa quanto tu sia pessimo alla guida. Perché alla fine...") _____.

Lui la interruppe chiedendo ("Vuoi dire che l'amore vince sempre?") _____.

Lei rispose ("Significa che la prossima volta guiderò io.") _____.

Scoppiarono entrambi a ridere, e capirono che, nonostante tutto, il loro amore funzionava proprio perché uno aveva sempre la testa tra le nuvole e l'altra i piedi ben piantati a terra.

SEZIONE C La mia generazione

5 Una strana domenica in famiglia
Sottolinea l'opzione corretta.

Era una tipica domenica italiana: la nonna Rita, perfetta padrona di casa, aveva sistemato il salotto ed era tutto lindo e **pinto / dipinto / pianto**, mentre suo figlio Claudio e sua nipote Chiara si erano rifugiati sul divano, già esausti dai suoi continui tentativi di offrire biscotti, ma in fondo sapevano che era la **prova / norma / scenata**. Chiara, immersa nel telefono, scoppiò a ridere.
"Nonna, guarda che meme! È proprio **cringe / mood / fire!**". Rita si fermò, confusa. "E cosa significa? Vuoi dire che sta bruciando qualcosa?"
"Nonna, no! Vuol dire che è una cosa super **imbarazzante / bella / elegante!**" rispose Chiara, cercando di spiegarsi. "Ah! E perché non possono dire 'fico'? Questo nuovo linguaggio mi sembra un po' **sotto / fuori / dopo** luogo."
Chiara sbuffò e, con uno sguardo teatrale, replicò: "**Ma no, boomer! / Ma dai, boomer! / Ok, boomer!**"
Rita rimase per un attimo in silenzio, perplessa. "Mi stai offendendo? Mi hai **dato / detto / parlato** della vecchia?"
"Nonna, no! **Cringiati! / Chillati! / Blastati!** È solo un modo di dire...".
Rita, ancora più spaesata, cercò conforto in Claudio. "Cosa vuol dire questa roba? È una **volta / conta / sorta** di codice segreto? Io non capisco nulla."
Claudio, ormai abituato a trovarsi in **musica / danza / ballo** in questioni del genere, si limitò a dirle: "**Che ci vuoi fare / Che vuoi fare / Che dobbiamo fare?**, mamma? I tempi cambiano."
Rita decise di cambiare discorso: "Chiara, ieri non dovevi uscire con quel tuo amico? Come si chiamava... Bae?". Chiara si lasciò cadere sul divano, sconsolata.
"Nonna, BAE non è un nome! Vuol dire tipo '**il più bello / il più simpatico / il preferito**', ma lasciamo perdere, lui mi ha **ghostato / triggerato / blastato.**"
"Ti ha fatto cosa?!"
"È sparito, nonna, non mi risponde più."
Rita annuì lentamente. "Un maleducato, allora. Ai miei tempi certe cose non si facevano."

Claudio non riuscì a trattenersi. "Chiara, ma davvero parlate così tra voi? Non è un po'... **ghost / cringe / chill**?" Chiara si girò verso di lui, incredula. "Papà, non è affatto **offensivo / imbarazzante / stupido**! Poi parli tu che mi fai fare sempre delle figuracce?!?".
Claudio, toccato nel vivo, provò a difendersi. "Certo che quando ti arrabbi, **ghosti / blasti / chilli** tutti senza pensarci due volte!"
La nonna Rita, che nel frattempo aveva **spalato / spolpato / spalancato** le finestre per far entrare aria fresca, decise che era il momento di cambiare argomento. "Basta con queste parole incomprensibili. Vado in cucina a preparare il tiramisù."
Claudio la seguì con lo sguardo, mentre Chiara si lasciava andare a un sorriso sarcastico. "La nonna almeno non se la prende. Tu invece sembri sempre **bufato / triggerato / cringiato** da quello che dico."
E così, tra battute e incomprensioni, la famiglia riuscì a sopravvivere all'ennesima domenica insieme. Forse senza capire troppo, ma sicuramente con tanto amore nell'aria!

6 Generazione Z
Inserisci i gruppi di parole al posto giusto.

nostro modo di | rispetto a come | una sorta di
fino al | solo su | e persino | e ai riferimenti
vero anche che | ridere per | un modo per | quindi ci
anche molto | basato sui | usare la lettera

1. ... la Generazione Z comprende i nati dalla fine degli anni '90 _____ 2010 circa. Siamo cresciuti con internet e i social media, _____ distinguiamo dalle generazioni precedenti proprio per questo.
2. ... ma siamo _____ più consapevoli delle questioni sociali e ambientali e questo influisce sul _____ vedere il mondo...
3. Poi, ovviamente, è _____ il digitale è il nostro habitat naturale, ma siamo anche molto critici _____ il mondo sta evolvendo.
4. Siamo venuti dopo i Millennial, chiamati anche Generazione Y, quindi era naturale _____ successiva, la "Z". Non ha un significato simbolico particolare, anche se qualcuno dice che potrebbe rappresentare _____ "ultima generazione" prima di un grande cambiamento.
5. ... l'umorismo della nostra generazione è spesso _____ meme e su contenuti brevi e veloci.
6. ... penso che il nostro umorismo sia anche molto più autoironico _____ autocritico. Spesso scherziamo su temi seri come l'ansia, la precarietà del futuro o l'insicurezza personale. È _____ esorcizzare queste paure.
7. ... l'umorismo dei Millennial era più legato alla cultura pop _____ a film, serie TV o eventi specifici. Noi, invece, ridiamo di cose che spesso esistono _____ internet.
8. ... le generazioni precedenti apprezzavano battute più articolate, noi possiamo _____ un video di due secondi...

PER FARE ANCORA MEGLIO

7 Un colloquio assurdo

Completa il testo con i verbi della lista, seguendo le indicazioni.

esclamò | protestò | farfugliare | giurò | balbettò
sghignazzare | replicò | dichiarò | propose
aggiungendo

Giulio si presentò al colloquio per diventare "Responsabile del Relax Aziendale". Il selezionatore, un uomo dall'aria estremamente seria, (*affermazione formale* o *ufficiale*) _____ che quel ruolo era cruciale per il benessere dell'azienda e che voleva sapere per quale motivo Giulio si sentisse adatto a ricoprirlo.
Giulio, preso alla sprovvista, (*esitazione e paura*) _____ con esitazione che dormire era il suo "superpotere", (*informazione ulteriore*) _____ che nessuno poteva batterlo nella capacità di rilassarsi ovunque.
Il selezionatore, incredulo, (*critica o lamentela*) _____ che una tale affermazione gli sembrava quanto meno discutibile e che si aspettava maggiore serietà.
A quel punto, cercando di recuperare, Giulio (*promessa solenne*) _____ con entusiasmo che era in grado di dormire in qualsiasi situazione: sui mezzi pubblici, durante le riunioni e persino al cinema. Si definì, senza modestia, un vero professionista del relax.
Il selezionatore, dopo aver riflettuto, (*invito o richiesta*) _____ di fare una simulazione pratica e lo invitò a sedersi sulla poltrona. Mentre si sistemava, Giulio si lasciò scappare un commento poco appropriato, sottolineando che quella poltrona era *fire!*, e aggiunse che la trovava perfetta per le sue performance.

8 ESERCIZI

Dopo essersi sdraiato, Giulio iniziò a (*confusione e incomprensibilità*) _____ frasi strane, attirando l'attenzione di tutti i presenti nella sala. Alcuni candidati lo osservavano in silenzio, mentre altri non potettero non (*risata sarcastica*) _____: il suo atteggiamento era davvero cringe!
Quando si svegliò, il selezionatore (*tono forte e / o sorpreso*) _____ che aveva stabilito un record aziendale, addormentandosi in appena cinque secondi netti.
Giulio, ridendo, (*risposta immediata*) _____ che con un cuscino avrebbe potuto migliorare ulteriormente il suo tempo.

VIDEO

8 Tutto cambia

a Guarda il video e rispondi alle domande scrivendo una parola.

1. Da quale lingua derivano le parole italiane *orecchie* e *colonna*?
   _____

2. Che tipo di cambiamento hanno subito le parole latine *auris* e *columna*?
   _____

3. Quando il protagonista del video era un bambino come erano considerati *non me ne frega niente* e *casino*?
   _____

4. Nella frase pronunciata dallo studente straniero durante un esame all'università, qual era la parola non appropriata?
   _____

5. Come è evoluta la parola italiana che indica le persone che fanno uso di stupefacenti? (*scrivi una parola in ogni spazio, dalla più antica alla più moderna*)
   _____ _____ _____

6. Qual è oggi la parola più corretta per indicare una persona che fa un uso eccessivo di alcolici?
   _____

7. La parola *spazzino* è stata sostituita nel linguaggio burocratico perché era troppo...?
   _____

8. Quale parola indica nel linguaggio colloquiale la persona che si prende cura degli anziani?
   _____

9. Quale parola si usa nel linguaggio colloquiale per indicare un tecnico specializzato nella riparazione di oggetti di pelle e di cuoio? (*attenzione, la parola non è presente nel video*)
   _____

b Guarda di nuovo il video e seleziona le parole che senti. Attenzione: le parole non sono nello stesso ordine in cui vengono pronunciate.

○ 1. messeri
○ 2. essenza
○ 3. correttezza
○ 4. disse
○ 5. intendo
○ 6. comportarsi
○ 7. malati
○ 8. decisamente
○ 9. visse
○ 10. attendo
○ 11. valore
○ 12. assenza
○ 13. polizia
○ 14. cravatte
○ 15. calore
○ 16. pulizia
○ 17. ciabatte
○ 18. consolidarsi
○ 19. vivace
○ 20. densamente
○ 21. mestieri
○ 22. ammalati
○ 23. malati
○ 24. contezza
○ 25. sagace

c Completa ogni frase con una delle parole presenti nella lista del punto b e l'articolo, se necessario.

1. Visto che _____ partecipare al concorso, dovrò prepararmi con attenzione.
2. La mia amica obbliga chiunque entri a casa sua a indossare _____.
3. La sua _____ osservazione sulla situazione politica ha suscitato ammirazione tra i suoi colleghi.
4. _____ con impazienza il giorno in cui finalmente potrò vedere il frutto del mio lavoro dopo tanti sacrifici.
5. Nonostante la sua _____ dei rischi, ha deciso di intraprendere comunque quel progetto ambizioso.
6. _____ tradizionali, come il falegname e il fabbro, sono ormai rari.
7. _____ nelle trattative è fondamentale per garantire un accordo che rispetti i diritti di entrambe le parti coinvolte.
8. La sua posizione nel mondo del lavoro ha iniziato a _____ solo dopo aver acquisito una vasta esperienza internazionale.

ESERCIZI 9

SEZIONE A Formiche o cicale?

1 Botta e risposta

a Ascolta alcune battute del dialogo tra Filippo e Laura e scegli la corrispondente battuta successiva.

BATTUTA SUCCESSIVA	AUDIO NR.
a. Quanto sei tragica, non mi pare che ce la passiamo così male no?	_____
b. Ohhhh, pensi che a me non piacerebbe spassarmela dalla mattina alla sera?	_____
c. In che senso? Gli dici che avevi la necessità impellente e improrogabile di comprarti l'ultimo modello di smartphone?	_____
d. Una volta? Una volta, davvero? Io non so più che fare con te!	_____

b Le battute in questo audio contengono dei verbi pronominali o delle espressioni che includono i verbi pronominali. Scrivi in ogni casella il numero della battuta che contiene il verbo pronominale corrispondente al significato.

SIGNIFICATO	AUDIO NR.
a. divertirsi	_____
b. impegnarsi, sforzarsi al massimo	_____
c. trovarsi in cattive condizioni	_____
d. trovarsi in una situazione pericolosa o difficile	_____
e. darsi delle arie, vantarsi, essere snob	_____
f. affrontare qualcuno per risolvere un problema	_____
g. essere felici, gioire del momento	_____
h. togliersi da una brutta situazione	_____

2 La favola della formica e della cicala

a Coniuga i verbi ai modi indefiniti (infinito, gerundio, participio).

Durante un caldo giorno d'estate la cicala, (1. *vedere*) _____ il sole (2. *splendere*) _____, iniziò a cantare. La sua musica allegra si diffuse nell'aria e gli altri animali, pur (3. *essere*) _____ occupati con i loro impegni, la ascoltavano. Nel frattempo, (4. *lavorare*) _____ instancabilmente, la formica raccoglieva cibo per l'inverno, non (5. *perdere*) _____ mai di vista il futuro. Non (6. *avere*) _____ alcuna intenzione di cedere alla tentazione del bel tempo, la formica si dedicò a raccogliere grano, fieno e altri beni necessari.

La cicala, invece, si dedicava solo al canto, (7. *ritenere*) _____ che l'estate sarebbe durata per sempre, e così passò tutta la stagione a divertirsi, (8. *ignorare*) _____ le necessità pratiche.
(9. *Arrivare*) _____ l'autunno, le temperature calarono rapidamente e la cicala si accorse di essere senza cibo. Pur (10. *riuscire*) _____ a cantare beatamente per tutti i mesi estivi, ora si trovava in difficoltà. (11. *Sentire*) _____ tanto freddo, si recò dalla formica e le chiese aiuto: "Formica, mi trovo senza cibo, puoi aiutarmi?" La formica rispose: "Non posso aiutarti. (12. *Lavorare*) _____ duramente per tutta l'estate, ora ho abbastanza provviste. Tu, invece, non hai pensato a raccogliere nulla."
La cicala, sentendo queste parole, si sentì molto in colpa e guardò sconsolata la grande cassa (13. *contenere*) _____ tutti i cibi (14. *accumulare*) _____ dalla formica. Finito il suo canto, si rese conto di quanto sarebbe stato importante pensare al futuro. (15. *Capire*) _____ a questo punto che la vita non consiste solo nel (16. *godere*) _____ del presente e che le conseguenze (17. *derivare*) _____ dal suo comportamento irresponsabile erano davvero gravi, si ritirò nella sua tana. Pur (18. *comprendere*) _____ la lezione troppo tardi, la cicala decise di cambiare atteggiamento la prossima volta e si disse: "(19. *Lavorare*) _____ un po' durante l'estate, potrò anch'io riempirmi la pancia durante l'inverno!".
Nel frattempo, la formica continuò a lavorare, convinta che il duro lavoro fosse la chiave per una vita sicura, e pensò che non ci sarebbe mai stato tempo per fermarsi.
"(20. *Lavorare*) _____ senza sosta," pensò, "è la cosa migliore per prepararsi agli imprevisti."

b Trasforma alcune frasi del punto *a* in forma esplicita usando le parole della lista e facendo i necessari cambiamenti. Attenzione: le parole possono essere usate più volte e in alcuni casi sono possibili più soluzioni. Segui l'esempio.

nonostante | se | quando | perché | che | siccome

FRASI

1 / 2   ... la cicala, _siccome / quando vide_ il sole _che splendeva_, iniziò a cantare.

3   ... gli altri animali, _____ occupati con i loro impegni, la ascoltavano.

6   _____ alcuna intenzione di cedere alla tentazione del bel tempo, la formica si dedicò a raccogliere grano...

7   La cicala, invece, si dedicava solo al canto, _____ che l'estate sarebbe durata per sempre...

9   _____ l'autunno, le temperature calarono rapidamente...

9 ESERCIZI

FRASI

10 _____ a cantare beatamente per tutti mesi estivi, ora si trovava in difficoltà.

11 _____ tanto freddo, si recò dalla formica e le chiese aiuto...

12 _____ duramente per tutta l'estate, ora ho abbastanza provviste.

13 / 14 ...guardò sconsolata la grande cassa _____ tutti i cibi _____.

15 / 17 _____ a questo punto che la vita non consiste solo nel godere del presente e che le conseguenze _____ dal suo comportamento irresponsabili erano davvero gravi, si ritirò nella sua tana.

18 _____ la lezione troppo tardi, la cicala decise di cambiare atteggiamento...

19 _____ un po' durante l'estate, potrò anch'io riempirmi la pancia durante l'inverno!".

SEZIONE B   Casa mia, casa mia...

3 Stranezze della casa italiana
Trasforma le frasi evidenziate dislocate a sinistra in frasi normali e viceversa. Attenzione ai modi verbali e all'uso dei pronomi quando necessario!

(1) Che le case italiane siano più piccole rispetto alla media europea, lo sanno in molti, ma pochi si rendono conto delle misure effettive: la dimensione media di un'abitazione si aggira intorno agli 81 metri quadrati, mentre in Paesi come la Germania o la Svezia supera i 100 metri. **(2) È evidente che una delle ragioni principali di questo fenomeno è il numero relativamente elevato di case nei centri storici**, dove le abitazioni sono state costruite secoli fa con dimensioni più ridotte. Inoltre, **(3) che la cultura italiana prediliga vivere vicino al centro della città piuttosto che in grandi spazi periferici, è ovvio** per chi osservi lo stile di vita tipico del Bel Paese: la vicinanza al lavoro, ai servizi e alle piazze rappresenta una priorità.
Oltre a ciò, **(4) nessuno può mettere in dubbio che le tende sono un elemento essenziale nelle case italiane:** in Italia, le tende non servono solo a proteggere la privacy o a filtrare il sole, ma diventano veri e propri elementi d'arredo. Passeggiando per le strade di qualsiasi città o paese, **(5) è facile notare che i balconi sono adornati da tende colorate**, spesso coordinate con i cuscini o con il mobilio degli spazi esterni.
(6) Che questa passione per le tende rispecchi l'amore per il dettaglio e il senso estetico degli italiani, lo confermano anche i numerosi negozi specializzati, dove è possibile scegliere fra centinaia di tessuti,

fantasie e stili. Infine, probabilmente **(7) quasi nessuno fuori dall'Italia sa che portare una scopa vecchia in una nuova casa può essere considerato di cattivo auspicio.** Questa tradizione affonda le sue radici in antiche credenze popolari, secondo le quali la scopa vecchia porta con sé i problemi e le energie negative della casa precedente. Per questo motivo, durante un trasloco, molti italiani acquistano una scopa nuova, come simbolo di un nuovo inizio. E **(8) che questo gesto semplice venga ancora rispettato oggi, lo dimostrano le offerte nei negozi di casalinghi**, che pubblicizzano scope come "porta-fortuna" per chi si trasferisce.
È un dettaglio che unisce praticità e superstizione, mostrando come la cultura italiana riesca a intrecciare modernità e tradizione anche nei gesti più quotidiani.

1. _____
2. _____
3. _____
4. _____
5. _____
6. _____
7. _____
8. _____

ESERCIZI 9

4 Caccia all'errore
Ogni frase contiene un errore. Riscrivile nella forma corretta. Attenzione: l'errore può consistere anche nella mancanza di una parola.

Il colore delle case italiane
1. Che il colore delle case in Liguria sia spesso giallo pastello, le si attribuisce all'influenza araba.

2. Che il rosso mattone fosse ancora oggi predominante nelle case toscane, lo si spiega con l'abbondanza di argilla nel territorio.

3. Che le case dei pescatori fossero dipinte di blu, lo si facesse per richiamare il colore del mare.

Strane case
4. Che la casa più alta del paese fosse soprannominata "il grattacielo", dicevano tutti i vecchi del borgo.

5. Che quella casa veniva chiamata "la casa delle streghe", lo si raccontava ai bambini per spaventarli.

6. Che la casa più vecchia del paese era chiamata "la nonna", era a causa del suo aspetto antico.

Le leggende sulle case
7. Che in quella villa si aggirano fantasmi, si sussurra da generazioni.

8. Che il tesoro dei pirati erano nascosti sotto il pavimento di quella casa, lo si raccontava nelle notti d'inverno.

5 Filastrocca della casa
Completa la filastrocca con le parole della lista.

**persiana | davanzale | vialetto | seminterrato
soffitta | siepe | tegola | portico | serranda
infissi | campanello**

C'è una casa in fondo al _____,
circondata da una
verde _____ come un
boschetto.
Sul _____ ombroso un
allegro _____,
che annuncia ospiti con un
trillo gentile e bello.
Gli _____ brillano,
appena puliti,
mentre una _____ cigola nei giorni ventosi
e infiniti.
In alto, la _____ nasconde i segreti più cari,
e sul _____, fiori profumati sembrano rari.
La _____ del garage scivola giù piano,
nel _____, c'è un'antica botte di vino romano.
Sul tetto una _____, vecchia e rovinata,
ricorda storie di pioggia, vento e nevicata.

SEZIONE C Il giusto riposo

6 Come si dice?
a *Completa le espressioni idiomatiche con le parole della lista.*

**vicolo | chiedo | tema | avviso | povere
fronte | sgamato | sodo | mezza**

1. venire al _____
2. _____ caldo
3. in parole _____
4. di _____ età
5. a mio _____
6. _____ cieco
7. far _____
8. _____ per un amico
9. mi hai _____

b *Inserisci nelle frasi del podcast le espressioni del punto a facendo i necessari cambiamenti.*

1. ● ... ci troviamo davanti a una riduzione del numero di lavoratori... . _____, sempre meno giovani entrano nel mondo del lavoro...

2. ● Molti italiani ancora non prendono sul serio questa idea e tendono a rimandare la decisione, ma in questo modo non fanno che peggiorare il problema...
   ▶ In che senso? _____ ...

3. ● Si stanno anche studiando modi per _____ al problema demografico...

9 ESERCIZI

4. ● Mi sembra di capire che lei sia una di quelle persone di cui sto parlando...
   ▶ Esattamente! _____!

5. ● ... la sostenibilità del sistema pensionistico è un _____ perché il sistema italiano si basa su un modello a ripartizione...

6. ● ... se ci sono tante persone che ricevono una pensione e non altrettante che pagano i contributi, si entra in un _____.

7. ● Molti giovani e lavoratori _____ temono che la loro pensione non sarà sufficiente...

8. ▶ ... il fatto che si viva più a lungo _____ non deve per forza significare che si debba lavorare per più anni.

9. ▶ Ma, _____! Partiamo subito con la prima domanda...

7 Pensionati a confronto

a Completa il testo scrivendo la parola o le parole corrispondenti alle definizioni.

La (*periodo di riposo dopo aver smesso di lavorare*) _____ rappresenta un momento cruciale nella vita di molte persone, e molti italiani aspettano solo di arrivare a questo traguardo per godersi la vita. Il sistema (*relativo alla pensione*) _____ italiano, basato prevalentemente sul (*metodo di calcolo della pensione basato sui contributi versati durante l'intera vita lavorativa*) _____ _____, prevede che ogni lavoratore versi i (*somme di denaro trattenute dallo stipendio durante la vita lavorativa per finanziare il sistema pensionistico*) _____ _____ durante la vita lavorativa per finanziare la propria (*tipo di pensione che si ottiene una volta raggiunta una certa età stabilita dalla legge*) _____ _ _____. Ma cosa fanno gli italiani quando finalmente smettono di lavorare? E come si differenziano dalle abitudini di altre culture?

Le scelte degli italiani
Per molti italiani, andare in pensione significa dedicarsi a ciò che non hanno potuto fare durante gli anni lavorativi, mentre altri si dedicano continuamente alla famiglia, soprattutto prendendosi cura dei nipoti. In alcune regioni d'Italia, specialmente al Sud, il tempo libero viene impiegato per coltivare la terra o per attività tradizionali come la produzione di vino o olio. Ovviamente coltivano esclusivamente i prodotti più genuini, sottolineando il legame profondo con la natura e la tradizione.

Il confronto con altre culture
Se gli italiani vedono la pensione come un'opportunità per "rallentare" e godersi la vita, in altri Paesi la situazione può essere diversa. In Giappone, ad esempio, molti anziani continuano a lavorare, ritenendo fondamentale mantenere un ruolo attivo nella società. Negli Stati Uniti, invece, si dà molta importanza ai piani pensionistici privati, e molti pensionati aspettano solo il momento di potersi trasferire in luoghi dal clima mite, come la Florida, per vivere una vita più serena.
In Italia, invece, il concetto di (*sistema pubblico che fornisce protezione economica in caso di pensione, malattia, disoccupazione o altri eventi della vita*) _____ _____ è più radicato, e molte persone si affidano al sistema pubblico per ottenere una pensione di vecchiaia o, in alcuni casi, una (*pensione ottenuta prima dell'età pensionabile standard, solitamente con una riduzione dell'importo*) _____ _____. Chi ha accumulato pochi contributi riceve una (*sostegno economico dello Stato per le persone che non hanno una pensione adeguata a garantire una vita decorosa*) _____ _____, che può garantire un'esistenza dignitosa.

b Indica quali frasi possono essere espresse con la falsa negazione **non** + *verbo* + **che** o **non** + *verbo* fare + **che** e trasformale. Attenzione: usa il verbo fare solo quando indicato.

○ 1. ... molti italiani, aspettano solo di arrivare a questo traguardo per godersi la vita.
○ 2. Per molti italiani, andare in pensione significa dedicarsi a ciò che non hanno potuto fare durante gli anni lavorativi...
○ 3. ... altri si dedicano continuamente alla famiglia... (*fare*)
○ 4. ... il tempo libero viene impiegato per coltivare la terra...
○ 5. Ovviamente coltivano esclusivamente i prodotti più genuini...
○ 6. ... molti pensionati aspettano solo il momento di potersi trasferire in luoghi dal clima mite... (*fare*)
○ 7. ... molte persone si affidano al sistema pubblico per ottenere una pensione di vecchiaia...

PER FARE ANCORA MEGLIO

8 Quando smettere?

a Completa il dialogo sostituendo le parti **evidenziate** con espressioni dello stesso significato che includano le parole **buono, bello e bene**, accordate in genere, numero e forma.

● Hai sentito di Pietro? Ha deciso di continuare a lavorare anche dopo essere andato in pensione!
▶ Davvero? Deve essere un (**grande impegno**) _____ lavorare alla sua età. Non sarebbe meglio godersi la pensione?

ESERCIZI 9

● Beh, dice che lo fa per passione. Però (**a un certo momento**) _____ arriverà anche per lui la stanchezza.
▶ Sì, ma forse gli serve per integrare la pensione. Non tutti riescono a cavarsela con quello che ricevono dallo Stato. Per certi lavori, servirebbe una (**pensione alta**) _____! E poi c'è da considerare che per alcuni non è facile accettare l'idea di non lavorare più.
● Assolutamente! Io probabilmente ci metterei (**più di un anno**) _____ per abituarmi a non lavorare, se andassi in pensione oggi.
▶ Ah, io invece non vedrei l'ora! Smetterei (**una volta per tutte**) _____ con tutti gli impegni e mi godrei la vita.
● Capisco, infatti Pietro mi ha spiegato che per lui non è solo una necessità economica. Dice che vuole mantenere la mente attiva. Secondo lui, andare in pensione è (**un vero e proprio rischio**) _____ per la mente!
▶ Questo è vero. Conosco persone che hanno lavorato (**addirittura dieci anni**) _____ oltre l'età pensionabile e si sentivano ancora piene di energie.
● Alla fine, dipende dalle persone. Però bisogna stare attenti. A volte si rischia di non accorgersi di essere (**molto al di sotto**) _____ delle proprie capacità fisiche, e questo può essere un problema.
▶ Hai ragione. (**Spero davvero**) _____ che Pietro sappia quando fermarsi.
● Lo spero anch'io. Ma finché è felice, lasciamolo fare!

VIDEO

9 Ozio e negozio

a Completa gli schemi, poi guarda il video per verificare.

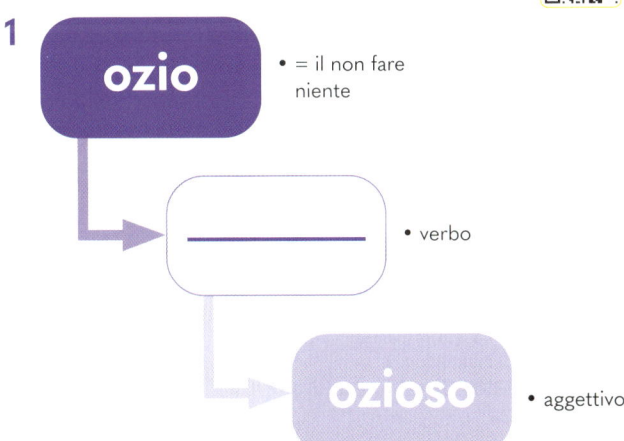

b Indica se le affermazioni sono vere (V) o false (F). Prova a farlo una prima volta senza guardare di nuovo il video. Riguardalo solo se hai dei dubbi.

	V	F
1. Nonostante non abbia certezze sul perché, il protagonista ama l'ozio.	○	○
2. La parola "ozio" ha quasi sempre un significato negativo in tutte le lingue.	○	○
3. Nella lingua italiana esiste il modo di dire "L'ozio è il pane dei vizi".	○	○
4. Nell'antichità classica il termine "ozio" non aveva un significato negativo.	○	○
5. Il negoziante e il negoziatore sono accomunati dal fatto di non oziare mai.	○	○
6. Il verbo "poltrire" significa "stare senza fare niente, oziare".	○	○
7. Il protagonista dice di sentirsi come una poltrona.	○	○

10 ESERCIZI

SEZIONE A Quando è troppo, è troppo!

1 Turisti incivili
In ogni paragrafo trova le parole che possono essere sostituite con le espressioni della lista, proposte in ordine casuale. Segui l'esempio.

un'arma a doppio taglio | ✓ a gogò

1. Roma, città eterna, attira ogni anno <u>milioni di visitatori</u>, affascinati dalla sua storia millenaria e dal suo ineguagliabile patrimonio culturale. Tuttavia, questo flusso costante di turisti è diventato un vantaggio ma anche uno svantaggio per la città: se da un lato garantisce un'enorme fonte di guadagno e visibilità internazionale, dall'altro porta con sé una serie di problemi che minano il delicato equilibrio urbano.

PAROLE DA SOSTITUIRE	SOSTITUZIONE
milioni di visitatori	visitatori a gogò

la febbre | una spina nel fianco | storcere il naso

2. Negli ultimi anni, episodi di comportamento incivile da parte dei turisti sono diventati un motivo di grande preoccupazione per amministrazioni e cittadini. Scene di visitatori che si arrampicano sul Colosseo per scattare un selfie o che si tuffano nelle fontane storiche, purtroppo non sono rare. Il desiderio incontenibile di vivere un'esperienza da protagonisti spesso degenera in gesti che portano non solo i residenti, ma anche chi crede nella tutela dei beni culturali, a disapprovare e chiedere interventi tempestivi.

PAROLE DA SOSTITUIRE	SOSTITUZIONE

rimboccarsi le maniche | spada di Damocle

3. Per arginare questi disagi, dunque, il Comune ha deciso di affrontare il problema con grande impegno e adottare nuove misure: multe salate, divieti stringenti e campagne di sensibilizzazione. Tuttavia, resta una minaccia costante sospesa sulla città: la sfida di preservare il patrimonio senza scoraggiare il turismo.

PAROLE DA SOSTITUIRE	SOSTITUZIONE

2 Cruciverba
Leggi le frasi e completa il cruciverba con una o più parole.

ORIZZONTALI →

3. I residenti del centro storico si lamentano di riuscire _____ a dormire a causa del rumore continuo provocato dai turisti fino a tarda notte.
6. È inutile _____: il comportamento incivile di alcuni turisti, come arrampicarsi sui monumenti o lasciare rifiuti ovunque, sta mettendo a rischio il patrimonio culturale della città.
7. Non ti rendi conto che l'impatto del turismo sull'ambiente è un tema delicato! _____ le Cinque Terre, dove il sovraffollamento sta seriamente minacciando gli ecosistemi locali.

VERTICALI ↓

1. Se vuoi organizzare una vacanza che non contribuisca al sovraffollamento, ti consiglio di esplorare un _____ di destinazioni meno conosciute, ma altrettanto affascinanti.
2. La piazza di Piazza del Duomo a Milano è una delle aree più _____ dai turisti, che si fermano a scattare foto e a fare shopping.
4. Le escursioni _____ possono sembrare convenienti, ma non permettono ai viaggiatori di apprezzare appieno le tradizioni e la storia dei luoghi visitati.
5. Sei convinto che i turisti preferiscano le esperienze di lusso alle tradizioni locali, ma è qui che ti _____: molti di loro cercano autenticità e contatto diretto con la cultura.

ESERCIZI 10

SEZIONE B Ma quanto mi costi?

3 Gratis o a pagamento?

a. *Coniuga i verbi al modo e al tempo verbale opportuni. Attenzione: in un caso è necessario usare la forma passiva.*

La questione dell'introduzione di un biglietto d'ingresso per visitare le chiese in Italia (*essere*) _____ un tema che da anni (*animare*) _____ il dibattito pubblico, (*suscitare*) _____ pareri contrastanti. Chi (*sostenere*) _____ questa misura (*ritenere*) _____ che le chiese, (*essere*) _____ per secoli centri di potere e di prestigio, (*accumulare*) _____ un patrimonio artistico inestimabile, (*richiedere*) _____ ingenti risorse per la sua tutela. Un biglietto d'ingresso, secondo loro, non avrebbe finalità di lucro, ma (*potere*) _____ contribuire a (*finanziare*) _____ i restauri, (*evitare*) _____ così che molte opere d'arte (*andare*) _____ perdute.
D'altro canto, chi (*opporsi*) _____ a questa misura (*sottolineare*) _____ come le chiese (*essere*) _____ da sempre luoghi di accoglienza e di spiritualità, (*aprire*) _____ a tutti. In molti, dunque, negli ultimi anni (*contrastare*) _____ l'introduzione di un biglietto d'ingresso (*sostenere*) _____ di (*temere*) _____ che questa sorta di pedaggio (*limitare*) _____ l'accesso ai luoghi sacri, (*trasformarli*) _____ in semplici musei e (*allontanare*) _____ i fedeli.
Il dibattito (*intensificarsi*) _____ ancora di più in tempi recenti a seguito del rinvenimento di nuovi reperti archeologici all'interno di alcuni edifici di culto. Alcuni esperti hanno sostenuto che la scoperta di questi tesori (*conferire*) _____ alle chiese un valore storico e culturale ancora maggiore, (*giustificare*) _____ così l'introduzione di un biglietto. Altri, invece, reputano che il valore di un luogo di culto non (*potere quantificare*) _____ in termini economici.
Una possibile soluzione, che avrebbe lo scopo di conciliare le diverse esigenze, (*potere*) _____ essere quella di introdurre un biglietto a tariffa ridotta per i residenti e per i fedeli, nonché di (*offrire*) _____ visite guidate gratuite per le scuole. In questo modo, si (*garantire*) _____ allo stesso tempo la tutela del patrimonio artistico e la fruizione delle chiese da parte della comunità.
Fatto salvo il rispetto delle normative (*vigere*) _____ in materia di tutela del patrimonio culturale, è auspicabile che si (*provvedere*) _____ a una regolamentazione chiara e condivisa, volta a garantire la conservazione e la valorizzazione del nostro patrimonio religioso, (*tenere*) _____ conto delle esigenze di tutti i cittadini.

b. *Trova nel testo del punto a le parole corrispondenti alle definizioni. Attenzione: le definizioni sono nello stesso ordine di apparizione delle parole nel testo.*

1. salvaguardia: _____
2. profitto: _____
3. ritrovamento: _____
4. e anche: _____
5. uso, utilizzo: _____
6. con l'esclusione di: _____
7. ci si occupi di: _____
8. che ha l'obiettivo di: _____

4 Viaggio nei tempi e... nei modi

Trasforma le frasi seguendo le indicazioni. Attenzione: per la trasformazione al passato usa il passato remoto quando la situazione lo richiede. In alcuni casi sono possibili più soluzioni.

PRESENTE → PASSATO

1. Dopo che l'alluvione di Firenze ha danneggiato gravemente numerosi capolavori, il restauro è intrapreso con grande urgenza, ma non è possibile recuperare ogni opera danneggiata, sebbene gli esperti abbiano già deciso che sarà necessario un intervento più radicale per prevenire danni futuri.

→ _____
_____
_____
_____
_____

INDICATIVO PRESENTE → CONDIZIONALE PASSATO

2. Se si utilizza un materiale più economico, come suggerito da alcuni esperti, probabilmente il restauro di alcuni monumenti dura meno, ma la qualità complessiva è compromessa.

→ _____
_____
_____
_____
_____

10 ESERCIZI

PRESENTE → FUTURO

3. Il Comune di Firenze avvia un progetto di restauro per il Battistero, dopo che ottiene il via libera dalle autorità e raccoglie i fondi necessari.

   → _____

NOTIZIA CERTA → NOTIZIA NON CONFERMATA

4. Durante i lavori di restauro nella biblioteca storica di Firenze, un team di esperti ha riportato alla luce una serie di manoscritti medievali che riscrivono parte della storia della letteratura italiana.

   → _____

INFINITO → IMPERATIVO FORMALE (LEI)

5. Per accedere al museo prenotare i biglietti online, presentare un documento d'identità all'ingresso, assicurarsi che non sia scaduto, rispettare l'orario indicato e spegnere i dispositivi elettronici durante la visita o silenziarli.

   → _____

PRESENTE → PASSATO

6. Mentre i visitatori camminano nelle sale del museo, sperando di vedere tutte le opere in esposizione, la guida spiega che, se ci fosse più tempo a disposizione, sarebbe possibile approfondire meglio la storia di alcuni capolavori, rendendo l'esperienza ancora più completa.

   → _____

SEZIONE C — Esperienze che restano

5 Podcast incompleto

E11 ▶

a *Leggi una parte della trascrizione del podcast della sezione C, trasforma le frasi evidenziate in frasi scisse e riordina le parole della lista per ricostruire frasi logiche. Poi ascolta l'audio per verificare.*

● Allora, partiamo dalla domanda che molti si pongono: cos'è esattamente il turismo esperienziale?
, diciamo, | come | in | lo | modo | esaustivo definiresti
_____?

▶ Mah... possiamo dire che il turismo esperienziale rappresenta un'evoluzione della concezione tradizionale del viaggio.
passivamente | si | monumenti | tratta | più non | soltanto | osservare | di
_____

e luoghi d'interesse, ma di vivere immersioni culturali, che implicano il coinvolgimento diretto del turista in attività locali autentiche. In pratica, è un turismo che fa leva sulla partecipazione attiva e sull'interazione diretta con il tessuto sociale, culturale e naturale del luogo.
a | che | legami | è | fenomeno | creare | mira un | profondi _____

e memorabili, andando oltre la classica fruizione turistica.

● Cosa intendi esattamente _____ quando parli di interazione diretta con il tessuto sociale?

▶ Immaginati di visitare un borgo medievale e
le | di | a | passeggiare | vie | invece limitarti | per
_____,

partecipi a un laboratorio di cucina tradizionale con una nonna del posto. Lei ti spiega come si fa il piatto (*con infinito*) _____
, quando si mangia, se è legato a una festività, per esempio. Oppure, immagina di fare un trekking in montagna accompagnato da una guida locale che ti racconta leggende e storie del territorio.
entrare | la | esperienze | quotidiana | delle che | contatto | persone | permettono | di queste | ti | in | con | sono | vita
_____

del luogo e di scoprire aspetti nascosti della cultura locale.

● Mi hai già fatto venire voglia di partire! Ma senti,
dovuto | studenti | loro | hanno | i | appena che | elencare | quelle | nostri | secondo
_____

sono le caratteristiche fondamentali di un viaggio esperienziale che lo distinguono da altre forme di turismo. Tu come risponderesti a questa domanda?

ESERCIZI 10

▶ Quante ne posso dire?
● Giusto, un esperto come te potrebbe parlarne per ore, immagino! Ma no, non abbiamo tutto questo tempo purtroppo,
ascolterei | piacere | ti | anche | io | se | con
_____.

▶ Ok, allora, senza dilungarsi troppo, ti posso dire che, a mio parere, le caratteristiche principali sono tre. La prima è l'autenticità: l'esperienza deve rispecchiare le vere radici culturali e storiche del luogo. La seconda è il coinvolgimento attivo del turista,
può | ma | che | semplicemente | deve | in essere | osservatore, | non | partecipare | modo un | concreto
_____
_____.

Poi c'è la personalizzazione: un viaggio esperienziale deve adattarsi agli interessi specifici di ciascun viaggiatore, permettendogli di vivere un'esperienza unica e su misura. Alla fine dei conti, secondo me queste tre cose fanno la differenza (*con verbo coniugato*) _____
_____ rispetto al turismo tradizionale!

● Capperi, sei stato davvero sintetico e esaustivo allo stesso tempo!
un'altra | ti | allora | ne | domanda | faccio approfitto | e
_____:
quali ritieni siano i benefici principali di questo approccio, sia per il turista che per le comunità ospitanti?

▶ Guarda, ce ne sono a bizzeffe! Per i turisti, il beneficio primario è la creazione di ricordi indelebili, **non | visivo, | ma | vivono | che perché | anche | è | solo | emotivo | ciò**
_____
e sensoriale. Per le comunità locali, invece, questo tipo di turismo offre opportunità economiche dirette e sostenibili, poi permette di valorizzare aspetti culturali che rischiano di essere dimenticati, promuovendo anche la tutela del patrimonio immateriale. E, non ultimo, dal punto di vista ecologico il turismo esperienziale spesso
utilizzo | sostenibile | incoraggia | delle | più risorse | un | locali
_____
_____.

b Cerca nelle frasi del punto a le parole corrispondenti ai significati. Attenzione: i significati sono nello stesso ordine in cui le parole compaiono nel testo.

1. completo, approfondito _____
2. comportano, contemplano _____
3. agisce, punta, sfrutta _____
4. ha l'obiettivo di _____
5. parlare eccessivamente _____
6. manifestare, mostrare _____
7. che si adatta perfettamente _____
8. accidenti _____
9. in grande quantità _____
10. che non si possono cancellare _____

6 A caccia di tartufi
Trasforma le frasi evidenziate: da scisse o pseudoscisse a frasi "normali" e viceversa.

Tra le esperienze più autentiche del turismo italiano, **(1) è la raccolta dei tartufi con i cani che affascina i visitatori più curiosi**. Non si tratta solo di cercare un fungo pregiato, ma di immergersi in una tradizione radicata nel territorio e nella cultura. **(2) È soprattutto in regioni come il Piemonte e l'Umbria che questa pratica assume un valore speciale**, grazie alla presenza di tartufi di altissima qualità.
(3) I tartufi rappresentano un simbolo di eccellenza culinaria, e la loro raccolta è affidata a esperti cercatori accompagnati dai loro cani addestrati. Chi desidera provare un'esperienza autentica non può perdersi una giornata nei boschi italiani, seguendo il fiuto infallibile degli animali e ascoltando le storie dei tartufai. Quando si parla di raccolta, **(4) cos'è che rende così emozionante questa attività**? Non è solo il profumo intenso dei tartufi freschi, ma anche il legame unico tra il tartufaio e il suo cane. **(5) Il rapporto tra uomo e animale costituisce il cuore di questa esperienza**, fatto di fiducia, collaborazione e gratitudine reciproca. Chi pensa che la raccolta dei tartufi sia solo un'attività commerciale si sbaglia. **(6) Quello che conta davvero è l'emozione di scoprire qualcosa di prezioso nascosto sotto terra**, un momento che trasforma il semplice gesto di scavare in un vero e proprio rito.
Se un giorno deciderete di partecipare, ricordate: **(7) è durante l'autunno che le migliori varietà di tartufo bianco vengono raccolte**, rendendo questa stagione perfetta per un viaggio nel cuore delle tradizioni italiane.

10 ESERCIZI

1. _____
2. _____
3. _____
4. _____
5. _____
6. _____
7. _____

PER FARE ANCORA MEGLIO

7 La vendemmia
Completa il testo con le espressioni idiomatiche della lista, facendo i cambiamenti necessari.

prendere per il naso | prendere con le molle
prendere sottogamba | prendere una cantonata
prendere la palla al balzo | prendere per oro colato
prendere due piccioni con una fava

- Allora, Damiano, com'è andata la tua prima vendemmia?
- Beh, divertente, ma non me l'aspettavo così faticosa! Sai, l'avevo un po' _____. Pensavo fosse tutto vino e allegria, ma tagliare grappoli tutto il giorno è una faticaccia!
- Eh, te l'avevo detto! E scommetto che ti sei fidato di Luca, il nostro "esperto", quando ti ha spiegato come riconoscere i grappoli migliori.
- Già, e ho _____ enorme! Ho tagliato un grappolo acerbo convinto fosse perfetto. Luca rideva a crepapelle...
- Tipico di lui, ti _____. Lo fa sempre con i nuovi arrivati!
- Sì, ma alla fine è stato utile. E poi ho conosciuto un sacco di persone interessanti. Direi che _____: un'esperienza nuova e nuove amicizie.
- Vero! Ma non solo, hai anche imparato che quello che dice Luca deve essere _____! Ahaha!
- Già, e soprattutto ho capito che non si può _____ la storia della vita contadina da sogno, tranquilla, nella natura... insomma, la verità è che c'è da sudare parecchio!
- È vero! Ma hai visto che bella festa hanno organizzato? Devi _____ e provare il loro Chianti riserva. È davvero speciale!
- Ci puoi giurare! Anche se domani avrò i muscoli a pezzi, è stata una giornata da ricordare.

VIDEO

8 Luoghi segreti
Guarda il video e svolgi i compiti.

1. **Per andare a Elcito si parte da San Severino Marche e...**
   - a. si va ad Apiro e dopo circa 10/12 km si arriva a Elcito.
   - b. prima di arrivare ad Apiro c'è Elcito.
   - c. quando mancano 10/12 km per arrivare ad Apiro si scende in una piccola strada di montagna.

	V	F
2. All'interno di Elcito c'è la faggeta di Canfaito.	○	○
3. Il borgo di Elcito è ormai abbandonato, ma gli edifici saranno presto ristrutturati.	○	○
4. Da Elcito è possibile vedere sia il Mar Adriatico che i Monti Sibillini.	○	○

5. **L'originario castello di Elcito...**
   - a. aveva la funzione di proteggere la vicina Abbazia di Valfucina.
   - b. era protetto dalla vicina Abbazia di Valfucina.

6. **Il nome Elcito deriva da:**
   - a. *el + cito*, cioè il faggio.
   - b. *elce*, cioè faggio.
   - c. *elce*, cioè leccio.

7. **Il bosco di Canfaito si trova...**
   - a. nelle Marche.
   - b. in parte nelle Marche e in parte in Umbria.

8. **Lasciamo il bosco di Canfaito e proseguiamo il nostro _____ per la cima del Monte San Vicino. Proseguiremo per altri 3/4 chilometri _____ _____ _____ in montagna e lasceremo l'auto arrivati _____ _____ del monte.**

9. **Il Monte San Vicino è famoso perché...**
   - a. è la montagna più alta più vicina al mare.
   - b. è l'unica montagna da cui si può vedere il mare.
   - c. è l'unica montagna che si può vedere da tutta la regione.

10. **La grotta di San Francesco è così chiamata perché...**
    - a. le persone che seguivano le idee di San Francesco abitarono lì per un certo periodo.
    - b. i compagni di San Francesco stabilirono lì la loro dimora e costruirono la croce.